WIZARD

EV
effective volume

トレーダー

「安さ」のタイミングを計ってトリガーを引け

パスカル・ウィラン[著]
長尾慎太郎[監修] 井田京子[訳]

Value In Time by Pascal Willain
Better Trading Through
Effective Volume

Pan Rolling

Value In Time
Copyright © 2008, Pascal Willain
All rights reserved

監修者まえがき

　本書は、パスカル・ウィラン氏が自身の研究成果から開発した独自のテクニカル分析について著した"Value in Time"の邦訳である。このなかで著者は"エフェクティブボリューム（Effective Volume）"や"アクティブバウンダリー（Active Boundaries）"といったツールを用いることで、既存のテクニカル分析が持つ欠陥を克服しようと試みており、その成果はアレキサンダー・エルダー博士の認めるところとなった。

　さて、すでによく知られているように、一般的なテクニカル分析における欠陥は、それが価格や出来高といった情報に依拠している結果、だれがどういう意図でもって売買をしているのかという要素をほとんど考慮できていないことにある。価格や出来高といったデータはあくまでマーケットにおける値動きの結果（しかも一部の結果）であって値動きの原因ではない。ここで、マーケットの動きを決めるのはあくまでそこで売買する主体の行動の総計、つまり「だれがどういう売買をするのか」である。したがって、従来のテクニカル分析はあまりにも断片的な情報のみに基づいている極端にデフォルメされた解釈なのである。

　実際のマーケットでは、外見上は同じ値動きに見えたとしても質はそれぞれ状況によって異なっている。ここで重要なのは価格の動きそのものではなく、それがだれによって引き起こされた値動きかを正しく理解することである。そして観察された値動きが、もし個人投資家の売買によって引き起こされたものであれば逆張りすればよいし、反対にその値動きがスマートマネーによって引き起こされたものであればその動きに追随すればよい。したがって、価格と出来高だけから見れば区別がつかない場合でも、私たちは時に応じてトレンドフォロー

とカウントトレンドを切り替えなくてはならないのである。いにしえのテクニカル分析によるトレードルールはこの辺りのことをまったく無視してルールを策定しているために機能しない局面が頻発し、結局は廃れてしまったのである。

しかし、そういったなかにあっても、本書のウィラン氏のように、独自のアプローチによってマーケット内部の力学を解き明かすことで旧来のテクニカル分析の欠点を克服し、実際の運用に役立つまでに発展させようとする人たちも少なからず存在する。それらの試みは人によってさまざまであるが、ウィラン氏は数学者ならではの精緻な分析方法でもってそれに挑み成功を修めている。読者におかれては、本書に解説されている手法を精査することで、これまでにはない視点を獲得することになるだろう。そしてその努力は読者個々人のトレード技術を飛躍的に向上させるきっかけとなるにちがいない。

最後に、翻訳に当たっては以下の方々に心から感謝の意を表したい。翻訳者の井田京子氏は時間をかけて丁寧な翻訳をしてくださった。阿部達郎氏には手際のよい編集・校正を行っていただいた。また、本書が発行される機会を得たのはパンローリング社社長の後藤康徳氏の相場書発行に対する長年の努力のおかげである。今後とも良書を出版し続けてもらえることを願うものである。

2009年8月

長尾慎太郎

（編集部注　『投資苑3』では、Willain氏のことを「ウィレイン」と表記しましたが、本人に確認したところ「ウィラン」であるとの回答を頂いたため、本書では「ウィラン」にしました）

世界で続く人口増加がわれわれの日々の生活に与える影響は、ますます大きくなり、これまでにないほど重要な課題をわれわれにつきつけている。基本食料の生産拡大、新しいエネルギー源の発見、卑金属のリサイクル、環境問題への対応などはそのほんの一部だ。

　株式市場においては、これらの問題に解決策を提供する企業に投資することで、高成長セクターに参加する機会を簡単に得ることができる。

　ただ、多くの人たちは生き残ることだけで手いっぱいで、来る変化を利用するどころか、認識することさえできていない。

　彼らに本書を提供しても、さして役立たないかもしれないが、寄付なら役に立つことだろう。私は、第1章で紹介するエフェクティブボリューム（EV）というツールを無料で公開することにした。もしよければ、数年前に妻とともに設立した障害を持つ孤児のための非営利団体、ネロとパトラッシュ基金に寄付をお願いしたい。

目次

監修者まえがき	1
まえがき　　　　　　　　アレキサンダー・エルダー	9
謝辞	13
はじめに──革命はすぐ目の前で起こる	15

パート1　これまでのテクニカル分析を変えるツールセット

第1章　エフェクティブボリューム──マーケットへの窓口　27
　トレーダーのための秘密の新ツール──トレーディングの仕組みとマーケットプレーヤーの概要　30
　マーケットを動かす出来高　39
　エフェクティブボリューム　51
　EVの実践的な計算例　63
　分離値の算出方法　76
　トレードを向上させるために大局で判断する　83
　従来のツールとの比較　84
　EVで学んだこと　94

第2章　株価と価値──アクティブバウンダリー指数　95
　安く買う　95
　従来の基準による「安い」とは　97
　トレンドは存在するのか　111
　祖母はいつも正しい　135
　数学好きのために──ABの算出方法　144
　ABについて学んだこと　146

第3章　出来高と株価が乖離するとき　149
　EV──弓1張で2本の矢を射る　150
　株価トレンドとEVトレンド　155
　株価と出来高のダイバージェンス分析　172
　ダイバージェンス分析の例　183
　最適な分析窓の設定の仕方　220

トレードのない1分間	227
ダイバージェンス分析のまとめ	228

第4章　需要と供給──トレーディングのカギ　231
需給の平衡	232
ファンドの戦略	254
ファンドと市場操作	261
供給分析のまとめ	270

パート2　トレード戦略

第5章　パフォーマンス──リスク・リターン・バランス　273
トレード戦略	275
利益の最適化	279
リスクを最適化する	299
リスク調整済みパフォーマンスの測定──シャープレシオとバークレシオ	317
まとめ	319

第6章　自動トレーディングシステム　321
トレーディングシグナルを出す	324
トレード戦略	332
まとめ	379

パート3　ボーナスセクション

第7章　マーケットは一方通行ではない──空売り戦略　383
空売りの「アップティック」ルール	383
本書で紹介したツールを使った空売り	384
まとめ	405

第8章　マーケット分析とセクター分析　　　　407
　マーケットはいつ割高になるのか　　　　　　408
　セクター分析　　　　　　　　　　　　　　　417
　まとめ　　　　　　　　　　　　　　　　　　429

結論　　　　　　　　　　　　　　　　　　　431
　これまでの復習　　　　　　　　　　　　　　431
　なぜ自分の手法を公開するのか　　　　　　　436
　マーケットは操作されているのか　　　　　　437
　次は何をすべきか　　　　　　　　　　　　　438
　最後に　　　　　　　　　　　　　　　　　　438

データサプライヤー　　　　　　　　　　　　　441
参考書籍　　　　　　　　　　　　　　　　　　443

まえがき

　読者は今、標準的なテクニカル分析の枠を破壊する画期的な本を手にしている。本書は、トレンドの転換を探すためのいくつかの新しいツールを紹介するだけでなく、トレンドとその転換によって利益を上げるための新しい方法も明らかにしている。

　パスカル・ウィランは、安い市販のソフトウエアを使って、長いサラミソーセージをスライスするように１日の株価を１分ずつの断片に分けていった。そして、スライスごとにその間株価が上昇したか、それとも下落したかを調べ、変化がないスライスは破棄するという作業を行った。次に、毎日その日の１分間の平均出来高を算出し、毎分の出来高を平均以上と平均以下のグループに分け、それぞれについて上昇分の合計から下落分の合計を引いた。こうして２つの累積出来高のデータがまとまった。ひとつは平均以上の出来高をまとめた値で、もうひとつは平均以下の出来高をまとめた値だ。ウィランはそれぞれに、ラージ・エフェクティブボリューム、スモール・エフェクティブボリュームと名前をつけた。

　彼は、平均以上の出来高を記録した１分間が大口トレードの影響を表していて、このラージ・エフェクティブボリュームが予想的価値を持つということを発見した。もし大口トレードが株価を押し上げ、小口トレードがマイナスか中立という条件がそろえば、いずれ上昇する可能性が高い。一方、大口トレードが株価を押し下げ、小口トレードは横ばいか買いなら、いずれ下落する可能性が高いのだという。

　ウィランは自分の手法について、マーケットを細胞レベルまで掘り下げ、単一細胞の動きから全体の動きを予想するようなものだと言っている。彼は、このエフェクティブボリューム（EV）という概念を『**投資苑3**』（パンローリング）のインタビューのなかで初めて明かして

くれた。本書は、それをさらに詳細に説明してある。

　ウィランはさらに、アクティブバウンダリー（AB）という主要な概念も紹介している。彼の研究によれば、どの銘柄でもプロのトレーダーはほとんど入れ替えがなく、彼らは比較的安定した利益を上げているのだという。この株主たちの期待値を表したのがABだ。株主たちは、リターンが一定期間に期待値の上限に達すると、それ以上上がることを期待しなくなり、株価は下落に転じる可能性が高くなる。一方、株価が下げてリターンが減ると、次は上がるという期待が高まり、株価は上昇に転じる可能性が高くなる。本書では、チャートを多用して、この概念を使った反転の見極め方を紹介している。また、EVとABに加えていくつかの概念を紹介するとともに、本書を「二度目に読むときのための、さらに複雑な例」まで用意してくれている。

　ウィランには大衆と距離を置いて、通常受け入れられている概念に疑問を持ち、新しいアイデアを思いつくという極めてまれな能力がある。例えば、彼は私が考案した勢力指数を利用しながら、それなら弱さ指数もあって良いのではないかと考え、このオリジナルな概念の公式まで提案してきた。

　本書は、ウィランの型破りなアプローチを豊富な例とともに紹介している。例えば、「みんなが売っているときに買え」というよく耳にする法則に関して、彼は次のように書いている。

　　私に言わせれば、これでは間違いなく破綻する。買うべきときは明らかに２つしかない。
　１．みんなが買っているときに買う。ただし、トレンドの初期で買う。
　２．売りが止まったら買う。つまり、株の供給が枯渇し、売りに出ている株がほとんどなくなったら買う。

本書を読むには、時間とエネルギーを投資しなければならない。ウィランのように、独自の考えを持つ人たちの多くは、ときには読者を置き去りにして先に進んでしまうこともある。この1年、彼は自分の研究を現在のマーケットに応用し、分析した結果を電子メールで何度も送ってくれたが、その概念を理解するのには少し時間がかかった。今後は読者からの電子メールが、彼のソフトウエアと分析をさらに多くの人が理解しやすいものにするきっかけになればと思う。本を出版するというのは、子供を生むようなものだ。そして、赤ん坊は自力で立てるようになるまで、手をかけて育てなければならない。

　ただ、トレーダーとして成功するには、テクニカル分析だけでは足りないということも覚えておいてほしい。リスクを管理するためにはマネーマネジメントが必要だし、損益から学ぶためにはしっかりとした記録も欠かせない。

　本書で紹介しているEV、AB、そのほかの概念は多くの真剣なトレーダーに受け入れられると思う。そしていつものように、早い段階で取り入れた人が最大の利益を得ることになる。

　　2007年12月　ニューヨーク市にて
　　　　　　　　　　　　　　アレキサンダー・エルダー博士

謝辞

　もし1980年代に日本政府が私に応用数学を学ぶための奨学金を与えてくれなければ、株式投資の新しいツールを作るなどということは考えつきもしなかっただろう。

　もし何年か前に友人のボブがテクニカル分析を学ぶことと、アレキサンダー・エルダー博士の本を買うことを私に勧めてくれなければ、まったく別の人生を送っていたことは間違いない。

　もしエルダー博士が私の手法の新しさを認め、それを自分の著書で紹介し、博士のエージェントであるテッド・ボナンノと引き合わせ、出版契約を取り付け、英語の文章を整えるためのリライターであるマシュー・クシンカを引き入れてくれなければ、そしてさらにエルダー博士が本の構成やスタイルやタイトル（カバーの見栄えや手触りまで含めて）などに関する助言を与えてくれなければ、本書は存在しなかった。多忙を極めるなかで、さまざまな手助けをしてくれたエルダー博士には本当に感謝している。

　また、草稿を読んでくれたアメリカのボブ・グルッシュとバリー・シルバーマン、ベルギーのフレデリック・スノイ、ギリシャのタナシス・スタトポロスにも感謝している。彼らはそれぞれ独立したトレーダーで、常に自分のトレーディングを改善するための努力を続けている。彼らのコメントと助言は私にとって非常に大きな助けとなった。彼らのサポートを、いつもありがたく思っている。

　そして最後に、愛する妻で人生のパートナーである路子のいつも変わらぬ愛とサポートに感謝している。

はじめに——革命はすぐ目の前で起こる

　18世紀の日本で、米相場師の本間宗久は過去の相場パターンを研究すれば相場の展開を予想できることに気がついた。彼は、現在のローソク足分析を考案し、これは現在最も広く利用されているテクニカル分析ツールのひとつになっている。当時、本間はそのときどきの相場には市場で分かっているすべての情報が織り込まれていると考えていた。この仮説を支持するトレーダーは、現在でも数多くいるが、この限界については後述する。
　20世紀に入ると、数々の新しいアイデアが登場して、テクニカル分析は大きく前進した。ほんの一部を挙げるだけでも、フィボナッチリトレースメント、エリオット波動、MACD、ストキャスティックスなどがある。
　そして2001年、稲妻が落ちたが、それに気づいた人はほとんどいなかった。歴史のなかではよくあることだが、これはさまざまな原因による変化がもたらした革命だったからだ。みんな変化には気づいていたが、それが革命をもたらしたことを理解した人はほとんどいなかった。これは、ルイ・パスツールが細菌を発見したときとよく似ている。発見はまさに革命だったが、これを可能にした本当の変化は顕微鏡の発明だった。
　今回、テクニカル分析に革命をもたらした変化は株価表示の小数点化だった。2001年４月９日以降、トレーダーは株価を16分の１ドル単位（6.26セント）ではなく、１セント単位で扱えるようになった。目的は、株価変動を一般の人にも分かりやすくすることと（できればさらに多くの個人投資家を引き付けたい）、スプレッドコストを減らすことだった。しかし、この変化は機関投資家の動向に大きな影響を及ぼすことになった。これについては後述する。株価の小数点化は、マ

ーケットの見通しを閉ざし、一部では株価操作を促すことになったとも言われている。ただそれと同時に、小数点化によってトレーダー動向を正確に探知することも可能になった。

　本書ではひとつのツールではなく、革命的なツールセットのすべてを紹介していく。これらのツールは、マーケット参加者の動きを基にしているが、それは彼らの行動や予想される反応という意味ではなく、実際の戦術的な動きを基にしている。これらのツールは非常に強力なので、いずれ読者のお気に入りの株式トレード用プラットフォームにも組み込まれていくことになるだろう。

　子供は、大人よりもずっと速く新しい言語を習得する。大人の脳はすでに形成されていて（シナプスがつながっている）、それを変えるのは新しい配線を導入するよりも大変だ。同様に、本書もトレードの初心者のほうが実績あるトレーダーよりも理解しやすいのかもしれない。実績あるトレーダーは長年の経験によって行動が固定化し、パターンやチャートの形に無意識に反応するようになっている。その彼らに新しいアイデアを示すことは、定着することはないとは思うが、彼らのトレーディングシステム全体を危険にさらすことにもなりかねない。

　しかし、もし自分のトレーディング方法が確定しておらず、毎日定刻になると神頼みでトレーディングをしてしまうようなタイプでないなら、本書を楽しんでもらえるだろう。これから、思いがけない道を通って、まったく新しい株式トレードの全体像を紹介していく。

　テクニカル分析を始めて以来、私はチャート作成と解釈というアートに畏敬の念を抱いている。チャートパターンの解釈に関しては、優れた本が数多く出版されている。そして、自分がチャートパターンを解釈しようとするときは、未完成の楽譜を前にして、どうしたらそれが完全なコンチェルトになるのか悩むアマチュア音楽家のような気分になる。テクニカル分析は、本物のアートに発展した。私はそれぞれ

のアートをマスターしたアーティストに出会うとき、本当にわくわくする。

しかし、残念ながら素晴らしいアーティストたちは、絶滅の危機に瀕している。コンピュータートレーディングや、新しいツール（本書もそのひとつ）が登場したことで、従来のチャーチストは新しいテクニカル環境に適応していかざるを得なくなっている。実際、これに順応できないトレーダーにとって、マーケットは非常につらい場所になるだろう。

本書ではまず、チャート解読の素晴らしいアーティストであるアレキサンダー・エルダー博士に感謝を述べたい。私がテクニカル分析に出合ったのは、博士の2冊の著書である『投資苑』『投資苑2』（共にパンローリング）に出合ったからだった。私もさっそくこの手法を用いたところかなりの利益が出たが、完全には満足できなかった。そこで、最初は博士の手法を改善しようと試みたが、すぐにゼロから始めることにした。そしていくつかの概念とツールを考案し、それらを基にしてあるトレーディング方法を開発した。これを技術論文にまとめてエルダー博士に送ったところ、アムステルダムで博士と会えることになった。実際に会うときは少し緊張した。博士は私の話を聞いてくれるのだろうか。このアイデアを気に入ってくれるのだろうか。博士の関心を引くために、私はこの手法が博士の手法を継続したものだと説明したが、実際には博士の本でテクニカル分析に目覚めたというだけで、内容はまったく新しい概念だった。最初の30分、私は博士に自分のツールを紹介した。博士も、ここはどうなっているのか、ここはどういう計算になっているのか、データはどのように入手するのか、などと質問をし、私は「あなたの本にもあるように……」「あなたの本で紹介している手法のように……」などと答えていた。しばらくすると、博士は私の顔を見て、低いバリトンで「ノーーー。これは独自の手法だ」と言った。幸運なことに、博士は私のツールを、医者が患

者を診断するように、事実に基づいて検証してくれたのだった。

　しばらくして、エルダー博士がベルギーに住む私を訪ねてくれたとき、博士は自分の手法にもっと誇りを持つべきだと言ってくれた。そして、技術マニュアルのような呼び方をやめて、そのものずばり「革命的手法」として、できるかぎり単純に説明すべきだと助言してくれた。それから本書の構成として、全体を単純化し、再構成することで分かりやすくし、どのような図をどのように示せばよいかも教えてくれた。私は博士に、それなら共著者になるべきだと言うと、再び「ノーーー。これは私の手法ではない。本のどこかに、『ありがとう、アレックス』と書いてくれれば、それで十分だ」という返事が返ってきた。

　だからここで言う。アレックス、本当にありがとう。

何がそれほど革命的なのか

　まず、私が一風変わったエンジニアだということを言っておかなければならない。いつも変な質問をし、満足できる答えが見つかって、それが実証されるまでそれを追求し続ける。

　私が既存の文献から満足のいく答えが見つけられなかった質問のいくつかを挙げておく。

●機関投資家の動向はどうしたら分かるのか、インサイダーは買っているのか、それとも売っているのか
●どうしてニュースがあるということが分かるのか
●株はいつ割安で、いつ割高か
●なぜトレンドが存在するのか、トレンドはどこから来るのか
●需給の平衡とは何か

　本書は、インサイダーの動向や大手ファンドの動向やトレーダーの

期待や需給の平衡がどのように変化するのかなどといったことについて書いてある。また、いつ大手ファンドが参入して新しいトレンドを決定づけるのか、トレンドを支持するためにはどのような買いの力が必要か、そして、トレンドはいつ、何によって破綻するのか、ということについても書いてある。簡単に言えば、マーケットについて推測する代わりに、マーケットを読み取るための本だと考えてほしい。

　従来のチャートは主に株価を基にしているため、非常に複雑だ。たったひとつの情報（株価）に基づいて判断を下すのは難しく、たとえ株価チャートがマーケットの情報をすべて織り込んでいるとしても容易ではない。この複雑さは、良いトレーダーになりたければ身につけなければならない推測という作業にかかわっている。

　多くの本では、大手ファンドを「スマートマネー」と呼んでいる。しかし、この呼び方は、個人投資家をスマート（賢い）ではないと言っているような気がして、私はどうしても受け入れられない。それよりむしろ、マーケットでは情報は漏れるもので、価格操作は習慣的な出来事だと言いたい。この漏えいと操作は、他人よりも優位に立つ目的で行われているが、私はこれをスマートだとは思わない。私が開発したツールを使っても、大部分の人が言うスマートにはなれないが、株価操作を見破ることはできるようになる。もしマーケットがもっとはっきりと見えるようになることで、トレーダーとしての腕が上がれば、それが賢くなるということではないだろうか。

　マーケットには大口トレーダーと個人トレーダーの競争しかないとか、マーケットメーカーが株価を動かしているなどという意見には賛成できない。マーケットはもっとずっと複雑で、世界中からオンラインで接続するトレーダーは増え続けているし、出来高の半分はコンピュートレーディングによって行われているし、大口プレーヤーが株価の動きとは逆行してトレードしていることも多い。

　ただ、これから紹介する新しいツールがマーケットを読むためのも

のであっても、常に、正確に、永遠に読めるわけではないということは覚えておいてほしい。マーケットは常に進化しているため、マーケット分析のツール（私のも含めて）もすべて進化していかなければならないと私は考えている。

本書の構成

本書は、2つのパートとボーナスセクションに分かれている。最初のパートは、私が開発した4つの新しいツールを詳しく説明している。4つのツールは、それぞれが特定の問題に対処するためのものになっている。次のパートは、さまざまなツールをトレード戦略に統合し、小口プレーヤーやファンドマネジャーにとって、うまくいく方法とうまくいかない方法を紹介していく。そして3つ目のパートはボーナスセクションとして、これらのツールをセクター分析に応用する方法を説明する。

パート1　これまでのテクニカル分析を変えるツールセット

私が自分のトレードで使うために開発したツールセットを紹介する。各ツールはどれもマーケットをさらに良く理解するというただひとつの目的を念頭に置いて開発した。マーケットを測定するための私の新しい手法は、今日のテクニカル分析を変える力があると私は確信している。業界全体に導入されるまでには時間がかかるかもしれないが、マーケットの勢力をさらに良く測定できるこれらのツールはいずれ広まると思っている。

第1章　エフェクティブボリューム——マーケットへの窓口　第1章では、私がエフェクティブボリューム（EV）と定義する分単位の

小さな株価に変動をもたらす出来高という概念を紹介する。これは、インサイダーや大口プレーヤーの戦略的な動向を探知するための優れたツールで、トレンドを決定づける者や今後の株価変動の発見にも使える。また、出来高データを使う従来のツールとの比較も行う。

第2章　株価と価値──アクティブバウンダリー指数　第2章では、トレンドを観察する。この指数は、各銘柄には比較的安定したアクティブトレーダーのグループがいて、彼らの自動トレーディングツールの売買戦略が大きく変化することはないという仮定の下、期待値のバウンダリー（限界）の範囲でトレンドをとらえることを目指す。株価は下限（期待値が最高）に達すれば上昇に転じる可能性が高くなり、上限（期待値が最低）に達すれば下落に転じる可能性が高くなる。

第3章　出来高と株価が乖離するとき　第3章では過去のトレンドとEVトレンドを比較して、銘柄ごとに高レベルの買い集め（アキュミュレーション）や売り抜け（ディストリビューション）を定義する。株価と出来高のボラティリティーの差を調整したあとのダイバージェンス分析は、非常に効果的な売買シグナルを示してくれる。そして、アクティブバウンダリー（AB）とダイバージェンス分析を使ったトレーディングルールを組み合わせて構築したトレーディング戦略についても述べていく。

第4章　需要と供給──トレーディングのカギ　第4章では、マーケットの主要な勢力として、需給の平衡を詳しく見ていく。この研究が供給分析ツールにつながっていく。このツールは、ある銘柄が売られる確率を、買値や、買ってからの期間や、買ってからの株価の推移に基づいて算出するもので、この供給分析ツールとEVツールを組み合わせると、需給の平衡を効果的に測定できる。この方法が勝つトレ

ードにつながるということは、実践的な例を使って説明する。

　さらにこの章では、ファンドが流動性の低い環境でいかにトレードしているかということを見ていく。これは、ファンドはその大きなポジションゆえに利益を上げるのが非常に困難だということを示している。最後に、マーケットは非常に効率的で、ファンドによる株価操作が起こる可能性は低いことについても述べる。このことからは、従来のファンドがマーケットを打ち負かすことはできないと結論づけることができる。

パート2　トレード戦略

　パート1で紹介した新しいツールは単独でも利用できるが、このパート2ではこれらを組み合わせたさまざまなトレーディング戦略を紹介する。そして、これらの戦略をバイ・アンド・ホールド戦略と比較するのだが、本書ではリスク・リターン・バランスだけでなく、最高のトレーディングチャンスを探し出すために費やす労力といった観点からも見ていくことにする。

　第5章　パフォーマンス——リスク・リターン・バランス　第5章では、トレード戦略のリスク・リターン・バランスを次の値で測定していく。

- **リスク**　トレード戦略がポートフォリオに与える月別損失繰入額（MLT）の予想値
- **リターン**　トレード戦略の年間期待リターン（YER）。優れたトレード戦略は、標準的なバイ・アンド・ホールド戦略よりもYERが高い

また、仕掛けたトレードを管理するための目標値、損切り、時間指定のパラメーターについても見ていく。

第6章　自動トレーディングシステム　第6章ではまず、警告画面と表示画面を紹介する。この2つの情報画面は、注目する銘柄の動向をトレーダーに警告してくれるもので、第1章～第4章のまとめとも言える。

　この章では、第1章～第4章で紹介したツールを組み合わせたさまざまなトレード戦略も紹介する。このなかで、優れたトレード戦略の3つの柱、つまりいかにして価値ある銘柄を見いだし、正しい買いトリガーを選び、仕掛けたあとのトレードを管理するかについて学んでいく。

パート3　ボーナスセクション

　このパート3は、第1章～第4章で紹介したツールを使ったトレーディングの別の側面を理解してもらうため、ボーナスセクションとした。

第7章　マーケットは一方通行ではない──空売り戦略　第7章では、「ティックテスト」ルールを説明したあと、さまざまなツールを空売り戦略に応用する方法を紹介する。

第8章　マーケット分析とセクター分析　第8章では、ABツールを全般的なトレンドに応用して、マーケットが割高かどうかの判断材料とする方法を紹介する。そのあとは、EVツールの変形バージョンを使ったセクターの動向の見方も学んでいく。

革命を迎える準備はできただろうか

　株価の小数点化という革命は定着した。投資家やトレーダーがインサイダーや株価操作の犠牲にならない唯一の方法は、彼らの動きを探知するテクニックを駆使するしかない。本書で紹介したツールが将来広く使われるようになると考える理由はここにある。

　本書で紹介する概念は、みんな非常に単純だ。数式は最初は複雑に見えるかもしれないが、実はほとんどが四則計算しか使っていない。大事なのは、その数式の意味で、それが何を測定し、どのように利用できるかということをぜひ理解してほしい。

　ただし、トレードしているのは数式ではなく、トレーダーだということも忘れてはならない。

パート1

これまでのテクニカル分析を変えるツールセット

第1章

エフェクティブボリューム
──マーケットへの窓口

Effective Volume -- An Open Window into the Market

　株をトレードしようと思ったら、自分は医者でこれから患者を診察することになったと思ってみてほしい。診断の助けとなるポイントは3つある。

●**患者の全体的な状態**　年齢、性別、既存の疾患、定期的に運動をしているか、喫煙、過度の飲酒などをしているか
●**患者の症状**　熱、腫れなど
●**臨床検査**　血液検査、CTスキャン、X線検査など

　株を分析するときの全体的な状態とは、収益や利益成長率などを調べるファンダメンタルズ分析に当たる。ただ、これらは単なる外から見た測定でしかない。これらの数値はほかと比較しなければ価値はないし、どのようにしてその株価が付いたのかが分かっても、株主の期待値と比較しなければほとんど利用価値はない。株主はみんなリターンを期待して株式（価値）を保有しているからだ。
　第2章を読むと分かるが、株の全体的な状態を示す要素のひとつに、株価トレンドがある。通常、株価はトレンドの上になったり下になったりしているが、これはその銘柄に対する価値観の推移を示している。良いトレードをしたければ、この価値観の変化をとらえなければなら

ない。私は、これを「アクティブトレーダーの期待」という基準に置き換えてみた。そうすれば、自分のトレードをこれらの期待に合わせ、期待が高いときに買い、期待が低いときに売れば良いことになる。第２章で説明するこの概念と測定の仕方は、私のトレードの成功における最初の柱となった。

　株の診断で２つ目に見るのは、その症状だ。今日のテクニカル分析は、症状を見て動くことしかできない。トレーダーはトレンドやその転換を探すために、買われ過ぎや売られ過ぎの状態を探したり、群衆の動きを調べたり、需給の平衡を検証したりする。これらのトレーダーは熱を測り、何日かたてば下がると診断する医者のようなもので、従来の分析ツールはその解釈というアートをマスターすれば非常に役に立つ。ただ、トレーダーも医者もかなりの経験を積まなければ腕は上がらないし、そうならなければチャートを見てマーケットや個別銘柄がどこに向かっているのかは分からない。

　従来のツールを使いこなすためには、スキルと訓練と熟考がいる。そして、これらを使う大部分のトレーダーが日足の４本値データを使い、翌営業日に一斉に反応する。「医者」も似たような症状には、似たような処置をする（いつもではないが）。私も従来のテクニカル分析ツールを使うが、それは大衆が何を見て、どこに押し流されていくのかを知るうえで不可欠だからだ。

　患者の症状を疑う医者は、血液のサンプルを分析に出す。そうすれば病名が分かり、必要な薬を処方できる。

　もしこのとき細いマイクロスコープを患者の体内に挿入してワイヤレスで医師の健康管理システムに情報を送れるようにしておけば、顕微鏡レベルで状態の変化を観察できるため、患者が発熱してから（つまり発病後）でなく、発熱前から熱を測っておいたり、発熱につながりそうな部分だけを観察することができる。もちろん、このようなシステムは医療界ではまだ存在しない。同様に、今日のテクニカル分析

にも、ミクロレベルの変化のなかでいずれ大病に至るだけの力を持ったものを探知する方法が欠けている。

　そこで本書では、トレーダーがいわば細胞レベルまで掘り下げられる便利なツールを紹介する。細胞レベルといっても、すべてのトレードを分析したり、全体のトレードの量を調べたり、新しい注文のすべてをチェックしたりするわけではない。ここですべきことは、自分の顕微鏡で細菌を観察することだが、大事なのは細菌の存在自体ではなく、それが増殖するかどうかだということを忘れないでほしい。パスツールがウイルスやバクテリアといった微生物を発見して医薬品に革命を起こしたのは、発見自体ではなく、これらの微生物がどう影響を及ぼすかという解釈にまで発展させたからだった。この解釈こそが、ワクチンの開発につながり、われわれの日常生活を変えたのだ。

　私は、ロシア出身のノーベル化学賞受賞者であるイリヤ・プリゴジン博士の研究と彼の散逸構造理論がとても気に入っている。実は、新しいツールを発見する方法を模索していたとき、学生時代に読んだプリゴジンの本を思い出した。彼の理論が株式市場の動向を理解するうえで応用できるわけではないが、その原則は私が考える株式市場の機能にかなり近かった。プリゴジン博士によれば、物質やエネルギーの散逸は効率性の損失やさらなる無秩序につながるが、構造的な平衡とはほど遠い散逸こそ物質の新しい状態なのかもしれないという。つまり、生命は平衡とはかけ離れた散逸によって作られ、強制的に新しい秩序が生まれたということになる。プリゴジンは次のように書いている。

　　　平衡から遠く離れた系は、要素的活動の性質とは全く異なる計画、それらを超越するような計画を実現するからという理由だけでなく、いわばそれに反して「適切な時点」で起こる微視的ゆらぎの増幅が、他の多くの可能な反応経路よりもある１つの反応経

路を有利なものとするという理由によって、組織化されるといえよう。したがってある状況のもとでは、個々の行動によって演じられる役割が決定的である場合がある。

（『混沌からの秩序』みすず書房）

　もう分かったと思うが、マーケットは一斉に動くことがあり、そのパターンはインターネットやコミュニケーションのスピード化によって大いに増幅されている。ただ、マーケット動向の多くは、ずっと小さなレベルから始まり、幅広いトレンドの変化も、少ない出来高がきっかけとなっている場合が多いことをこれから説明していく。

　図1.1は、株式市場と有機体の展開の共通点を示している。平衡状態にある有機体は、まず外部のトリガーによって平衡状態から押し出される必要がある。この外部トリガーには、微小な変化を生み出すだけの力がなければならない。もしこのトリガーが一定期間繰り返して起これば、変化は組織全体に拡大し、新しい平衡状態に突入する可能性がある。

　私は、従来のテクニカル分析を否定しているわけではない。むしろ情報や操作が基となって素早く展開するマーケットでは、従来のテクニカル分析を適用できるケースが減っていると言ったほうがよいのかもしれない。

トレーダーのための秘密の新ツール──トレーディングの仕組みとマーケットプレーヤーの概要

　2001年に起こった変化について述べる前に、最大級の株式市場（ナスダック、ニューヨーク証券取引所など）を支配する３つのルールを見ておきたい。

図1.1　平衡な市場の変化。株価はある平衡状態から別の平衡状態へと移行する。小さな株価の変化を起こすだけの力を持つ出来高の増加がトリガーとなり、その変化が拡大して平衡を崩す

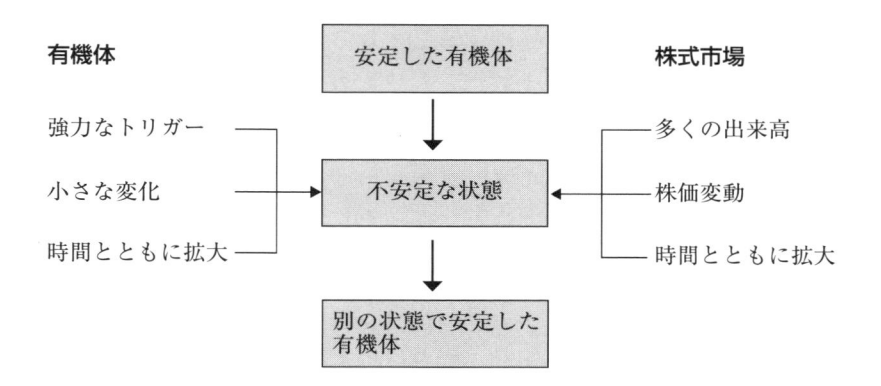

有機体　　　　　　　安定した有機体　　　　　　**株式市場**

強力なトリガー　　　　　　　↓　　　　　　　　多くの出来高

小さな変化　　　　　　　不安定な状態　　　　　　株価変動

時間とともに拡大　　　　　　↓　　　　　　　　時間とともに拡大

　　　　　　　　　　　別の状態で安定した
　　　　　　　　　　　有機体

1. 株価優先ルールでは、株を売るときは安い注文が最初に執行される（もしジョンが10ドル、ジムは10.01ドル、マーティンは9.99ドルで同時に売りに出せば、マーティンの注文が最初に執行される）。これは、買い手が最良の株価で買えることが保証されているということでもある。同様に、買いの場合も高い値の注文が最初に執行される
2. 時間優先ルールでは、同じ価格の売買は、注文が出された順番が早いほうが優先される。つまり、最初に来た注文が最初に執行される（もしジョンが10ドルで売り注文を出し、5秒後にマーティンがやはり10ドルで売り注文を出したら、まずジョンの注文が執行され、次にマーティンの注文が執行される）。
3. あまり知られていないが、公序優先ルールもある。公共の取引所では、同じ価格の注文ならば、会員の注文は一般参加者の注文よりも先に執行できないことになっている。このルールは、取引所の会員が情報の優位を利用して一般投資家よりも先にトレードできないようにすることで、投資家の信頼を得るために作られた。

この３つのルールは、注文が出されたあとでなければ適用されない。しかし、注文がマーケットに達する前に一部の注文はブローカーを経由する。彼らはそれをすぐ処理することもできるが、その情報を利用して先に自分の注文を執行することもできる。このようなケースはまれだが、不誠実なブローカーも存在する。そして、一部の不正行為に対処するために、ついに電子オーダールーティングシステムの処理から人を介する部分を排除することになった。

　また、ブローカーはトレードごとに手数料を取っているため、一部のブローカーは顧客にできるだけたくさんトレードさせて儲けようと考えている。ただ、それをすれば顧客はいずれ破綻して、ブローカーは顧客を失うことになる。

　このことで思い出すのがアメリカの証券会社に口座を開いた友人のケースだ。この口座は、通常の手数料と口座の利益の10％だけで証券会社が運用をすべて代行してくれるというものだった。友人はこの話を聞いて、マネジメント料を支払わなくても、証券会社が自分の利益を最大化しようと努力すれば、口座の利益も増えるので、良い話だと思った。私に一緒にやらないかと声をかけてくれたほどだ。しかし、私は断った。他人に自分の資金の管理を任せたくはない。そして、ほんの２～３カ月後、彼が試験的に投資した２万5000ドルは、ほぼ消えてしまった。当時、友人はあまり喜んではいなかったが、証券会社に定期的に連絡をとり、その都度損失の理由などの説明は受けていた。それからしばらくして、この友人と再会した。彼は最初の２万5000ドルをどうしても取り返したいということで、同じ証券会社に「断固とした態度」をとり、最後のチャンスとして１万2500ドルを振り込んだということだった。このとき、私は友人にこう言ったのを覚えている。もしこのマネジャーが本当に利益の10％を狙っているのならば、絶対にこの口座を破綻させないはずだし、二度目の資金もけっして受け入

れないはずだ。なぜって、追加の1万2500ドルから上がる利益を手にする前に、最初の損失の埋め合わせとしてまず2万5000ドルの利益を上げなくてはならないからだ。私は友人に、これはおそらく回転売買だからすぐに資金を引き上げるよう助言した。回転売買というのは、証券会社ができるだけ多く手数料を取るために無駄なトレードをすることだ。友人は私の助言を聞かなかったため、追加の1万2500ドルを含む高い授業料を払うことになった。

小数点化はマーケットをどう変えたか

2001年まで、株価は16分の1ドル単位で表示されていた。例えば、買い気配値が10.1875ドル、売り気配値が10.25ドルの株を1000株買いたいときに10.25ドルで売りがあれば、選択肢は、①10.25ドルで買う（決済金額は1万0250ドル）、②10.1875ドルで指値注文を出し（決済金額は1万0187.50ドル）、ほかにだれかがもっと高い買い注文を出さないことを祈りながら待ち、買える分はすべて買ってそれが株価を押し上げる――のどちらかになる。買い気配値（売り手のベストプライス）と売り気配値（買い手のベストプライス）の差であるスプレッドは0.0625ドルと高く、1000株ならばその差は62.50ドルとなる。この高いコストを考えると、買い手は買い気配値で注文を出し、売り手は売り気配値で注文を出したくなる。また、時間の優先ルールによって、執行順序が決まっているため、トレーダーは最初に執行されるよう早い段階で注文を出しておきたい。そして、そのためにはマーケットを見通して、大口プレーヤーがやろうとしていることを推測すればよい。**表1.1**は、小数点化される前の売りと買いの注文のサイズを示している。

以前は、1ティックを動かすだけでも大きな出来高が必要だったため、株価はあまり動かなかった（株価変動の最小単位は買い気配値と

表1.1　気配値（小数点化前）

買い手		売り手	
株数	買い気配	売り気配	株数
20,000	$10.1875	$10.25	22,000

表1.2　気配値（小数点化後）

買い手		売り手	
株数	買い気配	売り気配	株数
500	$10.19	$10.20	10,000
3,000	$10.18	$10.21	3,000
5,500	$10.17	$10.22	7,000
1,000	$10.16	$10.23	300
5,000	$10.15	$10.24	700
4,000	$10.14	$10.25	1,000
1,000	$10.13		

気配値とは買い手と売り手がトレードしたい株価と出来高のリスト。最高の買い気配値（この表では10.19ドル）と最高の売り気配値（10.20ドル）の差がスプレッドで、この例では0.01ドルになっている。もし100株買いたいときは10.19ドルで注文を出し、現在の買い気配値で出されている500株が執行されるのを待つか、1セント多く支払って10.20ドルで即座に執行されるようにするかである。

売り気配値の差）。小数点化以前の1ティックは16分の1ドル、つまり6.25セントだった。

　表1.2は、小数点化後の似たようなサイズの気配値相場表で、ここでは、買い気配値の2万株が10.19～10.13ドルの範囲に広がっている。また、売り気配の2万2000株も10.20～10.25ドルに広がっている。

　もし買い気配値で注文を出したいとき、**表1.1**では2万株と競合することになる。ただ、長く待つと買い気配値が上がる可能性があり、10.1875ドルで買うチャンスは減ってしまう。そこで、注文を急いで

出すことにする。

　しかし、もし**表1.2**で買う場合は競合するのは500株しかなく、競争もさしてなさそうなため、買い気配値で注文を出す動機は低くなる。そこで、うまいポーカープレーヤーのように、みんな自分の手を隠しておこうと考える。もし幸運にもだれかが成り行きで600株を売りに出せば、買い気配値は1セント下がって安く買うことができるからだ。

　さらに、もし**表1.2**で1万2000株を買う場合、株価は1ティック上がって10.21ドルとなる。これはあまり良いことではないかもしれない。もしあと10万株をできるだけ良い価格で買いたければなおさらだ。買い気配値で大きな買い注文を出せば、マーケットに自分の手の内を見せてほかの買い手を引き付けることになってしまう。

　ここで最も安い方法は、9500株を売り気配値で買って600株を買い気配値で売ることだ。そうすれば売り気配値は変わらないが、買い気配値は1セント下がって10.18ドルになるため、売り手は売り気配値を10.19ドルに下げることになり、次はもっと安く買える。これは合法的な株価操作で、ファンドが横ばいのときに買い増したり売り抜けたりするのに使われている。第4章では、この操作が一般的な方法かどうかを見ていく。

　さらに、コンピュータートレードならば、戦略が完了するまではトレードレンジが変わらないよう、横ばいの時期は自動的にこのような作戦を使って、大量の売りや買いの注文を出していく。

　結局、小数点化はマーケットの見通しを遮り、株価操作を容易にした。しかし幸いなことに、第1章で紹介するエフェクティブボリューム（EV）というツールならば、大口プレーヤーの戦略的な動きを見通すことができる。このツールは、マーケットで繰り返される作戦を分析することで、その基にある大口プレーヤーの戦略が分かるようになっている。

　もちろん、大口プレーヤーの戦略が正しくて、それに合わせてトレ

ードしなければならないと言っているわけではない。ただ、大口プレーヤーの動きを知っておくことは、個人トレーダーでも、システムトレーダーでも、トレード判断のカギとなる。株の価値を正しく評価できていればなおさらだ。ちなみに、第2章で紹介するアクティブバウンダリー（AB）というツールを使えば、株価をかなり正確に評価できる。

　EVを使い始めてから、大口トレーダーに逆らわないというのが、私のトレーディング原則のひとつになった。これは、常に大口トレーダーに合わせてトレードするということではないが、彼らに逆らうような愚かなまねもしないということだ。

大手ファンドの小数点化への対応

　大手ファンドには、サイズとパワーという2つの強みがあるが、大手ゆえに制限される部分もある。また、ファンドはマーケットに流動性を提供し、市場は彼らにある程度の柔軟性を与えている。そして、小数点化はこの柔軟性をさらに助けることになった。このルールは、もともとスプレッドを下げて個人投資家を引き付ける方法として想定されていたが、実際には大手ファンドの市場操作を黙認するものとなった。実際、小数点化が導入される前は、ファンドが株価を下げたければ買い注文をすべて買い気配値で売らなければならなかった。当時は、スプレッドが大きかったため、みんな早めに注文を出し（早い者勝ちのルール）、大口プレーヤーの目的も分かりやすかった。そのため、市場操作をするためにはかなりのコストがかかった（例えば、1万株売るのにスプレッドの0.0625ドルというコストがかかると、大量に安く買おうと思っていても最初の1万株を0.0625ドル高く買い戻さなければならないため、この操作には625ドルかかってしまう）。

　しかし小数点化がスプレッドコストを引き下げ、大口プレーヤーは自分たちの注文を開示しないでもすむようになった。このことで、気

配値相場表に表示されるサイズは大幅に縮小され、ほんの数百株の売買でも株価が上下するようになった。今日では、通常1000株あれば、簡単に株価を1セント下げることができ、これにかかるコストはわずか10ドル（1000株×0.01ドル）、つまり小数点化前の60分の1しかかからない。マーケットが常時操作されているという証拠はないが、もし突然、あるサービスの値段が前日の60分の1になれば、そのサービスがより頻繁に使われるようになることは間違いない。

新しいツールが必要だ

本章では、株価と出来高の関係を見るためのさまざまなツールも細かく比較していくが、まずはこれらのツールが測定道具だということを強調しておきたい。測定値は、その根底にある現実を知るための手がかりを与えてくれる。

まず、テクニカル分析を使った株式トレードと、石油掘削装置のエンジニアを比べてみたい。このエンジニアは深い穴を掘って、いずれ目標物を見つけるという責任を負っている。掘削中はさまざまな地質に遭遇し、抵抗や摩擦が増えたり、熱や圧力が変化したりする。エンジニアは経験上、穴の奥の状況を理解するためには複数の道具が必要だということを知っている。同様に、トレーダーも株を分析するためにはさまざまなツールが必要になる。

マーケットは非常に複雑だ。もちろん、100年前とは違うが、15年前と比べてもさらに複雑になっている。この間に起こった3つの主な変化を見ておこう。

1. コミュニケーションの速度が上がったことで、株価がニュースに素早く反応するようになった。マーケットはさらに効率的になったが、オンラインコミュニケーションを駆使する多くの個人投

家で混み合うようにもなった。
2．株価表示の小数点化が大口プレーヤーの戦略を変えた。
3．ヘッジファンドが流動性だけでなくボラティリティー（価格と出来高の大きなスイング）ももたらすようになった。

そこで、トレーダーにはこれらの変化に対応するため、次のような特性を持つツールが必要になる。

- 買い集めや売り抜けの動きを分析して戦術的な動きをとらえるためのツール。機関投資家は動きを察知されないよう、大きな注文を多数の小口注文に分けて出すことが多い（注文の細分化）。小口注文は、それぞれが単独または複数のトレードとして執行されるが、トレードと注文のデータは残っている。そこで、この小口注文を1分足データを使って「再構築」することで、機関投資家の目的を理解することができる。
- 重要なシグナルをとらえるために、ノイズをふるい落とすツール（本章後半で見ていくが、出来高のわずか25％が株価変動の75％を担っている。そこで、この25％の方向を知り、それに抵抗しないようにしたい）。
- 大口プレーヤーの動きが価格変動やトレンドのブレイクをもたらす大きさかどうかを見分けるツール。
- 株価と出来高というまったく別の性質のボラティリティーを調整するツール。
- ほかのアクティブトレーダーのポジションや期待を示すツール。これは安く買うために必要な情報で、もしみんなが株価が下がると期待して売るつもりなら、安く買うのは難しい。安く買えるのは、最後の売り手が売り終わって、値上がりを期待する新しい買い手が参入してきたとき。

もしこれらのツールを使ってパソコンで何百もの銘柄をスキャンさせ、売買シグナルが出るようになったら良くないだろうか。

マーケットを動かす出来高

　私はこの作業を始めたとき、株価は大きいポジションを扱う大口プレーヤーが動かしていると信じていた。そこで、マーケット全体を観察するには大口プレーヤーに注目するのが一番良いだろうと考えた。そしてそのために、どうすれば機関投資家がマーケットに参入したり撤退したりする時期が分かるのかということに注目した。
　このとき、プリゴジン博士の研究が３つのことをすべきだと教えてくれた。

1．出来高の変化が株価の変化に与える影響を測定する。このとき、できればトレードレベルまで掘り下げて調べる。
2．大きな出来高と小さな出来高を区別する。
3．出来高の推移を観察する。

　このためには、マーケットの推移を特定の時間枠で比較していく必要があった。
　私は、これらのことができるツールを探し始めた。不精をしてすぐに使えそうな既存のツールを探したのだ。
　そして、「ティックボリューム」ツールと「終値」ツールという２種類のツールを見つけた。ただ、本章後半で述べるが、どちらのツールにも限界があり、私の必要を満たすことはできなかった。
　「大口プレーヤーが何をしているのか」という当たり前の質問の答えをだれも持っていないことを疑問に思いながら、私は独自ツールの

表1.3　1分足データ

		始値	高値	安値	終値	出来高
9/25/06	14:27	$11.07	$11.07	$11.06	$11.06	5,889
9/25/06	14:26	$11.06	$11.06	$11.06	$11.06	200
9/25/06	14:25	$11.06	$11.07	$11.06	$11.06	28,335
9/25/06	14:24	$11.05	$11.06	$11.05	$11.06	18,131
9/25/06	14:23	$11.04	$11.06	$11.03	$11.05	33,188
9/25/06	14:22	$11.03	$11.04	$11.03	$11.04	3,298
9/25/06	14:21	$11.02	$11.04	$11.02	$11.04	29,658
9/25/06	14:20	$11.02	$11.02	$11.02	$11.02	17,825
9/25/06	14:19	$11.01	$11.02	$11.01	$11.02	11,351
9/25/06	14:18	$11.02	$11.02	$11.02	$11.02	40,889
9/25/06	14:17	$11.04	$11.04	$11.01	$11.02	14,015
9/25/06	14:16	$11.05	$11.06	$11.04	$11.04	13,802
9/25/06	14:15	$11.06	$11.06	$11.05	$11.06	32,536
9/25/06	14:14	$11.07	$11.08	$11.06	$11.06	16,399
9/25/06	14:13	$11.07	$11.08	$11.07	$11.07	20,041

典型的な1分足のデータで、その1分間の始値、高値、安値、終値を表している。一番右の列は、その1分間に執行された出来高を示している。

開発を始めた。

　この質問の答えを探すうちに、私はデータの種類はさほどないことに気がついた。時間枠（1分、5分、10分）のデータとそれぞれの始値、高値、安値、終値、そして出来高のデータを組み合わせることができる。また、トレード別なら注文のサイズ、執行された時間、執行サイズ、執行価格、そのほかに多少の情報がある程度だ。

　そこで、まずは**表1.3**のような1分間のデータに取り組むことにした。1日の取引時間は6時間半あるので、最高で390分の取引となる。**表1.3**は、典型的なトレードデータで、各行は1分間の取引を表している。データは一番上の行が最新で、毎分の始値、高値、安値、終値が記録されており、これは毎分売買が行われていることを意味している。安値から高値への変化は、そのようなトレードが存在したことを示していて、たいていはティックごとに行われている。通常、アップ

ティックとダウンティックは小さな動きで、1ティック（通常1セント）単位で株価を上下させる。ひとつの1分間のなかに、いくつかのアップティックやダウンティックが見つかることもあるし、出来高の急騰が株価を一度に数ティック上下させることもある。

　私は、ある1分間と次の1分間の間で起こる小さな価格の上下を株価変化と呼び、この株価変化の元となった出来高を、エフェクティブボリューム（EV）と名づけた。計算方法は後述するが、株価変化の大きさに関しては、売買による価格の上下があったということに意味があり、ティックの数は1でも2以上でも同じである。

　株価変化は、マーケットでの取引（トレーダーが株価を上げる代わりに下げる、またはその逆）によって買い気配値と売り気配値の平衡が崩れたことを示している。1分間のトレーディングでも平衡が一方に崩れたあと反転することもある。これは、買い手と売り手がほぼ同じような意図をもって、ほぼ同じ出来高をトレードしたときに起こることが多い。

　取引時間中に機関投資家が大口の買い注文を出す場合、彼らは別の機関投資家から一度に買うか、マーケットで買い集めることになる。大口の買い注文が出されると、通常株価は押し上げられる。もしほかの参加者に気づかれないように買いたければ、注文を分けて計画的に買っていかなければならない。買い集めがほぼ終わる前に上昇トレンドが始まらないようにするためには、さまざまなサイズやタイミングを織り交ぜた注文を、注意深く、計画的に執行していかなければならない。機関投資家は、これを特注の発注用アルゴリズムを使うか、マーケットメーカーの助けを借りて行っている。

この動きをどのように察知するか

　マーケットに出される注文のうち実際に執行されるのはほんの一部

にすぎない。売買が成立すると、買い手と売り手の注文がそれぞれ満たされる。しかし、トレードだけを見ても、売り手と買い手の力関係は分からないため、方向性は分かりにくい。

トレードの方向は、小さな株価の変化で示される。もし株価が上がれば、買い手が強く（買い手が押し上げた）、そうでなければ売り手が強い。機関投資家は大口注文をたくさんの小口注文に分けて出すため、サイズからそれが機関投資家のものかどうかは分からない。そこで、1分間という時間枠に執行されたトレードを合計してもともとの注文サイズを再現し、それを株価の変化と比較するのだ。

例えば、大手機関投資家が1日の出来高が50万株の銘柄をマーケットで10万株買いたい場合、次の4つの戦略のどれかを使うと考えられる。

1．大口注文を買い気配値で出す
2．小口注文に分けて買い気配値で出す
3．小口注文に分けて売り気配値で出す
4．大口注文を売り気配値で出す

この結果、起こることを考えてみよう。

1．**大口注文を買い気配値で出す**　売り手を待たなければならない受け身の戦略。ほかの買い手も活発にトレードしていれば、彼らは欲しい株数を確保するために買い気配値を上げていかなければならない。その結果、機関投資家も新しい上昇トレンドを生み出すリスクを抱えながら買い気配値を上げざるを得なくなる。この手法は、株を買い集めるのに効果的とは言えない。大きな買い気配値は、大口プレーヤーが買い集めているシグナルとなるため、すぐに察知される。

2. **小口注文に分けて買い気配値で出す** これも受け身の戦略だが、機関投資家の存在は簡単には察知できない。第4章で説明するが、大口プレーヤーはこの戦略では大きなポジションを作れないため、あまり頻繁には使われていない。
3. **小口注文に分けて売り気配値で出す** 機関投資家が積極的に株を買う戦略。この手法は、株価の急騰が上昇トレンドのトリガーとなることを避けるため、忍耐強く買い集める必要がある。ただ、短期間に繰り返し買うと、株の供給は一瞬枯渇して株価は一瞬上昇する。機関投資家は、このような小さな上昇に注意しておく必要がある。もし小さな株価の上昇が重要なテクニカルパターンの変化を促せば、まだ買い集めが終わっていないのにさらなる買い手を引きつけてしまうこともある。株価が少しずつ上昇すれば、機関投資家は、①新しい売り手が出てきて株価を押し下げるのを待つか、②小さい売り注文を出して自分で株価を下げる――のどちらかをしなければならない。間隔をあけて売り気配値で出された買い注文でも、統計的に有意な連続した買いになるのでEVを使えばパターンとして認識できる。これについては、次の項目で説明する。目に見えるパターンの場合、大きな出来高は株価の下落よりも上昇にかかわることが多い。
4. **大口注文を売り気配値で出す** この積極的な戦略は、複数の機関投資家が株を奪い合っているときか、買っているシグナルを発信して株価を動かしたいときにしか使われない。このケースは、株価トレンドを観察していれば簡単に察知できる。

われわれが分析すべきなのは、ある時点の状況ではなく、連続した同じ時間枠における一定のパターンだということはもう明らかだろう。

図1.2 ラリー・ウィリアムズのアキュムレーション・ディストリビューションの例1

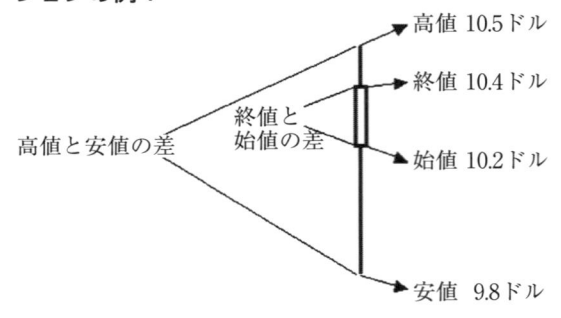

- 高値 10.5ドル
- 終値 10.4ドル
- 始値 10.2ドル
- 安値 9.8ドル
- 高値と安値の差
- 終値と始値の差

アキュムレーション＝（終値と始値の差÷高値と安値の差）×出来高
　　　　　　　　＝［($10.4－$10.2)÷($10.5－$9.8)］×10万株＝28571株

従来の買い集めの算出方法

　ラリー・ウィリアムズが考案した日足チャートで、買い集め（アキュミュレーション）と売り抜け（ディストリビューション）のバランス（ADバランス）を算出するための公式は、今では広く使われている。**図1.2**に、この計算を示してある。この数値は、対象期間の株価の上昇分（または下落分）を高値と安値の差で割り、それに出来高を掛けて求める。

- ●アキュミュレーションは買いを意味する
- ●ディストリビューションは売りを意味する

　考え方は単純で、例えばもし1日の終値が始値より高ければ、結果はプラス、つまり買い手のほうが売り手より強いということになる。そして、これはこの日にその銘柄が買われていることを意味している。
　ただ、もし利益に対して、1日の高値と安値の差の絶対値がかなり大きければ、その日は売り手と買い手の攻防があったことになる。つ

図1.3　ラリー・ウィリアムズのアキュミュレーション・ディストリビューションの例2

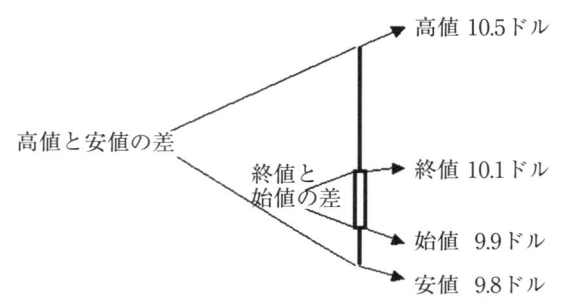

```
                                    → 高値 10.5ドル
         高値と安値の差        終値と
                            始値の差 → 終値 10.1ドル
                                    → 始値  9.9ドル
                                    → 安値  9.8ドル
```

アキュミュレーション＝（終値と始値の差÷高値と安値の差）×出来高
　　　　　　　　　　＝[($10.1 − $9.9)÷($10.5 − $9.8)]×10万株＝28571株

ラリー・ウィリアムズが定義したアキュミュレーションは高値と安値のレンジ内での位置との関連性はない

まり、アキュミュレーションの強さは、攻防の大きさに比例している。

図1.2を説明しておこう。

- 終値と始値の差＝攻防の結果
    ＝$10.4 − $10.2
    ＝$0.2
- 高値と安値の差＝攻防の大きさ
    ＝$10.5 − $9.8
    ＝$0.7
- アキュミュレーションの算出結果
    100000株×（$0.2÷$0.7）＝28571株

　しかし、もし始値が10.4ドルで終値が10.2ドルならば、0.2ドルの損失となるので、数字は同じ（2万8571株）だがディストリビューションとなる。

図1.4　ラリー・ウィリアムズのアキュミュレーション・ディストリビューションの例3。この手法は、始値の影響を受けやすい。このケースでは、始値が10.2ドルではなく10.5ドルだと28571株のアキュミュレーションではなく、14286株のディストリビューションになる。

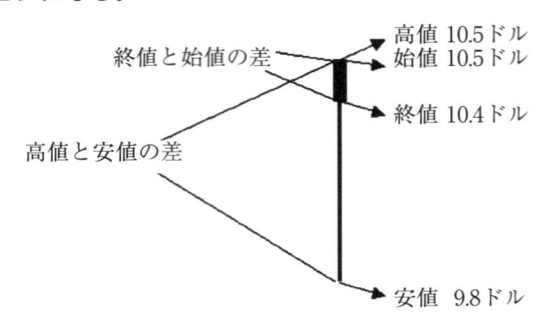

終値と始値の差
高値と安値の差
高値 10.5ドル
始値 10.5ドル
終値 10.4ドル
安値 9.8ドル

ディストリビューション＝（終値と始値の差÷高値と安値の差）×出来高
　　　　　　　　　　＝［($10.4 − $10.5)÷($10.5 − $9.8)］×10万株＝14286株

　ただ、この公式には2つの問題がある。

　最初の問題は、**図1.3**に示してある。**図1.2**と**図1.3**は高値と安値の差が同じため、ADの算出結果も同じ2万8571株になる。

　しかし、なかには終値が高かった**図1.2**のほうが**図1.3**のケースよりも買い集めが強力だと言うトレーダーもいるだろう。もしかしたら、**図1.2**の買い集めのほうが**図1.3**より著しいのかもしれない。高値と安値の差に基づいてアキュミュレーション・ディストリビューションを計算するトレーダーが、終値も確認するのはそのためだ。彼らは、もし終値が高値に近ければ、買い手のほうが売り手より強かったと結論づける。

　2つ目の問題はあまり知られていないが、ときには始値が操作されることがある。強い始値は買い手を引き付けることがあるし、強い終値は売り手を引き付けることがある。大量の株を売りたいファンドは、強い始値にすることで、プラスのトーンを演出しようとすることも考えられる。

　始値が違えば、ラリー・ウィリアムズの公式ではまったく違う答え

が出る。**図1.4**は、もし始値が**図1.2**の10.2ドルではなく10.5ドルだった場合、答えが２万8571株のアキュミュレーションではなく、１万4286株のディストリビューションになることを示している。

つまり、パラメーターとして始値が終値ほど有効ではないケースがあるということを知っておいてほしい。普通は、日足の４本足値データを使う手法のほうが使用するデータ数が少ないため、株価操作の影響を受けやすい。**図1.2**〜**図1.4**に関するコメントにデータの裏づけはないが、もし興味があれば『**ラリー・ウィリアムズの短期売買法**』（パンローリング）を参考にしてほしい。

祖母のようなトレードはしない

日々の株価の変化や出来高を使った従来のテクニカルツールは、出来高に関して２つのことを前提としている。

まず、これらのツールは出来高がその日の高値と安値の間に均等に分配されていると仮定している。

例として、2006年９月20日のテラブスを見てみよう。この日の取引時間中に約1100万株がトレードされた。これを先の公式に当てはめると、以下のようになる。

始値　10.35ドル
高値　10.41ドル
安値　10.05ドル
終値　10.29ドル

$$\text{ディストリビューション} = [(\$10.29 - \$10.35) \div (\$10.41 - \$10.05)] \times 1100万株$$
$$= 183万3333株$$

図1.5a　価格レンジ内で直線的な出来高分布を仮定。日々の株価変動と出来高を使った従来のテクニカルツールが単純化しているひとつ目の要素

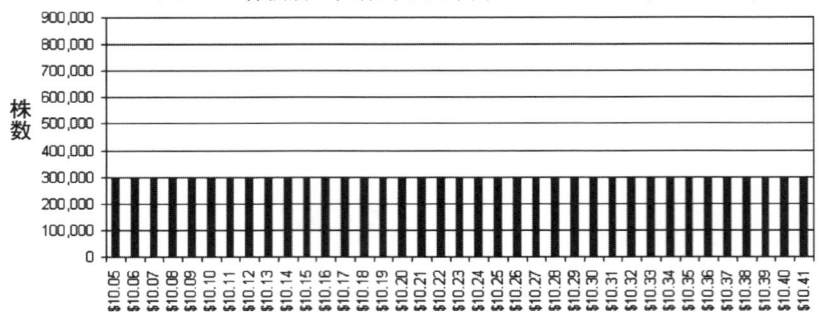

テラブスの株価別の直線的な出来高ヒストグラム（2006/9/20）

図1.5b　実際の株価別出来高の分布状況。直線的な分布とはかなり違う

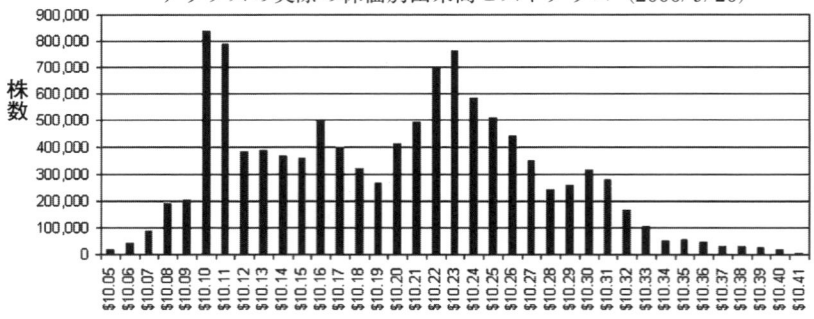

テラブスの実際の株価別出来高ヒストグラム（2006/9/20）

　この例では、10.05ドルと10.41ドルの間の毎ティック（全37ティック）で、29万7000株がトレードされたことになる（**図1.5a**、1100万株÷37ティック＝297000株）。

　しかし、現実には**図1.5b**のように、トレードされる出来高は規則的なパターンにはなっていない。

　次に、従来のツールは時間的な出来高も、取引開始から終了まで

図1.6a　直線的な取引時間内で出来高分布を仮定。日々の株価変動と出来高を使った従来のテクニカルツールが単純化している２つ目の要素

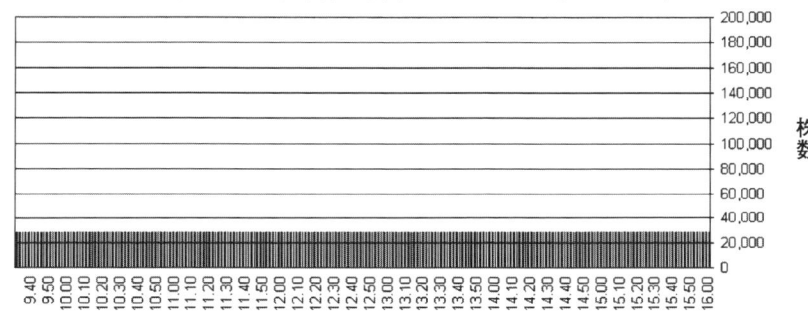

テラブスの直線的な時間別出来高ヒストグラム（2006/9/20）

図1.6b　実際の時間別出来高の分布状況。直線的な分布とはかなり違う

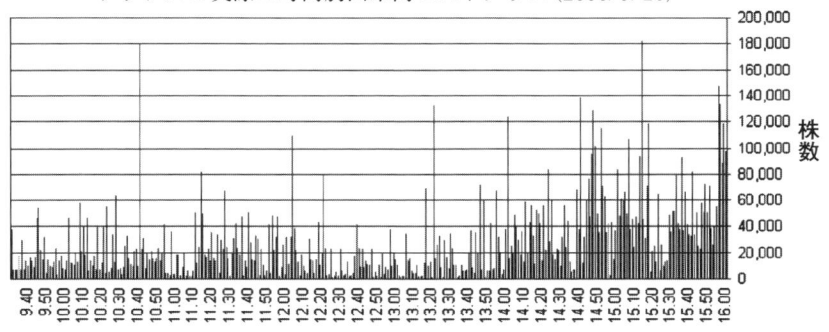

テラブスの実際の時間別出来高ヒストグラム（2006/9/20）

毎分均等に分布しているものと仮定している。先の例で言えば、午前９時半から午後４時までの間に、毎分２万8205株（1100万株÷390分）がトレードされることになる（**図1.6a**）。しかし、実際の売買パターンは急騰したり、多くが取引終了間際に集中したりしている（**図1.6b**）。

日足の４本値データを使った買い集めや売り抜けの株数を算出する従来のツールを信頼しているトレーダーもいるが、私にとって２つの

前提はあまりにも極端すぎてどうも信用できない。

　実際、出来高の特徴のひとつに、急増することがある。100株のトレードが続いたあと、突然１回に１万株のトレードがあったり、小口注文が集中して出たりすることもある。つまり、１分ごとに見ていくと出来高は、ボラティリティーがとても高いのだ。

　これは日足で見ても同じで、出来高が前日の100％増になることもある。このボラティリティーの高さは、「株価の上昇は、出来高が多い日のほうが出来高が少ない日よりも確実」が持論のトレーダーならよく分かっている。これは経験則で、言ってみれば祖母のジャム作りのアドバイスと同じだ。祖母は微生物学の知識はなくても、経験から「ジャムが冷めるまで待たないで、熱いうちにふたを閉めたほうが長持ちする」ということを知っていた。

　今日のトレーダーの多くは、いまだに祖母のジャム作りのような行動をとっている。多くはトレーディングの仕組みが多少は分かっているが、自分が使っているツールが何を計算し、何が限界なのかまで本当に理解している人はほんの一握りしかいない。

　祖母のジャム作りのようなトレードはやめよう。トレーダーは、自分がトレードしているマーケットを理解しておく必要があり、その知識を得る方法は２つある。

1．マーケットの仕組みを勉強するため、時間を投資する。私なら、エルダー博士のセミナーや、１週間のトレーディングキャンプを勧める。これらのコースはマーケットの構造だけでなく、その動きを感じとることを教えてくれる。ここでは知識と自信を得ることができる。
2．起こっていることを教えてくれる近代的なツールを使う。

図1.7　ラリー・ウィリアムズのアキュミュレーション・ディストリビューション

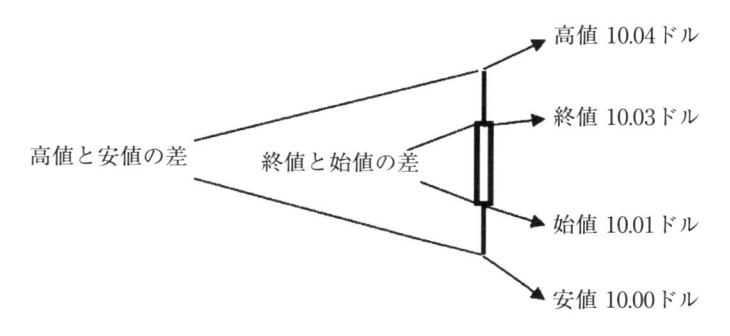

- 高値 10.04ドル
- 終値 10.03ドル
- 始値 10.01ドル
- 安値 10.00ドル

高値と安値の差
終値と始値の差

エフェクティブボリューム

　エフェクティブボリューム（EV）というツールを定義するため、私はラリー・ウィリアムズの手法に３つの修正を加えた。**図1.7**で１分間のトレーディングにおける株価の変化を見てみよう。株価は５ティック（$10.00、$10.01、$10.02、$10.03、$10.04）の間で変化していて、もしこのときの出来高が5000株なら、アキュミュレーションは次のようになる。

アキュミュレーション＝［($10.03 － $10.01) ÷
　　　　　　　　　　　($10.04 － $10.00)］×5000株
　　　　　　　　＝2500株

1. 最初の修正は、対象となる１分間の始値を、その前の１分間の終値と入れ替える。この修正は株価に本当に大きな影響を与えた１分間を見るためで、もし株価が上昇すればEVはプラスに、そうでなければマイナスになる。
2. もし前の１分間の終値が今の１分間の安値よりも安ければ、２

図1.8 修正したラリー・ウィリアムズのアキュミュレーション・ディストリビューション

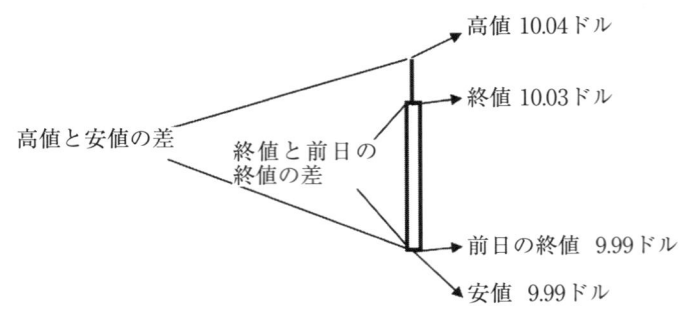

高値 10.04ドル
終値 10.03ドル
高値と安値の差
終値と前日の終値の差
前日の終値 9.99ドル
安値 9.99ドル

つ目の修正は今の安値と前の1分間の終値を入れ替える。同様に、もし前の1分間の終値が今の1分間の高値よりも高ければ、今の高値を前の1分間の終値と入れ替える。先の例で、もし前の1分間の終値が9.99ドルなら、今の始値の代わりに前の終値を使わなければならない（**図1.8**）。この修正によって、買い集められた株数は次のように変わる。

アキュミュレーション＝ [($10.03－$9.99) ÷
　　　　　　　　　　　　($10.04－$9.99)] ×5000株
　　　　　　　　＝4000株

3. 最後にもうひとつ、小さな修正を加えたい。ラリー・ウィリアムズの修正した公式を小さい時間枠に応用するときは、公式の分母と分子に0.01ドルを付け加える必要がある。これは、例えば9.99ドルの安値から10.04ドルの高値の間で出来高が分布した場合、トレードされた株価は9.99ドル、10.00ドル、10.01ドル、10.02ドル、10.03ドル、10.04ドルの6ティックとなるからだ（ラリー・ウィリアムズの公式では5ティック）。

先の例にこの3つの修正を加えると、EVの計算は次のようになる。

アキュムレーション＝［（$10.03 − $9.99 + $0.01）÷
　　　　　　　　　　　（$10.04 − $9.99 + $0.01）］×5000株
　　　　　　　　＝4167株

EVの公式

ラリー・ウィリアムズのアキュミュレーション・ディストリビューション（AD）公式を修正したEVの公式は次のようになっている。

$[(|終値_{i-1} − 終値_i| + PI) ÷ (高値_i − 安値_i + PI)] × 出来高_i$

　　終値$_{i-1}$＝前の1分間（i−1）の終値、TI$_{i-1}$
　　終値$_i$　＝対象の1分間（i）の終値、TI$_i$
　　高値$_i$　＝今の高値と前の終値の高いほう、真の高値
　　安値$_i$　＝今の安値と前の終値の低いほう、真の安値
　　PI　　＝株価の単位（1ティック、通常0.01ドル）
　　｜　｜　＝絶対値

ラリー・ウィリアムズの公式に加えた3つの修正が分かっただろうか。

1．今の1分間の始値を前の1分間の終値と入れ替える
2．必要に応じて、今の高値と安値のところに前の終値を入れ替える
3．前の終値から今の終値までと、高値から安値の間の正しいティック数を得るため、PI（通常0.01ドル）を加える

表1.4　EVの例

		始値	高値	安値	終値	出来高	EV
06/9/25	14:27	$11.07	$11.07	$11.06	$11.06	5,889	0
06/9/25	14:26	$11.06	$11.06	$11.06	$11.06	200	0
06/9/25	14:25	$11.06	$11.07	$11.06	$11.06	28,335	0
06/9/25	14:24	$11.05	$11.06	$11.05	$11.06	18,131	18,131
06/9/25	14:23	$11.04	$11.06	$11.03	$11.05	33,188	16,594
06/9/25	14:22	$11.03	$11.04	$11.03	$11.04	3,298	0
06/9/25	14:21	$11.02	$11.04	$11.02	$11.04	29,658	29,658
06/9/25	14:20	$11.02	$11.02	$11.02	$11.02	17,825	0
06/9/25	14:19	$11.01	$11.02	$11.01	$11.02	11,351	0
06/9/25	14:18	$11.02	$11.02	$11.02	$11.02	40,889	0
06/9/25	14:17	$11.04	$11.04	$11.01	$11.02	14,015	−10,511
06/9/25	14:16	$11.05	$11.06	$11.04	$11.04	13,802	−13,802
06/9/25	14:15	$11.06	$11.06	$11.05	$11.06	32,536	0
06/9/25	14:14	$11.07	$11.08	$11.06	$11.06	16,399	−10,933
06/9/25	14:13	$11.07	$11.08	$11.07	$11.07	20,041	0

　表1.4の最後の列に、この公式を使ったEVの算出結果を示してある。まえがきでエルダー博士が紹介したEVの簡単な定義では、分ごとの株価を下げた「売りの出来高」と、株価を上げた「買いの出来高」が考慮されている。どちらの定義も、株価の変化にかかわる出来高という重要な要素は同じため、結果は似た数値になる。ちなみに、1分間内での株価の変化はさほど重要ではない。

　一番右の列は、毎分のEVの値で、この累積値が図1.9で示したEVフロー（流れ）となる。

EVフローとは

　エフェクティブボリューム・フロー（EVフロー）は、1分ごとのEVの値を累積したもので、ほかのAD指標と同じように解釈できる

図1.9 EVフローと株価パターン。毎分のEVを累積したEVフローはADのトレンドを示しており、この例で2006年9月20日のEVトレンドと株価トレンドは似た動きをしている

2006/9/20のテラブスのトータルEVフロー（単位＝1000株）

2006/9/20のテラブスの株価

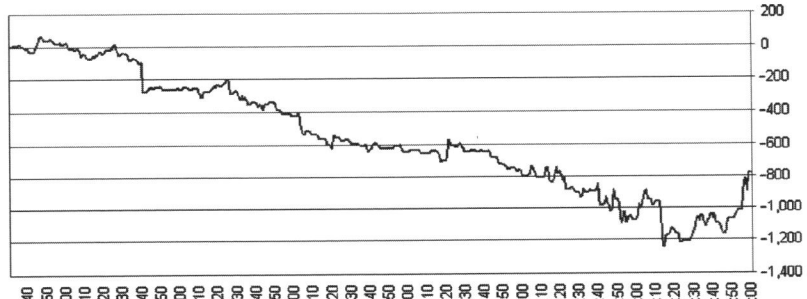

（**図1.9**）。見方は簡単で、EVのトレンドが上向きならアキュミュレーション（買い）、下向きならディストリビューション（売り）となる。EVは株価よりも先に動くこともあれば、あとを追うこともある。株価動向との比較については後述する。

なぜEVはトレード時間の最初の１分間を使わないのか

取引時間の最初の１分間は、夜間のニュースや注文の影響が大きい

図1.10　2006年9月20日のテラブスの取引終了前1時間の毎分ごとの終値

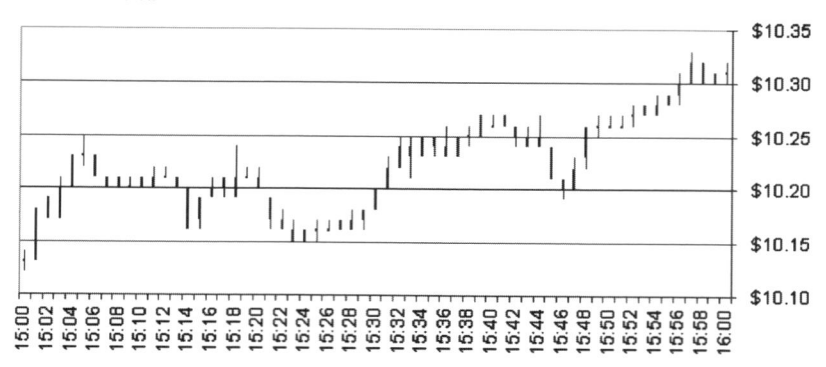

図1.11　2006年9月20日のテラブスの取引終了前1時間の毎分ごとの出来高

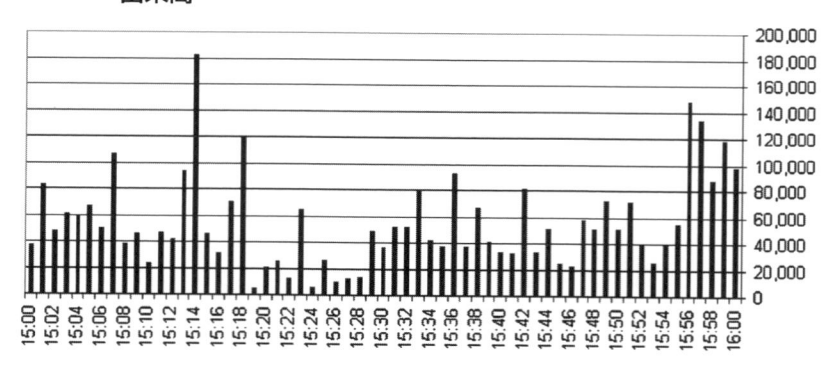

ため、EVではこの1分間を無視することにしている。取引開始前に注文を出すトレーダーの多くはプロではない。機関投資家などの大口プレーヤーはニュースに反応する代わりに、注意深く仕掛けと手仕舞いを計画して、それを実行していく。EVの主な目的が大口プレーヤーの動きの観察であることを考えれば、最初の1分間は無視したほう

図1.12　株価を変化させた出来高。最初のステップはある終値とその次の終値が変化した1分間の出来高だけを抜き出す

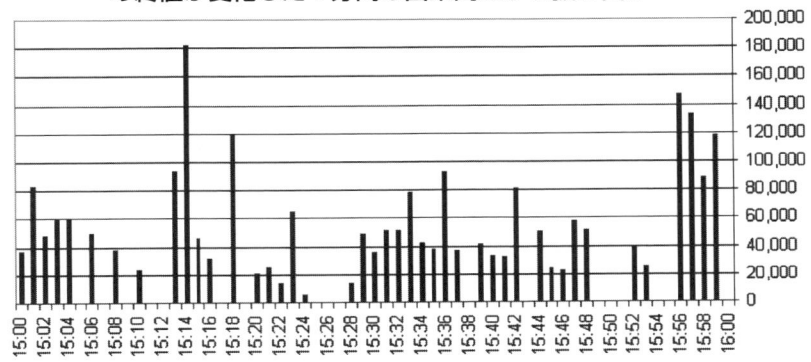

図1.13　テラブスのトータルEV（2006/9/20の取引終了前1時間）

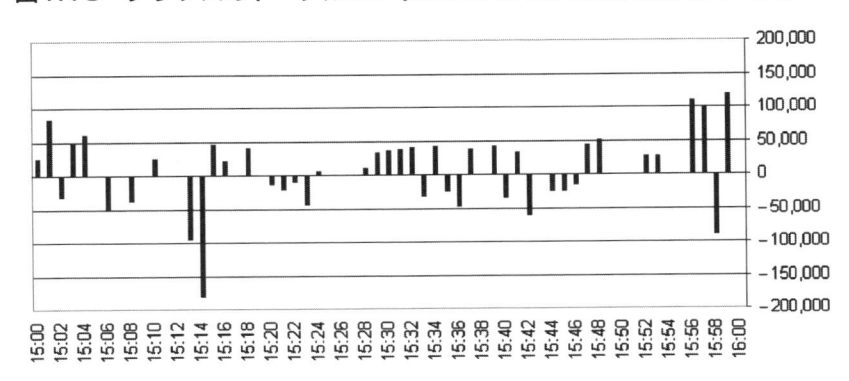

がよいことになる。

なぜ前の1分間の終値を使うのか

対象の1分間の始値ではなく、その前の終値を使うことが重要な理

図1.14a　テラブスのラージEV（2006/9/20の取引終了前1時間）

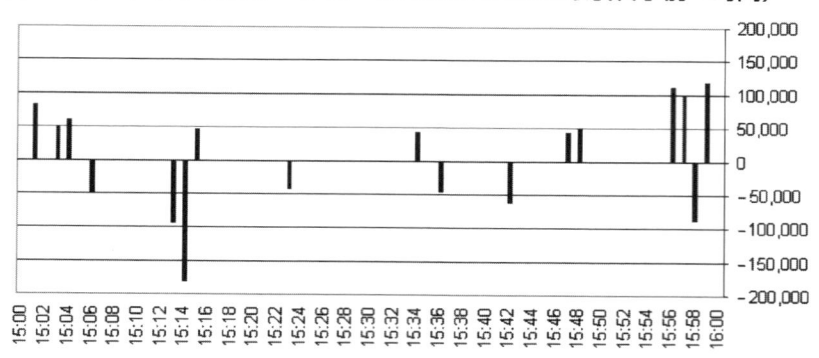

図1.14b　テラブスのスモールEV（2006/9/20の取引終了前1時間）

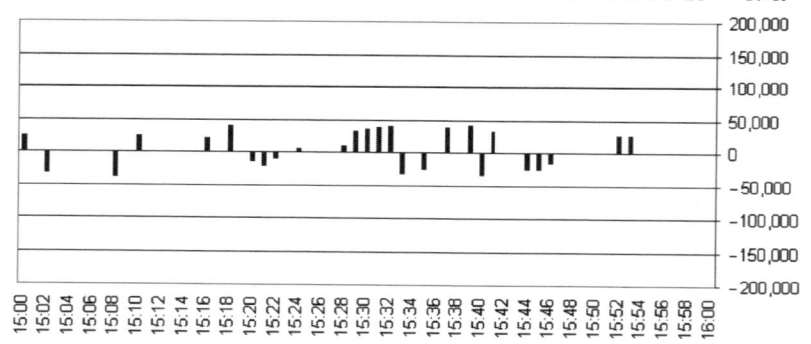

由は、もし始値が変わればそれは前の1分間の売買が一度枯渇したということを意味するからで、そうなれば今の1分間は新しい水準で始まることになる。このことは、需給バランスの動きを示している。もし新しい1分間が高く始まれば、それは前の1分間で売り気配値がなくなったということだ。次に買いたくても前に売り気配値を出した売り手はもういないため、次の売り気配値は上がらざるを得ない。

大口プレーヤーの動きはどうすれば分かるのか

　大口プレーヤーの計画的な動きを追跡するためには、EVを大口プレーヤーと小口プレーヤーという2つのグループに分ける必要がある。グループ分けは、分離値を求めて行う。毎分、EVを調べてそれが分離値よりも多ければラージEV、少なければスモールEVに分類する(分離値については本章後半で説明する)。もちろん、ラージEVとスモールEVを合計すればトータルEVになる。

　EVの分け方は、図を見ると分かりやすい。**図1.10**は、2006年9月20日の取引時間終了前1時間におけるテラブス（TLAB）の株価の動きを表している。また、**図1.11**は、同じ時間帯の出来高の推移を表している。

　まず、EVを計算する。**図1.12**は株価を変化させた出来高だけを残したもので、**図1.13**はすべてのEV（トータルEV）を示している。これらを見れば、EVは出来高全体の約半分だということが視覚的に分かる。

　次のステップは、これをラージEV（**図1.14a**）とスモールEV（**図1.14b**）に分ける。2つの図をよく見ると、**図1.14a**には棒が17本しかないが、**図1.14b**には26本ある。ただ、この26本は**図1.14a**の17本より短い。実は、**図1.14b**は小口プレーヤーが行ったトレードの出来高で、**図1.14a**は大口プレーヤーの出来高を表している。

　もし**図1.14a**の棒を全部縦につなげると、非常に長い足になる。この高さが最後の1時間に大口プレーヤーがトレードして株価を変化させた出来高の合計だ。

　同じことを小口プレーヤーでも行うと、**図1.14b**のすべての出来高を合計して、2番目の棒を得る。そして、2番目の棒の高さは、小口のプレーヤーによってトレードされた出来高の合計を示している。

　一定の分析期間（例えば1営業日）において小口プレーヤーと大口

図1.15a　大きい矢印と小さい矢印を一緒に示した図。小さい矢印のノイズで全体のトレンドが見にくい

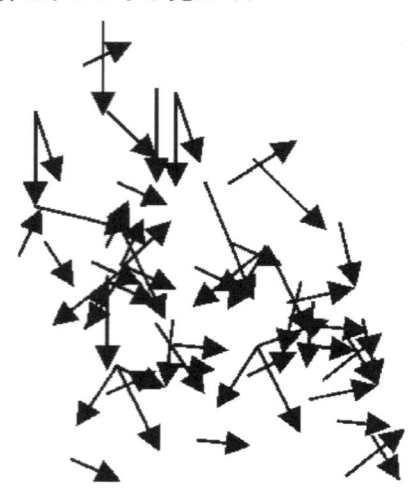

図1.15b　大きい矢印のみを示した図。小さい矢印を外したことで全体のトレンドが見やすくなった

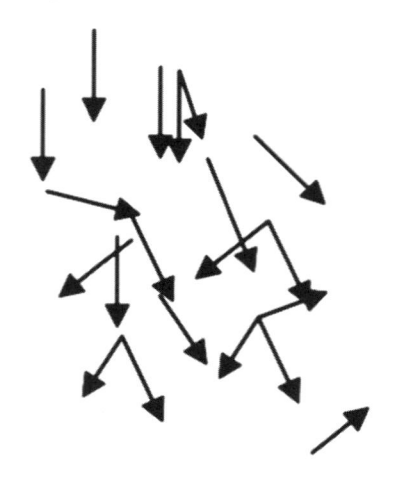

プレーヤーを分ける分離値は、2つのグループの合計出来高が同じになる（あるいはできるかぎり近くなる）1分間の出来高と定義する。

EVをトレードした株数が同じになるよう2つのグループに分けると、2つは同じ売買力を持つことになる。しかし、2つのグループは株価を動かす意図、あるいは動かそうとする全体的な動きが違う。

ここで、**図1.15a**と**図1.15b**を見てほしい。これはトレンドを表す矢印だが、どちらが見やすいだろうか。実は、**図1.15b**は**図1.15a**の小さい矢印をすべて消してある。ノイズを消したことで、**図1.15b**は全体のトレンドが一目で把握できるようになっている。

校庭のゲームに例えると

EVの概念と分析力をよりよく理解するために、冬の校庭で6～15歳の子供が遊んでいる様子を想像してほしい。彼らは校庭中央に置かれた2つのドラに雪球を当てるよう指示されている。ひとつのドラは「ロング」、もうひとつのドラは「ショート」と呼ばれている。子供たちの目的はできるだけ大きな音を出すことだ。2つのドラは音が違うが、両方とも強く投げるほど大きな音が出る。

先生たちは、どちらのドラのほうが大きな音を出すかを見ている。このゲームを少し複雑にするため、校長は2つの袋に入った魔法の粉を持っていて、15分に一度それをまく。2つの袋に入っているのは「予想以上の収益」と「予想以下の収益」という粉で、「予想以上の収益」がまかれると「ロング」ドラが大きくなり、「ショート」ドラは小さくなる。そして、「予想以下の収益」がまかれれば、その反対になる。

もちろん、大きいドラのほうが命中率は高くなる。つまり、ドラがいつ大きくなり、いくつの雪球が当たるのかを調べる価値はある。これが標準的なテクニカル分析だ。

しかし、なかには校長の行動を観察し、どちらかの袋の粉を多くま

図1.16　出来高の分布

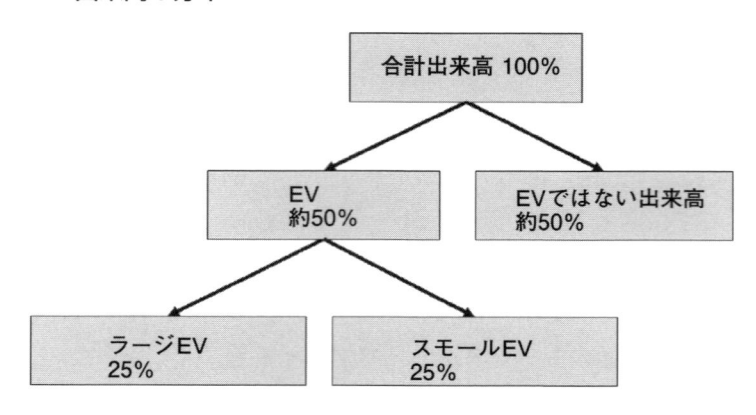

```
            ┌──────────────────┐
            │  合計出来高 100%  │
            └──────────────────┘
              ↓              ↓
    ┌─────────────┐   ┌──────────────────┐
    │    EV       │   │ EVではない出来高  │
    │   約50%     │   │     約50%         │
    └─────────────┘   └──────────────────┘
       ↓       ↓
┌──────────┐ ┌──────────┐
│ ラージEV │ │スモールEV│
│   25%    │ │   25%    │
└──────────┘ └──────────┘
```

いているかとか、どちらの粉を多く持っているかなどを調べようとする先生もいる。これがファンダメンタルズ分析だ。

　子供がだれも雪球を投げなければ音は出ない。つまり、音は子供たちの活動から生まれると言ってよい。これは、株価が売買によって動くのと同じことだ。校庭では、15歳の生徒に比べると、6歳の生徒は作る雪球の数も少ないし、投げる力も弱いし、外す確率も高い。子供の数は2000人かもしれないし2万人かもしれないなかで、すべての子供を観察することはできない。それをすれば、結局すべての雪球が出す大きいドラと小さいドラの音を合わせて聞くことになるからだ。そこで、音の大きさを効率的に予想するため、年上の生徒たちの行動を観察することにする。ここで必要となるのが、雪球の強さ（大きさと速さ）を見分けて記録し、強い雪球の音だけを分析するための機器だ。

　私の調査では、出来高の半分は株価に影響を与えない（つまり、変化させない）。これらはドラを外す雪球で、残りの半分、つまりドラに当たった雪球がEVということになる。

　さらに調べを進めると、EVを同じ合計株数の2つのグループに分けたとき、一回の出来高が大きいほうが株価動向の大部分にかかわっていることが分かった（**図1.16**）。経験則で言えば、出来高の約25％

図1.17　FIIの週足

出所＝ストックチャート・ドット・コム

が株価動向の75％を担っている。私は、この25％をラージEVと呼んでいる。トレーディングで成功するためには、この25％が買いなのか売りなのかを知ることが重要になる。

EVの実践的な計算例

EVには３通りの使い方がある。

1．株価が横ばいならばラージEVフローの方向にブレイクする可能性が高い（横ばいとは株価がしばらく同じ水準にあるとき）
2．株価が上昇トレンドでラージEVフローが下落しているのならば、

図1.18　FIIの日足

出所＝ストックチャート・ドット・コム

　　今後問題がある可能性を示唆している
3．株価が下降トレンドでラージEVフローが上昇しているのならば、今後はそのトレンドが持続しない可能性を示唆している

横ばいで買い集める大口プレーヤーに続け

　EVを最も効率的に使うために、横ばいで買い集める大口プレーヤーの動きを観察してほしい。2～3日連続してこのような買い集めがあれば、私はその銘柄を買う。そして、横ばいのレンジよりも下に損切りを置いて株価が上がるのを待つ。しかし、もし株価が上昇する前に大口プレーヤーが買うのをやめたら、状況を見直す。

図1.19　FIIの出来高分析

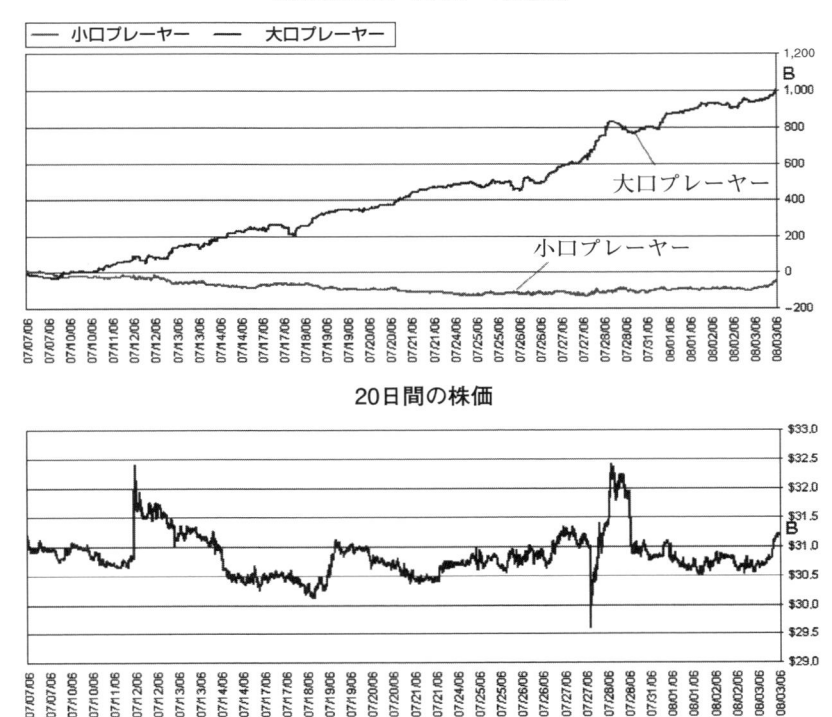

20日間のEV（単位＝1000株）

20日間の株価

　残念ながら、大口プレーヤーが常に正しいわけではない。彼らが必ず特権的な情報に基づいて行動したり、洗練された分析を行ったりしているわけではないということだ。ただ、もし株を買わなければならないときは、大口プレーヤーが大量に買い集めている銘柄のほうが良いことは間違いない。もし従来のツールも買い時を示していればなおさらだ。

　好例として、フェデレーテッド・インベスターズ・インク（FII）を見てみよう。従来の週足チャートによる分析では（**図1.17**）、株価はポイントAで1年間続いている支持線まで押していて、反転する

図1.20　FIIのEV分析

20日間のEV（単位＝1000株）

― 小口プレーヤー　　― 大口プレーヤー

20日間の株価

可能性が高い。相対力指数（RSI）は売られ過ぎのシグナルを出して、株価が過去の水準よりも下がっていることを示している。

　日足チャート（**図1.18**）を見ると、ポイントAでは横ばいだが、買いのベストタイミングがAかBかを判断するのは難しい。ちなみに、横ばいのときはRSIやMACDはあまり役に立たない。

　EV分析は、横ばいのなかで1人以上の大口プレーヤーが激しく買い集めていることをはっきりと教えてくれる（**図1.19**）。ポイントBまでの20日間、大口プレーヤーの売りと買いの圧力の差は100万株以上で、1日当たりなら5万株ということになる。1日の平均出来高が

80万株ということを考えれば、買い手と売り手のバランスは5万÷80万＝6.25％となり、経験上これは重要な値だと言ってよいだろう。

ここで、ポイントAではなく、ポイントBで買わなければならない理由を考えてほしい。

実は、答えは分からない。大口プレーヤーがどれだけ買い集めれば満足するのかや、いつ株価が上昇するのか（するとすれば）を知る方法はない（株価はEVアキュミュレーションの方向に動くことが多いので、そう仮定することはできる）。私の経験では、横ばいのなかで大口プレーヤーの買い集めが最低3営業日、1日の出来高の5％を超えているときは買うと良い。

図1.20を見ると、何もニュースがないのにポイントBから株価が上昇している。これは、大口プレーヤーが十分買い集めたからそろそろ株価を上げて新しい買い手を誘い込もうとしているのではないかと考えられる。

そうなると、「いつ売ればいいのか」と思うかもしれないが、これについてはEVだけで満足な答えは得られない。実際、良い売り時を見つけるのは、良い仕掛けポイントを見つけるより難しい。

売る理由はいくつかある。

- 目標株価に達した
- 大口プレーヤーが買うのをやめた
- 株価がしばらく動いていない
- 悪いニュースがあった
- 株価が企業の実際の価値より高くなった

売りの判断については、第5章と第6章で分析していく。

インサイダーに続け

インサイダーが売る理由はいくつもあるが、買う理由はただひとつ、利益を上げることしかない。

そこで、インサイダーの動きをつかむ方法を見ていこう。ここでは企業幹部ではなく、部外秘の情報を知る機会があるが売買制限の対象とはならない間接的なインサイダーについて考えてみたい。

インサイダーと大口プレーヤーの特性の違いは、売買の期間にある。ファンドが特定の銘柄を買い集めるにはある程度の時間がかかるが、典型的なインサイダーは何千株かを一度買えば満足する。また、インサイダーはオプション投資家にも似ている。オプションには満期があるようにインサイダーの優位もニュースが公表されれば終わる。ニュースの発表が近づくにつれ、ほかのインサイダーが同じ情報をつかんで先に動く可能性が高くなるため、インサイダーの優位は下がっていく。

ニュースにはいくつかのタイプがある。

- ●**日々の業務にかかわるニュース** 石油会社が新しい油田を発見したとか、ハイテク企業が新しい特許を取得したとか、製薬会社がFDA（米食品医薬品局）の認可を受けたとか、大型契約を締結したなど。
- ●**例外的なニュース** 上場会社にSEC（米証券取引委員会）の調査が入る、他社を買収するなど。
- ●**定例ニュース** 良い（または悪い）四半期の決算発表。

日々のビジネスインサイダー

ここで、天然ガス探査会社のペトロクエスト・エネジー・インク（PQ）を例にとって、インサイダーの動きを見てみよう。

図1.21　PQのEV分析

10日間のEV（単位＝1000株）

凡例：小口プレーヤー、大口プレーヤー

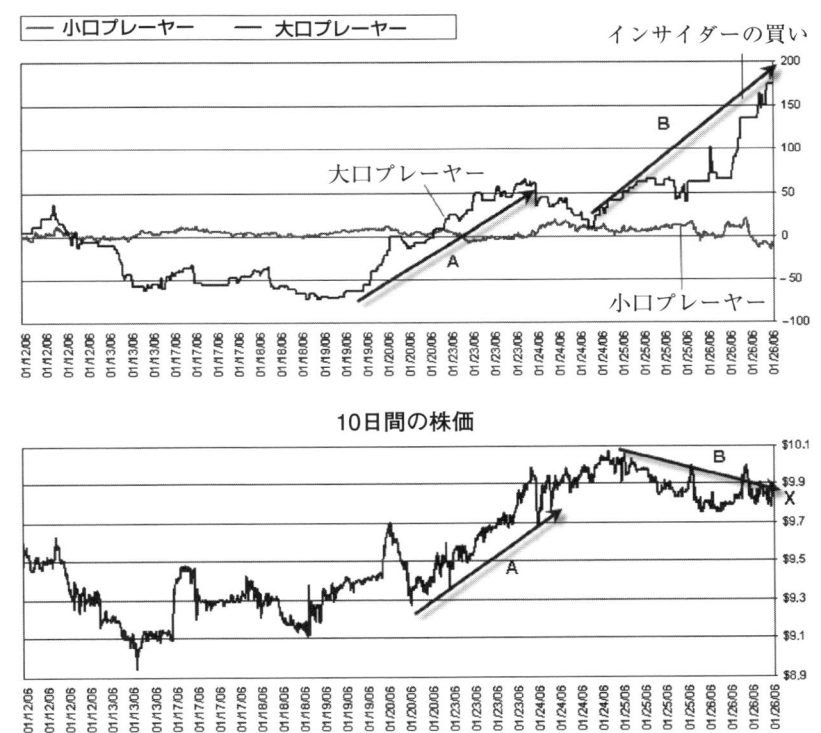

（ラベル）大口プレーヤー、小口プレーヤー、インサイダーの買い、A、B

10日間の株価

（ラベル）A、B、X

　図1.21を見ると、EVは上昇トレンドになっている（AとBの2つ）。Aは普通の上昇トレンドで、大口プレーヤーが買って株価を上げている。しかし、上昇トレンドBは株価自体は下がっていて説明が難しいうえ、ラージEVがAよりも強い。Aは上昇トレンド途上で大口プレーヤーの買いが12万株も純増したため、株価を9.3ドルから9.9ドルへと6.5％押し上げた。ところが、Bでは大口プレーヤーの買いが17万株も純増したにもかかわらず、株価はなぜか3％下げている。同じ割合でいけば、ここはさらに9％上昇しても良いはずだ。

　図1.21のBの矢印は、どこかの幸運な投資家が17万株を1株当た

図1.22　PQの急騰

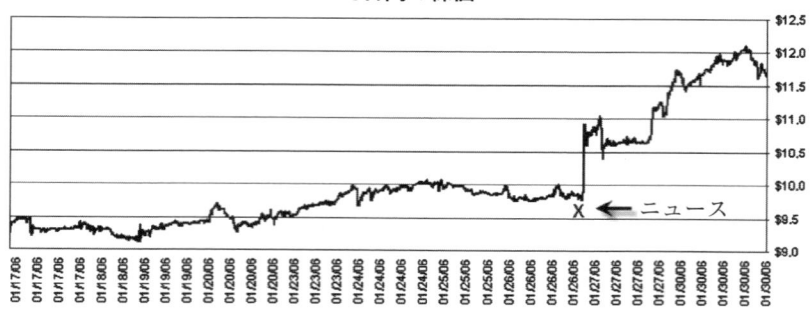

10日間の株価

り平均9.9ドルで買い、それから2日で株価が12ドル以上になったことを示している（**図1.22**）。このリスクなしの35万7000ドルの利益を上げたのは、ヘッジファンドや機関投資家ではない。これはきわめて標準的な情報漏えいのケースだろう。

ペトロクエストが2006年1月27日にSECに提出した8-Kファイル（情報公開の書式）には次のように書かれている。

> 2006年1月27日、ペトロクエスト・エネジー・インク（「当社」）は、2005年12月31日までの1年間における確認された天然ガスの埋蔵量に基づいた生産結果と予想をプレスリリースとして発表した。さらに、当社は2006年の生産指針と最新のヘッジ取引、最近行った買収の概要と掘削活動についても公表した。

私がEV分析を開発したのは、ニュースをいち早く知ることができないことにうんざりしていたからだ。

1日の仕事を終えて帰宅してからでは、良いニュースで利益を上げたり、悪いニュースをつかんで損失を避けたりするのには間に合わない。ニュースを知るのが一握りの人たちよりも遅れたことで、必要以

図1.23　ARBAのEV分析

20日間のEV（単位＝1000株）

（凡例：小口プレーヤー　大口プレーヤー）

インサイダーの買い
大口プレーヤー
A
B
小口プレーヤー

20日間の株価

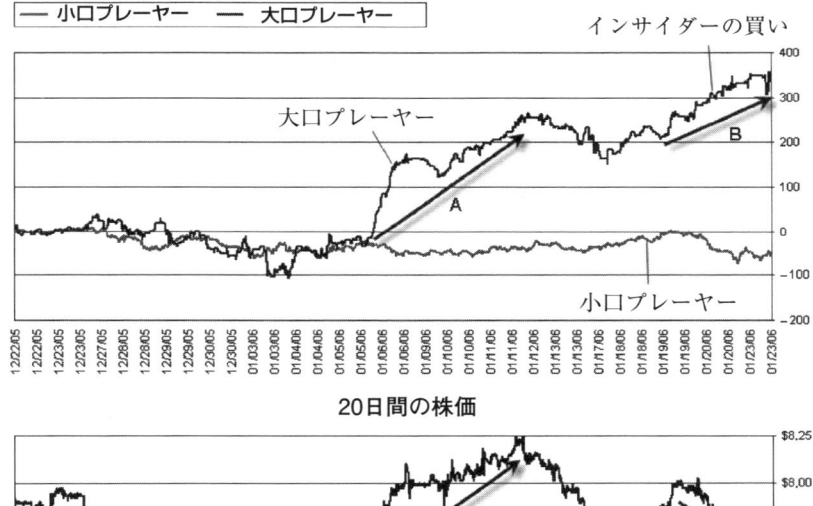

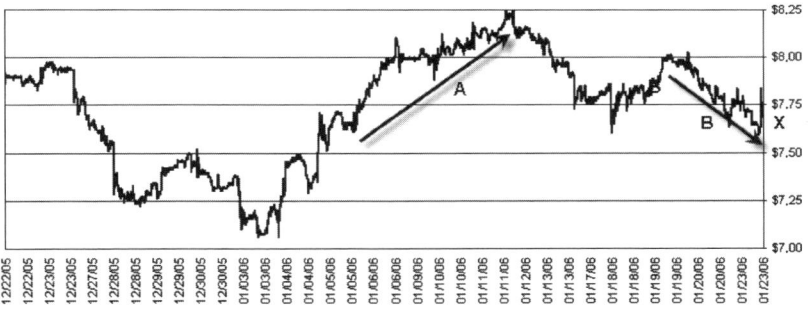

A
B
X

図1.24　ARBAの急騰

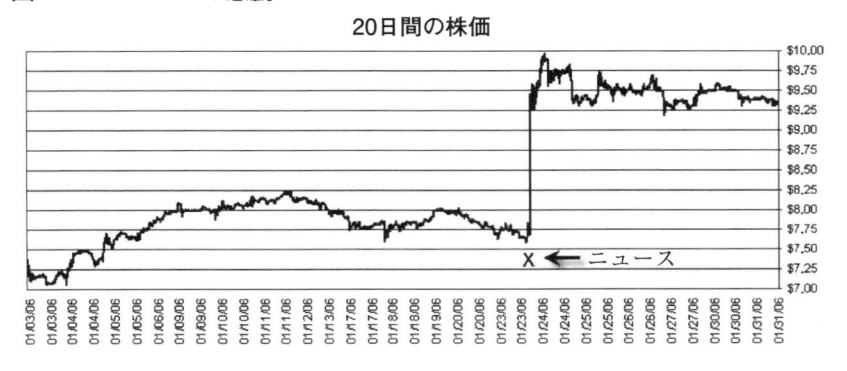

20日間の株価

X ← ニュース

図1.25　CTSHのEV分析

20日間のEV（単位＝1000株）

― 小口プレーヤー　― 大口プレーヤー

（大口プレーヤー／小口プレーヤー／決算発表前に売る機関投資家）

20日間の株価

上の損失を被ったり、良いニュースがマーケットに広まる前に売ってしまったりしたこともある。

　もちろん今でも大きな動きを逃すことはあるが、EVツールがあるおかげで以前よりもインサイダーの動きがよく分かるようになった。そして何よりも大事なのは、ニュースに反応するのではなく、ニュースが出る前に行動する時間があることだ。

収益情報の漏えい

　次は、アリバ・インク（ARBA）の決算発表にかかわるインサイダ

図1.26　CTSHの急騰

20日間の株価

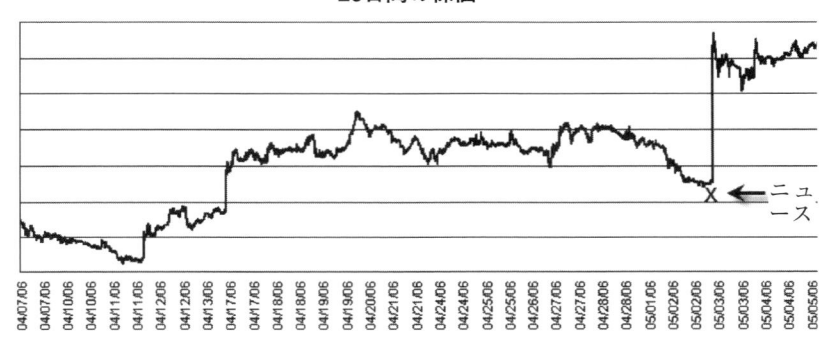

(チャート：04/07/06～05/05/06、ニュースの矢印とXマーク)

ーの動きを見ていこう。**図1.23**はＡの上昇トレンド途上で大口プレーヤーが株価を押し上げるという通常の行動を示している。反対に、株価急騰（**図1.24**）のきっかけとなった決算発表直前のＢの下降トレンドで買い集めた人には感服する。

もちろんこれがインサイダーのトレードだと100％確証を持って言えるわけではないが、7.5～8ドルの間で買われた10万株（1月19日から1月23日の間）の株価はたった一晩で9.5ドルに急騰し、17万5000ドルの利益が上がっている。幸運な投資家だ。

ダマシのシグナル

ただ、決算発表前のシグナル、なかでも下方のシグナルには危険が潜んでいる。次はコグニザント・テクノロジー・ソリューションズ（CTSH）を見てみよう。これは私が出来高の大きな変化に従って大金を失った非常に興味深いケーススタディーとなった。**図1.25**を見ると、大口プレーヤーが2006年5月2日の前から売っているのに、株価チャートの最後の部分は持ちこたえている。このとき、私は空売りできる銘柄を探していて、これだと思った（空売りとは株価の下げに賭けるトレードで、株を借りて売り、もっと安く買って返すときに差

額で儲ける)。そこで、5月2日の取引終了間際に空売りの注文を出した。私が宿題をせずにこれほどすぐ資金を失った経験はあまりない(**図1.26**)。

読みを誤った理由は、決算発表に非常に近い時期だったからだ。このような時期には収益悪化による損失を恐れて株を手放すファンドもあるほどで、決算発表の前日にリスクを増やす大手ファンドはあまりない。このケースでは、リスクを減らすため決算発表の直前にラージEVが下落したのであり、特別な情報で売ったと解釈すべきではなかった。

決算発表直前に大口プレーヤーがポジションを増やせば、それはプラスのサインと言えるのだろうか。ファンドは理由もなくリスクを増やしたりしない。特に主要な決算発表の前はそうだ。つまり、ファンドには良い結果を示す特別な情報があったと考えるべきだろう。

私はこのとき以来、決算発表前に空売りを仕掛けるのはやめた。

標準的なテクニカルツール

ここで、本章後半に出てくるいくつかの標準的なテクニカルツールを紹介しておく。経験豊富なトレーダーは、ここを飛ばして次の項目に進んでもかまわない。

これらのツールについては、エルダー博士の『投資苑』『投資苑2』(パンローリング)に詳しく説明されている。もしこれらの指標を知らなければ、ぜひ勉強してほしい。ここではごく簡単に紹介しておく。

移動平均線

一定期間に、人々がその銘柄に支払ってよいと考える水準。短

期や長期のコンセンサス株価とも言える（20日、50日、200日などさまざまな期間の平均がある）。株価がある程度の期間、移動平均線を上回ったり下回ったりすると、上昇トレンドや下降トレンドになる。上昇トレンドのときは、株価が移動平均線まで押したときに買うと良いし、下降トレンドでは移動平均線まで戻したときに売ると良い。トレンドに逆らってトレードするということは、大衆のコンセンサスに逆らうということで、とても難しい。超人でもないかぎり、動いているボートの方向をひとりで変えようとするのはやめたほうがよい。移動平均線は、トレンドのなかの過去の株価と比較した現在の価値を示してくれる（アレキサンダー・エルダー著『投資苑』［パンローリング］）。

RSI

J・ウエルズ・ワイルダーが開発したモメンタムオシレーター。この指標は、最近の値上がりと値下がりを比較して、0～100の数値に置き換える。相対力指数（RSI）が30以下は、その銘柄が売られ過ぎを示す。典型的な下降トレンドでは、RSIが何日間も30を下回る。しかし、RSIが30に上昇するとモメンタムが新しい買いのトレンドに戻ったということで、買いのシグナルとなる。また、株価が新しい底に達しても、RSIの水準がその前の底のときよりも高ければ、売り手は強さを失いつつあるということで、これも買いのシグナルになる。私の経験では、RSIはかなり幅広く利用されている。この指標は、簡単にプログラムできるため、数多くの自動トレーディングシステムで仕掛けや手仕舞いのシグナルとして利用されているのだと思う。新しいトレンドが始まったときは、RSIは過去の株価と比較した現在の価値を示してくれる（アレキサンダー・エルダー著『投資苑』、J・ウエルズ・ワイルダー・ジュニア著『ワイルダーのテクニカル分析入門』［パ

MACDヒストグラム

ジェラルド・アペルが開発したモメンタムオシレーター。この指標は、短期と長期の移動平均線を比較して、株価の変化が以前よりも速いかどうかを調べる。2つの移動平均線の変化率を比較して短期移動平均線の変化率が長期のそれよりも高ければ、株価のモメンタムはプラスであることを示す（ジェラルド・アペル著『アペル流テクニカル売買のコツ』［パンローリング］）。

支持線・抵抗線

株価が密集したり、多くの売買判断が下される水準を示す重要な線（アレキサンダー・エルダー著『投資苑』）。

分離値の算出方法

この項目はEVの詳細について知りたい読者のために書いた。

固定分離法

ラージEVとスモールEVを分離する方法はいくつかある。例えば任意の値を選び、それよりも大きな出来高をラージとすることもできるが、これはあまりうまくいかない。ボラティリティーが出来高の主要な特性のひとつであることを考えると、分離値を固定した場合、大部分がラージEVになる日や大部分がスモールEVになる日が出てきてしまうからだ。

この理由は、大口プレーヤーの行動を観察すれば分かる。彼らの買

図1.27　テラブスの１日のEV。連続した縦線はその時間枠のEVを表しているが、平均EVがラージEVとスモールEVを分ける良い方法かどうかをこの図から判断するのは難しい

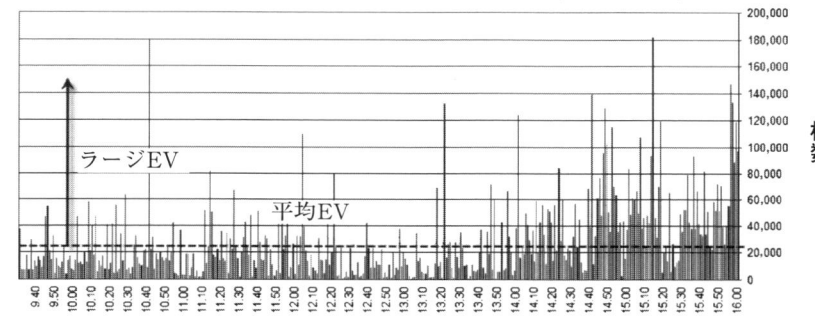

テラブスの時間別出来高ヒストグラム（2006/9/20）

いは通常、横ばいでだれも注目していないときに執行される。この間に株価を上げないで供給量以上の株数を買い集めるのは難しく、大口プレーヤーはマーケットの供給量を見ながら売買注文のサイズを調整している。この状態は毎日変わるため、大口プレーヤーの買い集めは日によって株数が変わる。つまり、分離値は毎日計算しなければならない。

平均分離法

ラージEVとスモールEVを分ける最も分かりやすい方法は、１分足の終値で見て株価が変化したすべての１分足のEVの平均を算出して、それよりも多い出来高をラージEV、少ない出来高をスモールEVとする方法だ。この方法でテラブスの１日の取引（2006年9月20日）を分けたのが**図1.27**になる。

図1.27のラージEVとスモールEVを分ける平均出来高は、２万5951株だった。ちなみに、**図1.27**には縦の足が260本ある（足はそれぞれプラスかマイナスに関係なくEVの１分間の出来高を表している。

図1.28　平均出来高で分離した1日のEV。平均値で分離すると、ラージEVは株価に近い動きになる

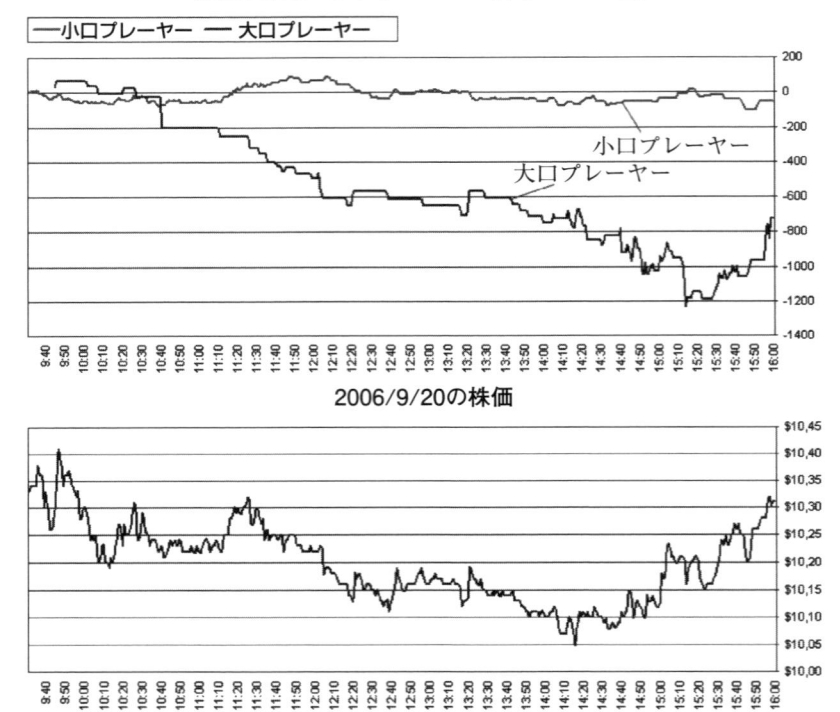

2006/9/20のテラブスのEV（単位＝1000株）

2006/9/20の株価

ただ、ここでの関心は各足のサイズだけなので、絶対値で表示している）。この図のEVの合計は約675万株で、この日の合計出来高は1100万株だった。EVは、トレードされた全株数の約半分だったことになる。

もしEVの平均値を分離値としてEVフローをプロットすると、株価パターンと大口プレーヤーのパターンが非常に近いことが分かる（**図1.28**）。ここからは、株価を動かしているのが大口プレーヤーだと言えるのかもしれない。

図1.28は、EVの平均値を分離値として使用して、2006年9月20日のラージEVとスモールEVのフローを示している。

図1.29　図1.27のすべてのEVを多い順に並び替えると、ラージEVの株数のほうがずっと多くなる。この例では、出来高の70％がラージプレーヤーのグループに入っている

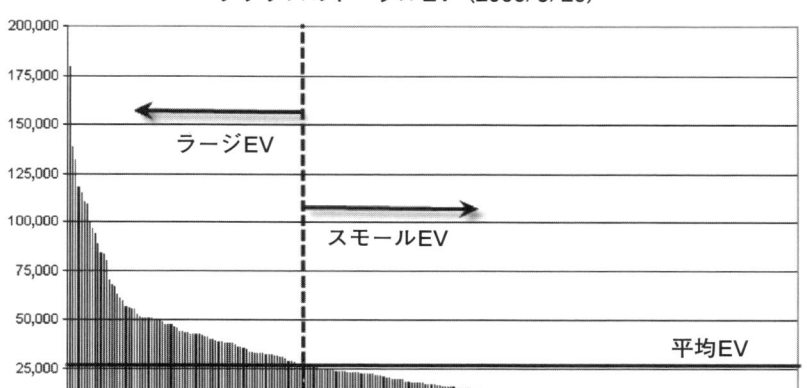

テラブスのトータルEV（2006/9/20）

　この分離値をさらに詳しく見ていこう。**図1.27**に戻って、260本の足を長い順に並べ替えると、面白い結果になる（**図1.29**）。まず目に付くのは、ラージEVの面積のほうがスモールEVよりずっと大きく見えることだ。

　このことの重要性を、次の例から理解してほしい。運輸省がある道路の制限速度が守られているかどうかを調査することになり、若いエンジニアが道路脇に精巧なレーダーシステムを設置した。1週間が経過して観測結果を調べると、制限速度の時速65キロに対して、システムが記録したスピードの平均は時速23キロだった。そこでこのエンジニアは、制限は守られていると結論づけた。しかし、データをよく見ると、この道路を通ったのは自転車90台と車10台だった。自転車の平均速度は時速16キロで、車の平均速度は時速80キロ、要するにデータの構成に問題があった。自動車の速度は自転車よりもかなり速いが、自転車の数のほうが大変多かったのだ。

これは、株式市場と非常によく似ていて、われわれも出来高のボラティリティーに対処しなければならない。インターネットが普及してマーケットに数多くの個人トレーダーが参入するようになり（たくさんの自転車）、増え続けるファンドは大きなポジションを建てている（スピードを上げる自動車）。現実の世界では、自動車は高速道路、自転車は自転車専用道路に振り分けるのが理にかなっている。ただ、株式市場では自転車も自動車も同じ株を競っているため、そこにボラティリティーが生まれる。このボラティリティーと最近の株価の小数点化がマーケットの見通しを遮ってしまったことで、一般投資家が株価操作が行われていると考えるようになったとしても不思議はない。ボラティリティーと株価操作の可能性については、それぞれ第3章と第4章で詳しく述べる。

等力分離法

EVを、株価を変化させた1分間の出来高と定義したことを思い出してほしい。ここでは、上昇したのが0.01ドルでも0.02ドルでも買いの出来高という意味では同じとみなし、株数に関係なく株価を動かす力があると考えている。しかし、もしEVを同じ株数の2つのグループに分ければ、理論的には双方が本質的に株を動かす同じ力を持っていることになる。

図1.29では、トータルEVが675万株だと分かっている。そこで、左側の足から675万株の半分（337万5000株）になるまで順に足していくと、半分に分ける株数は4万2500株になった。つまり、4万2500株よりも大きいEVはラージEVで、それ以外はスモールEVということになる。新しい分け方は**図1.30**に示してある。

この分け方だと、株価が変化した260本の棒のうちラージEVは48本しかないことに注目してほしい。つまり、この48本は残りの212本と

図1.30　EVの等力分離法。この方式ではラージとスモールの株数が同じになり、理論的には株価を動かす同じ力があることになるため、よりバランスのとれた方法と言える

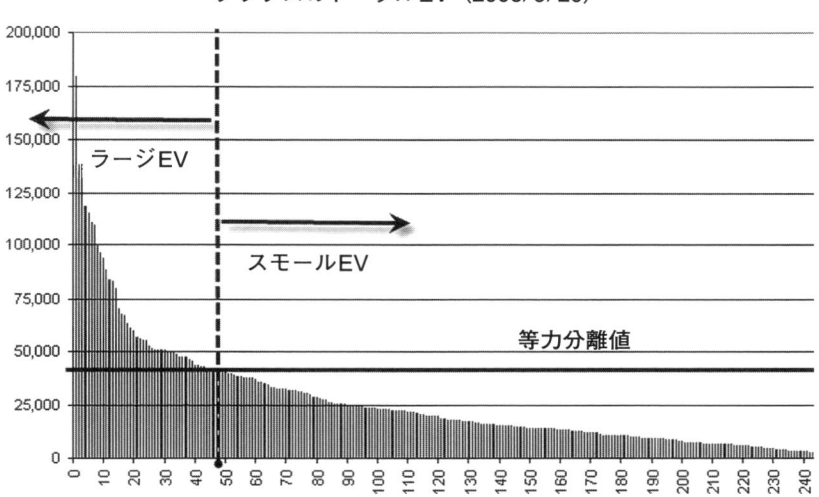

テラブスのトータルEV（2006/9/20）

同じ株数を動かしたということで、理論的には双方に同じ力があることになる。

しかし、小口プレーヤーの出来高は散在しているため、力も拡散して株価に与える影響は限定的になる。反対に、大口プレーヤーの出来高は、何人かの大口保有者が結託しているため、株価に与える影響はずっと大きい。大口保有者は通常集中して売買する傾向があり、それが株価の方向を決定づける。

もう一度、**図1.28**に戻って分離値に新しい定義を当てはめると、まったく違った行動パターンが見えてくる（**図1.31**）。平均分離法を使った**図1.28**では、大口プレーヤーのほうが小口プレーヤーよりも影響が大きかった。大口プレーヤーがEVの70％を占めることを考えれば当然かもしれない。しかし、等力分離法を使った**図1.31**では、大口プレーヤーと小口プレーヤーの影響力はかなりバランスがとれて

図1.31　出来高の中間点で分けた1日のEV。2つのグループが株価に与える影響力は図1.28よりもバランスがとれている

2006/9/20のテラブスのEV（単位＝1000株）

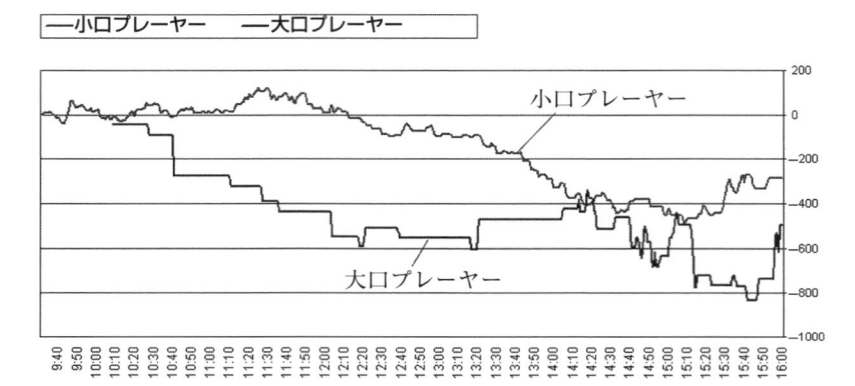

1日の株価

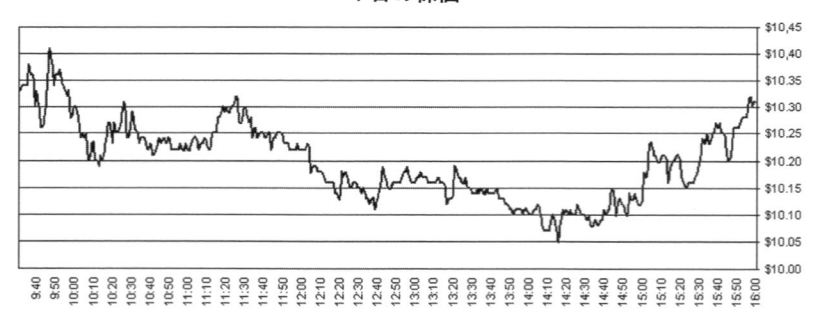

いる。

　等力分離法の図では、大口プレーヤーと小口プレーヤーのバランスがとれていれば対象期間に機関投資家は活発な動きを見せなかったと解釈できる（つまり、ラージEVは大口の個人投資家の集まりで、スモールEVは小口の個人投資家の集まりということ）。しかし、もし大口プレーヤーと小口プレーヤーのパターンが大きく違えば、機関投資家が動いたと考えられる。

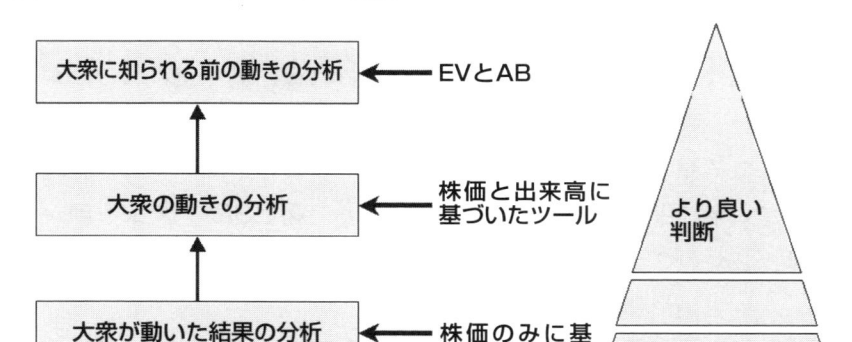

図1.32 テクニカルツールの発展

```
大衆に知られる前の動きの分析  ← EVとAB
        ↑
    大衆の動きの分析    ← 株価と出来高に
                       基づいたツール
        ↑
  大衆が動いた結果の分析  ← 株価のみに基
                        づいたツール
```

(右側：より良い判断を示すピラミッド図)

トレードを向上させるために大局で判断する

　さまざまなプレーヤーがさまざまな分析ツールやトレード商品を使って参入してくる株式市場は、非常に複雑になっている。トレーダーは、個人でもプロでもほかのトレーダーがいつ何をしているのかを知っておく必要がある。

　トレーダーの大部分はモメンタムかトレンドフォローのプレーヤーなので、ほかのトレーダーの判断に従って仕掛けたり手仕舞ったりしている。これを大衆の行動と言う。大衆の行動分析は理解しやすい概念で、株価を基にしたテクニカル指標（RSI、MACDヒストグラム、トレンド指標など）で簡単にモデル化できる。ただ、株価のみを基準とした指標の情報は、事後にならないと分からないことが多い。

　株価と出来高に関するトレンドを利用したツールは、大衆に売買の判断が広まるよりも少し早くその情報をつかめるものが多い。これらのツールは相関性のないデータを組み合わせているため、価格のみに基づくツールよりも強力な分析方法と言える（株価と出来高は、一般的に相関性がないと言われている）。次の項目では、株価・出来高スプレッド分析と、ティック出来高分析を簡単に紹介する。これらのツ

ールは便利だが、マーケットで起こっていることが本当かどうか確証が持てないという意味では、多少不明瞭とも言える。それでも、これらの指標はたいていは正しい。そうでなければ、広く使われるはずがない。

本書で紹介する新しいツールの目的は、ほかのトレーダーの判断を、それが大衆に広まる前につかむことにある（**図1.32**）。大衆を動かすには、2つのことが起こらなければならない。

1. 大衆の動く準備が整っている。準備ができていなければ動くことはできないため、大衆のポジションを把握しておく必要がある。次章で紹介するアクティブバウンダリー（AB）がこれをしてくれる。
2. トレンドを決定づける者が存在する。変化を引き起こす一握りの重要な人たちで、彼らの戦略を理解しなければ、その動きを察知するのは難しい。これには、EVやそれに関連したエフェクティブレシオ、ダイバージェンス分析などを使う。

従来のツールとの比較

この項目では、ほかの有名な出来高ツールを理論的に紹介していく。ここは飛ばして先に進んでも、それ以降を読むうえで支障はない。

株価を基にした指標

私はトレーディングを始めたとき、入手できるすべての指標をさまざまな時間枠やセットアップで試してみた。そして、可能なトレード判断をすべて正当化できる指標は簡単に見つかるということを発見した。また、自分に合う指標もすぐに見つかった。移動平均線、RSI、

MACDヒストグラム、支持線・抵抗線などで、これらについてはすでに述べた。

株価と出来高に基づいた指標

　株価と出来高を組み合わせた分析の重要性は長年知られているため、ここでは偉大な先駆者の業績の簡単な紹介にとどめておく。80年以上前に、リチャード・ワイコフは株価と出来高の関係を詳しく調べた。トレーダーだったワイコフは、1920年代にマーケットに関する数冊の本を書き、のちにアリゾナ州フェニックスにストック・マーケット・インスティテュートを設立した。ワイコフの業績の中核を成すのは、横ばいのときにそこから株価が長期の保ち合いのままか、下げるのか、天井圏の揉み合いになるのか、上げるのかなどといった段階を判断する分析だ。これらの段階には、「素人」（個人投資家）から「複合的な操作者」（いわゆるスマートマネー）へのシフトも組み込まれている。

　日足のデータと出来高のデータを組み合わせる方法はいくつかある。

- 始値から終値までのレンジで出来高を加重する
- 株価の前日からの変化で出来高を加重する
- 株価と出来高の関係を前日のそれと比較する
- 出来高を使ってRSIやMACDヒストグラムなど価格ベースの指標を加重する

　これらはどれもほかのトレーダーの行動の基となった判断を見極めるもので、その日にみんな売るつもりなのか、それとも買うつもりなのかを査定し、翌日の目安を示してくれる。さらに、これらのツールはグローバルな需給バランスを見る助けにもなってくれる。これらの

ツールには、トレーダーの行動や意見は出来高に含まれ、動きの方向性は株価に含まれているという考えが根底にある。

本当に知っておくべきこと

本を読むと、よく需給の平衡や売買の平衡を測定する指標とか、もっと大ざっぱにベアとブルの平衡を見るなどという話が出てくる。しかし、これらは定義するのさえ難しく、それを測定してもさほど役には立たない。

一般的に言われていることを挙げてみよう。

- ブル派が優勢だったり勢力を増しているときは株価が上がる
- ベア派の勢力が増すと、株価は下がる
- ブル派の勢力が弱まると、株価は下がる
- ベア派の勢力が弱まると、株価は上がる
- 株価が上昇トレンドにあり、需給の平衡がベアの方向に傾いていれば、スマートマネーが撤退している
- 株価が天井を打ったときの買い手の強さや、底を打ったときの売り手の弱さを調べ、大衆がどこに向かうのかを見極めることがカギとなる

しかし、私はこれらの多くは意味がないし、役にも立たないと思っている。多くのトレード本にこれらのことが書かれているのは、ものごとを分かりやすくするためだが、この根底の概念は非常にあいまいで、マーケット心理とか需給の平衡などといった言葉でしか説明できない。

大部分のテクニカル分析本やツールの目的は需給の平衡を測定することで、それらにはシグナルと株価のダイバージェンスはベア派やブ

ル派が強まったとか弱まったなどといったことが書いてある。

　これらの著者の大部分は、自分のトレード経験を株価や株価と出来高などのパターンに置き換え、平衡とか、強弱といった説明を加える。数学的な公式でモデル化したパターンや需給の平衡を算出するものはほとんどない。これは公式が不完全だったり、うまくいかなかったりすることも多いからだ。もっと一般的なパターン（ヘッド・アンド・ショルダーズ、カップ・アンド・ハンドルなど）でさえ確実とは言えない。みんなマーケットが不完全だということは認めているし、だからこそ損切りなどのリスク管理の指針が必要となる。

　予想不可能なのは、マーケット自体ではなく、マーケットを解釈したり測定したりする方法であり、トレーダーはマーケットの仕組みをもっとよく理解してその動きをもっとうまく測定できるツールを持つ必要がある。そうすれば、トレーディングは向上するし、自分のしていることに自信が持て、損切りはマーケットから物理的に離れているところにだけ置けばよくなる。

　祖母のジャム作りのように、有名なパターンだけに従うようなトレードはやめよう。もちろん、祖母はたいていは正しいのだが、パターンを形成する勢力を理解し測定できれば、さらに自信を持つことができる。

　ほかにもいくつかのツールを見ていこう。

勢力指数
　エルダー博士が発明した勢力指数の定義は、**『投資苑２』**から博士自身の言葉を引用するのが一番良いだろう。

　　　勢力指数は、３つの不可欠の情報――価格変動の方向、その程度、出来高――を結合させることによって、どんな市場でも転換点を確認するのに役立ちます。価格は市場参加者間の価値の合意

を示します。出来高は彼らの経済的・感情的な意欲の程度を反映します。価格は人びとが考えていること、出来高は人びとが感じていることを反映します。勢力指数は３つの質問──価格は上昇しているのか、下落しているのか、その変化はどの程度か、どれだけの出来高で価格は動いているのか──をすることによって大衆の思惑と感情を結合させます。

　変動の勢力を測定することは、強い動きは弱い動きより持続する可能性が高いので、非常に有益です。価格と勢力指数のピークと底の乖離は重要な転換点を確認するのに役立ちます。勢力指数のスパイク（突出高・突出安）は、群衆ヒステリーの領域──ここでトレンドが尽きる──を確認します。勢力指数の公式は次のようになります。

　　勢力指数＝（今日の終値－昨日の終値）×今日の出来高
　　　　　　　　　　　　（**『投資苑２』** 165～166ページ）

　エルダー博士は、さらに株価が乖離した場合の勢力指数の使い方も説明している。

　　トレンドの転換は予期できないものではありません。勢力指数と価格の間の乖離が通常は転換に先行します。市場は上昇しようとしているが、勢力指数のピークが低下している場合、それは、ブルの弱さの兆候です。株や先物が下落しようとしているが、勢力指数の底がさらに浅くなっている場合、それはベアの弱さの兆候です。

　　　　　　　　　　　　　（**『投資苑２』** 170ページ）

　何事も当たり前だとは考えない私は、２つの異なった変数（株価と

出来高)を掛け合わせて意味のある結果が得られるのだろうかと思った。通常、物理学では割り算で変数を比較し、最初の変数の変化が次の変数の変化に与える影響を見る。例えば、２時間で260キロのドライブをすれば、速度は距離÷時間で時速130キロと分かる。それなら、勢力指数の公式を調整して、弱さ指数と呼んでも良いのではないだろうか(勢力指数も弱さ指数も、目的がブルとベアの平衡点を求めることだということは分かっている)。

　弱さ指数＝今日の出来高÷(今日の終値－前日の終値)

　例えば、１日目の株価変化は＋10セントで出来高が平均の２倍に当たる10万株、翌日の株価の変化はわずか＋５セントで、出来高は40万株だとする。ここから何が分かるだろう。
　勢力指数の公式なら、指数が上昇してマーケットは上がるという結論になる。実際、強さは２倍になり、さらなる買い手が参入した結果、株価はさらに上がることになる。

　１日目の勢力指数＝＋10セント×10万株＝100万
　２日目の勢力指数＝＋５セント×40万株＝200万

　一方、弱さ指数の公式では、弱さ指数が上昇しているので、マーケットが下げるという結論になる。実際、２日目に株価を１セント上げるためには、１日目の８倍の出来高が必要になることから、弱さが増していると言える。１日目と２日目では、株の供給は増えているように見えるが、マーケットはすぐに反転して下落する(この計算は、出来高に対する株価の弾性として知られている)。

　１日目の弱さ指数＝10万株÷10セント＝１セント当たり１万株

２日目の弱さ指数＝40万株÷5セント＝1セント当たり8万株

　分析は両方とも正しい。勢力指数も弱さ指数も需要の強さや供給の弱さによって株価が動いたことを示すわけではないからで、これらはまったく違うことを意味している。しかし、本章前半で見たように、強い意志があれば、売買の勢力は需給の勢力より強くなる。つまり、勢力指数は弱さ指数よりも優れた指標ということになる。

　勢力指数の解釈が難しいもうひとつの理由は、株価と出来高を単純に掛け合わせていることにある。勢力指数という名称から、これが上昇トレンドにおける買い手の強さや下降トレンドにおける売り手の強さを測定するものだと思ってしまうが、実はこのなかには上昇トレンドにおける売り手の強さと下降トレンドにおける買い手の強さも含まれている。問題は、株価と出来高を掛け合わせることで、売買バランスのどちらが強いのかがはっきりと分からないことだが、株価の方向から売買バランスがどちらに傾くかを想像することはできる。

出来高を実体の大きさで加重する

　それ以外にも日中の売買バランスを測定する方法として、出来高を「終値－始値」と「高値－始値」のバランスで加重することができる。これは、この株価のバランスが買い手と売り手の（出来高の）バランスをよく表しているという考えからきている。ただ残念ながら、日中の出来高の大きなボラティリティーを考えると、この想定は非常に間違っている。取引開始時と終了時に出来高が急増することはみんな知っているだろう。

　次は、取引終了時のプロの動きを見ていこう。多くのテクニカルツールは終値を使っているため、プロはエネルギー（出来高）の多くを取引終了時につぎ込んで、自分のポジションを有利にしようとする。つまり、大口プレーヤーは取引終了時の指標を簡単に操作でき、それ

が売買の平衡に関する間違った見通しを与えることにもなりかねない。

　この種の指標の限界を示す例をひとつ紹介しよう。仮にある日の取引終了30分前までに、ある銘柄は50セント下落して、出来高が40万株だったとする。しかし、最後の30分間になると大手ファンドが参入し、わずか10万株で株価を70セントも上げてしまった。この急騰によって供給は枯渇し、株価はさらに急上昇した。あまりにも急な出来事に売り手は新たに売ることができず、その結果、終値は＋20セントで引けた。

　終値を使う手法は、上昇した20セントと出来高の50万株を使うことになるが、実際の株価はこの日の大部分で下げていた。高い終値は通常、翌日に買い手を引き付けるが、おそらくそれによって大手ファンドは良い価格で売れるのだろう。

　今回のケースでは、取引終了前という重要な時間帯だったため、大手ファンドの戦略的な動きが見えたが、それがときにはほかのトレーダーに、有益でない戦略的判断を促すことになる。短期的な戦略や長期的な戦略を見極めるためのツールが必要な理由が分かったと思う。

　株価と出来高を組み合わせる手法は日足のデータを使うとうまくいくが、分析時間を１時間、30分、15分、５分、そして最後に１分と短くしていくと効力がなくなる。これらの手法は、株価表示の小数点化以前に開発された。当時は１分間の枠で大きく株価が変化することはなく、10分とか15分といった長めの時間枠で出来高と株価の関係を分析しなければならなかった。通常、オンバランスボリューム（OBV）分析やボリュームスプレッド分析といった日足のデータによる分析では10分枠を使っているが、10分というのはこれらの指標で使える最小の時間枠だと思う。

　言い換えれば、これらの手法は１分間という非常に小さい時間枠では機能しない。理由は、これらの手法が大手ファンドを含むマーケット参加者の判断から買い集めや売り抜けや需給をモデル化するようデザインされているからだ。つまり、１分間という枠は意図的な動きよ

り戦略的な動きの分析に適している。

　大手ファンドが株を買い集めるのには何日かかかるため、日足の4本値データを使う従来の手法でも彼らの買いの判断を察知できるチャンスは十分にある。特に、買い集めるときは積極的な買い（成り行きの買い注文）で執行されるトレードのほうが受け身の買い（指値の買い注文）よりも多くなることが分かっているため、なおさらだろう。マーケットでは大きな指値注文のほうが成り行き注文より目立つため、それがほかの買い手の株価を押し上げ、売り手は注文を取り下げて株価がさらに上がるのを待つことにつながる。ポジショントレーダーなら、正しい判断を下すためにこれ以上知る必要はない。

　しかし、トレードごとに見ていくと、従来の手法ではうまくいかないことがすぐに分かる。主な理由は、トレードベースだと長期戦略ではなく短期作戦の影響が大きくなるからだ。長期戦略の判断を下すモデルを作るツールは、短期の作戦にはうまく機能しない。例えば、典型的な短期戦略として、株価が特定のレンジにある間は、中くらい以下のサイズの注文を定期的に出しながら、売り手を呼び込むために急に売って株価を最初のレンジに戻すという方法がある。この作戦は、株の供給が枯渇するまで続けられる。

　従来のツールは2つの数学的理由から、このような短期的な行動をとらえるのが得意ではない。

1. 1分間という小さな時間枠では値動きも小さいため、高値から安値までの開きが少なく、その解釈は極めて難しい。株数が少なくても簡単に株価が1ティック上下することがあり、トレードレベルで見ると、マーケットは非常に不規則に見える。また、出来高は推測可能に見える売り気配値や買い気配値の水準でも、予測できないタイミングで急騰する。
2. 1分足で見ると、株価と出来高はまったく違う動きをしている。

例えば、最初の足で5000株がトレードされ、株価が２セント上がり、次の足では10万株で１セント下がり、その次は200株でまた２セント上がるなどということがある。つまり、ここでは株価と出来高のボラティリティーにおける大きな違いという問題を解決しなければならない。株価の１分足のボラティリティーはファンダメンタルズ的にほとんど変動しないが、出来高のボラティリティーは極めて高い。つまり、取引終了時の株価と出来高を掛け合わせるのはある程度意味があるが、１分足でそれをしても数学的な意味はない。

しかし、もしこれらの問題が解決したとしても、長期的な動きではなく、短期的な作戦の動きばかりに目が行ってしまうという恐れがある。そこで、このような短期の動きを毎日（または毎週）の流れとして観察し、過去の流れと比較して長期戦略を理解する必要がある。

これはさまざまな袋からピースを取り出して大きなパズルを組み立てていくようなもので、絵を完成させる前に、まずはピースを分類しなければならない。

ティックボリューム分析

トレードレベルで見ると、大口プレーヤーの短期戦略的な動きをとらえやすいことは分かった。トレードごとのデータを使う最初のツールを開発したのはドン・ウォーデンで、のちにそれをラズロ・ブリニーが大々的に使い、広めた。ブリニーが「マネーフロー指数」と名づけたこのツールは、株数の多いトレードのほうが株数の少ないトレードよりも重要だという想定の下、小さな上昇ティックと下降ティックを比較する。

実は、この考えはかつては正しかったが、今日ではそうとも言えなくなっている。コンサルタント会社のアイト・グループが行った調査

によると、2006年末に自動的なプログラム売買でトレードされたアメリカ株は全トレードの3分の1だったが、2010年末にはそれが53％に増えると予想されている。

これらのプログラムでは、売買サイズを隠すために意図的に注文を分割するアルゴリズムが組み込まれており、注文が少しずつ証券取引所に送られて、たまっていく。つまり、現在のマーケットではマネーフロー指数の前提自体が崩れかけているのだ。

2つ目のツールは、執行された注文数（売り気配値なら買い、買い気配値なら売り）を数える方法で、そのバランスが売り手と買い手の平衡を示すとしている。これらのツールは、日足のデータを使ったAD手法と同じように使われ、マーケットの全体的な方向性を（意思決定レベルで）理解できる。

ただ、トレードごとのデータを使うときには、トレードがランダムに発生することが問題となる。そこで、測定したり比較したりするためにはこれらを特定の時間枠と関連づけ、1分足を累積してトレードを当てはめていく必要がある。こうして、1分足分析とEVの手法が生まれた。

EVで学んだこと

本章は、「大口プレーヤーが何をしているのか」という単純な質問から始まった。そして、私がEVと定義した1分間の小さな出来高の変化を観察すれば、インサイダーや機関投資家やそのほかの大口プレーヤーの短期の戦略的な動きが察知できることが分かった。そのうえ、EVは将来の株価の変化やトレンドを決定づける者まで察知できる。ただ、本当にトレンドを観察するためには、次章で述べるとおりEVとABを合わせて使う必要がある。

第2章

株価と価値——アクティブバウンダリー指数

Price and Value -- The Active Boundaries Indicator

　本章では、トレンドの存在理由、成り立ち、観察の仕方などについて説明していく。ただ、その前に「なぜ株は売られたり買われたりするのか」という核心部分を検証する必要がある。

安く買う

　投資家ならばだれでも、天井近くで買うよりも底で買うほうが簡単に儲かることは知っている。そこで、株価が安いかどうかを知るために、その株の本当の価値を見極める必要がある。
　株の価値を定義する方法は、投資戦略と同じくらいたくさんある。

- 価値の高い銘柄を選ぶときよく使われる方法として、PER（株価収益率）が低い銘柄を選ぶということがある。投資家は将来を見るため、翌年の予想PERを見るのもよい。PERは、10倍を維持している業界もあるし、高成長の業界ではそれより高いこともある。
- 価値の高い銘柄を選ぶ2つ目の方法は、アナリストの収益予想を見る。
- そのほかに、予想外の決算を調べる方法もある。実際の決算発表とアナリストが出した平均予想を比較し、予想よりも良かったときは

図2.1 株の価値を調べるための伝統的な手法──RSI、トレンドライン、移動平均線、支持線(エンカナ・コープ)

出所=ストックチャート・ドット・コム

次の四半期も同じ傾向が続く可能性が高いと考えて買うという方法だ。

自分のツールを考案する前、私は4種類のテクニカルシグナルを使って割安かどうかを調べていた(**図2.1**)。

1. **支持線** 株価の底を結んだ水平の線。支持線を下回ると、さらに下がる可能性があるが、支持線で止まれば上昇すると言われている。この考えに基づいて、多くのトレーダーが支持線で買い、そのすぐ下に損切りを置いている。
2. **トレンドライン** チャート上の天井や底を結んだ線で、トレーダーのコンセンサスの価値を表している。株価がトレンドラインよりも上になれば株価は割高、下になれば割安と言われている。

3. **相対力指数（RSI）** 直近の一定期間の上昇した日と下落した日を比較し、0～100の値で表す指数。30未満は売られ過ぎ、70を超えれば買われ過ぎと言われている。株価が大きく上昇すれば買われ過ぎ、大幅に下げれば売られ過ぎとも言える。トレーダーは売られ過ぎの領域にあるときに買えば良い（自動トレーディングシステムの多くがこの指標を使っていると思う）。

4. **移動平均線（MA）** 日々の株価変動をならしてトレンド自体に注目するためのもの。例えば、50日単純移動平均線（**図2.1**）は、過去50日間の株価の平均で、次の日は最新の終値を最も古い終値と入れ替えて再度計算する。最近のデータを加重して算出する指数平滑平均（EMA）もある。解釈の仕方はトレンドラインと似ているが、多くのトレーダーはさまざまな時間枠の移動平均線を組み合わせて将来の株価を査定しようとする。短期トレーダーは20日MAが50日MAを上抜いたら買うとか、長期投資家なら50日MAが200日MAを上抜いたら買うなどという使い方がある。

従来の基準による「安い」とは

　長期的な視野を持つ投資家は、成長率や収益やマーケットの強さなどで株の価値を測るが、短期トレーダーは前述の株価を使ったテクニカル指標を好んで使っている。2つの手法の大きな違いは、長期投資家が将来の収益成長を見ているのに対して、トレーダーは過去の株価水準を見ていることにある。

　しかし、どちらが正しいのだろう。私は、将来の収益成長が本当の価値を表しているのに対し、過去の株価水準は将来の収益成長に対するその時点のマーケットの評価を表しているように思う。過去の株価水準は将来の収益に対する憶測を表しているだけなので、そこから将来の株価を予想しても、極めて投機的でしかない。このようなことを

しているトレーダーは、「昨日は株が高かったから、今日はそれと比べれば安い」などと言うが、もちろんこのような基準は明日の株価がもっと安くなるかどうかの手掛かりにはならない。

ただ、ここでだれが正しいかを判断しようとしているのではない。人は投資家になったり、トレーダーになったり、ときには投機家になったりする。しかし、アクティブトレーダーや投機家や投資家の共通点は、みんな利益を上げたいと思っていることだ。しかし、この期待はみんな同時にかなうものだろうか。

株の売買には相手がいるということを多くの人が忘れている。株を買うときは、それが安いと思うからだが、同時にそれが高いと思う人（売り手）が存在する。つまり、「安い」とか「高い」の概念は同じ銘柄を追っているアクティブトレーダーのグループに対して測定すべきだろう。理由は簡単で、株式トレードは現実の価値をトレードしているのではなく、現実だと思っている価値をトレードしているからだ。つまり、株は「安いか」「高いか」ではなく、「何を期待しているのか」について考える必要がある。

期待という概念

実際、安いからとか良い株だからという理由で私たちは株を買うわけではない。これらは、買いを正当化する理由にすぎない。トレーダーは、時にはすでに持っているポジションに加えて買い増しすることもある。この場合でも、いずれは株価が上がり、売って儲けることが期待できなければ、買ったりはしないだろう。

株式市場はスーパーマーケットとは違う。スーパーでパンを買うのはそれを食べたいからで、ほかの人にもっと高く売るためではない。もし次に買うときにパンの価格が上がっていれば、別のものを買うか、別の店に行くだろう。しかし、株式市場ではもっと高く売るために買

表2.1　売り抜けで高い平均利益が出るケース

	株数	買値	利益
メアリー	100	$10.8	−2.78%
ジョン	100	$10.0	5.00%
イーリー	100	$7.0	50.00%
スチュワート	100	$8.5	23.53%
クリス	100	$9.0	16.67%
平均利益			18.48%

株主グループのうち、現在の株価（10.5ドル）で最高の利益を得る株主が最初に売ると考えられる。ここでは、イーリーとスチュワートとクリスが売る可能性はメアリーやジョンより高い。

うこともある。株（の価値）が高いという感覚はもっと高く売れるという期待と密接にかかわっている。そして、その期待に応えるためには株価が上昇する必要があるが、そうなるかどうかはほかのトレーダーの期待にかかっている（売るには買い手を見つけなければならない）。

　それでは、この期待という概念は何で、どのようにして測定すればよいのだろう。例を挙げて考えよう。仮に、発行株数が500株のXYZという銘柄を、5人の投資家が100株ずつ保有しているとする。5人の株主であるメアリー、ジョン、イーリー、スチュワート、クリスの買値は**表2.1**のようになっている。そこに、リリーとエドワードという2人の買い手が現れ、それぞれが100株ずつ買いたいと思っている。もしXYZの株価が10.5ドルなら、2人の買い手はこの価格で100株売ってくれる人を探さなければならない。

　仮に、リリーとエドワードが株主たちの買値を知っていれば、最初にだれと交渉するだろう。大きな利益の出ていないメアリーとジョンには、おそらく現在の株価で売る特別な理由はない。しかし、ほかの3人なら喜んで利食うと考えられるため売る可能性は十分ある。

　次に**表2.2**を見てほしい。ここではイーリーとクリスの買値が変わっている。同じ名前を使っているが、**表2.1**とはまったく別の状況だと考えてほしい。今回はイーリーが大きな含み損を抱え、これを確定

表2.2　売り抜けで小さな平均損失が出るケース

	株数	買値	利益
メアリー	100	$10.8	−2.78%
ジョン	100	$10.0	5.00%
イーリー	100	$15.0	−30.00%
スチュワート	100	$8.5	23.53%
クリス	100	$11.5	−8.70%
平均利益			−2.59%

イーリーは多額の含み損で売るに売れなくなり、クリスはそうならないために売る気になっている。

したくない彼が売る可能性は低い。彼は売りたくても売れない状況にあるのだ。

　一方、8.7％の含み損を抱えたクリスは、損切りに近づいている。クリスの損失はさほど大きくないため売れないわけではない。むしろ、だれでも大きな損失よりも小さな損失のほうが許容しやすいので、クリスはおそらく売る気持ちになっているだろう。

　しかし、メアリーもジョンも損益が小さいため、売るつもりはない。ただ、スチュワートは売って利食うかもしれない。

　結局、売る可能性がある候補は2人しかいない（クリスとスチュワート）。

　もしスチュワートが8.5ドルではなく18ドルで買っていれば、大きな含み損を抱えて売るに売れない。そうなると、2人の買い手に対して、唯一の売り手候補はクリスだけになるため、1人は買値を上げて株主の含み益を増やしてあげなければならない。**表2.3**は、10.5ドルで売りに出ている株数が足りないという供給不足を表している。

　このような場合に、売り手を引き付ける方法は2つある。

1．買い手の1人が買値を上げる。例えばジョンが売る気持ちになる

表2.3　売り抜けで大きな平均損失が出るケース

	株数	買値	利益
メアリー	100	$10.8	−2.78%
ジョン	100	$10.0	5.00%
イーリー	100	$15.0	−30.00%
スチュワート	100	$18.0	−41.87%
クリス	100	$11.5	−8.70%
平均利益			−15.63%

クリスだけが売る可能性があり、ほかの株主は売りたくても売れないか、買値に近すぎて売るつもりがない。

ほど十分な利益に達するところまで上げる。
2．だれかが株価を押し下げ（空売りするか良いタイミングで売る）、メアリーが損切りに達して手仕舞いしなければならなくなる。

　ここまで読んで、マーケットには必ず売り手がいるからこの例のようにはならないと思っただろうか。もし株価が1セント上がっても、売り手は必ずいると思うかもしれないが、それは個人トレーダーの場合で、ファンドの考えは違う。例えば、10億ドルのファンド（中規模）で1つの銘柄の上限がポートフォリオの1％なら、同じ銘柄を1000万ドルまで買えることになる。しかし、時価総額5億ドルの企業に1000万ドル投資すればこの会社の2％を所有することになり、供給があるかどうかは重要な問題となる。
　この例からは3つのことが分かる。

1．すべての株主の損益が分かっていれば、適切なタイミングで売買を仕掛けられる。
2．**表2.1**、**表2.2**、**表2.3**の平均利益を比較すると、平均利益が多いほうが（**表2.1**）買える株数の供給が多くなり、平均利益が小

さいと（**表2.3**）と安く買うのは難しくなる。
3. 買ったばかりの株主は大きな利益を期待している。つまり、その期待が実現するか、リスク管理上の損失の限度（もしあれば）に達するまで売らない。

　株の供給量にかかわる3つ目のポイントについては、第4章でもう一度取り上げる。
　1と2のポイントをもう一度おさらいすると、すべての株主のポジションが分からなくても、平均利益が分かればトレードのタイミングを向上できるチャンスが高くなるように思える。
　もう一度XYZ社に戻って、今度は20人のトレーダーがかかわっているとする。株価は10ドルだが、まだだれも保有していない。もしXYZが将来に期待できる優良企業ならば、トレーダーたちは株価が上がると期待し、ほとんどがこの銘柄を買おうとするだろう。
　仮にトレーダーの1人が1カ月前にXYZ株を5ドルで買っていたとしたら、この1人とほかの19人の将来の値上がりに対する期待は同じだろうか。おそらく違うだろう。1カ月前に投資したトレーダーには100％の含み益があり、期待はすでに満たされている。彼のこの先の期待はほかの19人よりもかなり低いはずだ。言い換えれば、彼が20人の平均期待値を下げている。
　そこで、今度はこの20人と自分だけがXYZをトレードする権限があり、そのなかで自分だけがみんなのトレード内容が分かっているとする。そうなれば、平均期待値を算出していくことで、期待値が高いときに買い、低いときに売れば高い利益を上げられるのではないだろうか。

ROIで期待値を測定する

　期待値を追跡する価値があることと、最初に買ったトレーダーの期待が低いことは分かった。しかし、どれくらい低いのだろう。それは分からないが、低いことは間違いない。

　少なくとも、利益が大きくなれば、さらに利益が膨らむ期待は下がるだろうし、売る傾向は強くなるだろう。

　これを数学的に言うと、tの時点におけるトレーダーの値上がりに対する期待は、トレーダーの利益と反比例する。

　例えば、もしすでに50％の含み益があれば、さらなる値上がりに対する期待は、株を買ったとき（含み益０％）よりも下がっている。本書ではこれ以降、最初に株を買ったときのコストに対する損益（％）を投下資本利益率（ROI）と呼ぶことにする。

フロートROI

　再び、XYZ株は20人以外の人でもトレードできるようになったが、今度は１人当たり１株しか所有できなくなったとする。今回はトレード可能な株が１億株あり、１億人のトレーダーが売買を繰り返している。このとき、ROIが期待値を非常に良く反映していると仮定しよう。

　すると、時間tにおける１億株の平均ROIは簡単に計算できる。１株ごとのROIを合計して、１億株で割ればよいのだ。それを時間の経過とともに、t＋１、t＋２と続けていった図が**図2.2a**と**図2.2b**になる。私は、トレード可能な株の平均ROIを示すこの概念を、フロートROIと呼んでいる。

　図2.2aは、2006年９月１日までの９カ月間のグーグルの株価を示している。スイングに注目すると、２億1900万株の発行株数に対する１分ごとの平均ROIを示した**図2.2b**のほうが、それはよりはっきりと認められる（**図2.2b**は８億7200万回の演算の末に完成した。この

図2.2a　グーグルの165日間の株価

図2.2b　グーグル株２億1900万株のAB。ABの上限は株価が下落に転じる限度を、下限は株価が上昇に転じる限度を表している

種の計算はほんの何年か前までは面倒だったが、数理最適化によって最近ではほんの数秒でできるようになった）。

　図2.2bには、２本の水平な線が引いてある。上限（上の線）は、できるかぎり平均ROIの最高値を結ぶように引き、下限（下の線）はできるかぎり最低値を結ぶように引いてある。

２本の線の意味

　アクティブバウンダリー（AB）の上限は、全体的なROIが高いこの水準になると、さらなる値上がりへの期待はかなり低くなるため、

利食いが増えるかもしれないことを意味している。

　また、ABの下限は、全体的なROIが低いこの水準になると、さらなる値下がり期待はかなり低くなるため、買おうとする人が増えるかもしれないことを意味している。

　例としてグーグルを選んだのは回転率が高いからで、浮動株（フロート）である2億1900万株の平均保有期間は34営業日となっている。これは標準的な回転率である90〜180日と比較するとかなり速い。グーグルは非常に活発にトレードされているため、浮動株の平均ROIが株価の動きをよく反映している。これほどの売買がない会社では、発行済み株数に対してアクティブトレーダーが保有している株数の割合が低く、これほどはっきりとはしない。次はアクティブトレーダーを検証しよう。

活発にトレードされている銘柄を探す

　企業の利益率の基準として最もよく使われているのは1株当たり利益（EPS）で、それと株価を比較したのが株価収益率（PER）となる。EPSの計算には完全希薄化後の株数を使い、このなかには将来経営者や社員がストックオプションを行使したときに発行される株数や、転換社債を株に転換したときの株数も含まれる。

　ただ、流動性を計算するときは、浮動株数（トレード可能な株数）が使われることが多い。インサイダーは持ち株の売りを制限されており、機関投資家の動きは遅いため、浮動株数は発行株数よりも少ない（ときにはかなり少ない）。ただ、出来高が多くなると、流動性の高い銘柄よりも低い銘柄のほうが動きは速くなる。

　実際の取引では、ある時点でトレード可能な株数が理論的な株数よりもかなり少ない場合があることに私は気がついた。多くの株が、長期投資家やファンドの口座に所有されたまま眠っているからだ。これらが売られるのは、①例外的な状況になる（その会社の見通しをまっ

たく変えてしまうようなニュースが出るなど)、②時間をかけて株価スイングよりもゆっくりとしたペースで売る――のどちらかだろう。

そのため、私はアクティブフロートという別の計算をする。アクティブフロートの定義は「活発にトレードされている株数」で、浮動株数よりも少ない。ただ、これは一般的に公開されている値ではないし、毎年調整する必要がある。私がアクティブフロートを推定する方法を紹介しよう。

企業のアクティブフロートの評価の仕方

まず、株主にもさまざまなタイプがおり、それぞれが異なった時間枠でトレードしていることを知っておいてほしい。彼らを投資家とトレーダーという2つのグループに分けると、投資家は長いスパンで株を買い、トレーダーは素早く売買を繰り返している。2つのグループに明確な違いはないが、分けることでトレーダーだけに注目できる。

ここで、いくつかの前提条件を設定しておく。

- 大部分の銘柄には、安定したアクティブトレーダーのグループができていく。企業を調べるには財務諸表を読み、ライバル企業を調べ、市場や成長見通しを分析するなどかなりの時間がかかるため、当然ながらみんな知識のある銘柄を何度もトレードすることになる。通常、アクティブトレーダーは同じ銘柄を何年間もトレードするが、トレンド自体は数週間から数カ月といった短い期間で変わるため、アクティブトレーダーは株価サイクルよりもずっとゆっくりしたペースで変化している。
- トレーダーは一晩でトレード戦略を変えない。つまり、同じ条件ならトレーダーは前回と同じ分析を行い、同じ反応をする。それに損失に対する耐久力や利益が出たときの喜びはトレーダーの性格が反映するため、これも一晩では変わらない。つまり、アクティブ株主

の平均的な期待の逆を示すアクティブフロートROIは、常に良いタイミングで反転ポイントを教えてくれる。
● 株式市場に出される注文のなかで、コンピュータープログラムが自動的に出す分がかなりの割合を占めている。プログラムトレードの開発には長い時間がかかり、その調整サイクルはマーケットのスイングよりもかなり遅いペースで進んでいく。つまり、同じ銘柄に対しては、同じアルゴリズムが同じ理論で自動的に連続してトレード判断を下す。アクティブフロートROIは、システムトレードによるこの連続パターンをうまく取り込んでいく。

　上の2つ目と3つ目の仮定に基づいて、私はアクティブフロートROIパターンが最も安定した反転パターンを示す株数を「アクティブフロート」と定義した。もしある企業の浮動株が1億株なら、まずアクティブフロートROIの図を1億株で作成する。次に、同じ図を9000万株、8000万株という具合に1000万株まで作成していく。そして、10枚の図を見比べて最も一定の反転パターンを描いているものを選ぶ。上の仮定から、これらのパターンはこの企業によほど大きな出来事がないかぎり続くと考えられる。そして、もし大きな出来事が起こって将来の収益に対する株主の期待が完全に変わってしまえば、このパターンは無効になり、新しい期待を反映するパターンが育っていく。
　ROIという言葉は、一般的に使われている企業の投下資本利益率と混同しやすいし、アクティブフロートという言葉もトレード可能な浮動株と混同しやすいため、本書ではこれ以降アクティブフロートROIをアクティブバウンダリー（AB）と呼ぶことにする。
　図2.3は、2006年9月1日までの12カ月間における医療機器メーカーのベクトン・ディッキンソン・アンド・カンパニー（BDX）の株価の推移を示している。株価の変化は5つの段階に分けることができる。

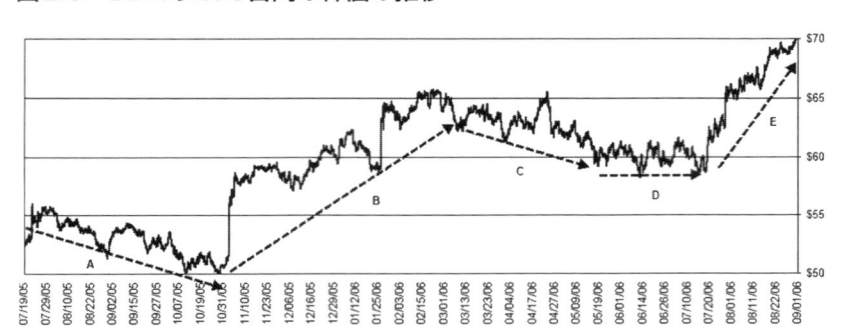

図2.3　BDXの285日間の株価の推移

1．フェーズA　3カ月、ゆっくりと10％下落
2．フェーズB　4.5カ月、上昇トレンドで30％の上げ
3．フェーズC　2.5カ月、8％のリトレースメント
4．フェーズD　2カ月、横ばい
5．フェーズE　3カ月、上昇トレンドで20％の上げ

図2.4を見ると、株価の動きをよくとらえていることが分かる。細かく見ていこう（ABの算出方法は後述する）。

● 通常のABパターンが－5％の下限から10％の上限の範囲にあることに注目してほしい。10％の平均利益は5％の平均損失の2倍の幅があるため、この銘柄は長期的には上昇トレンドにある。
● フェーズAの下降トレンドは、下限と0％に引いた過渡的な上限との間にある。もし上限が0％未満ならば平均利益がマイナスなので下降トレンドとなる。2005年11月初めのポイント1は、決算発表が良い結果だったことで大きくギャップアップした。このニュースが、将来の利益に関する株主の見方を変えたことになる。フェーズAは、

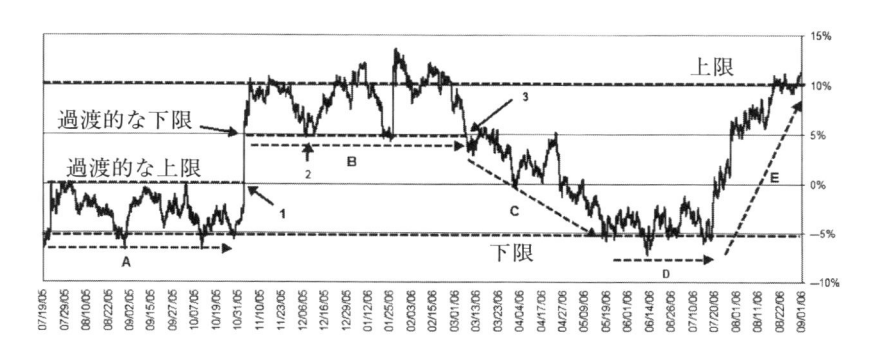

第2章 株価と価値──アクティブバウンダリー指数

図2.4 　BDXのABをアクティブフロート8000万株でグラフ化したグラフ。この株数が、この会社の株価の反転を非常にうまくとらえ、正しく評価する助けとなってくれる

過渡的な上限を超えたポイント１で終わった。

- フェーズＢは強力な上昇トレンドを形成している。ギャップアップのあとポイント２まで小さなリトレースメントがあるが、それでも平均利益はプラスゾーンにとどまっているため、新しい上昇トレンドが始まると考えられる。ここで、ポイント２から過渡的な下限を引き、新しい上昇トレンドを観察していく。
- ポイント３でフェーズＣの下降トレンドが始まって、フェーズＢは終わる。フェーズＣは、長期的な下限に達してＤが始まるまで続く。
- **図2.4**の右側の最後のフェーズＥは、過去にアクティブトレーダーたちが割高だと判断してきた上限に達している。株価はこのあと反転して下落すると考えられる。

図2.5は、4000万株でABを計算した図だが、これでは**図2.4**ほどフェーズの違いがとらえられていない。AB算出のために正しい株数を選択するには、多少の試行錯誤と最低過去６カ月分のデータが必要となる。

図2.5　BDXのアクティブフロート4000万株で描いたAB

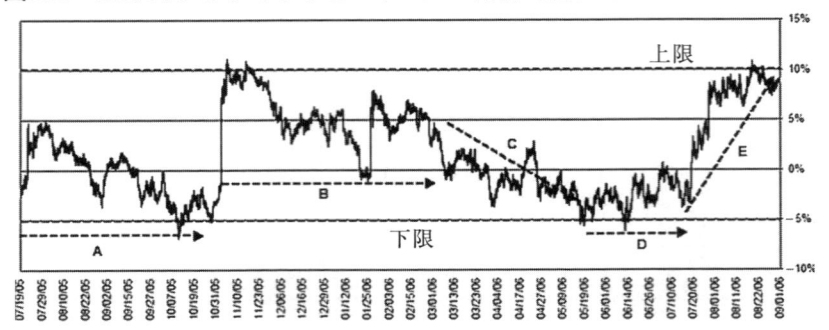

図2.6　BDXの2005年10月31日までのEV分析。ABシグナルとEV分析を組み合わせると、将来の株価の方向性が分かることが多い。このケースでは、下降トレンド中の大口プレーヤーの買い集めと価格との乖離が下降トレンド終了間近であることを示唆している

BDXの20日間のEV（単位＝1000株）

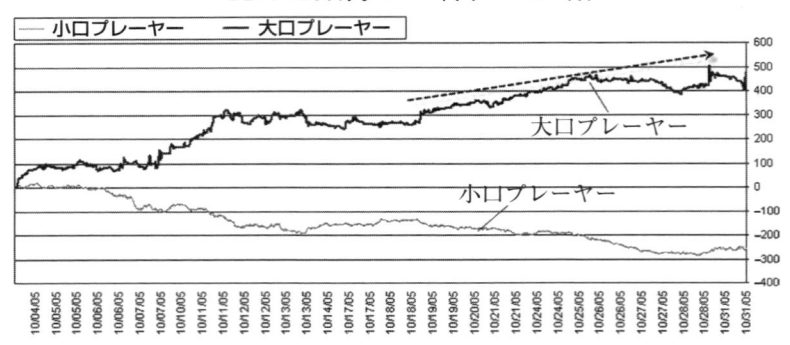

BDXの20日間の株価

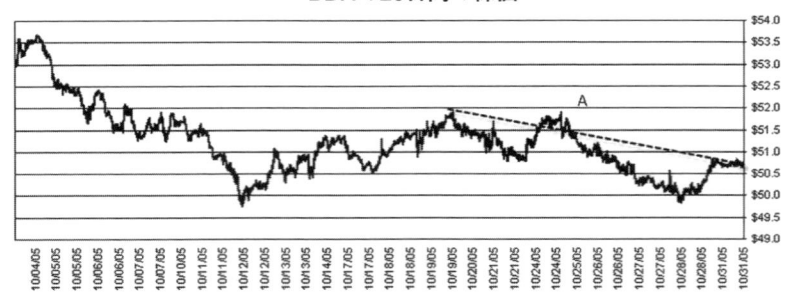

ABが上限や下限に達する主要な転換点では、第１章で見たエフェクティブボリューム分析でも次のような動きを示していることが多い。

例えば図2.6では、下降トレンドＡの終わりで2005年10月31日までに買い集めたというシグナルが出ている。

トレンドは存在するのか

トレンドが存在する理由は、アクティブな株主グループの将来の株価動向に対する長期的な期待は一致しているのに、短期的な期待が違うところにある。株価トレンドを形成する助けとなるのは、彼らの長期的な期待の平均であり、短期的な期待はトレンドの範囲内で株価を動かす。期待のレンジを測定するABがトレンドを観察するための優れたツールとなるのはそのためだ。

もう一度、大手テレコム機器メーカーのテラブス（TLAB）を見てみよう（図2.7a、図2.7b）。2005年７月から2006年５月にかけて、株価は100％上昇した（図2.7a）。ポイント１～14を詳しく見ていくと面白いことが分かる。

図2.7bのポイント１とポイント２は、ABを定義し、ポイント３が上限を確認している。株価はポイント３のほうがポイント１よりも高いが、２つは同じABに入っている。どちらのケースも、アクティブトレーダーはテラブスの株価が高くなり、近い時期のさらなる上昇は期待していないことを示している。

ABを使って上昇トレンドを観察する

ポイント６とポイント７は、途中で下限まで押さずに連続して上限に達し、強力な上昇トレンドの特徴を示している。ただ、ポイント６では株価が下落するのか上昇を続けるかは分からず、単に株価は上限、

図2.7a　テラブスの253日間の株価

図2.7b　テラブス株1億5000万株のAB。トレンドはアクティブトレーダーの長期と短期の期待を組み合わせて作られるため、彼らの期待を反映するABはトレンドを観察するための優れた方法となる

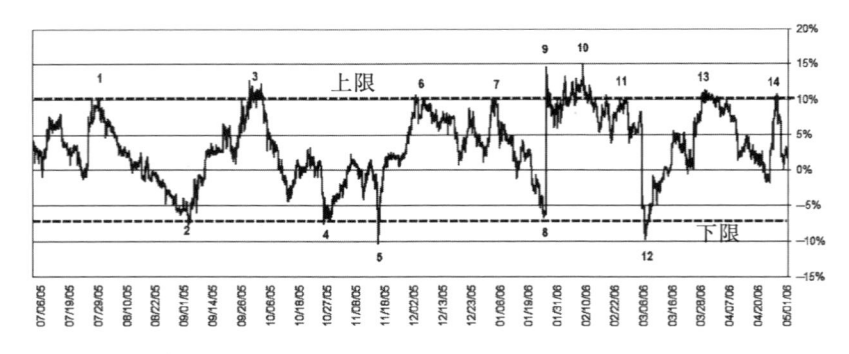

つまりトレーダーたちが高いと感じてポジションを反転させることも多いポイントに達したということしか言えない。結局、反転していないため、やはりこれは強力なトレンドなのかもしれない。この段階では、ラージEVを観察して大口プレーヤーの行動を検証すべきだろう。もしラージEVが利食っているか買っていないことを示唆していたら、近いうちに上昇速度が落ちるか、止まるか、もしかしたら下落に転じるかもしれない。

ポイント9～11も連続してABの上限に達することで、強力な上昇トレンドの特徴を示している。

　これまで見てきたとおり、ABはアクティブトレーダーの期待が高いか低いかを示すだけで、売買シグナルを出すわけではない。アクティブトレーダーが平均的に高い利益を得ていれば、将来の価格上昇に対する期待は低いため、上昇トレンドが終わる可能性は高くなる。しかし、これは株価が下落することを保証しているわけではない。私は、ポイント9～11のように強力な上昇トレンドでは、大口プレーヤーが買わなくなったときのみ売ることにしている。ちなみに、大口プレーヤーが買っていないとき（上昇トレンドは利食いも引き付ける）の上昇トレンドに貢献しているのは、個人トレーダーだけということになる。

　図2.8aと**図2.8b**は、2006年3月6日までの80日間におけるテラブスのEV分析と株価の推移とABを示している。これらを使えばこの銘柄の動きをより良く解釈できるだろう。

- ポイント6は上限に達しているが、ラージEVフローは強力な買い集めを示しているため、売りが始まる気配は見られない。
- ポイント7では株価が下落を始めているが、堅調な買いは続いている。このようなケースでは売って利益を確定してもよいし、大口プレーヤーが買い続けているのに合わせてそのまま保有してもよい。もし売った場合、そのあとABはポイント8で下限に達したあとギャップを伴ってすぐに急騰してしまうため、この素早い動きのなかで買い直せる可能性は低いだろう（私は、ポイント7で利食い、ポイント8のマーケット終了後に再度買うことにしたが、翌朝のギャップで買えないまま株価は上昇してしまった）。
- ポイント9でも買い集めは進んでいる。
- ポイント10でも株価の上昇トレンドは続いているが、大口プレーヤ

図2.8a　テラブスの80日間のEVと株価

80日間のEV（単位＝1000株）

80日間の株価

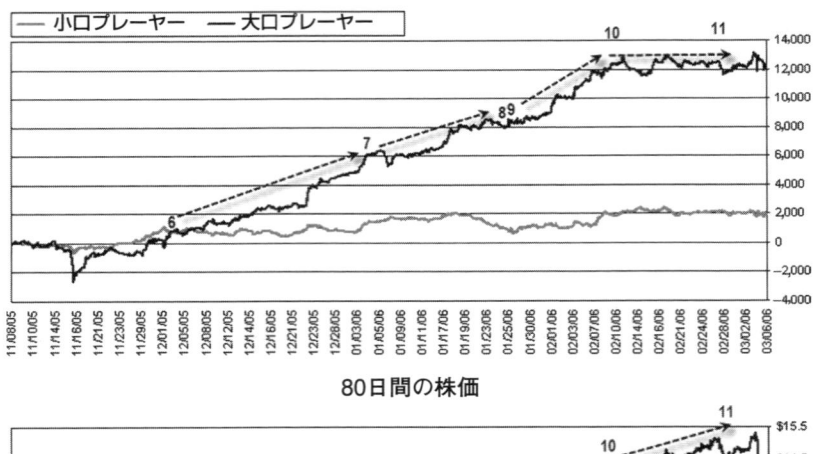

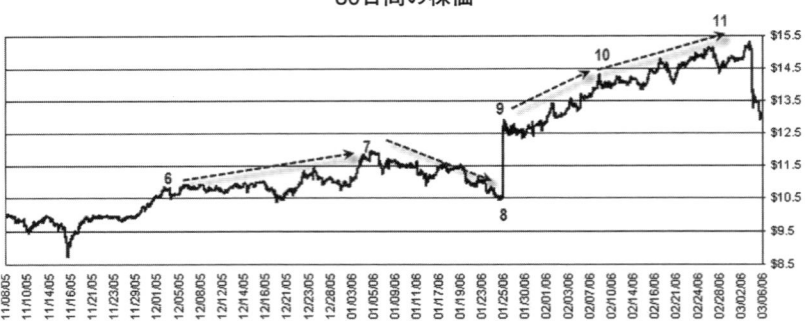

図2.8b　テラブス1億5000万株のAB

ーの買い集めは止まった。ロケット科学者でなくても燃料がなければロケットは上昇できなくなり、いずれ墜落することは分かる。

ただ、ここで大口プレーヤーが小口投資家よりも賢いと言っているわけではないことははっきりさせておきたい。それどころか、多くの個人投資家は投資する前後に大口プレーヤーよりも掘り下げた調査を行っていることを私は知っている。それは、彼らが苦労して稼いだ資金をリスクにさらしているからであり、競争の厳しさを知っているからでもある。この競争で優位に立つには、調査と優れたリスク管理のテクニックを駆使するしかない。

ここで、再び大口プレーヤーについて考えてみたい。彼らは必ずしも個人投資家よりも賢いわけではないが、マーケットに流動性をもたらしているのが彼らだということを考えれば、注目しておかなければならない。前章でラージEVフローが大口プレーヤーの動きを探知するものであることはすでに述べた。上昇トレンドでは、彼らがトレンドをスタートさせることも多いし、彼らがいなければトレンドが持続していくことはできない。

上昇トレンドでは、大口プレーヤーの行動を追っていると押しが分かる。もしABが上限に達しても大口プレーヤーの買い集めが続いていれば（ラージEVで確認）、それは上昇トレンドが継続することを示している。

このように、ABとEVを組み合わせることで上昇トレンドでの押しかどうかが分かる。アクティブトレーダーのポジションをつかむことができるABは、ある時点のマーケットの静的な状態を表している。また、大口プレーヤーの短期的な判断を教えてくれるEVは、動的な視点を与えてくれる。次章では、彼らの長期的な戦略を察知する方法を見ていく。

押しや戻りと長期トレンドのどちらでトレードすべきか

　2005年9月の株価が8.5ドルで、2006年5月が17ドルだった場合、あとから見れば8.5ドルのときに買って天井（9カ月で100％値上がりしている）で売ればよいことは明らかだ。ただ**図2.7a**と**図2.7b**のポイント2の時点で、この銘柄に100％上がる可能性があるかどうかを知ることは不可能だったというところに問題がある。
　ABは、トレンドの幅については何も教えてくれないが、2つのヒントをくれる。

1．トレンドの範囲内における価値が分かるし、EVと組み合わせるとさらにその精度が上がる
2．長期間続いたトレンドがブレイクされるときを察知できる

　本書で紹介する指標を使ったさまざまなトレード戦略については、第6章でもう一度詳しく見ていく。ただ、**図2.7a**と**図2.7b**の押しと戻りでトレードする場合、次のようなシナリオが考えられる。

- ポイント1～3は今回のトレンドのABを設定するのに使い、ポイント4の9.5ドル近辺で仕掛ける。
- ポイント5で最初の予期しない押しがあった。損切りに達しなければいいが、8.8ドルは買値から7.4％も下げているため、そうなる可能性は高い。
- ポイント6で上限に達したため、10.8ドル近辺で売って13.7％の利益を確定する。
- 売ったあとにポイント7まで株価が上がってしまい悲しい思いをするが、そのあとポイント8では下限まで下落する。ここは重要なポイントで、もしポイント8での買いを逃すと、ポイント8～11まで

の上昇トレンドを指を食わえて見ているしかない。ポイント8は下限に達してもすぐに反転してしまったため、このチャンスで買うのは非常に難しかった。

●ポイント8で買えたとする。上昇トレンドが続くからポイント9～11は保有し続けろとEVが教えてくれなければ、ポイント9で売って17.6％の利益を得ても、その先の上昇分（12.5～14.7ドル）は逃していた。ポイント11での売りを正確に予想できれば良いが、ABだけでそれをするのは不可能だ。実は、EV分析がトレンドの終わりを示していたとしても、ポイント11での変化は第3章で紹介するダイバージェンス分析でのみ察知できる。

空売りに関するコメント

もう気づいたと思うが、私は空売りについては述べていない。株価が割高であることを探知できるツールならば、なぜ空売りしないのだろう。もちろんできる。トレーディングには両方向あり、空売りも素晴らしい戦略だ。ただ、本書のこの時点で新しい出来高分析を使った空売りを取り上げるのは早すぎると思う。空売りの例は第7章で紹介するが、その前に株価と出来高のダイバージェンス分析や需給の平衡などについて説明したい。

ポイント12からポイント13の上昇トレンドで得た21％の利益を足すと、最高のタイミングで売買した場合の利益は77.7％に達する（以前の利益を再投資しないで）。長期保有の100％の利益と比較すると、長期のバリュー投資家は、価値と最初のタイミングさえ正しくつかめばアクティブトレーダーの利益を軽く抜き去ることは明らかだ。

スイングトレードのメリットとデメリット

スイングトレーダーは、2〜3日から2〜3週間といった短期の株価トレンドをとらえようとするが、これにはいくつかのメリットとデメリットがある。まず、デメリットをいくつか見ていこう。

- スイングトレードでは売買判断を何度も下すため、間違う可能性も高くなるしコスト（手数料やスリッページ）も増える。最高のツールがあっても、先の77.7％の利益などというのは現実的に無理だろう。長期トレンドの30％をとらえられれば良いほうだし、50％取れたとしたらそれは特別のことだと思う。
- スイングトレードは、労力もストレスも長期投資よりもずっと多くかかる。

メリットのほうも見ておこう。

- スイングトレードでは、特定の銘柄にスイングがあるときだけ投資する。つまり、資金を投資している日だけの利益を計算したら、リターンは長期トレードよりもたいていは高くなる。前の例では、長期投資と比べて投資期間はわずか3分の1の長さだが、利益は4分の3を超えていた。投資していない期間にほかのプラススイングに投資できれば、単独の銘柄に長期投資するよりも高い利益を上げることができる。
- 2つ目のあまり知られていないメリットは、リスクの低さだ。スイングトレードはリスク管理のテクニックを使って優れた結果を出している。これは、リスクを複数のトレードに分散して手仕舞うまでの期間をうまく管理しているからだ。長期投資家は、安く買って最後には必ず勝つ自信があるため、スイングトレーダーよりも大きい

中間的な損失を許容している場合が多い。そして、含み損を抱えたポジションを何年も保有している間に、破綻する会社もある。私も、父が1960年代に買ったアフリカの鉱山会社数社の株券をいつか相続することになるだろう。ただ、今ではだれも知らないこれらの会社はかなり前に消滅している。

　ABはどのようなスタイルの投資にも使うことができる。ただ、このツールの使い方は、自分の投資スタイルに合わせて変える必要があることをぜひ理解してほしい。

　投資は将来の利益のために苦労して稼いだ資金をリスクにさらすことで、これは非常にストレスがたまる。ただ、投資家はマーケットに参入すれば資金を失うかもしれないということを知っていても、状況が本当に悪くなるのは損失が出始めてからだ。「損をしなければあれができたのに」「この損失を取り戻すのに、どれだけ働かなければならないのか」「損失を取り返すために、もっとリスクをとるべきではないか」などとつい考えてしまう。同じような感情は、儲かっているときにもあり、「もっと良い所に引っ越そう」「欲しかった車を買おうか」などと考える。言うまでもないが、このような状態で合理的な投資判断はできない。マーケットは読者の新しい車や建てたばかりのポジションのことなどとは関係なく動いている。もっと言えば、ほかのみんなも読者の資金を狙って最善を尽くし、みんなそれで新しい車を買おうと思っているのだ。

　AB指数の大きなメリットのひとつは、個人的な目的とマーケットが示すことを分けて考える手助けをしてくれることにある。こうすることで、マーケットのシグナルだけを基に判断を下すことができるようになる。ただし、このツールは自分の投資スタイルに合わせた使い方をしてほしい。

ABと株価のギャップ

図2.7aと図2.7bのポイント12は、ギャップが上限から下限までをほぼカバーしているという意味で興味深い。これは、やはり上限から下限までの長さに近いポイント8のギャップにも匹敵する。ギャップが上限や下限を超えたり超えなかったりするのはどういうときなのだろう。答えは、上限と下限が、アクティブトレーダーが考える企業の価値の限界だということである。株価は、これらの限度の範囲内で動いていく。

ギャップは、取引時間終了後のニュースでできる。もしニュースが通常の事業展開の範囲内ならば（予想外の収益など）アクティブトレーダーの期待は変わらないため、ABもそのときの上限と下限の間で変動する。しかし、もし企業の将来を左右するような強力なニュース（ストックオプションや財務内容の不正に関するSECの査察など）が飛び出すと、アクティブトレーダーの期待は大きく変化し、上限や下限自体が動く可能性が高い。

ここで、大画面の映画映写システムがトレードマークのIMAXコーポレーションの例を見てみよう（図2.9aと図2.9b）。

図2.9aは、IMAXが2006年8月8日の悪いニュースに対する反応を表している。IMAXは身売り先を探していたが、目標価格の1株当たり11ドルで買ってくれる企業が見つからないと発表したのだ。また、これと同時に、同社は過去の収益に関してSECの非公式の調査を受けていたことも発表した。投機的な高値は40％下落し、ABシグナルは下限をブレイクした。株主が持っていた値上がりに対する期待は一晩で変化し、新しいABが形成された。まるで、旧IMAXと新IMAXがあるような感じだ。

期待が変化した理由は、古い株主の期待が変わったというよりも、悪材料で株主が素早く入れ替わったことのほうが大きい。図2.10が

第2章　株価と価値──アクティブバウンダリー指数

図2.9a　IMAXの263日間の株価

図2.9b　IMAX2000万株のAB。株価の大きなギャップは夜間のニュースによるもので、もしそれが重要ならアクティブトレーダーは将来に対する見方が変わり、それに合わせてABも新しい上限と下限ができる

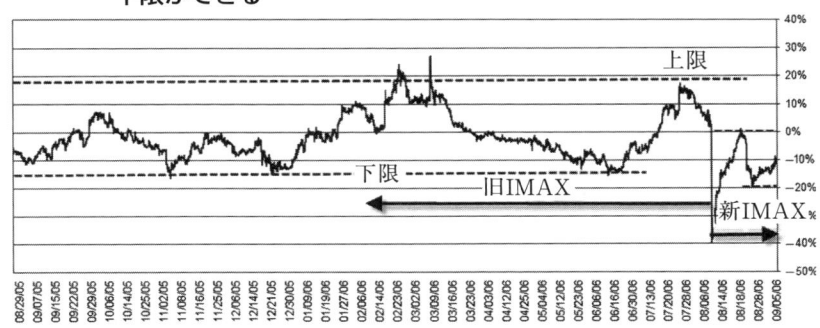

示すとおり、8月8日のニュースから3日間で2000万株がトレードされている。この出来高は、アクティブフロートで算出したアクティブトレーダーの数とかなり近く、大部分のアクティブトレーダーがこの3日間でトレードしたことを意味している。

　要するに、株価のギャップによってABシグナルが上限や下限をはるかに超えれば、その企業にはファンダメンタルズに変化が起こっている可能性が高いため、真の企業価値について再度検証する必要がある。

図2.10　IMAXは大きなギャップダウンで出来高が急増した。株価の劇的な変化に合わせて出来高が多くなるときは企業にファンダメンタルズ面での変化が起こっていることを示す場合が多い

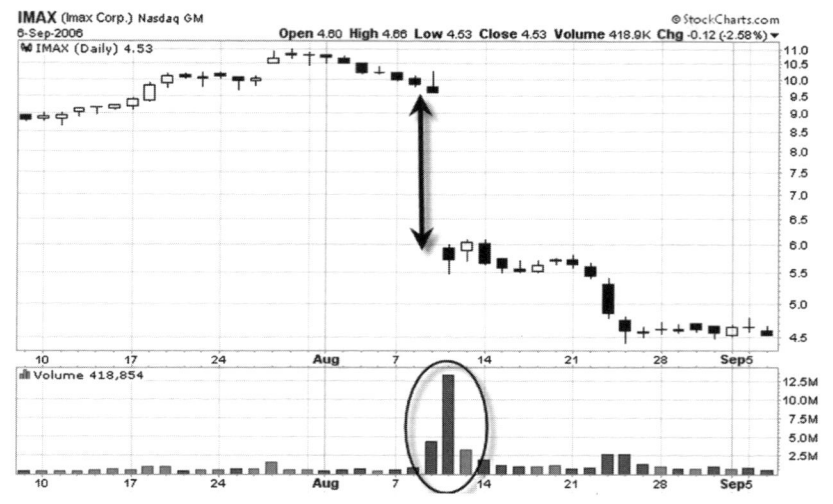

出所＝ストックチャート・ドット・コム

ABとトレンドの転換

　ABは、トレンドの転換を察知するという意味ではあまり助けにはならない。これは下限を突き抜けるほど強力でなければ反転するかどうかは分からないからで、**図2.11a**ではテラブスのトレンドがポイント14で反転しても、ABが下限を下抜けるBまでは分からなかった（**図2.11b**）。このときのBへの下落は、単なる調整と考えるには大きすぎる。ちなみに、上昇トレンドの場合は**図2.7a**で説明したとおり、ポイント13ですでに売っている。

　ポイントBのあとの2回連続のより低い高値（H1とH2）が、買い手の力が弱まっていることを示している。ABのシグナルは、下限に達して上昇に転じても、上限に達しないで再び下限に落ちてしまったときは強い売り圧力があることを告げている。

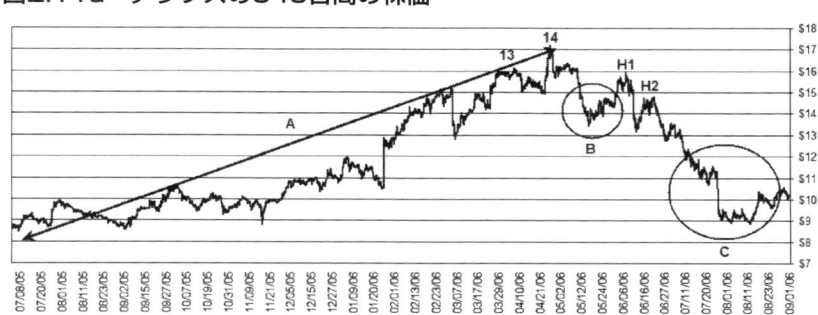

図2.11a　テラブスの340日間の株価

図2.11b　テラブス株1億5000万株のAB。ABのシグナルはトレンドの反転よりも遅れて出る。トレンドの反転は上限や下限をブレイクしたときで、通常は出来高も多い

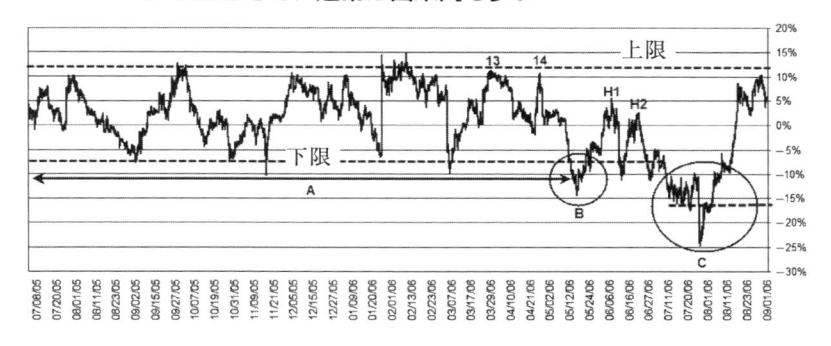

　ポイントCの分析は面白い。株価は11ドルから9ドルに急落し、そのあと9ドル近辺の横ばいのあとゆっくりと10ドルまで戻している。しかし、ABのシグナルは-10％から-25％に急落したあと株価が横ばいの間にABは反転してそのまま上限に近い+10％まで戻している。

　これはAB特有の動きで、短期的な動きは株価、長期的な動きは株価よりもずっとゆっくりした出来高の影響を受けている。

図2.12　テラブスはギャップダウンで出来高が急増している

出所＝ストックチャート・ドット・コム

株価と出来高の変化がABに与える影響

株価と出来高の変化がABを動かす。
- 株価の変化がABの短期的な動きをもたらす
- 出来高の変化がABの長期的な動きをもたらす

　ただ、テラブスのケースではＣのギャップダウンから５日間で、アクティブフロートの約半分に当たる7000万株以上がトレードされている（**図2.12**、アクティブフロートはABを算出した株数で、テラブスの場合は１億5000万株）。今回は株価と出来高の大きな変化が合わさって、ABシグナルも激しく変化している。

図2.13a　TMRの447日間の株価

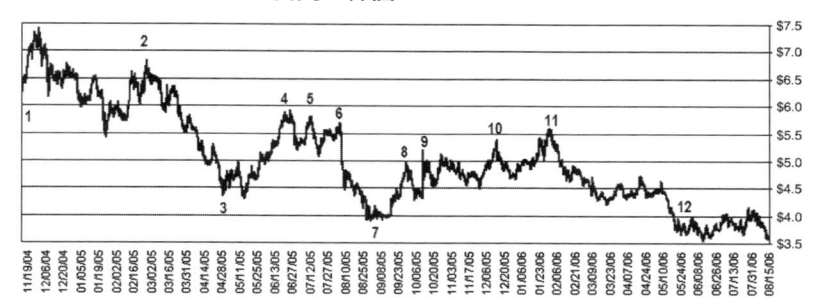

図2.13b　TMR株の6500万株のAB。ABは下降トレンドの観察に役に立つ。ただトレンドの反転はEVと合わせて判断する

ABの下降トレンド

　下降トレンドも、ABを使って同じように観察できる。天然ガス探査会社のメリディアン・リソース・コーポレーション（TMR）は2006年の試掘が何度か失敗に終わり、埋蔵量が減少している。**図2.13a**は株価の下降トレンドを示し、**図2.13b**は上限も下限も下落への可能性を示唆している。繰り返しになるが、これらの変転ポイントは売買シグナルではないため、重要なタイミングにおける大口プレ

ーヤーの動きを示すEVシグナルと合わせて判断を下してほしい。

　株価が長期の下降トレンド（あるいは上昇トレンド）にあるかどうかを簡単に判断するには、上限と下限の値を足す方法がある。もし答えがプラスならアクティブトレーダーの平均リターンはプラスなので、通常は上昇トレンドと考えられる。もしマイナスなら、その逆となる。

　図2.13bでは上限が10％で下限が－22％なので、合計すると－12％となり、下降トレンドと分かる。中点は－6％となる（中点＝10％－［（10％＋22％）］÷2）。

　中点は、今直面している勢力を知るうえで重要だ。もし下限（**図2.13b**のポイント1、ポイント3、ポイント7、ポイント12）で買うなら、－6％の下降トレンドに対抗しなければならないことになる。言うまでもないが、トレードは自信を持って行ってほしい。私ならば、たとえ下限に達しても大口プレーヤーがトレンドの変化を示していないかぎり下降トレンドで買いはしない。

ABを使ったトレード

上限＋下限＞0なら株価は上昇トレンド
上限＋下限＜0なら株価は下降トレンド

　ここからは、2つのトレーディングルールを導くことができる。

1．買い時
●株価の長期トレンドが上昇しているとき
●ABが下限に達している
●大口プレーヤーが買っている

> 2．売り時
> ●ABが上限に達している
> ●大口プレーヤーが売っている

ABを使った潜在利益の測り方

　ABは、上昇スイングと下落スイングをとらえて、下限で買って上限で売った場合の潜在利益を示してくれる。この利益は、上限と下限の開きから大まかに評価できる。例えば、**図2.13b**はこの開きが32％なので、もし下限で買ったあとで上限に達すれば、32％の利益となる。こう書くと、下限で買っていずれ上限に達したときに売れば必ず32％の利益が出ると思ったかもしれない。

　しかし、残念ながら必ずそうなるとは言えない。ただ、これは現実的な予想値にはなる。実際の利益は32％よりも高くなることもあれば、低くなることもある。**表2.4**は、メレディアン・リソースのAB（**図2.13b**）の下限で買って上限で売った場合の利益を示している。ポイント1で買い、それよりも高いポイント2で売ったときの利益がわずか11％なのは、このときの株価が全体的に下降トレンドになっていたからだ。一般的に上昇トレンドのときは、トレンドに逆らわないで買うほうが空売りをするよりも利益を上げやすい。

　表2.5は、上限で空売りして下限で買い戻した場合の利益を示している。

アクティブフロートが上限と下限の開きに与える影響

　面白いことに、アクティブフロートの大きさは上限と下限の開きに

表2.4　TMRの買いトレードの利益

買いのポイント	売りのポイント	買値	売値	実際の利益
1	2	$5.7	$6.3	11%
3	4	$3.9	$5.4	38%
7	8	$3.5	$4.5	29%

表2.5　TMRの空売りトレードの利益

空売りのポイント	買い戻しのポイント	空売りの価格	買い戻しの価格	実際の利益
2	3	$6.3	$4.0	37%
4	7	$5.4	$3.5	35%
8	12	$4.5	$3.3	28%

上昇トレンドのときに買い、下降トレンドのとき空売りするほうが、その逆よりも利益は上げやすい。TMRの場合は表2.5の利益のほうが表2.4より少し多くなっている

　直接的な影響を与える。アクティブフロートが少なければ開きも小さくなるのだ。ただ、アクティブフロートが小さいと、ABの反転シグナルが多くなり、トレードしすぎになりかねない。

　このことを示したのが**図2.14**で、アクティブフロートは**図2.13b**の6.5倍も多い。上限と下限の開きも、**図2.13b**の32％に対して**図2.14**は20％しかないため、反転の数が多くなっている。ただ、アクティブフロートに小さい数（発行株数に対して）を選ぶと、ABのシグナルは短期的な株価変動だけに反応して、長期トレンドを完全に無視するようになることを特筆しておきたい。

　このことは、少ないアクティブフロートで作成した**図2.14**と**図2.15**のトレンドが０％（上限と下限の中点）となっていることからもはっきりと分かる。これを**図2.13b**で見た－６％の長期下降トレンドと比較してほしい。

　アクティブフロートに小さい株数を使うと、ABシグナルは長期トレンドの方向を見失う。

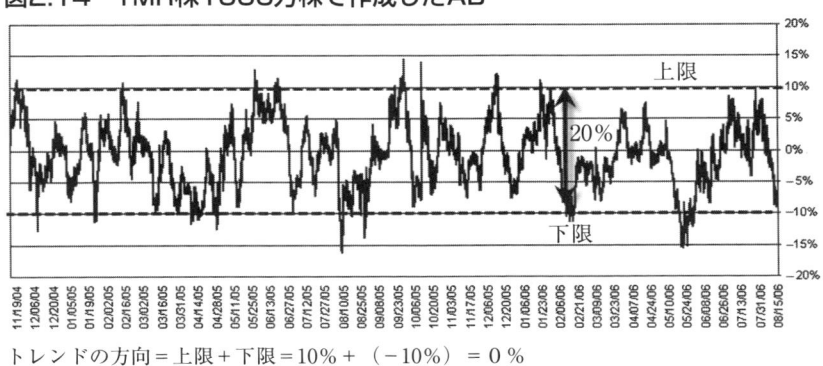

図2.14　TMR株1000万株で作成したAB

トレンドの方向＝上限＋下限＝10%＋（－10%）＝0%

図2.15　TMR株のアクティブフロート500万株で作成したAB

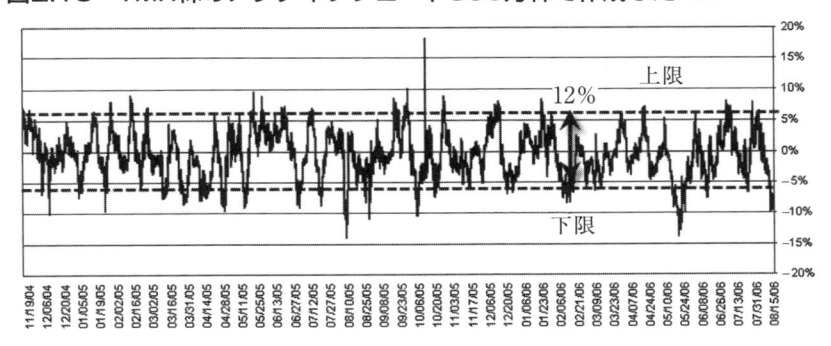

トレンドの方向＝上限＋下限＝6%＋（－6%）＝0%

　表2.6は、アクティブフロートの株数が潜在利益やトレンド転換までの日数に与える影響を比較している。

　例えば**表2.6**の最後の行を見ると、アクティブフロートが500万株ならばトレンドは8日間で変わっている。これは、この銘柄が8日間で500万株トレードされていることを示している。つまり、8日間が経過するとアクティブ株主はすべて入れ替わることになる。そして500万株を保有している現在のアクティブ株主の平均利益は0％近辺

表2.6　アクティブフロートの株数が潜在利益とトレンド反転サイクルに与える影響

アクティブフロート	アクティブフロートの回転数	潜在利益	トレンド反転
6500万株	99日	32%	60日
3000万株	45日	28%	56日
1000万株	15日	20%	20日
500万株	8日	12%	12日

で素早く変動し、損益を上げるまでの期間はわずか8日間しかないため、十分に株価が展開する時間はない。そこで、**表2.6**が示すように、アクティブフロートが少ないとトレンド転換の期間が短く、潜在利益も少なくなるが、小さい利益のトレードを繰り返すことはできる。ただ、メリディアンの場合は下限で買って上限で売ると、－6％の下降トレンドに逆らうことになる。**表2.6**を見ると、アクティブフロートが500万株のときは最大利益がわずか12％しかない。繰り返しになるが、株価トレンドの方向にトレードしたほうがずっと安全だ。

ABを使って目標利益を設定する

オープンウエーブ・システムズ・インク（OPWV）はワイヤレスコミュニケーション用ソフトウエアを製作している会社で、2006年4月に大きく下落する前に私は数回トレードしていた。このとき潜在利益を設定するのにABが非常に役立った。

まず全体的な動きとして株価は3つのトレンドを形成している（**図2.16a**）。そして、それぞれをABがとらえている（**図2.16b**）。

1. 最初のトレンド（A）は、ゆっくりとした2.75％の上昇トレンドで、約10カ月間続いた。2.75％は上限（12％）と下限（－6.5％）の中

図2.16a　OPWVの313日間の株価

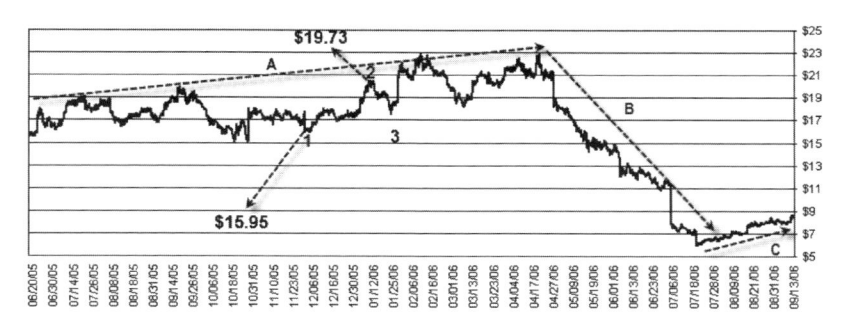

図2.16b　OPWV株4000万株のAB。ABはスイングトレードにおける現実的な目標株価を見極める助けとなる

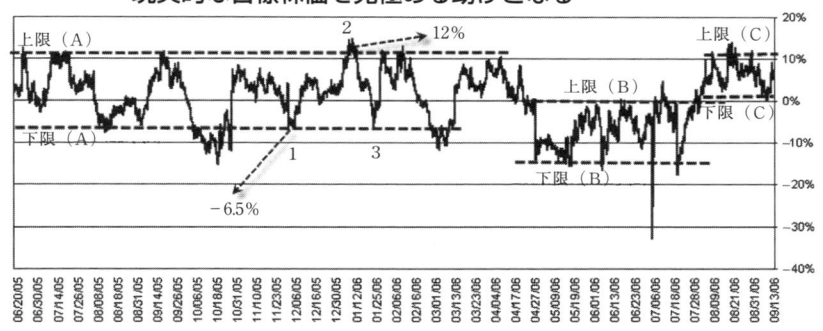

点に当たる。
2．下降トレンド（B）は強力（-7.5％）だが、わずか3カ月間しか続かなかった。
3．図の右端の新しい上昇トレンド（C）の上昇率は6％。

次に**図2.16b**を見てほしい。もし2005年12月5日のポイント1で投資すれば、その上限を目標値にしなければならない。このときの下

限(A)は-6.5%で、ポイント1の株価は15.95ドルだった。つまり、アクティブ株主はポイント1で平均6.5%の損失を出していたということで、これは買値の平均が15.95ドルより6.5%高かったということでもある。

買値の平均＝15.95ドル÷（1－0.065）＝17.06ドル

ポイント1では、平均利益が上限に達するには買値から12%上昇する必要がある。

上限に達するための目標値＝17.06ドル×（1＋0.12）＝19.11ドル
　　　　　　　　　　　＝15.95ドルで買ったときの目標値

表2.7が示すとおり、15.95ドルで仕掛けて目標値の19.11ドルに達すれば、19.8%の利益を得ることができる。もちろん上限に達したときの株価はポイント1とポイント2の出来高によって変わるが、このような計算は潜在的な目標利益の良い目安となる。

もちろん、潜在利益は最大の潜在損失と比較しなければならない。例えば損切りを8%に置けば、潜在利益は潜在損失の2.4倍になる。

19.8%÷8%＝2.4

もし2006年1月9日のポイント2で空売りすれば、目標値は下限までの範囲内に設定する。このとき、上限（A）は12%で株価は19.73ドルだった。つまり、ポイント2においてアクティブ株主は平均12%の含み益があり、買値の平均は現在の19.73ドルよりも12%安いことになる。

表2.7　2005/12/5のOPWVの目標値

上限の目標値	19.11ドル
上限までの上昇率	19.8%

買値の平均＝19.73ドル×（1－0.12）＝17.36ドル

ポイント2で平均利益が下限に達するためには、買値から6.5％下げる必要がある。

$$
\begin{aligned}
\text{下限に達するための目標値} &= 17.36\text{ドル} \times (1-0.065) \\
&= 16.23\text{ドル} \\
&= 19.73\text{ドルで空売りしたときの目標値}
\end{aligned}
$$

表2.8が示すように、19.73ドルで空売りして目標値の16.23ドルに達すれば、16.7％の利益が上がることになる。

この潜在利益は、最大の潜在損失と比較しなければならない。例えば、もし損切りを8％に置けば、潜在利益は潜在損失の約2倍になる。

$16.23\% \div 8\% = 2.03$

この例から、トレンドの方向に投資したほうが、その逆よりも高い潜在利益が見込めることに気づいたと思う。今回の例では、上昇トレンド（A）で買った場合の潜在利益は19.8％だったのに、同じ上昇トレンドが転換したときに空売りすると、2.75％のトレンドに抵抗しているため、潜在利益は16.7％にとどまっている。

表2.8 2006/1/12のOPWVの目標値

下限の目標値	16.23ドル
下限までの下落率	16.7%

ABの設定の仕方

　ABはオシレーター系の指標で、自然な傾向としてはゼロに戻ろうとする（オシレーターは特定の値の周辺で振動する指標。通常は０が中心となる）。

　ABは株価と出来高という２つの力によって動く。株価は速い動きをもたらす。もし株価が１セント上がれば、それまでに買われた株の損益に影響を及ぼすため、平均損益が変わる。しかし、ゆっくりとした反転パターンは出来高がもたらす。

　もし毎日の出来高がアクティブフロートと比較して多ければ、出来高の変化はABの反転シグナルに重要な影響を及ぼす。**図2.14**と**図2.15**がギザギザにシグナルを出しているのはそのためで、**図2.15**のアクティブフロートは500万株と、１日の出来高のわずか８倍しかない。

　計算に使うフロート数はもちろん重要で、特に１日の回転数（１日の出来高）との関係を考えてほしい。例えば、アクティブフロートが5000万株で１日の出来高が10万株しかなければ、アクティブフロートの株数に達するまでに500営業日かかってしまう。私の経験では、１日の出来高とアクティブフロートの比率は、30日よりも長く、90日未満くらいを目安に考えるべきだと思う。

　90日を上限とするのは、１日の出来高がアクティブフロートのある程度の割合を占める必要があるからで、少なくとも１日にアクティブフロートの1.1％はトレードされていてほしい（１÷90＝1.1％）。オー

プンウエーブ・システムズのケースでは、1日最低でも44万4444株の出来高が必要となる（4000万株÷90＝44万4444株）。

また、下限の30日はアクティブフロートが最低でも30営業日のサイクルをとらえるようにしたいからで、私の経験ではアクティブフロートの回転率が高いと、このシグナルはトレーディングに使いにくくなる。これは、トレンドが転換する可能性があるときに、ラージEVで確認する必要があるからだ。ただ、積極的にトレードされている銘柄の場合は、大口プレーヤーの動きの一部が一般トレーダーの動きと重なってしまうため、シグナルが見にくくなる。

積極的にトレードされているために回転率が速い銘柄については、次のどちらかが言える。

1. その銘柄の需給に比べて発行株数が少ない。つまり、需給の平衡の素早い動きが簡単に株価を上下させる。発行株数が少ない銘柄は、ボラティリティーが高いことが多い。
2. デイトレードが盛んな銘柄。例えば、テレコムネットワーク用光ファイバーシステムを製造しているフィニサー・コーポレーションは、浮動株3億0800万株が約20日で回転している。これは、おそらく非常に活発なデイトレーダーがいることを示唆している。

アクティブフロートが確定したら、それは長期間継続する。そして株式分割や希薄化などの影響を考慮して調整するのは、例えば1年程度が経過してからにする。

祖母はいつも正しい

トレーダーの格言の多くは、マーケットでの長年の経験から来ている。私はこれを「祖母の経験」と呼んでいる。祖母たちは分析などし

なくても、何世紀にもわたって正しいことをしてきた。ここで祖母が言いそうな格言をいくつか取り上げ、ABというレンズを通して説明していく。

休みが必要な銘柄

株式関連の掲示板には「休みが必要な」銘柄に関する書き込みがたくさんある。

- 「上昇したあと、さらに上がるためには休みが必要」
- 「下落したあと、さらに下げ続けるためには休みが必要」

このような発言は、ABの動きを見れば簡単に説明できる。

- 上昇したあと、ABは上限に達するとそれ以上上がることができなくなる。さらに上昇するためには、AB指数が下がることが必要だが、それには株価が横ばいになり、指数が0に戻ればよい。この段階では、前の株主が売ったときよりも高い期待を持って新しい買い手が参入してくる。彼らは株価がさらに上昇することを期待している。そして、株価がボックス圏を抜けて再び上昇を始めると、すぐにこの上昇トレンドに便乗しようとさらなる買い手が参入してくる。この動きは、ABが上限に達するまで続く。
- 下落したあと下限に達すると、それ以上は下がれなくなる。さらに下げるためにはAB指数が上がる必要があるが、それには株価が横ばいになり、指数が0に戻ればよい。この段階では前の株主が売ったときよりも高い期待を持って新しい買い手が参入してくる。ABは新しい売りの波が始まるまで上がり続ける。新しい波は最近の買い手が損失を拡大して売りたくても売れなくなる前に損切りを促す。

図2.17　CHSはギャップダウンで出来高は急増

出所＝ストックチャート・ドット・コム

　新しい売り手は、ABが下限に達するまで株価下落の原動力となる。

　次は女性向け衣料とアクセサリーの小売店799店舗を展開しているチコスFAS・インク（CHS）を見てみよう。2006年9月の時価総額は35億ドル、純利益は2億ドルだ。この会社は、2004年末から2006年初めまで順調に店舗を増やしていった。しかし、2006年2月末になるとマーケティング支出の増加によって粗利益が若干減少すると発表し、2006年8月には10年以上増加を続けてきた既存店舗売り上げが減少した。

　このことが、**図2.17**と**図2.18a**の株価の動きを説明している。長い上昇トレンド（A）と長い下降トレンド（B）に注目してほしい。

　また、**図2.18b**からは、この2つのトレンドを2つのABがそれぞれとらえていることが分かる。

　上昇トレンドAの強さは6.5％で、これはAの上限（23％）とAの下限（－10％）の中点に当たる。

図2.18a　CHSの372日間の株価。横ばいの間にアクティブトレーダーのグループが入れ替わった。将来の株価上昇に対する期待は古い株主よりも新しい株主のほうが高い

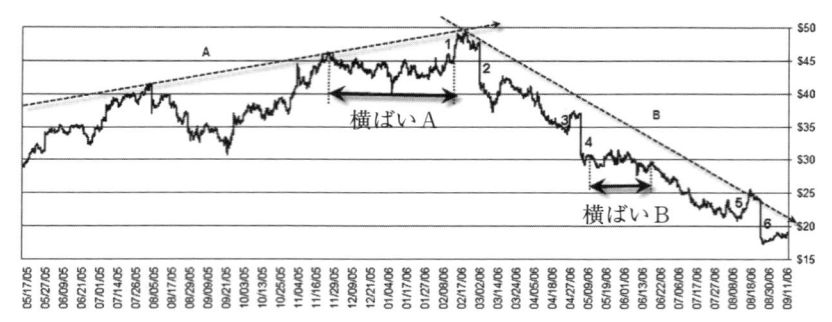

図2.18b　CHSのAB。株価が横ばいのときにABは0％の平衡に戻し、さらに上限や下限まで動く場所を作った

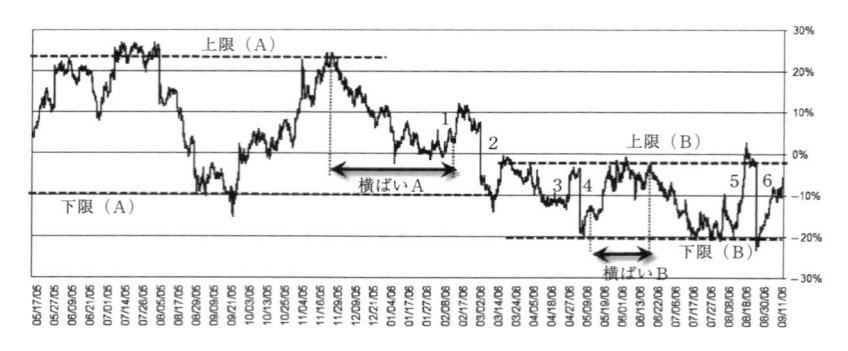

　また、下降トレンドBの強さは−11％で、これはBの上限（−2％）とBの下限（−20％）の中点に当たる。ここでは、下降トレンドBの傾斜のほうが上昇トレンドAよりずっと急で、持続期間も短いことに注目してほしい。つまり、そのあとの横ばいや株価の反転を反映してABも調整されていくことになる。

　この例では、**図2.18a**と**図2.18b**で2つの横ばいの時期をよく見てほしい。ひとつは2005年11月末から2006年2月初めまでの3カ月半

におよぶ横ばいAで、もうひとつは2006年5～6月の横ばいBだ。

横ばいAは、株価が30ドルから45ドルと50％も急騰したあとにある。これは非常に強い動きで、ABを上限近くまで押し上げ、将来の値上がりに対する株主の期待が最低レベルまで下がっていることを示唆している。この場所は多くのトレーダーが利食って反転することが期待できるところだが、横ばいが長引いたことで出来高が1億株に上り、アクティブトレーダーのグループが入れ替わった。チコスのアクティブフロートは1億2000万株に設定してあるため、この間にこの大部分がそれまでよりも高い期待を持ったトレーダーの手に渡ったことになる。

横ばいのあとの展開は、**図2.18b**を見ると分かる。新しいトレーダーは平均利益を０％近くまで下げ（ポイント１）、この中立ポイントから新たな動きがスタートする。

そして、同じような動きは2006年5～6月の横ばいBでも見られる。約20％のギャップダウンのあと株価はまるまる１カ月安定した。そして、その間に新しい株主たちがそれまでよりも安くなった株価の仕掛けポイントをうかがい、少しずつ古い株主と入れ替わっていった。この時期の横ばいだけでABは上限近くまで移行したことは、下降トレンドを意識しながら期待は非常に低くなっていることを示している。そして、次の悪いニュースで株価は再び下落に転じた。

パニック売り（落ちるナイフ）

株価が急落しているときは、掲示板に「これはパニック売りだからいずれ戻る」「専門家が割安で買っているだけで、それにつられてはならない」「自分は絶対に売らない」などという書き込みをよく見かける。しかし、これらは売りたくても売れない状況に陥ってポジションを正当化したいトレーダーの感情的なコメントでしかない。

図2.19a　RRIのパニック売り前後の393日間の株価

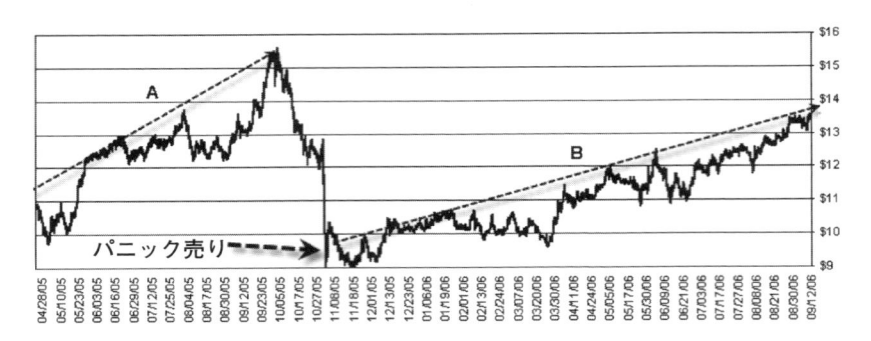

図2.19b　RRI株1億2000万株のパニック売り前後のAB

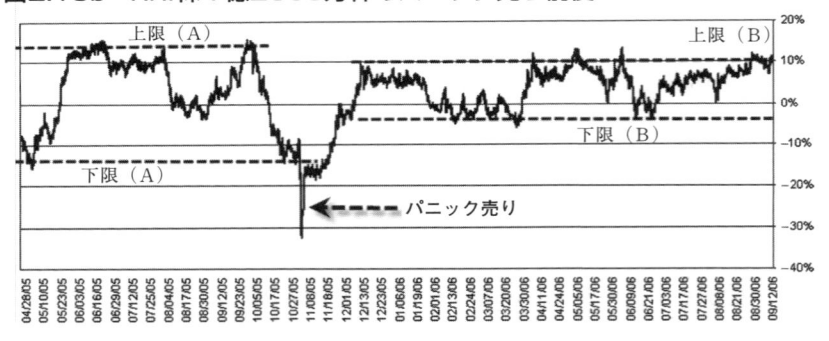

　激しい売りがパニック売りなのか、正当な売りなのかはどのように判断すればよいのだろう。

　ここでもう一度、**図2.17**と**図2.18a**、**図2.18b**の大きな売り相場を見てみよう。これらの動き（2、4、6）は素早い売りで下限に達しているが、それを超えないことは、プロが割安な株を買おうとしていることを示している。つまり、プロが下限で割安な株と認めて売りトレンドを中断したことから、これは正当な売りと判断できる。

　リライアント・エネルギー（RRI。**図2.19aと図2.19b**）は、パ

ニック売り（降伏とも呼ばれる）の好例で、そのあとすぐに新しいトレンドが始まっている。株価は健全な上昇トレンド（A）のあと転換して下限に達し、－14％だったABが－30％までギャップダウンした。もし投資家たちが近いうちに倒産するとでも思わないかぎりこれ以上は下がらない。そして、ここでプロの投資家がこの銘柄が割安であることに気づき、株価を新しいトレンド（B）に押し出した。

　私に、株が激しく売られているときに買うべきかと聞く人もあるが、祖母なら「落ちていくナイフをつかむな」と言うだろう。激しい売りで買うかどうかの判断には、だれがトレードしているのかと、仕掛けようとしている割安ゾーンはどこかという２つの要素がかかわっている。もちろんその企業の存続自体が不明なら、買ってはならない。

　ABが下限を大きく超えて下落し、利益水準も過去最低レベルに達したら買いを考慮すべきだろう。ただ、実際に買うのは次の３つの条件が満たされる場合だけにしてほしい。

1．機関投資家と全株主の比率が１：２以上。機関投資家は、企業の本質的価値について優れた見通しを持っていて、株価がそれよりも割安になっていると思えば大きく買ってくる。
2．急落で多くのトレーダーが売りの状態に陥り、株の供給が浮動株の10％以下に下がっている（供給の変化の測定方法は第４章で説明する）。
3．ラージEVが大口プレーヤーの参入をはっきりと示している。

「死んだ猫でも飛び跳ねる」

　これは相場の格言のひとつで、語源は説明しないが長期の下降トレンドが転換したときに、一部のトレーダーがこう表現する。要するに、この企業の見通しは暗く、転換してもそれは長く続かないという意味

だ。割安株狙いの投資家が株価を跳ねさせたが、売り圧力が継続していて下降トレンドはさらに勢いを増していく。

もう一度**図2.17**と**図2.18a**、**図2.18b**を見ると、株価のギャップダウンが3回（2、4、6）あり、その前には小さな戻りがある（1、3、5）。最初の戻り（1）は、下降トレンドが確立していないため、死んだ猫とはいえない。この時点では、マーケットが新たに上昇していくとも考えられる。

2つ目の株価の戻り（3）は、新しい上限に移行して下落に転じる余地が生まれる。この上昇はダマシでさらに下落して下限（4）に達してしまうため、「死んだ猫でも飛び跳ねる」と呼べる。

3つ目の戻り（5）も、安値を更新したあとで死んだ猫のパターンとなっている。ただ、最後のギャップダウン（6）は株価の出来高も強力で（**図2.17**下部の大商いに注目）、株の供給はほぼ完全に枯渇し、残りは浮動株の1％以下まで下がっている。

熱狂

ある銘柄に対する期待が一斉に変わることはよくある。例えば、素晴らしい収益で格付けが上がると、普通はみんなの期待が変わる。株価はギャップアップして、新たな上限と下限が形成される。

しかし、B級のニュースや大衆誌の記事や単なる噂などで株価が急上昇することもある。極端に株価が上がっているとき、個人トレーダーは興奮し、掲示板にお互いの成功をたたえる書き込みをする。しかし、私の経験ではこの熱狂が調整を促し、その種の調整はたいてい荒っぽい動きになる。そのため私が株価の上昇を測定するときは過去の株価との比較ではなく、ABシグナルを使うことにしている。ABは、トレーダーが熱狂するポイントを知るのにも非常に役立つ。

個人トレーダーが多く注目する銘柄は、常識外の動きをする可能性

図2.20a　エンボイの熱狂期の株価

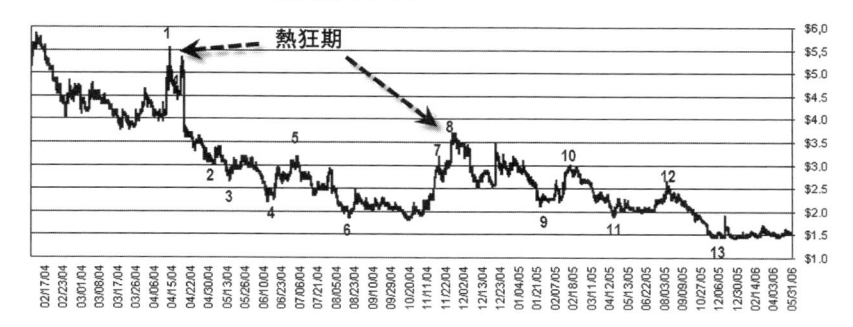

図2.20b　熱狂期のエンボイ株1600万株のAB。熱狂期は個人トレーダーが多い銘柄によく見られる。個人トレーダーは株の価値を正しく判断するための材料を持っていないため、大儲けの期待に急速に引き付けられていく

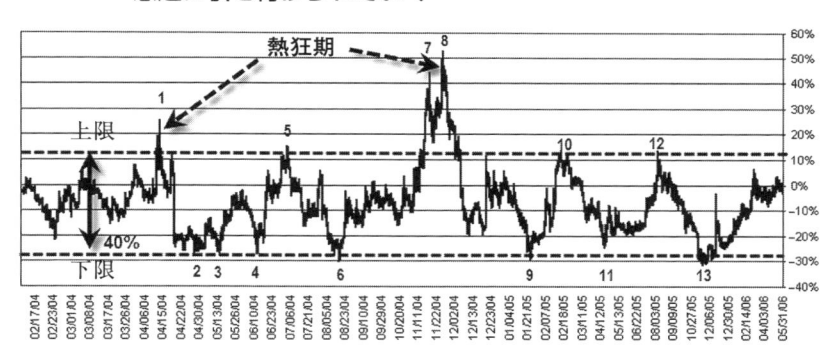

がある。その一例を**図2.20a**と**図2.20b**に示してある。ナスダックに上場しているカナダ企業のエンボイ・コミュニケーションズ・グループは、ヨーロッパと北米で小売業向けのブランド戦略に特化したサービスを展開している。2004年2月から2005年12月（**図2.20a**）に株価が80％も下落したこの会社の経営の失敗についてなら書くことは

いくらでもある。

次はテクニカル面に注目してみよう。**図2.20b**は、ABが下降トレンドを非常によくとらえている。上限と下限の開きは約40％で、良いトレーディングチャンスになっている。そして、下降トレンドは非常に強い（－8％）。

ここには、2つの熱狂ポイントがあり、ABシグナルは上限を超えて急騰したことで、トレーダーたちは株価がそれ以上上がるとは期待していないことを示している。ただ、2つ目の熱狂（ポイント8）は極めて強力で、平均利益を50％も押し上げている。これが持続するのは不可能なため、株価はそのあと下がっていく。これは株の価値を確定できない個人投資家が多い銘柄の典型的な動きと言える。

数学好きのために──ABの算出方法

ある銘柄のアクティブフロートが8000万株だったとすると、ABは直近にトレードされた8000万株の平均損益ということになる。1分足のデータストリームが1分間に行われたトレードを集計していくため、特定の時間の損益も算出できる。

実際、特定の株数を対象として毎分の平均損益を算出することはできる。もし前の1分間から今の1分間で株価が1％上昇すれば、アクティブフロートに含まれる株の平均利益にも大きく影響する。もしそれまでの平均利益が5％なら、それが6％になるのだ。しかし、その1分間にトレードされたのがアクティブフロートのわずか1％しかなければ、アクティブ株主全体の平均損益に与える影響はほとんどない。

もし株価が横ばいのレンジで安定していれば、ABは0％に戻る。例えばもし今日の株価が4ドルで平均損失が10％なら、この銘柄は平均4.44ドルでトレードされたことになる（4.44ドル－0.44ドル＝4.00ドル）。しかし、もしその夜のニュースで株価が6ドルに跳ね上がったら、

この8000万株の平均利益は＋35％に変わる。

　（6ドル－4.44ドル）÷4.44ドル＝35％

　しかし、6ドルでトレードされたのが1000万株なら、8000万株の平均利益は次のようになる。

　平均利益(8000万株)＝35％×（7÷8）＋0％×（1÷8）＝30.6％

　直近に買われた1000万株の利益は0％なので、株価が6ドルにとどまったとしても、全体の平均利益は35％から30.6％に下がる。

買値が違う場合の平均利益

　もしＸ社の株を2回に分けて買った場合の平均利益は、まず買値の平均を求め、次に利益を計算する。
　例えば、もしある銘柄を3ドルで100株と4ドルで1000株買い、現在の株価が5ドルなら、平均利益は次のようになる。

ステップ1　平均買値＝［(100×3ドル)＋(1000×4ドル)］÷1100
　　　　　　　　　　＝3.909ドル
ステップ2　平均利益＝（5ドル－3.909ドル）÷3.909ドル＝27.9％

　しかし、トレーダーはそれぞれ独立して売買判断を下すため、すべてのトレーダーの平均買値を計算しても意味がない。われわれに必要なのは1株ごとの利益で、それを基にＸ社の平均利益を算出する。

ステップ1　3ドルで買った100株の利益＝（5ドル－3ドル）÷

ステップ2　4ドルで買った1000株の利益＝（5ドル－4ドル）÷
　　　　　　　　　　　　　　　　　　3ドル＝66.7%
　　　　　　　　　　　　　　　　　　4ドル＝25%
ステップ3　平均利益＝（66.7%×100÷1100）＋（25%×1000÷
　　　　　　　　　　1100）＝28.8%

　この方法なら各株主の判断に基づいた利益をすべて反映したうえで、持ち株数によって加重できる。ちなみに、二度目のケースは各株主が1回しか買っていないことになっているが、これは必ずしも現実的ではないため、実際の平均利益は2つの方法を合わせたものになる。ただ、ABで考える場合には、どちらもかなり近い結果になるのであまり問題はない。

ABについて学んだこと

　AB指数を定義するためには、3つの前提条件がある。

1. アクティブトレーダーのグループが安定している
2. トレーダーはトレード戦略を頻繁に変えない
3. プログラムトレードには長い開発期間がかかり、調整サイクルはマーケットスイングのサイクルよりもずっと長い

　ABは、株価がトレーダーの期待よりも安いかどうかを教えてくれる。

●出来高の変化から長期の動きを見るオシレーター
●株価の変化から短期の動きを見る

　「安く買って高く売る」と言うのは簡単だし、ABを売買指標として

使いたくなる気持ちは分かるが、ABを使う場合は次のことに注意する必要がある。

● ポジショントレーダーの場合、上限から下限までの距離以上の利益を期待しないため、長期トレンドを逃す場合がある。
● 長期投資家が上昇トレンドの利益を最大限つかむためには、多少押しても耐える必要がある。ABは、押しが一時的なものか、それとも新しい下降トレンドの始まりかは教えてくれない。

　AB指数は単純に、トレーダーが全体として株価が高くなっていると感じているのか、それとも安くなっていると感じているのかを示している。

　ポジショントレードにABだけを使う場合の注意点をあといくつか挙げておく。

● ABの割安や割高のシグナルは、株価の水準ほど直感的には分からない。ときには前回の売値よりも高く買わなくてはならないときもある。
● 最初の割高シグナルで売ると何か損をしたような気分になって次の上昇を逃したり、さらに高く買ったりするはめになることもある。ABは精神的に弱いトレーダーの助けにはならない。また、どんなトレーダーでも弱気になることはあるため、ABのみを使ってトレードするのは愚かなことだ。
● 下限に達したら買うというのは簡単だが、下限を超えてさらに下げることもある。しかし、長い上昇トレンドにも、長い下降トレンドにも必ず終わりはある。つまり、ある時点で上限や下限はブレイクされるが、ABで反転するか突き抜けるかを判断することはできない。そのためには、EVやエフェクティブレシオ（第3章参照）、ダ

イバージェンス分析など別のシグナルが必要となる。
- ●トレンドと反対方向に仕掛けて利益を上げるのは難しい。
- ●買いでも空売りでも、上限と下限の距離を算出することで目標値を設定できる。

　トレンドをうまくとらえるABは、私にとってトレンドの存在を説明できる唯一の合理的な手法であり、トレンドを観察するための優れたツールでもある。

第3章

出来高と株価が乖離するとき

When Volume Diverges from Price

　第1章の「エフェクティブボリューム――マーケットへの窓口」では、トレンドを決定づける者や大口プレーヤーが参入してくるのか、それとも撤退しているのかを察知する方法を学んだ。横ばいの株価が上方や下方にブレイクするのを察知するにはエフェクティブボリューム（EV）が非常に役に立つ。

　第2章の「株価と価値――アクティブバウンダリー指数」では、株価の価値を知る方法と、トレンドをとらえて観察する方法を学んだ。2つの手法はお互いを補完しながら適切なトレード判断を下すのに貢献している。

　そして本章では、買いと売りの勢力バランスの測定方法を学んでいく。これが分かれば、平衡が変化して株価に影響を与える水準を突き止め、実際に株価が変化する前にトレード判断を下すことができるようになる。

　本章の内容を簡単に言えば、トレンドを観察するためにABツールを補完する新しいツールの紹介ということになる。長期トレンドが新高値を更新する前に、小さな押しに中断されることはよくある。株価が押すと利益を確保するために売りたくなったり、さらに上がる気がして買いたくなったりする。このようなときにEVと株価の相対力指数（RSI）を分析すれば、株価を動かす力がどの程度かをつかむこと

ができる。また、この分析が何をすべきかを教えてくれることも多い。私もEVシグナルがダマシかどうかを判断するときに、自分で開発したダイバージェンス分析に大いに頼っている。計算は少し複雑になるが、結果は驚くべきものだ。

本章では、次のことを学んでいく。

- 将来の株価動向を評価するために需給の平衡を測定することの重要性とその測定方法
- ダマシの売買シグナルと正しい売買シグナルの見分け方
- 大口プレーヤーと個人トレーダーの両方がかかわるマーケットの動き
- 正しいシグナルを得るために行うボラティリティー調整の重要性

さらに、ファンドマネジャーにはおまけとして、株価に影響を与えずに売買できる1日の株数を判断するためのエフェクティブレシオというツールも紹介する。

EV──弓1張で2本の矢を射る

ダイバージェンス分析の前に、EVが株価を変化させた1分間の出来高だということを思い出してほしい。第1章では、これを株価変化と呼んでいた。また、ラージEVとスモールEVを区別することでトレンドを決定づける者が分かることも紹介した。つまり、EV分析は1つの弓で、トータルEVの長期トレンドとラージEVの推移という2本の矢を射ることができる。

最初に、トータルEVの大きなトレンドの使い方を見ていこう。**図3.1**では、メレディアン・リソース・コーポレーション（TMR）のEVフローと株価の推移を4つの部分に分けてある。

図3.1 TMRの80日間のトータルEVフローと株価

80日間のトータルEVフロー（単位＝1000株）

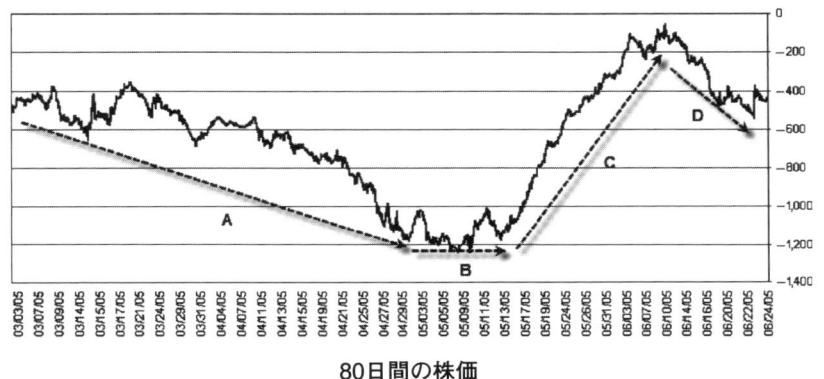

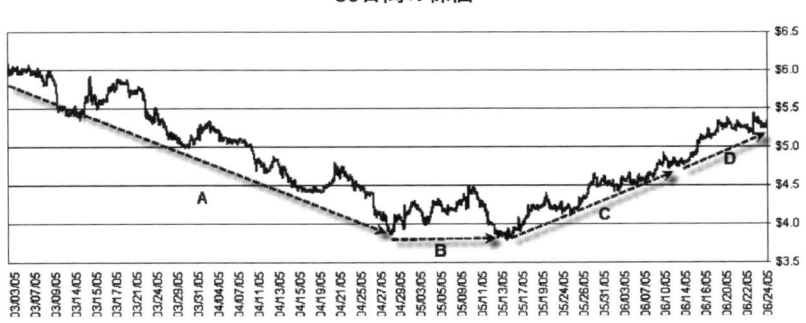

80日間の株価

1. **区分A** 株価は下降トレンドで、トータルEVフローの下降トレンドがそれを確認している。
2. **区分B** 株価は横ばいで、トータルEVフローの横ばいがそれを確認している。
3. **区分C** 株価は上昇トレンドで、トータルEVフローの上昇トレンドがそれを確認している。ただ、トータルEVフローのほうが株価よりもずっと急激に上昇している。
4. **区分D** 株価の上昇トレンドは継続しているが、トータルEVフローは下降トレンドに変わっている

この例からは何が分かるのだろう。

●トレンドCを早期に探知できれば、ラージEVフローのトレンドと株価トレンドの傾斜の違いが警告になる。結論としては、トレンドの強さを比較する必要がある。
●トレンドDはラージEVフローのトレンドと株価トレンドの乖離で、これだけでも十分注意する必要がある。結論としては、トレンドの方向を比べて見る必要がある。

図3.1では分からないが、EVフローのトレンドと株価トレンドの強さの違いを過去の水準と比較する必要がある。アクティブバウンダリー（AB）理論の前提のなかにトレーダーやファンドは同じ銘柄を繰り返してトレードすることがあったのを思い出してほしい。ABのパターンが形成されるのは、条件が同じなら、トレーダーは同じ判断を下すからだ。

同じことは株価と出来高のバランスを分析するときにも言えると思う。実際、株価は株の需給の推移に合わせて上下する。EVの役割は、買い集めや売り抜けのレベルを正確に測定することで、それを過去のEVの売買パターンと比較すれば次のことが分かる。

●現在の買い集めや売り抜けのトレンドは過去のそれよりずっと強力
●過去に買い集めや売り抜けがこれほど強力になったときは、株価が上昇したり下落したりした
●つまり、近い将来、似たような推移になる可能性が高い

図3.2と**図3.3**は、天然ガス会社のチェサピーク・エネルギー（CHK）の株価10日分と40日分をそれぞれ示しているが、これを見ればトレンドの強さを測定することの重要性は明らかだろう。**図3.2**は株価トレ

図3.2 CHKの10日間のEV分析と株価

10日間のEV分析（単位＝1000株）

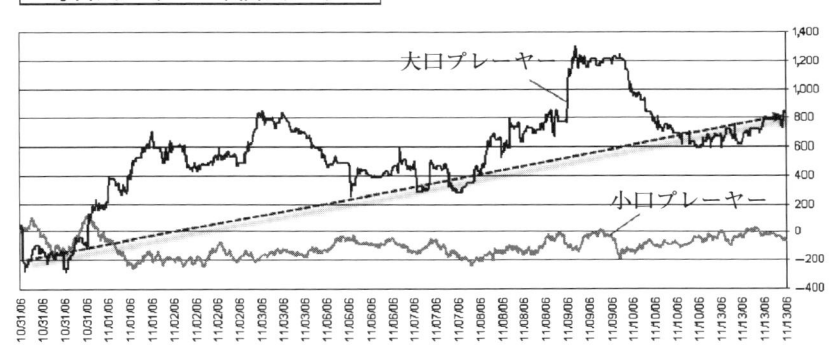

10日間の株価

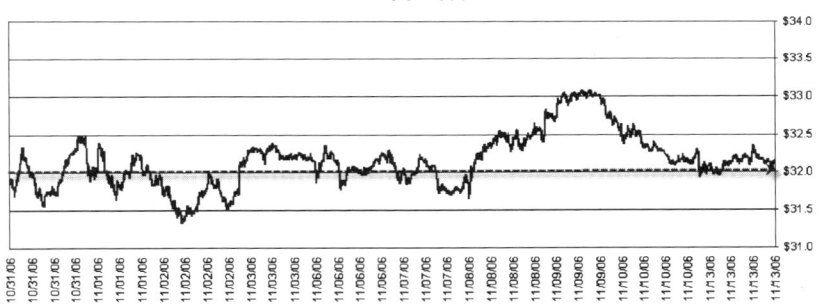

ンドは横ばいでもラージEVが上昇しているため、株価も上方にブレイクする可能性が高いことを示している。しかし、**図3.3**は別のことを示唆している。過去10日間のトレードが（Bの横ばい）その前の上昇トレンドAの小休止のように見えるのだ。つまり、この時点ではBの横ばいが上にブレイクするかどうかは分かっていない。そこで、ラージEVの上昇トレンドBを見ると、Aのトレンドよりもずっと弱く、価格を押し上げるだけの力はないように見える。

図3.2をさらに詳しく見ると、EVは過去10日間に80万株が買い集められていることを示している。これは意味のある出来高なのだろうか。同じ期間にトレードされたのは6800万株なので、EVの買い集め

図3.3 CHKの40日間のEV分析と株価。EV分析は使用する時間枠によって違う結果が出ることも多いが、長めの時間枠を使うほうが良い。そうすることで、短期トレンドが長期トレンドと比較して重要かどうかが分かる

40日間のEV分析（単位＝1000株）

40日間の株価

は全体のわずか1.2％にすぎない。次に、**図3.3**の上昇トレンドAの買い集めと比較すると、ここでは40日間で1億5000万株がトレードされ、その約2.7％に当たる400万株が買い集められていることが分かる。しかし、2.7％は先の1.2％より多いものの、これに重要な意味があるのだろうか。

図3.3の上の図で大切なのは、これが単に上昇して横ばいになったということではなく、これが大口プレーヤーの売買を表しているとい

うことだ。この図で大口プレーヤーの上昇トレンドAが、実際に株価が上昇する２～３日前から上がり始めているのに気づいただろうか。これはファンドが買い始め、その前の横ばいの特徴となっていた需給バランスが変化したことを意味している。そして、さらに売り手を引き付けるため、ファンドは株価を上げる必要があった。ただしこれはインサイダートレードではなく、ファンドが割安株を買っているにすぎない。

この種の買い集めが特別に重要かどうかを知るためには、これを過去のトレンド途中の買い集めと比較する必要がある。過去の大口ファンドの行動を分析すれば、通常の買い集めがどの程度なのかが分かる。

つまり、われわれにはEVトレンドの強さと株価トレンドの強さを比較するためのツールが必要なのだ。

株価トレンドとEVトレンド

株価とEVのトレンドの比較分析を始める前に、それぞれの動きをよく理解しておく必要がある。

株価トレンド

ここではダーレン・レストラン・インク（DRI）のケースを見ていくことにしよう。資本金90億ドルのこの会社は、アメリカとカナダでレッド・ロブスター、オリーブ・ガーデン、バハマ・ブリーズなどのレストランを運営している。

図3.4は、過去60日間の同社の株価（上の図）と株価変化率（下の図）を示している。これ以降、この株価変化率を従来のテクニカル指標のROC（変化率）と区別するため、PROCと呼ぶことにする。

トレンドが勢いを増しているかどうかは、トレンド上の２つの点

図3.4 DRIの60日間の株価とPROCの比較

60日間の株価

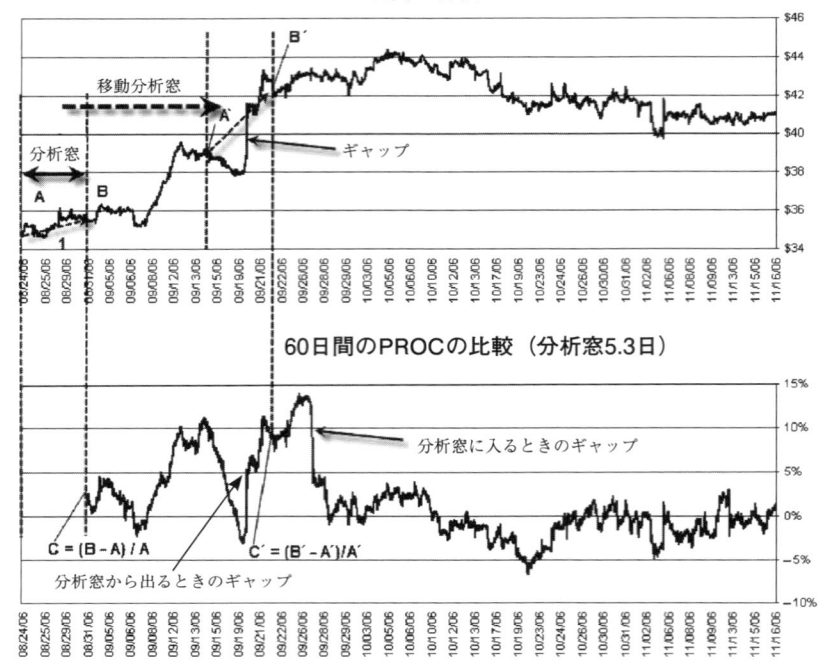

(チャート: 移動分析窓、分析窓、A、B、A'、B'、ギャップの表示あり)

60日間のPROCの比較（分析窓5.3日）

(チャート: C = (B−A)/A、C' = (B'−A')/A'、分析窓に入るときのギャップ、分析窓から出るときのギャップの表示あり)

を選んで変化率の違いを見ればよい。例えば、ポイントA（株価は34.98ドル）とポイントB（株価は35.58ドル）のPROCは1.7％となり、これが下の図のポイントCに当たる。次に、ポイントAからポイントBの距離と同じ別の2点、ポイントA'とポイントB'を選び、そのPROCを調べると9％となる。これは下の図のポイントC'に当たる。当然ながら9％は1.7％より高いため、ポイントC'の傾斜のほうがポイントCの傾斜よりも大きくなることは想像がつく。実際のチャートでも、A'B'の傾斜のほうがABよりずっと急になっている。

ABの距離は分析窓と呼ばれ、今回の分析では5.3営業日に当たる2000分に設定してある。この窓を左から右にスライドして窓の初めと

終わりの１分間の株価の差を計算していくと、**図3.4**の下の図になる。

　もう気づいたかもしれないが、ポイントA'とポイントB'の間には株価のギャップがある。PROCを計算するときにギャップがあると、窓に入るとき（ポイントB'に達するとき）と窓から出るとき（ポイントA'に達するとき）の二度影響を受ける。このことは、下の図の２回のギャップに表れている。「分析窓に入るときのギャップ」と「分析窓から出るところのギャップ」と記したところだ。このようなギャップの扱い方については後述する。

　PROCのメリットのひとつは、これが変化を株価よりも前に知らせてくれることにある。PROCの測定は、上昇するロケットの姿勢の変化を測定するのと似ている。もしあるロケットがx秒で1000フィートから2000フィートまで上昇したのに、次のx秒は2000フィートから2500フィートまでしか上昇しなければ、上昇速度が落ちたことが分かる。何か問題があって、いずれ地球に逆戻りすることになるだろう。PROCはこの上昇速度を測定するもので、ロケットの場合も、実際に機体が落下し始める前にPROCが下がり始める。

　図3.5は、**図3.4**の下の図をならした平滑移動平均線（EMA）を表している。EMAは図をならすための標準的な手法で、単純平均と比較すると古いデータよりも新しいデータがより反映されるようになっている。私は通常、EMAには分析窓と同じ日数を使うことにしている。詳しくは後述するが、分析窓の長さ自体も出来高と株価のボラティリティーの違いに合わせて調整している。

　図をならすメリットは、トレンドの変化がとらえやすくなることだが、問題は元のシグナルよりも遅れることだ。しかし、この遅れはそもそもPROCが株価の変化よりも先を行っていることで相殺され、結果はたいてい中立になる。

　移動平均線（50日や200日）とPROCは、株価を基にした従来のテクニカル分析ツールの基本要素と言える。

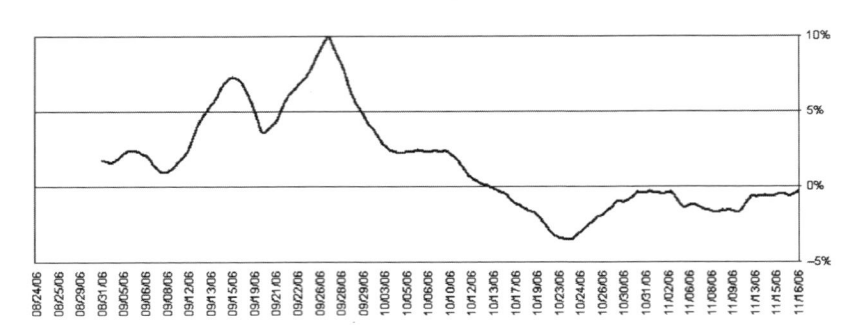

図3.5　DRIの60日間のPROCのEMA（分析窓5.3日）

EVトレンド

　これと同じ原則が、EVフローの変化率を分析するときにも応用できる。**図3.6**はダーレン・レストランの過去60日のEVフローを示している。このトータルEVフローを、ラージEVとスモールEVに分けた**図3.7**と比較してほしい。ここでは**図3.6**のトータルEVと**図3.7**のラージEVがほぼ同じ形をしていることがまず目につく。

　しかし、**図3.8**を見るとA～Dの株価トレンドが必ずしも**図3.7**のラージEVフローのトレンドと同じになっているわけではなく、トレンドCとトレンドDは乖離している。これは次のように説明できる。株価トレンドBのあとの株価は十分高くなっていたため、大口プレーヤーの買いが勝る状態は終わり（トレンドCのラージEVは横ばい）、それによって株価は下落した（株価のトレンドC）。その後、大口プレーヤーが再び買い始め（トレンドDでラージEVが再び上昇）、それが株価の下落を止めてトレンドDの横ばいを形成した。

　第1章で説明したとおり、EVは株価を変化させた出来高を指す。**表3.1**には、行間に黒かグレーの矢印が書き込んであるが、グレーは株価が上昇したときで、黒は株価が下落したときの変化を表している。

第3章 出来高と株価が乖離するとき

図3.6 DRIの60日間のトータルEVフロー（単位＝1000株）

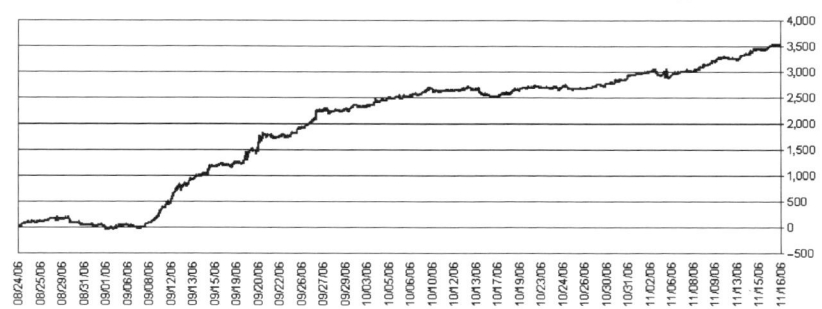

図3.7 DRIの60日間のサイズ別EVフロー（単位＝1000株）

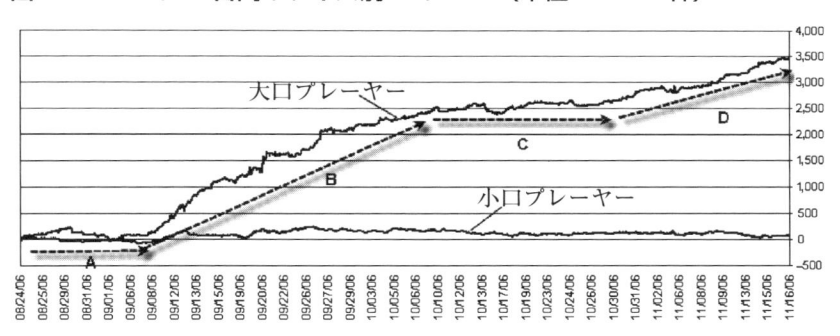

図3.8 DRIの60日間の株価

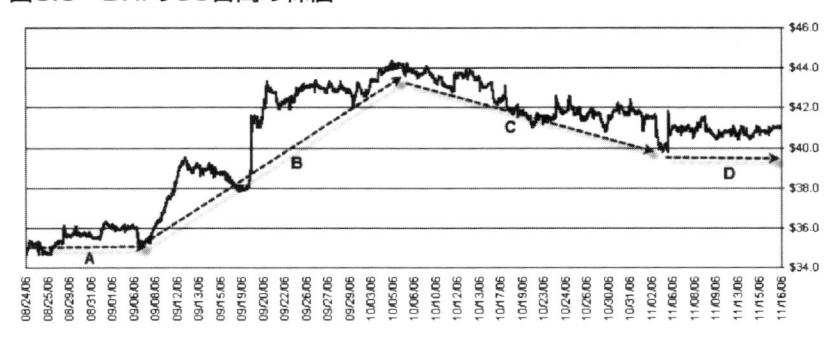

159

表3.1　株価変化とEV

日付	時間	始値	高値	安値	終値	株価変化
11/16/06	13:54	41.07	41.08	41.06	41.06	
11/16/06	13:53	41.03	41.08	41.03	41.07	
11/16/06	13:52	41.03	41.03	41.02	41.02	
11/16/06	13:51	41.02	41.03	41.02	41.03	
11/16/06	13:50	41.02	41.02	41.02	41.02	
11/16/06	13:49	41.03	41.03	41.02	41.02	
11/16/06	13:48	41.03	41.03	41.02	41.03	
11/16/06	13:47	41.02	41.03	41.02	41.03	
11/16/06	13:46	41.03	41.03	41.02	41.02	
11/16/06	13:45	41.03	41.03	41.02	41.02	
11/16/06	13:44	41.02	41.03	41.02	41.02	
11/16/06	13:43	41.03	41.03	41.01	41.01	
11/16/06	13:42	41.02	41.03	41.01	41.02	
11/16/06	13:41	41.03	41.04	41.02	41.03	
11/16/06	13:40	41.04	41.04	41.02	41.04	
11/16/06	13:39	41.03	41.04	41.03	41.03	
11/16/06	13:38	41.02	41.03	41.01	41.03	
11/16/06	13:37	41.02	41.04	41.02	41.03	
11/16/06	13:36	41.04	41.04	41.02	41.02	
11/16/06	13:35	41.04	41.04	41.04	41.04	

出来高	EV	ラージEV	スモールEV
1,700	−1,133	0	−1,133
5,900	−5,057	−5,057	0
14,800	−14,800	−14,800	0
2,500	2,500	0	2,500
700	0	0	0
2,100	−2,100	0	−2,100
4,900	0	0	0
4,900	4,900	4,900	0
11,000	0	0	0
800	0	0	0
5,800	3,533	3,533	0
600	−400	0	−400
4,700	−3,133	−3,133	0
5,600	−3,733	−3,733	0
3,800	2,533	0	2,533
1,900	0	0	0
1,700	0	0	0
1,900	1,267	0	1,267
1,300	−1,300	0	−1,300
500	0	0	0

株価変化とは1分足の終値で見た株価の変化で、EVは株価を変化させた出来高

また、最後の２列はEVをラージEVとスモールEVに分けて表示している。

表3.2からは、過去60営業日におけるトータルEVが出来高全体の約62％を占めていることが分かる。また、**表3.3**を見ると、トータルEVの4999万6040株がラージEVとスモールEVにほぼ均等に配分されている。これは分離値の定義どおりで、理論的には２つのグループの株価を動かす力は同じということになる。しかし、**表3.4**の最終行を見ると、過去60日間において小口プレーヤーは株価変化の80％にかかわっている。また、**表3.5**を見ると小口プレーヤーが変化させた株価は３万0120セント（301.20ドル）で、これは大口プレーヤーが変化させた１万3423セント（134.23ドル）の２倍以上に当たる。この比率と、連続する１分足の株価の変化を示した**表3.6**を比較してみよう。**表3.6**では、大口プレーヤーによる１分足で見た株価変化は平均3.91セントだが、小口プレーヤーによる１分足で見た株価変化は平均2.19セントにとどまっている。つまり、軍事的に言えば火力は小口プレーヤーのほうがはるかに勝っているが、大きな弾丸を撃ち込む大口プレーヤーのほうが１発の影響力は大きいということになる。

ただ、カギとなるのは火力だけでなく、「目標を狙う」ことにもある。**表3.7**～**表3.10**を見てほしい。**表3.7**を見ると、過去60日間に小口プレーヤーは2400万株以上トレードしているのに、方向はっきりしていない。このうちの約1200万株がマイナス方向への株価変化にかかわっている一方で、プラス方向への株価変化にもほぼ同じ株数がかかわっているからだ。つまり、小口プレーヤーには方向感がないと言える。このようなことは、主に大手ファンドがトレードしている銘柄ではよくある。

反対に、**表3.8**を見ると大口プレーヤーのほうが325万6373株（出来高全体の12.8％）も多く買っている。これは、大口プレーヤーの「目標を狙う」意思をはっきりと表している。

表3.2　DRIの60日間のEVとそれ以外の出来高

	株数	割合
出来高合計	80,529,000	100.0%
EV	49,996,040	62.1%
EV以外の出来高	30,532,959	37.9%

表3.3　DRIの60日間のラージEVとスモールEV

	株数	割合
トータルEV	49,996,040	100.0%
ラージEV	25,365,552	50.7%
スモールEV	24,630,488	49.3%

表3.4　DRIの60日間のプレーヤー別株価変化回数とその割合

	株価変化回数	割合
株価変化回数の合計	17,186	100.0%
大口プレーヤーによる株価変化	3,433	20.0%
小口プレーヤーによる株価変化	13,753	80.0%

表3.5　DRIの60日間のプレーヤー別株価変化額とその割合

	セント	割合
株価変化額の合計	43,543	100.0%
大口プレーヤーによる変化額	13,423	30.8%
小口プレーヤーによる変化額	30,120	69.2%

表3.6　DRIの60日間のプレーヤー別平均株価変化額

平均株価変化額	セント
大口プレーヤーによる株価変化額	3.91
小口プレーヤーによる株価変化額	2.19

表3.7　DRIの60日間の小口プレーヤーの方向性

	株数	割合
スモールEV	24,630,488	100.0%
プラス方向への株価変化	12,362,157	50.2%
マイナス方向への株価変化	12,268,331	49.8%
プラスとマイナスの差	93,825	0.4%

表3.8　DRIの60日間の大口プレーヤーの方向性

	株数	割合
ラージEV	25,365,552	100.0%
プラス方向への株価変化	14,310,963	56.4%
マイナス方向への株価変化	11,054,589	43.6%
プラスとマイナスの差	3,256,373	12.8%

表3.9　DRIで小口プレーヤーが動かした金額

	セント	割合
小口トレーダーが動かした金額	30,120	100.0%
プラスの変化	14,670	48.7%
マイナスの変化	15,450	51.3%
ネット金額	-780	-2.6%

表3.10　DRIで大口プレーヤーが動かした金額

	セント	割合
大口トレーダーが動かした金額	13,423	100.0%
プラスの変化	7,403	55.2%
マイナスの変化	6,020	44.8%
ネット金額	1,383	10.3%

大口プレーヤーと小口プレーヤーの差は、**表3.9**と**表3.10**にもはっきりと見られる。**表3.9**は小口トレーダーがトレードした2400万株が動かした株価がネットで-780セントだったことを示している。

　しかし、**表3.10**を見ると、大口プレーヤーは2500万株をトレードして、株価を1383セントも上げていることが分かる。

　要するに、過去60日間において小口プレーヤーは大口プレーヤーの４倍の金額を動かしたことで、株価変化のチャンスも４倍多かった（**表3.4**）。しかしこの間の株価の推移は、大口プレーヤーが13.83ドル上げて小口プレーヤーが7.80ドル下げたため、結局は約６ドル上昇している。この例からは、統計的に見ればマーケットを動かすのは大口プレーヤーで、小口プレーヤーはノイズを生んでいるだけでしかないと言える。

　ここまでで明らかなように、大手ファンドが参入すると、彼らは簡単に株価の方向を変えることができる。株価操作が蔓延していると言うつもりはないが、株価に影響を及ぼさずに買い集められる水準が分かれば、買い集めたあとに株価を上げる方法も分かるだろう。

エフェクティブレシオ

　株価とEVのトレンドを比較する前に、EVが株価を変化させる唯一の力だということを記しておきたい。これはEVの公式のところでも説明したとおり、株価を変化させるのに必要な株数を測定することでもある。この動きは、トレーダーの強い意思を示すという意味で重要だ。ただ、このとき静的な株の供給量、つまり強い意思を持ったトレーダーの動きを抑える指値注文の総数を測定するのが難しい。これらの注文は成り行きとは違う株価で出され、株価が動いて執行されると大きな流れが鈍るため、トレーダーのモメンタムも鈍る。株の供給量の測定方法については第４章で説明するが、ダイバージェンス分析の

ためにEVに静的なプレーヤーの影響を含めるための調整をしておく必要がある。

特定のトレード期間（分析窓）を調べれば、その期間の買い圧力が窓の最初と最後のEVフローの差だということが分かる。これは、EVフローが株価をプラスの方向に変化させたEVからマイナスの方向に変化させたEVを引いて算出しているからだ。

アクティブトレーダーの勢力＝プラスのEV－マイナスのEV

この勢力は、株価トレンドを過熱したり変化させたりするが、パッシブトレーダーが増えると弱まっていく。つまり、この勢力はアクティブトレーダーとパッシブトレーダーの合計（分析期間の出来高）で加重する必要がある。

そこで、特定の分析窓におけるエフェクティブレシオ（ER）を次のように定義する。

エフェクティブレシオ＝（分析窓期間中のアクティブトレーダーの勢力）÷（分析窓期間の合計出来高）

例えば、過去30分間のトレードにおいてアクティブトレーダーの勢力が５万株（株価を押し上げた株数が押し下げた株数より５万株多い）で、この間の合計出来高が50万株なら、本当の買いの力は出来高全体の10％ということになる（５万株÷50万株）。

しかし、もし次の30分間もアクティブトレーダーの勢力は５万株で出来高は25万株なら、この間の買いの力は20％となる（５万株÷25万株）。買いの力が上がったのは、売りに出ている株が相対的に少なくなったからだ。

つまり、ERは一定期間におけるEVフローと売られた株数の比率の

図3.9a　DRIの60日間のラージEVフローとそのROC

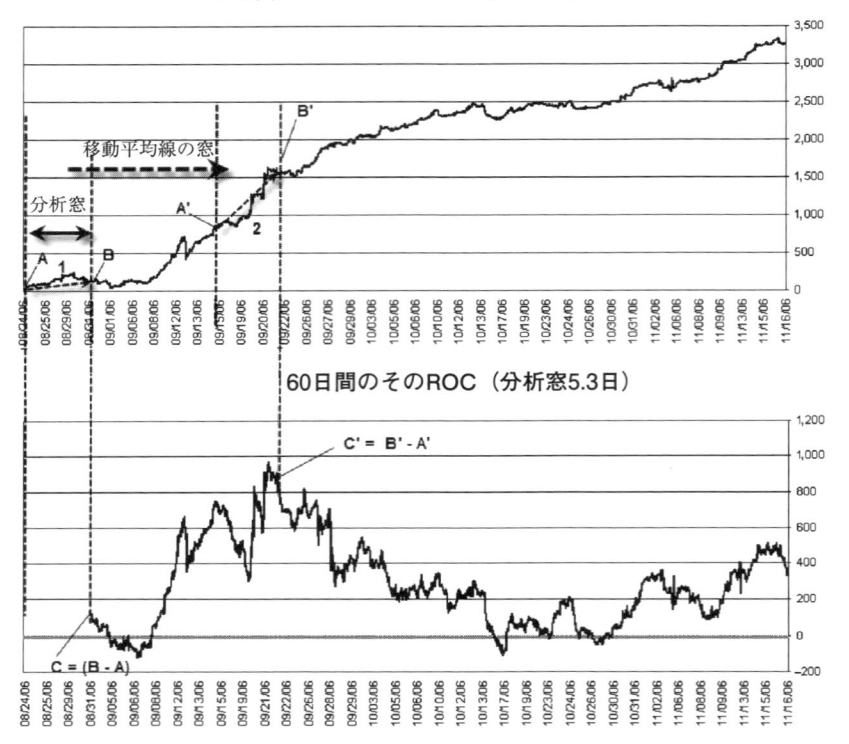

変化を表している。ダイバージェンス分析では、ファンドが大量に買い集めるときにファンドマネジャーはマーケットの供給量を見ながら買い戦略を調整していくことを考慮して、EVではなくERを使っている。もし供給量が少ないと、ファンドマネジャーは株価を上げないよう少なめに買う。

　図3.9a、図3.9b、図3.9cは、ダーレン・レストランのEVフロー、ラージER、それをスムーズにしたものをそれぞれ表している。これらからいくつかのことが言える。

図3.9b　DRIのラージER（分析窓3.5日）

図3.9c　DRIのラージEVのEMA。図3.9a〜図3.9cは売買勢力の算出を段階的に示している（分析窓5.3日）

- 図3.9aの上の図は、ラージEVフロー。
- 図3.9aの下の図は、ラージEVのROC。これは、ラージEVフローの分析窓最後の値から最初の値を引いて算出する。C＝B−A、C'＝B'−A'
- 図3.9bはラージERを示している。これは、図3.9aの下の図の値を分析期間の出来高で割って算出した値で、大口の買い手と大口の売り手のバランスを出来高の割合で示した値とも言える。

167

●図3.9cは、図3.9bを平滑したもの。

ERの使い方

ERは、一定期間（分析窓）における売買圧力を測定したもので、大口プレーヤーだけに対応したラージエフェクティブレシオ（ラージER）と、大口プレーヤーと小口プレーヤーを合わせたトータルエフェクティブレシオ（トータルER）の２つのタイプがある。

私は、ラージERで仕掛けポイントを探し、トータルERで手仕舞いポイントを探している。大口プレーヤーはトレンドを決定づける者であることが多く、彼らが買い集めていれば将来に株価は動くことが多い。しかし、手仕舞いのポイントを探すためにはすべてのプレーヤーの動きを見たい。売りは悪いニュースがきっかけで始まることもあるが、やはり主な理由は割高になって大口プレーヤーも小口プレーヤーも利食おうとするからだ。この時期に株主の大部分が売り始め、株価は下落していく。

ラージERは、これだけでも現在の大口プレーヤーの買い集めや売り抜けの大きさを過去と比較するのに使える（第６章では、これとアクティブバウンダリーを合わせたトレード戦略を紹介する）。**図3.10a～図3.10c**にこのような比較の一例を載せてある。**図3.10a**では、大口プレーヤーがテラブス株（TLAB）を２段階（AとB）に分けて買い集めている。Aの段階では強力に買っているため、ラージERが過去のピークの平均（**図3.10b**の4.1％の点線）を超えている。しかし、同じ図の右端を見ると、弱いトレンドB（**図3.10a**）によって大口プレーヤーの力が弱まっていくのが分かる。参考までに、株価の推移を**図3.10c**に示してある。

ERとシェイキン・マネーフロー指数の比較

ERを、日足のデータを使った標準的な指標であるシェイキン・マ

第3章 出来高と株価が乖離するとき

図3.10a　テラブスの168日間のEV分析（単位＝1000株）

――小口プレーヤー　――大口プレーヤー

図3.10b　テラブスの168日間のラージER（分析窓3.3日、ギャップ調整済み）

大口プレーヤーが大いに買い集めている

ラージERの過去のピークの平均（4.1％）

大口プレーヤーの力が弱まっている

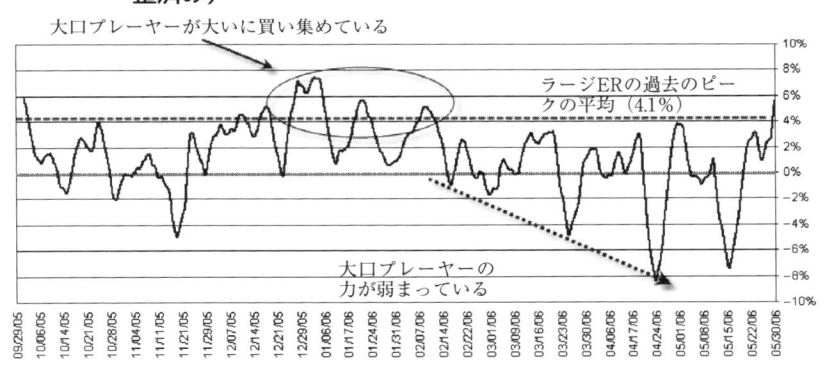

図3.10c　テラブスの168日間の株価

169

ネーフロー・オシレーターなどと比較すると面白い。後者は、一定期間（例えば21日間）のアキュミュレーション・ディストリビューション（AD）シグナルを毎日足していき、それをその期間の合計出来高で割って算出する。日々のADシグナルは、その銘柄の売買圧力がその日の高値と安値に対する終値の位置で判断できるという仮説が基となっている。このADシグナルは、終値と安値の差を高値と安値の差で割って、それで出来高を加重している。

図3.11は、テラブスの90日間におけるERの推移を分析したもので、このなかには、良いニュースと悪いニュースが引き起こした2つの大きな株価ギャップ（AとB）が含まれている。上の図のポイントAをもたらした良いニュースの前には、ER（下の図）が強力な買い集めのシグナルを出している。また、ポイントBを引き起こした悪いニュースの前には、ERが強い売り抜けのシグナルを出している。「強い買い集めの限度」と「強い売り抜けの限度」と記した点線は、過去（6カ月～2年間）のERのピークと谷の平均をそれぞれ表している。ERがこの限度を超えたときは、買い集めや売り抜けが過去のケースよりも強いということになる。

比較対象として、**図3.12**のシェイキン・マネーフロー指数を見ると、ポイントAの前はプラスだがマネーフロー指数は下落している（ただし特に買いサインというわけではない）。そして、ポイントA以降、指数はマイナスに転じて売り抜けを示しているが、このときラージER（**図3.11**）はまだプラスで大口プレーヤーが買い集めていることを示している。しかし、ポイントBではラージERが売りサインを出しているのに対して、シェイキン・マネーフロー指数はむしろ強い買い集めを示して買いを勧めている。

この差は何なのだろう。理由は3つある。
1. 通常、シェイキン・マネーフロー指数のほうが分析窓が長い。シェイキン指数は例えば21日なのに対して、ERは通常3～5日程

図3.11 テラブスの90日間の株価とラージER

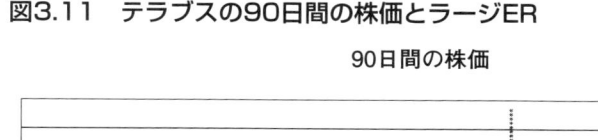

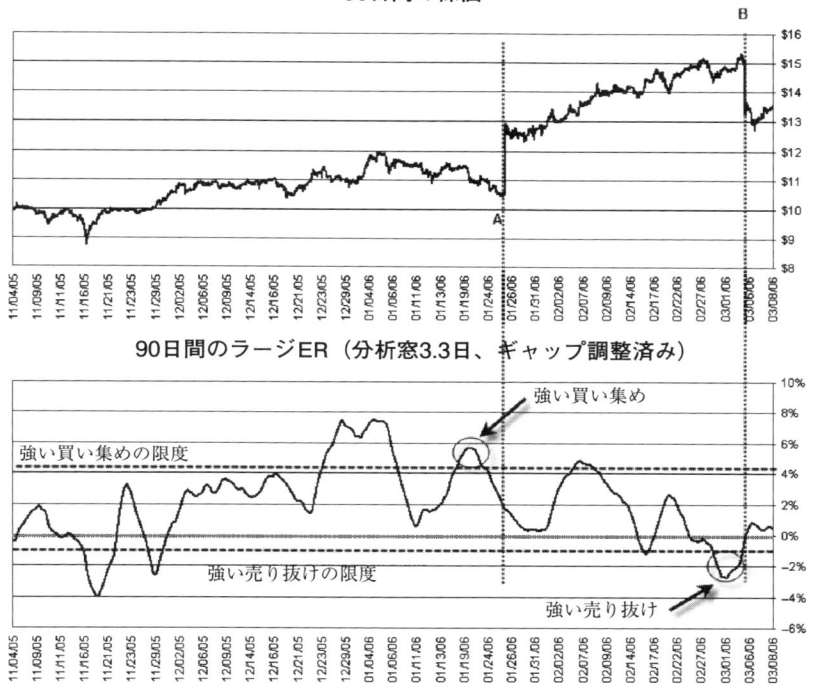

90日間の株価

90日間のラージER（分析窓3.3日、ギャップ調整済み）

度だ。これは、ERがインサイダーやファンドの動きをとらえようとしているからだ。インサイダーがニュースをつかむのは公表される2～3日前だということから考えて、長期間の分析では直近の重要な動きをとらえることはできない。

2. ほかの指数と同様、シェイキン・マネーフロー指数も終値を基にしている。第1章で見たとおり、取引終了間際はトレードが集中するため、資金力のある大手ファンドは株価を自分たちが望む水準に近づけていくことができる。

3. **図3.11**の下の図を見ると、ラージERが4.1％のラインを超えたとき買いの限度に達することが分かる。つまり、大口の買い手と

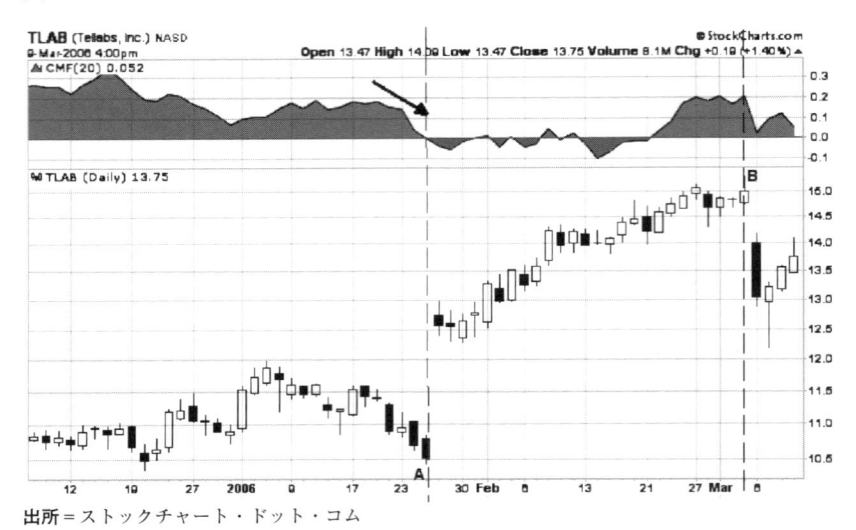

図3.12　テラブスのシェイキン・マネーフロー指数

出所＝ストックチャート・ドット・コム

　大口の売り手の差の平均は最大でも出来高全体のわずか4.1％なので、両者の平衡はあまり崩れていないと言える。このようなわずかな差はシェイキン指数などの日足のデータを使ったツールでは誤差の範囲内に十分収まってしまうため、もっと正確なツールでないと探知することができない。

株価と出来高のダイバージェンス分析

　次は、株価と出来高の変化を比較していこう。この比較からは、水面下で起こっていることに対して早期の警告を得たいと思っている。

　下降トレンドの底で大きく買うファンドには、トレンドの方向を変える力があることはすでに見た。そこで、ラージERと株価のダイバージェンス分析は、良い仕掛けポイントを探す助けになる。

　大口プレーヤーの行動を分析すれば比較的簡単に買いポイントが分かっても、売りポイントを探すにはトレンドを決定づける大口プレー

ヤーだけでなくすべてのプレーヤーの行動を見る必要がある。買いと売りに別々の戦略が必要となる理由は2つある。

まず、大手ファンドが売るときは、買うときよりもずっと注意深く行動する。大手ファンドが相当数の株を買うと、需給に影響を与え、それがいずれ株価を押し上げることになる。もし買い集めが終わる前に株価が上がってしまえば彼らはそれまで買った分を利食うが、利益を上げているのでファンドマネジャーが文句を言われることはない。しかし、売るのが早すぎると、需給の平衡の変化が大きすぎて株価が下がる可能性もあり、そうなると残りのポジションの含み損に対して責められることになる。そのため、売るときは買うときよりも時間をかける。さらに、ファンドマネジャーは通常、買い気配値を出して下落の圧力をかけるよりも、売り気配値で売ろうとする。この受け身の戦略を、出来高分析で察知するのは難しい。そのため、ラージEVのみを使うよりも、トータルEVで売りシグナルを探したほうが良い結果が出ることが多い。

次に、株主は利食うために売る場合が多いが、このなかには10%の利益もあれば20%の利益もある。売りパターンを分析するときは、株価がまだ上昇途中でも売り始める人がいるということを覚えておいてほしい。株主は必ずしも天井に達してから売るわけではなく、目標値に到達すれば売り始めるからだ。しかし、買いの場合は割安になったと思えば大部分の人が買い始める。底のほうが天井よりも見つけやすい理由はここにある。

買いパターンの分析

買いたいときは、分析期間の大口プレーヤーの買い集めがその期間の株価変動を引き起こしたのかどうかを知りたい。これには2つのケースがある。

1．もし大口プレーヤーが買い集めていても株価は下落か横ばいなら、買い集めが進んでいると考えられる。ただ、これがある時点で株価を動かすほど強力かどうかはまだ分からない。しかし、過去のダイバージェンスと比較して大口プレーヤーの買いと株価のダイバージェンスの勢いが過去よりも強ければ、良い買い時だと判断できる。
2．もし大口プレーヤーの買い集めが同じ期間の株価の上昇率よりも強ければ、上昇トレンドは続くと考えられる。

　ダーレン・レストランのダイバージェンス分析例を**図3.13**に示してある。下の図は、**図3.11**のラージERと**図3.5**のPROCを調整して同じ図に表示してある。
　2つのシグナルの乖離は、**図3.13**の上の図に示してある。例えば、2つの乖離ポイントであるD1とD2を見てほしい。
　D1はER1からP1を引いて求めた値で、大口プレーヤーの動きとD1までの5.3日間の株価の推移の差を測定している。ここではERが下降トレンドにあるが、値は0％を上回っているので買いが続いていることになる。ただ、PROCの下落のほうがERの下落よりも急で、ERと株価の乖離はD1までにさらに開いている。このことから、もし大口プレーヤーの買い集めが続くなら、株価が長期間下がり続けるのは難しいと考えられる。
　反対に、D2ではPROC（P2）が0％近くにとどまっていても買い集め（ER2）は盛んに行われている。株価はいずれ大口プレーヤーの買い集めのトレンドに追いつくことになるだろう。

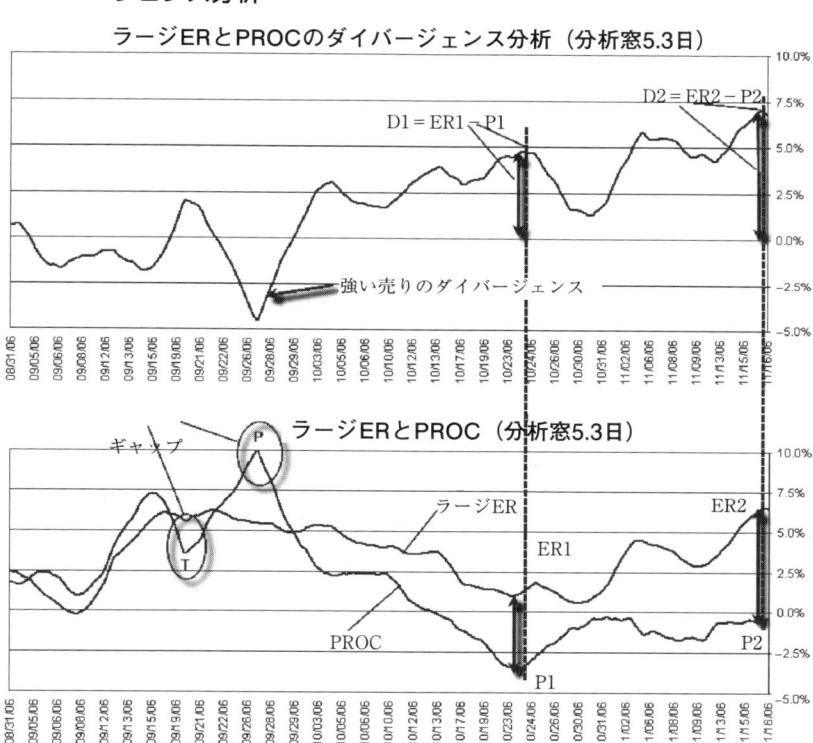

図3.13　DRIの60日間のギャップを含むラージERとPROCのダイバージェンス分析

株価ギャップの調整

図3.13のPROCのシグナルでは、谷（T）のあとにピークが続いていたことに気づいたかもしれない。このような急激な変化は、分析窓の初めと終わりにある大きな株価ギャップによるものだということは図3.4で説明した。

株価ギャップは、取引時間外のニュースにマーケットが大きく反応したことによるもので、このニュースがセンチメントや評価を変化さ

せ、それが株価の急変に表れた。しかし、この急激な株価変動は次の３つの理由から、EVには表れなかった。

1. EVは１分ごとに算出し、方向を見るために株価を前の１分間と比較しなければならないため、取引時間の最初の１分間は比較の対象とはならない。これを含めるならば前日の最後の１分間と比較する必要があるが、この間にはかなりの時間が経過しているのでおかしなことになる。そこで、最初の１分間のEVは常に０に設定してある。
2. ２つ目の理由は、大口プレーヤーと小口プレーヤーの分け方に関連している。取引時間の最初の１分間は、個人投資家が夜間に出した注文が執行されるため、たいていそれ以降よりも出来高が多くなる。しかし、最初の１分間の出来高が取引時間外に下された多数の小口プレーヤーの判断を総合したものであるにもかかわらず、この極端に多い出来高は計算上大口プレーヤーの出来高に分類されてしまうため、実情と合わなくなる。そこで、最初の１分間は、それ以降の１分間と混同すべきではない。
3. 最後は数学的な理由だ。出来高は突然、激増したり激減したりすることがあり、ボラティリティーが短期的に高まる（ある１分間のトレードが10万株で、次の１分間には100株などということもある）。しかし株価は２～３セントずつ動くことが多いため、ボラティリティーがこれほど高くなることはない。ただ、問題はギャップで、これがときには価格変動を通常の数百倍に押し上げる。そうなると、数学的な計算結果が大いに乱れ、ダマシのシグナルにつながることもあり得る。

　図3.14は図3.5のダーレン・レストランのPROCから株価ギャップを除いた図で、調整後のPROCをダイバージェンス分析に応用した

第3章　出来高と株価が乖離するとき

図3.14　DRIの60日間のPROCのEMA（分析窓5.3日分、ギャップ調整済み）

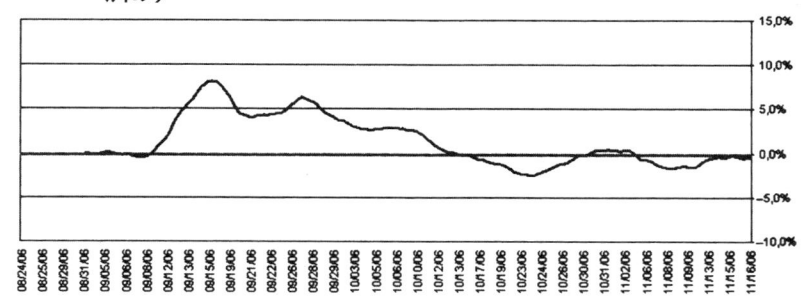

図3.15　DRIの60日間のラージERとPROCのダイバージェンスとラージERとPROC

ラージERとPROCのダイバージェンス（分析窓5.3日）

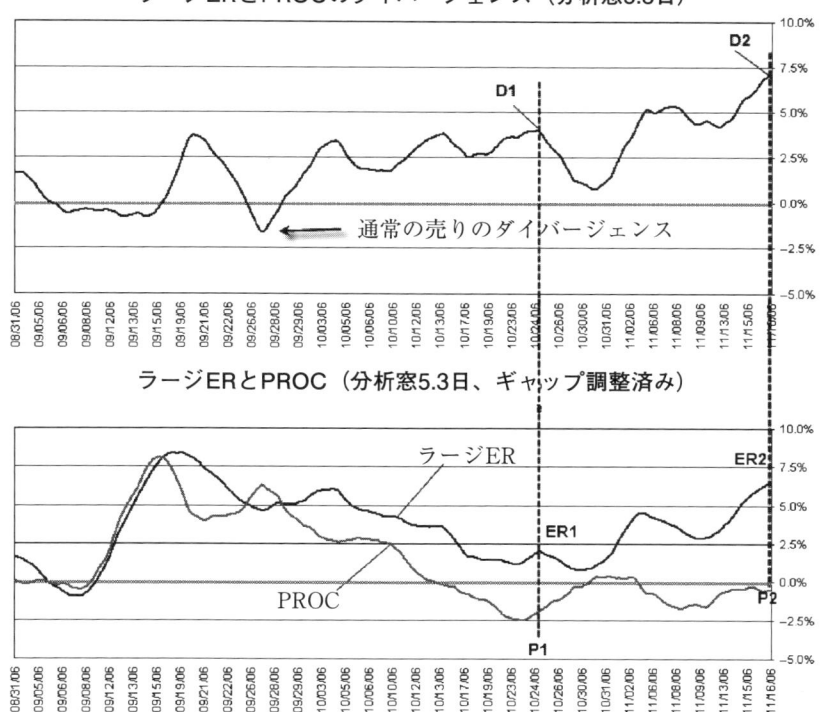

←通常の売りのダイバージェンス

ラージERとPROC（分析窓5.3日、ギャップ調整済み）

177

図3.16　DRIの株価

出所=ストックチャート・ドット・コム

図3.15は図3.13と似た結果になる。図3.13では株価ギャップによって売りの大きなダイバージェンスが生まれているが、図3.15ではそうはなっていないことが大きな違いだ。

買いのダイバージェンスの過去の分析

　過去のダイバージェンスを分析する目的は、ダイバージェンスシグナルの過去の反転パターンを調べるためで、これが分かれば現在のシグナルが過去と比較して強いかどうかが分かる。

　図3.16は、過去のダイバージェンス分析のスタート点を示している。34ドル周辺で買って43ドルか44ドルで売れば、なかなか良いトレードになることは明らかだろう。

　図3.17の真ん中の図では、ダイバージェンスのピークを示す9つのポイントに番号を振ってある。これらのポイントは、ラージERとPROCのダイバージェンスがピークになり、買いポイントになり得ることを示している。しかし、このなかでもダイバージェンスが最大になる点が本当に良い買いポイントとなる。そこで、これらのピークの

第3章 出来高と株価が乖離するとき

図3.17 DRIの買いのダイバージェンス分析。過去のダイバージェンスを分析することで、ラージERとPROCの乖離を過去のピークの平均と比較できる。過去の値よりも高ければ通常以上に強く乖離していて良い買いのチャンスになっている可能性が高い

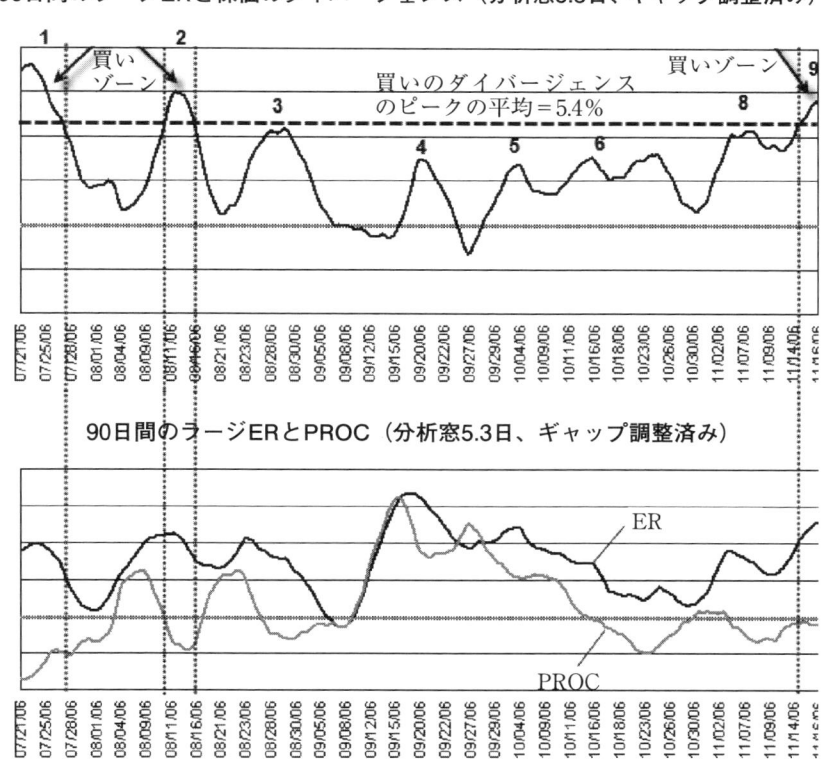

90日間の株価（分析窓5.3日）

90日間のラージERと株価のダイバージェンス（分析窓5.3日、ギャップ調整済み）

買いのダイバージェンスのピークの平均＝5.4％

90日間のラージERとPROC（分析窓5.3日、ギャップ調整済み）

179

平均値を点線で示しておいた。私の経験から言えば、ダイバージェンスが過去のピークよりも大きいときに買うと良い場合が多い。

図3.17には、以前に紹介した買いゾーンを示してある。図の右端にも買いゾーンがあることに注目してほしい。

売りパターンの分析

売るときは、分析期間にすべてのプレーヤーの売り抜けが株価の変動をもたらしたかどうかを知りたい。ここでは2つのケースが考えられる。

1. すべてのプレーヤーの売り抜けの勢いが強くても株価は上昇か横ばいなら、これがいずれ株価を下げるほど強力かどうかは分からないが、売りはまだ続くと考えられる。しかし、現在の売りのダイバージェンスを過去のそれと比較すれば、売りのタイミングを正しく判断できる。
2. もしすべてのプレーヤーの売り抜けが同じ時期の株価の下落と見合っていれば、下降トレンドは続くと考えられる。

図3.18は、売りのダイバージェンスの谷を示す9つのポイントに番号を振ってある。これらのポイントは、トータルERとPROCのダイバージェンスが最小になっているということで、売りポイントになり得る。ただ、たとえ谷でも0％を超えていればプラスのダイバージェンスなので外す必要がある。定義から考えても、プラスのダイバージェンスで売るということはない。トータルERと株価のダイバージェンスがプラスになるということは、株価がトータルERよりも速く下げているだけでなく、トータルERが強力で、もしかしたら株価がいずれ反転するのかもしれない。0％よりも高い谷は、ダマシの売り

図3.18 DRIの売りのダイバージェンス分析。過去のダイバージェンスを分析することで、トータルERとPROCの乖離を過去の谷の平均と比較できる。過去の値よりも低ければ通常以上に弱く乖離していて良い売りのチャンスになっている可能性が高い

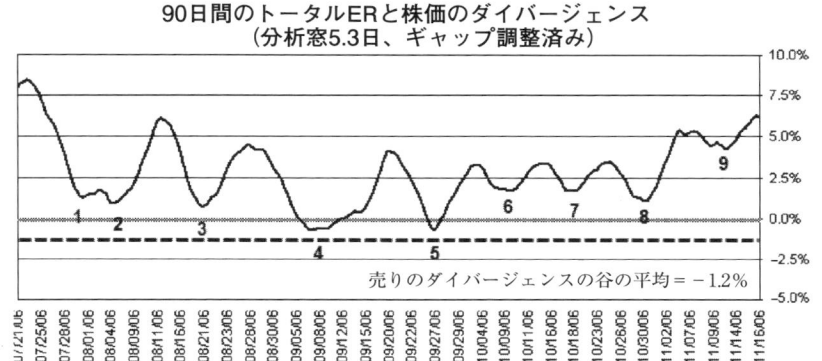

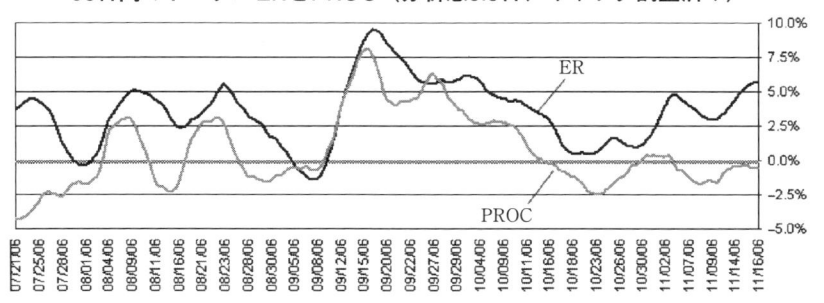

90日間の株価（分析窓5.3日）

90日間のトータルERと株価のダイバージェンス
（分析窓5.3日、ギャップ調整済み）

売りのダイバージェンスの谷の平均＝－1.2％

90日間のトータルERとPROC（分析窓5.3日、ギャップ調整済み）

図3.19　DRIの60日間のトータルERと株価の売りのダイバージェンス分析（分析窓5.3日分、ギャップ調整なし）。ギャップを調整しないと、ダイバージェンス分析はダマシのシグナルを出す可能性がある

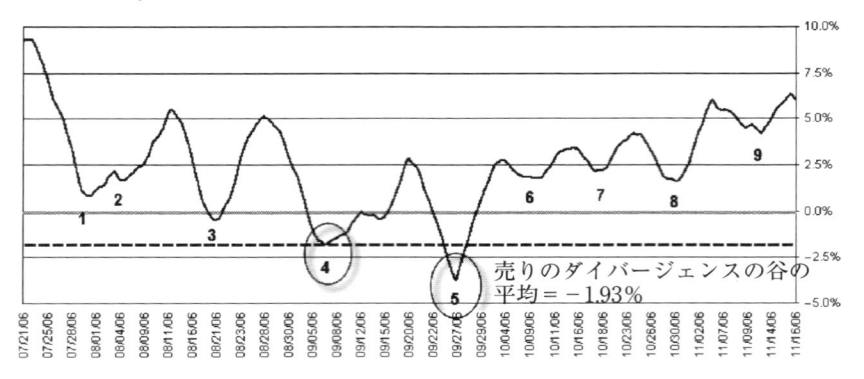

シグナルとも言える。

　しかし、これらのダマシの売りシグナルを除くと、非常に効果的な売りポイントはマイナスの谷のなかでもダイバージェンスが最大のところだということが分かる。このケースでは4と5のみがそれに当たる。ちなみに、過去1年間のデータと比較すると（図には示していない）、売りのダイバージェンスシグナルの底の平均は−1.2％になる。

　図3.18が示すように、平均を下回る売りのダイバージェンスシグナルはひとつもない。これは、長期的に見れば上昇トレンドがまだ堅調だということを表している。

　図3.19は、株価のギャップが調整されていなければ出ていたダイバージェンスシグナルを示している。この図では平均が若干下がって−1.93％になっており、ポイント4と5が株価ギャップが生んだ真の売りシグナルだと分かる。

　これ以降、ダイバージェンスには次の用語を使用していく。

●**買いゾーンの限界**　過去における買いのダイバージェンスのピーク

の平均
- **強い買いゾーンの限界**　過去における買いのダイバージェンスのピークの平均よりも1.5倍高い限界
- **売りゾーンの限界**　過去における売りのダイバージェンスの谷の平均
- **強い売りゾーンの限界**　過去における売りのダイバージェンスのピークの平均よりも1.5倍低い限界

強い買いと強い売りの限界とは、最強のダイバージェンスシグナルのみを考慮したい場合に使うとよい。

ダイバージェンス分析の例

このセクションは、3つのパートに分かれている。

1. パート1は、ダイバージェンス分析を単体で使った4つの例を紹介する。
2. パート2は、前章までに紹介したトレード例にダイバージェンス分析を適用していく。これらの例はパート1の例より複雑なので、本書を二度目に読むときまで待ってもよい。
3. パート3は、ダイバージェンス分析とAB指数の両方を使った例をステップごとに説明し、この2つの指標のみを使ったトレード判断を紹介する。

簡単なシグナル

ダイバージェンス分析の基本的な目的は、水面下で変わったことが

図3.20　WLKの買いの機会

出所＝ストックチャート・ドット・コム

起こったときの自動的な警告として使うことにある。この警告は、過去の動きと比較して非常に変わったことが起こったときのみ表示される。4つの簡単な例を見ていこう。

ウエストレイク・ケミカル

　化学メーカー（ビニール、ポリエステルなど）のウエストレイク・ケミカル（WLK）の主な経費は原油価格と連動しており、事業としてはオーソドックスかつ安定している。**図3.20**は、過去2～3カ月の株価トレンドを示している。2007年2月20日の急落の原因は、予想を下回った決算発表だった。

　図3.21の上と中央の図は、2006年12月初めに株価が下がり始め（株価のトレンドA）、大口プレーヤーが買い始めたことを示している（ラージEVのトレンドD）。そして、このダイバージェンスを示す下の図から、2つのことが分かる。

1．ダイバージェンスが過去最大のダイバージェンスの平均よりも大

図3.21　WLKの買いのダイバージェンス分析

60日間のEV（単位＝1000株）

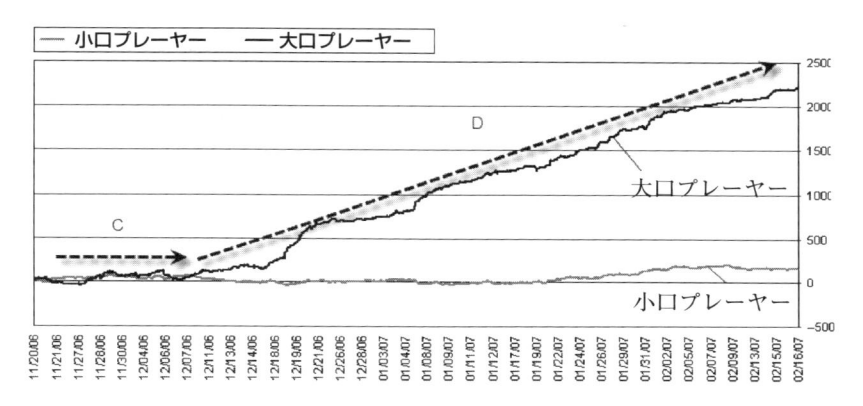

60日間の株価

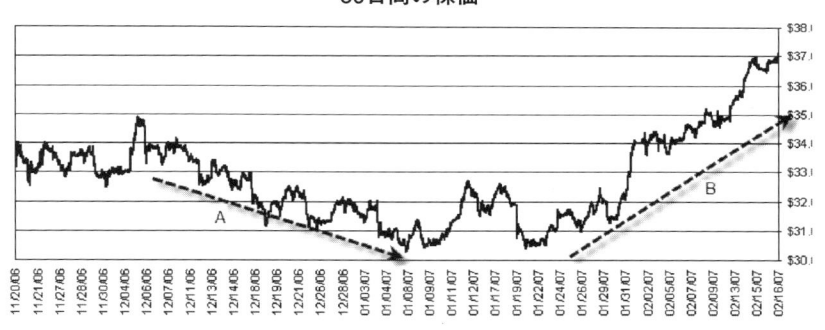

60日間のラージERと株価のダイバージェンス（ギャップ調整済み）

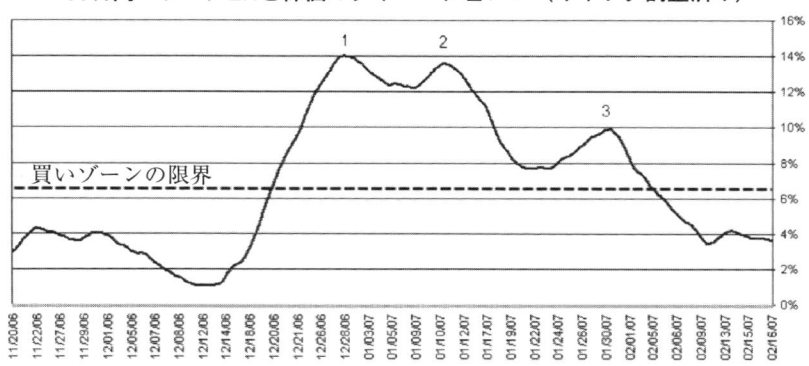

きいかどうか(買いゾーンに入ろうとしているかどうか)
2. ダイバージェンスが最大になったとき(ポイント1、2、3)

私ならば、次の条件がそろったときに買う。

● ダイバージェンスシグナルが強い買いゾーンにあり、過去のピークよりも少なくとも1.5倍は強いことを示しているとき(ウエストレイクのケースなら9％以上)。
● ラージEVのトレンドが上昇している(大口プレーヤーが買っている)。
● 株価が9日移動平均線を上回っている。この条件は、尚早な投資を避けるためのもので、個人投資家だったらトレンドが始まるまで待つほうがよい。反対に、新しいトレンドのかなり手前で投資したい大手ファンドならば、この条件は無視してよいかもしれない。

図3.20には、これらの条件に見合う2つの買いチャンスを記してある(AとB)。

反対論者なら、AやBよりも株価が安い3月半ばこそがチャンスだと言うかもしれない。それも一理あるが、トレーディングとは正しく売ることでもある。**図3.22**を見ると、2月15日までにAB指数がトレンドの反転を示唆する上限に達しているうえ、**図3.23**の右側を見ると、2月15日に大口プレーヤーが買うのをやめ、株価が下がり始めている。もし株価が割高になってファンドが買うのをやめれば、株価は下落し始める可能性が高い。このような売りのチャンスは逃すべきではない。

シエラ・ヘルス・サービス・インク
医療サービス会社のシエラ・ヘルス・サービス・インク(SIE)も、

第3章　出来高と株価が乖離するとき

図3.22　WLKのAB（1800万株）

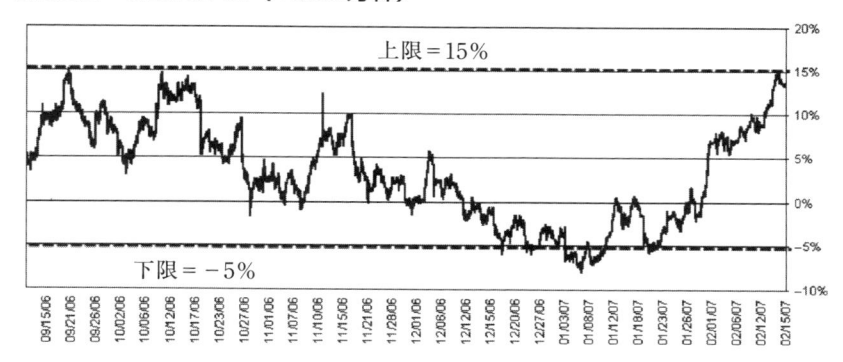

上限＝15%
下限＝-5%

図3.23　WLKの小さな売りのダイバージェンス

20日間のEV（単位＝1000株）

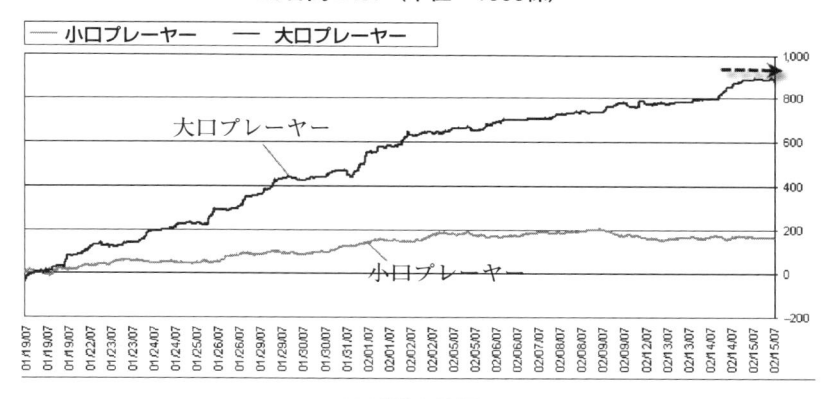

小口プレーヤー　　大口プレーヤー

大口プレーヤー

小口プレーヤー

20日間の株価

図3.24　SIEの買いの機会

（チャート図：SIE (Sierra Health Services Inc.) NYSE、9日移動平均線）

出所＝ストックチャート・ドット・コム

　オーソドックスで安定したビジネスだ。**図3.24**は、シエラの株価トレンドと、これから説明する3つの買いチャンス（A、B、C）を示している。

　図3.25の上と中央の図では、シエラの大口プレーヤーの動きと株価が強いダイバージェンスを示している。ダイバージェンス分析は、AとBという2つの買いのチャンスを指摘している。チャンスAは、すぐに9日移動平均線よりも下に戻ってしまったため分かりにくいが（**図3.24**）、Bは簡単に見つかるだろう。

　それ以外の買いのチャンスは、株価が9日移動平均線を上抜き、ダイバージェンス分析が強い買いのダイバージェンスシグナル（**図3.26**のポイントX）を出した直後の2007年1月18日と19日（チャンスC）にある。結局、シエラは2007年3月12日に買収されたが、この交渉には3カ月間かかったようだ。

セルジーン・コーポレーション

　生物医薬品会社のセルジーン・コーポレーション（CELG）は、ガ

第3章 出来高と株価が乖離するとき

図3.25 SIEの買いのダイバージェンス分析（2006年9～12月）

60日間のEV（単位＝1000株）

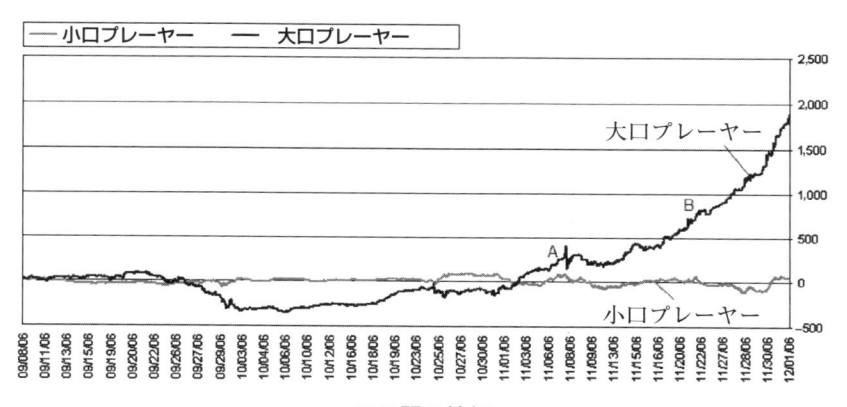

60日間の株価

60日間のラージERと株価のダイバージェンス（ギャップ調整済み）

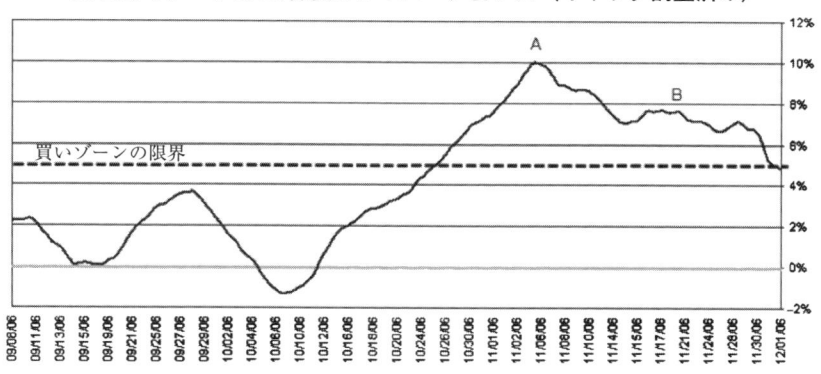

図3.26 SIEの買いのダイバージェンス分析(2006年12月~2007年1月)

40日間のEV(単位=1000株)

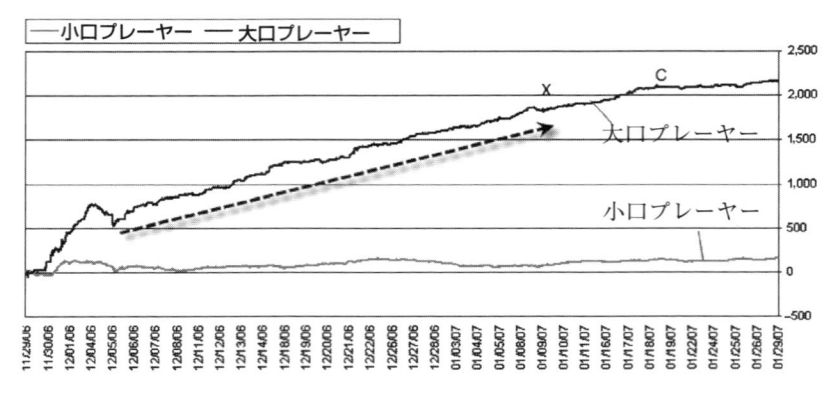

40日間の株価

40日間のラージERと株価のダイバージェンス(ギャップ調整済み)

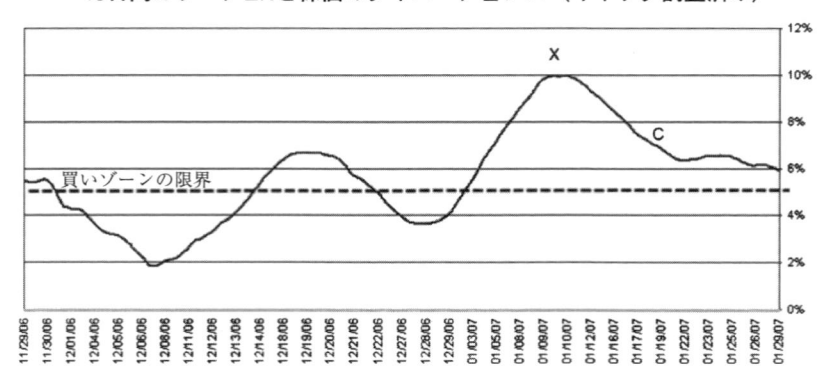

図3.27　CELGの売買機会

出所＝ストックチャート・ドット・コム

ンや免疫・炎症性疾患の治療薬を開発している。前の例よりも刺激的で、高成長、高リスクの事業と言ってよいだろう。**図3.27**の株価チャートに記した買いのチャンス2つ（AとB）と売りのチャンス1つ（C）を見ていくことにしよう。

　図3.28の上と中央の図には、セルジーンのラージEVと株価に多少のダイバージェンスが見られ、それが下の図の買いシグナル（A）を生み出している。2006年8月に、私はエルダー博士が主催するトレード講座でEVの概念を初めて公開した（博士の講座は非常に楽しく啓発的なので、もしまだなら参加を勧める）。このとき選んだのがこの銘柄と、次に紹介するアメリカン航空で、当時はまだ買うには時期尚早だった。

　このときのトレードをすべて公開すると、私はまずポイントAで買ったが、のちに時間指定ストップに達して売るはめになった。時間指定ストップを設定しておくと、特定の日数を経過しても株価が狙った方向に動いていなければ売らざるを得ない。このパラメーターをリターンとリスクの管理に使う方法は、第5章で説明する。

　これ以外に、**図3.27**にはもうひとつ買いのチャンスかもしれない

191

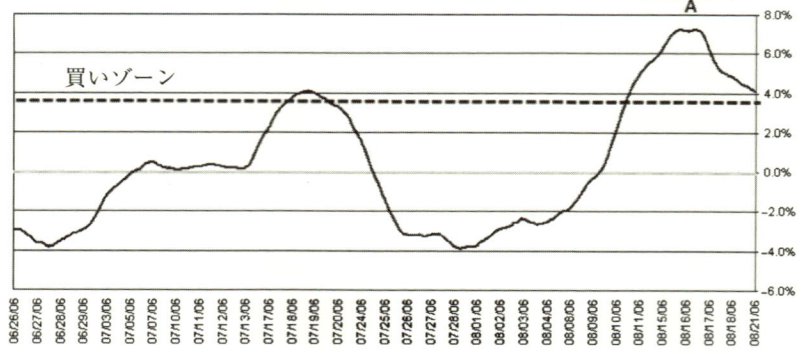

図3.28　CELGの最初の買いのダイバージェンス分析

40日間のEV（単位＝1000株）

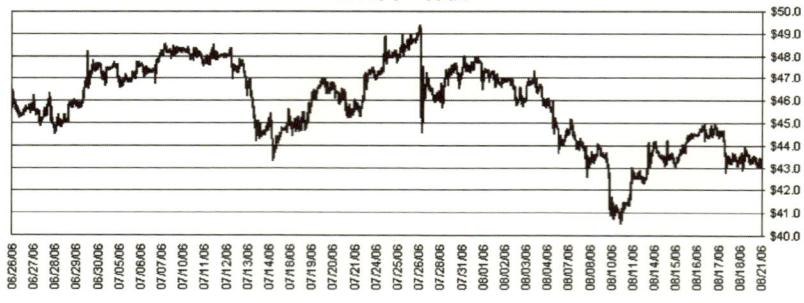

40日間の株価

40日間のラージERと株価のダイバージェンス（ギャップ調整済み）

第3章　出来高と株価が乖離するとき

図3.29　CELGの二度目の買いのダイバージェンス分析

60日間のトータルERと株価のダイバージェンス（ギャップ調整済み）

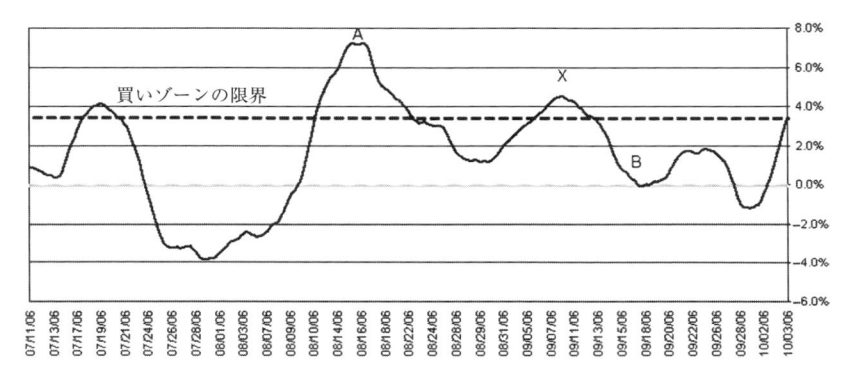

ポイントBがある。しかし、当時はダイバージェンスシグナルが買いの警告X（**図3.29**）のあとすでに買いの限界を下回っていたため、私は買わなかった（そしてあとで後悔した）。この例は、ダイバージェンスシグナルでトレードする場合、株価が９日移動平均線を超えたときに、買いのダイバージェンスの領域に入っていなければならないことを示している。

　2006年12月８日、驚いたことに私の話を聞いてセルジーンを買ったエルダー博士から電子メールが届いた。売りを考えていた博士は、私のチャートのシグナルを知りたいということだった。**図3.30**が示すように、当時のダイバージェンス分析は売りシグナルを出していた。もともと同じ銘柄を選択したのに、経験豊富なトレーダー（エルダー博士）は20％以上の利益を確保して、私は２％の損失を出したことは非常に興味深く、良い勉強になった。そしてこのことが、最高のリスク・リターン・バランスをもたらす損切りの最適水準の研究へと私を駆り立てた。リスク・リターン・バランスについては、第５章をまるまる割いてある。

図3.30　CELGの売りのダイバージェンス分析

40日間のEV（単位＝1000株）

凡例: 小口プレーヤー　大口プレーヤー

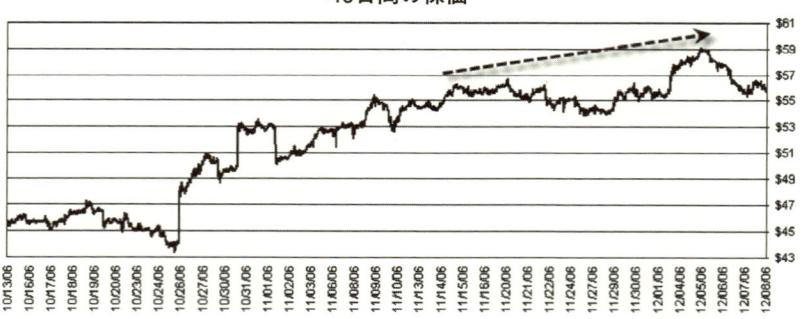

40日間の株価

40日間のトータルERと株価のダイバージェンス（ギャップ調整済み）

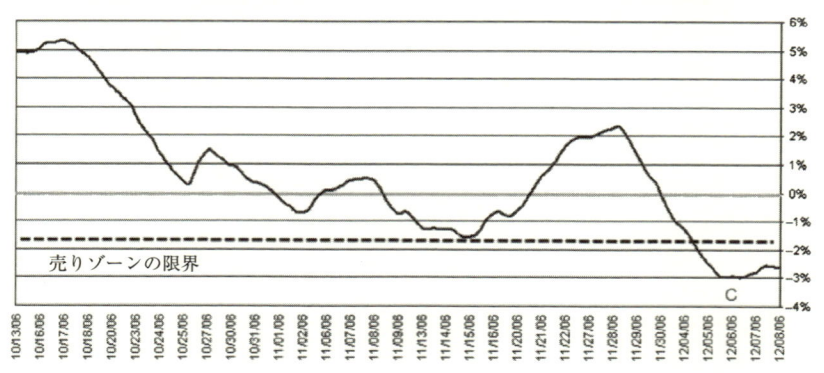

売りゾーンの限界

図3.31　AMRの買いの機会

出所＝ストックチャート・ドット・コム

AMRコーポレーション

　AMRはあの有名なアメリカン航空のことで、私はこの銘柄のトレードの可能性についても2006年8月半ばのエルダー博士の講習会で紹介した。**図3.31**には、AMRコーポレーション（AMR）の株価トレンドと、2つの買いチャンス（AとB）を記してある。

　図3.32が示すとおり、大口プレーヤーは株価がまだ横ばいの時期に激しく買い始めた。ポイントAは、買いの限界をはるかに超えたところでダイバージェンスが最大になった。株価も9日移動平均線を超えていたため、すぐに買いシグナルが出た。

　このあと、ダイバージェンス分析はブレイクアウトで2つ目の買いのチャンス（ポイントB）を示した（**図3.33**の下の図）。

再読するときのためのさらに複雑な例

　本章のこの時点までに、エフェクティブレシオとダイバージェンス分析の基本的な概念とその例を紹介してきた。ただ、さらに複雑な例は、本書を再読するときまで待つべきだと思うので、初回はこの項目

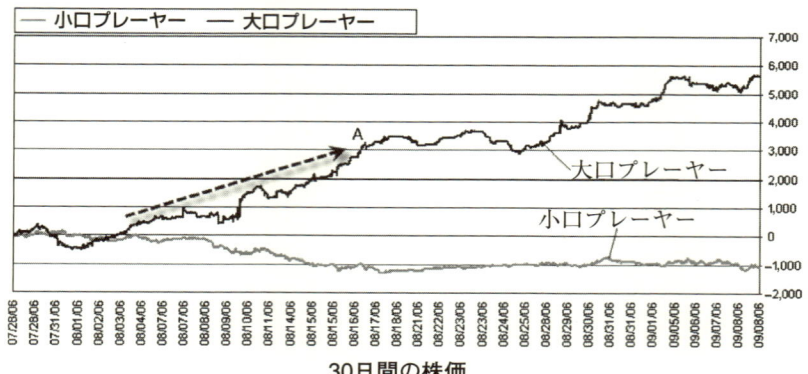

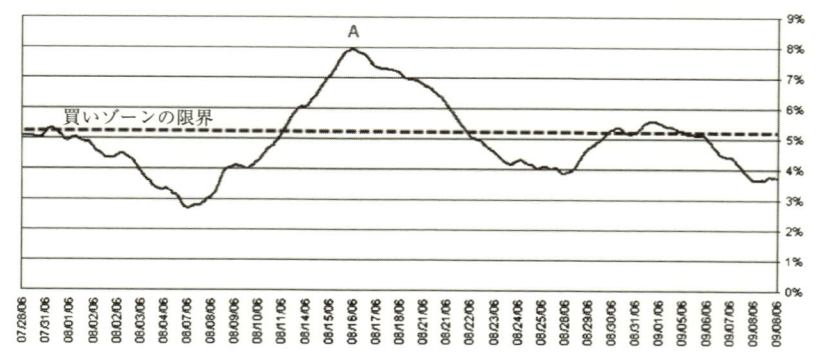

図3.32　AMRの最初の買いのダイバージェンス分析

第3章 出来高と株価が乖離するとき

図3.33　AMRの二度目の買いのダイバージェンス分析

30日間のEV（単位＝1000株）

30日間の株価

30日間のトータルERと株価のダイバージェンス（ギャップ調整済み）

図3.34　FIIの買いのダイバージェンス分析

120日間の株価（分析窓5.6日）

買いゾーン

120日間のERと株価のダイバージェンス（分析窓5.6日、ギャップ調整済み）

買いゾーンの限界＝4.7%

120日間のラージERとPROC（分析窓5.6日、ギャップ調整済み）

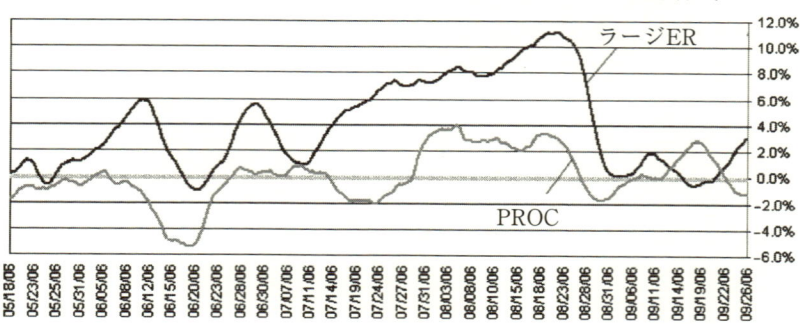

ラージER

PROC

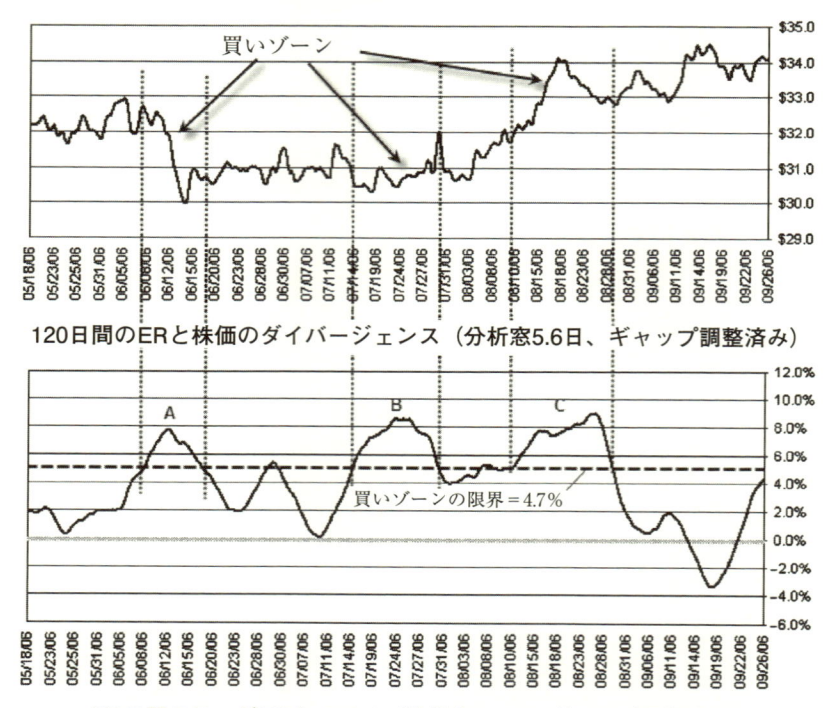

と次の３つ（「ダイバージェンスとABを組み合わせる」「最適な分析窓の設定の仕方」「トレードのない１分枠」）は飛ばし、最後の「ダイバージェンス分析のまとめ」だけ読んで第４章「需要と供給」に進んでほしい。

フェデレーテッド・インベスターズ・インク──ダイバージェンス分析を使った標準的なトレード

第１章の**図1.17**と**図1.20**で、フェデレーテッド・インベスターズ・インク（FII）は2006年８月３日に横ばいからブレイクする前、大口プレーヤーによる激しい買い集めを示していた。

図3.34は、2006年５～９月の買いのダイバージェンス分析で、ここには３つの買いゾーンがある。

1. **買いゾーンA**は、株価がまだ横ばいにある2006年６月８日に始まった。この買いゾーンのなかでダイバージェンスが天井に達するまで待つことができれば、６月12日に最大値に達したとき株価が急落していくのを確認できただろう。株価トレンドに逆らった売買はしないルールなので、ここで買うことはできなくなった。
2. **買いゾーンB**が興味深いのは、株価の横ばいが買いゾーンＢの間中続いていたことで、ダイバージェンスが最大になった７月24日に買うのは良い判断と言える。
3. **買いゾーンC**には問題がある。もしＢで買わないで、それと同じくらいの強さの新しい買いシグナルＣが出ても、株価はすでに31ドルから34ドルに上がっているため前ほど魅力的ではないし、みんなもこの上昇トレンドに気づき始めている。

パート1　これまでのテクニカル分析を変えるツールセット

図3.35　ARBAの買いのダイバージェンス分析

95日間の株価（分析窓4.4日）

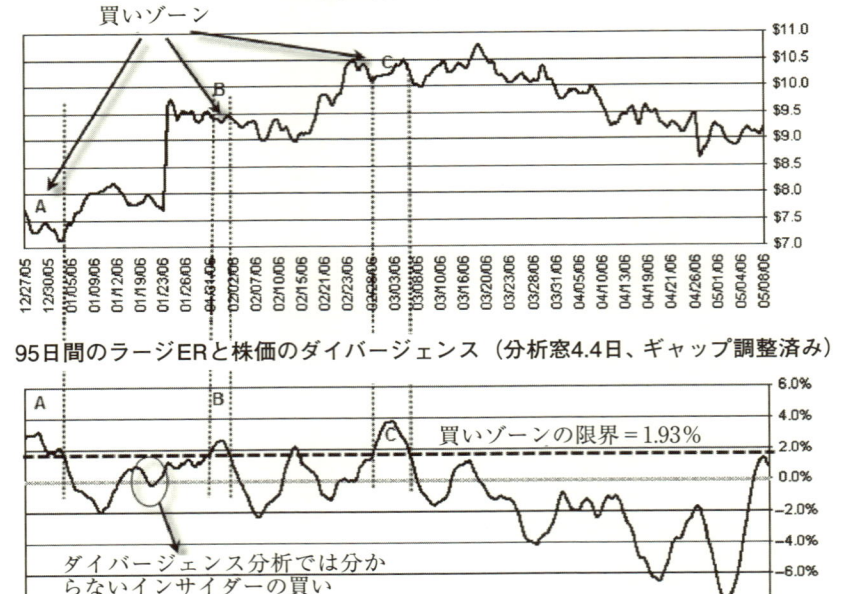

買いゾーン

95日間のラージERと株価のダイバージェンス（分析窓4.4日、ギャップ調整済み）

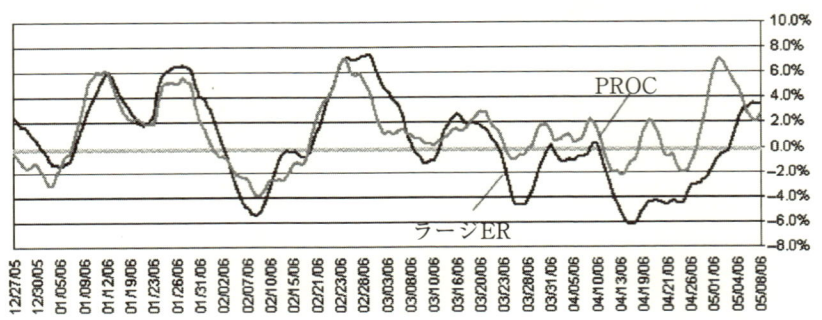

買いゾーンの限界＝1.93%

ダイバージェンス分析では分か
らないインサイダーの買い

95日間のラージERとPROC（分析窓4.4日、ギャップ調整済み）

PROC

ラージER

アリバ・インク——ダイバージェンス分析でインサイダーを見つけるのは難しい

アリバ・インク（ARBA）について見てみよう。第1章の**図1.23**と**図1.24**で、2006年1月24日までの3営業日に株価は下落しているのに、大口プレーヤーの買いが勝っていることを観察した。そして、1月24日の好調な決算発表が、株価を一晩で19％も押し上げた。

図3.35を見ると、AとBは買ったあとで株価がかなり上昇したため、良い買いゾーンだったことが分かる。しかし、Cは買ったあとで株価が下落したため、良い買いゾーンとは言えない。

また、**図3.35**は1月24日までの3日間が買いゾーンAにも買いゾーンBにも入っていないことを示している。ダイバージェンス分析は、大手ファンドの買い集めを探知するのには優れているが、例えば2006年1月24日のアリバのEVのようにインサイダーの行動を探し出すのには使えない。理由は簡単で、インサイダーが特権的な情報を得るのは、ニュースが公表されるほんの2～3日前だからだ。そのため、彼らが情報をつかんでから買い集める期間よりも長い分析窓を使うダイバージェンスパターンを彼らの動きで劇的に変えることはできない。

図3.36は、売りのダイバージェンスシグナルを示している。このシグナルは、PROCとトータルERを比較して算出する。図が示すとおり、売りシグナルとなる最低値の平均は－2.6％なので、ダイバージェンスの値がこれを下回ったときは、それまで買った分を売るべきだろう。このケースでは、もしCで買っていたら、売りゾーンが始まる2006年3月23日に売ってほしい。通常、トータルEVのトレンドは、株価が下落を始めるよりも前に反転するため、売りのダイバージェンス分析は損切りよりも早く反応して失敗トレードを防いでくれる。

私は損切りを、マーケットの大暴落や企業の存続を危うくするようなニュースなど壊滅的な状況に備えるためだけに使っている。

図3.36のダマシの買いシグナルにも注目してほしい。これらは天

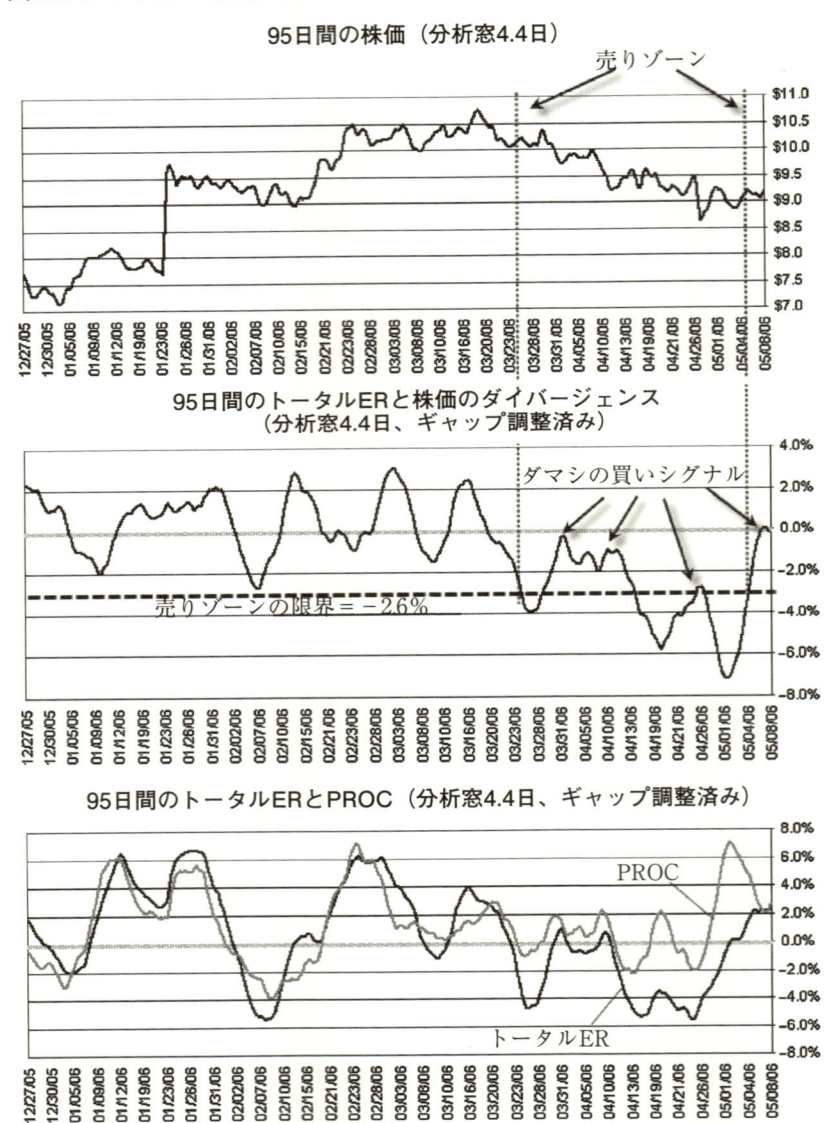

図3.36　ARBAの売りのダイバージェンス分析

95日間の株価（分析窓4.4日）

売りゾーン

95日間のトータルERと株価のダイバージェンス
（分析窓4.4日、ギャップ調整済み）

ダマシの買いシグナル

売りゾーンの限界＝－2.6%

95日間のトータルERとPROC（分析窓4.4日、ギャップ調整済み）

PROC

トータルER

図3.37 BDXの買いのダイバージェンス分析

174日間の株価（分析窓8日）

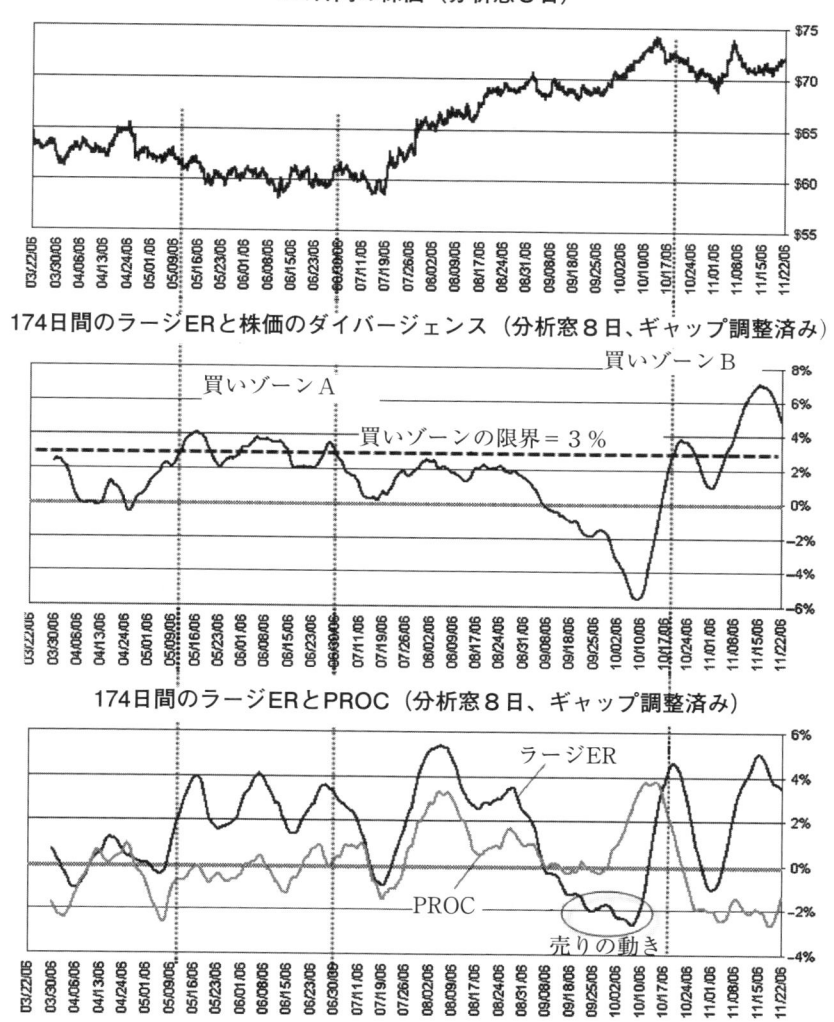

174日間のラージERと株価のダイバージェンス（分析窓8日、ギャップ調整済み）

買いゾーンA
買いゾーンB
買いゾーンの限界＝3％

174日間のラージERとPROC（分析窓8日、ギャップ調整済み）

ラージER
PROC
売りの動き

井が０％の限度に達していないため、ダマシと判断する。また、ダイバージェンスがマイナスのとき、EVトレンドが常に株価トレンドよ

りも弱いことを意味している。ダイバージェンスシグナルの最大値がマイナスなら、その銘柄にとってたいていは悪いサインだと考えたほうがよいだろう。

ベクトン・ディッキンソン――売りのダイバージェンスに従って売ったが、結局あとでさらに買うことになる

　第２章のABの項（図2.3～図2.6）で見たベクトン・ディッキンソン（BDX）のダイバージェンス分析は、**図3.37**が示すとおり２つの大きな買いゾーンがある（AとB）。買いゾーンAの60ドル近辺で買うのは良い選択で、のちに株価は70ドルまで上昇した。買いゾーンAはAB分析では株価が反発することが多い下限に達している。また、図の右端の買いゾーンBが過去のシグナルよりもずっと高いことは、大手ファンドが異例の買い集めを行っていることを示唆している。

　ここで面白いのは、買いゾーンBで株価が上昇する直前に出た2006年10月10日の大きな売りシグナルだ。この売りシグナルは、大口プレーヤーの激しい売り抜けによって出た。実際、**図3.38**では大口プレーヤーが10月２日まで激しく売っていたため、強い株価トレンドがラージEVトレンドを再び押し上げた。

　このケースは、大口プレーヤーが必ずしも正しいわけではないことを示している。実際、このとき株価が上昇し続けることはだれにも予想できなかったため、大口プレーヤーは利食ってしまいたかったのだろう。

　株価が上昇したあと大口プレーヤーが激しく売るという状態に直面したとき、私はたとえあとで同じ銘柄をもっと高い価格で買うことになったとしても、その時点では売って利益を確定することにしている。あとから見れば間違っていたとしても、大口プレーヤーの動きに逆らうのは、リスクが大きすぎるからだ。

　トレードを始めて間もないころ、私は同じ銘柄を前の売値よりも高

図3.38 BDXで株価トレンドがEVトレンドよりも先に動いた珍しいケース

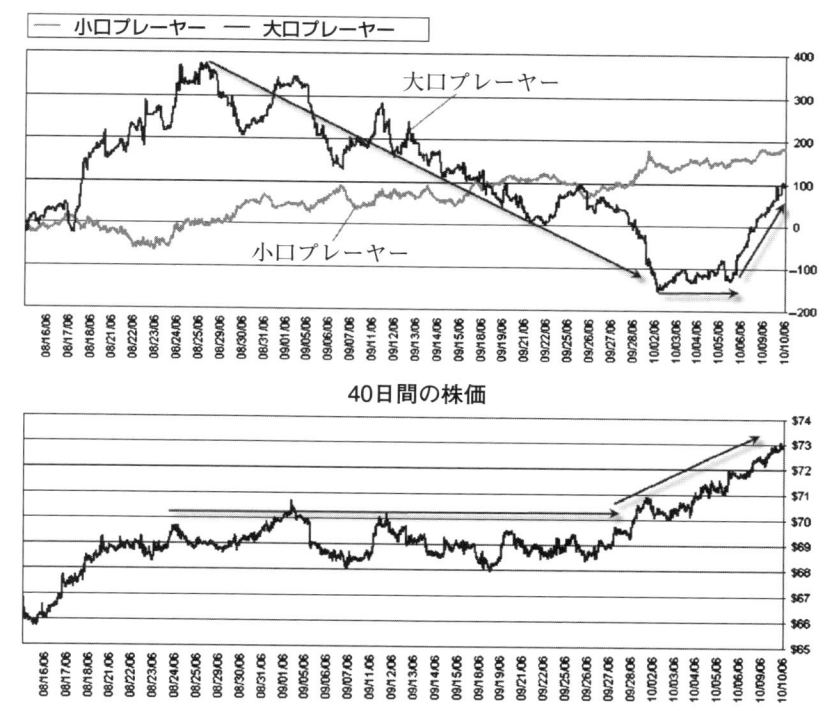

40日間のEV（単位＝1000株）

40日間の株価

い価格で買うことには抵抗があった。保有しておくべきところを売ったという判断が間違いだったと認めてしまうような気がしたからだ。しかし、マーケットは過去のことなど気にしていないし、読者のポジションや私のポジションについてもまったく感知していない。つまり、私が過去のポジションを気にする理由はどこにもないのだ。売ったポジションはそれで終わりで、状況が変われば同じ銘柄を高い価格で買ってもまったく問題はない。買うかどうかは、利益が出る可能性が十分高いかどうかということのみで判断する。テクニカル分析で見ても不安定な期間に保有し続けるよりも、あとで高い価格で買うほうがリ

図3.39　IMAXの買いのダイバージェンス分析

262日間の株価（分析窓5.2日）

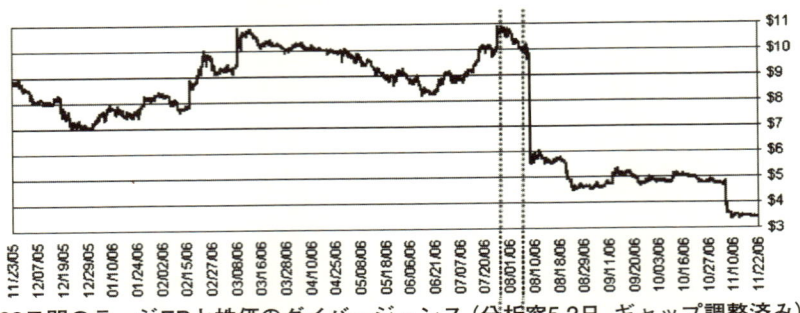

262日間のラージERと株価のダイバージェンス（分析窓5.2日、ギャップ調整済み）

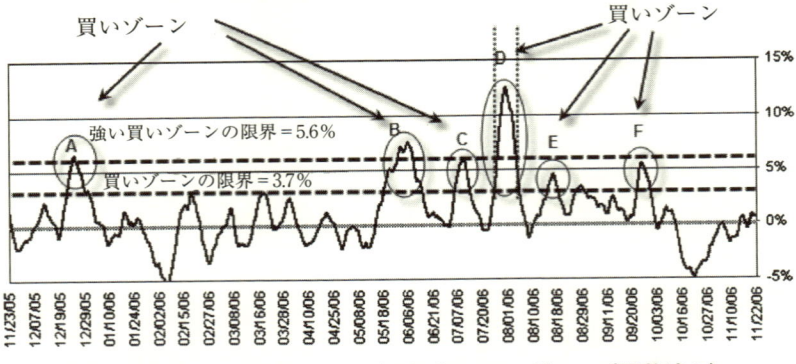

買いゾーン
買いゾーン
強い買いゾーンの限界＝5.6%
買いゾーンの限界＝3.7%

262日間のラージERとPROC（分析窓5.2日、ギャップ調整済み）

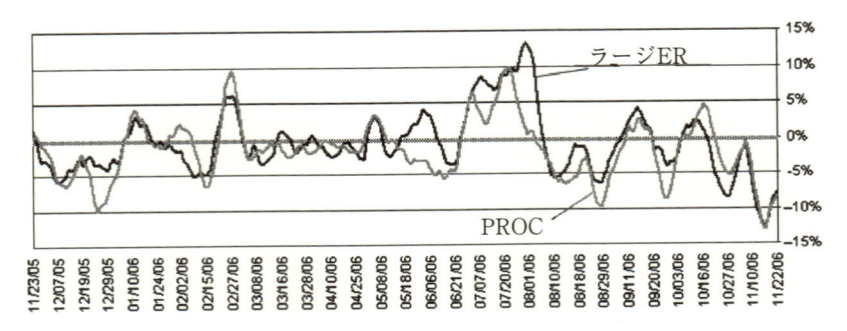

ラージER
PROC

スクが低いということは分かる。

IMAX──ダイバージェンス分析を使い壊滅的な状況を避ける方法

　第2章の**図2.9**と**図2.10**で、IMAXが2006年8月に壊滅的なギャップダウンで株価の40％が吹き飛んだのを見た。ここで問題となるのは、ダイバージェンス分析が株価急落の直前に強い買いシグナルを出していたことだ。**図3.39**が示すように、もし買いゾーンDで買っていれば、壊滅的な損害を被っていただろう。**図3.39**では、標準的な買いゾーンの限界とその1.5倍に当たる強い買いゾーンの限界を紹介した。ただ、ダイバージェンス分析が常に壊滅的な損失から守ってくれるわけではないことは理解しておいてほしい。ダイバージェンス分析は、何か通常と違うことが起こっていて、買ったり売ったりすべきだということを教えてくれる。しかし、直近の悪いニュースを事前に察知することは、ダイバージェンス分析やラージEV分析ではできないこともある。そこで、いくつかの指標を組み合わせて判断を下すのが安全な選択となる。このことを、IMAXの買いゾーンDで見てみよう。

● 7月28日（**図2.9b**）にABが上限に達した。通常はここで反転することが多い。ただ、上限で買うときは大いに注意する必要がある。
● EV分析（**図3.40**）は、7月27日朝のギャップに到達する前に大口プレーヤーが買い集めていたことを示している。これは良いニュースの前に情報が漏えいした典型的なパターンと言える（ラージEVフローのトレンドA）。ただ、ギャップアップの2日後に株価は下落し始めた。第2章で見たように、大口プレーヤーのトレンドに逆らって買うことはできない。
● **図3.40**が示すとおり、株価トレンドBは7月28日から下げ始めた。私は株価が下げているときには買わないし、上げているときに空売りはしないことにしている。株価トレンドには独自のモメンタムが

207

図3.40　IMAXのEV分析

20日間のEV（単位＝1000株）

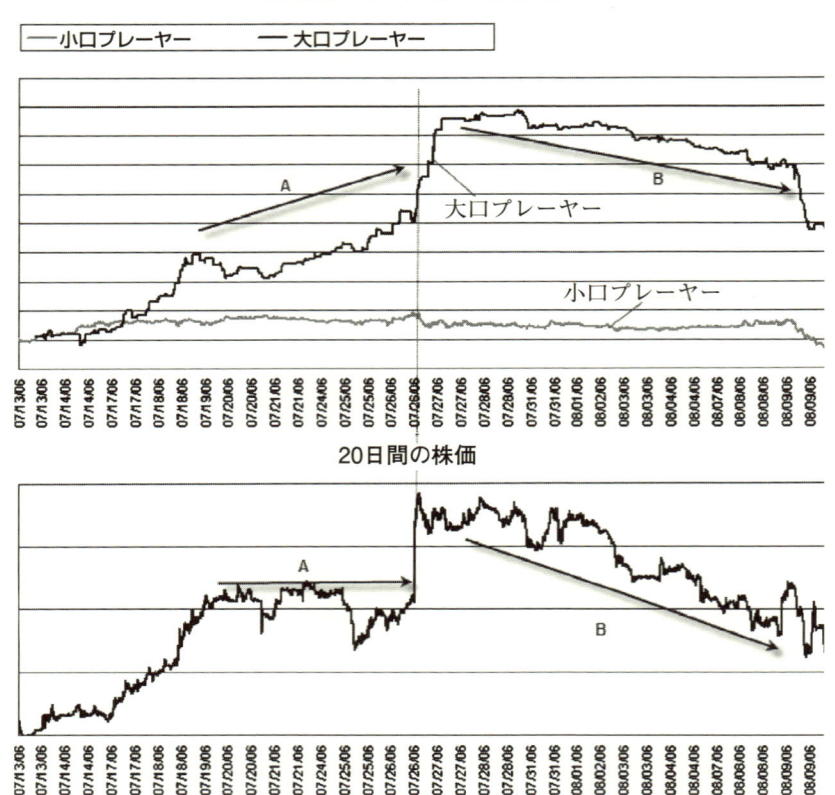

― 小口プレーヤー　　― 大口プレーヤー

20日間の株価

あり、それが変わるにはたいてい時間がかかるからだ。前に書いたとおり、私は株価が9日移動平均線を超えてから買うほうが良いとさえ思っている。買いのダイバージェンスシグナルで買うのは、この基本のトレーディングルールに反している。

ダイバージェンス分析がダマシの買いシグナルを出した原因は、ギャップを調整したことにある。調整によって、株価トレンドにはギャップがなくなったが、7月27日のような大きなギャップのあとはマー

第3章　出来高と株価が乖離するとき

図3.41　IMAX——ギャップを調整した場合と調整しない場合のダイバージェンス分析。ダイバージェンス分析はギャップが調整されたかどうかでシグナルが大きく変わることがある

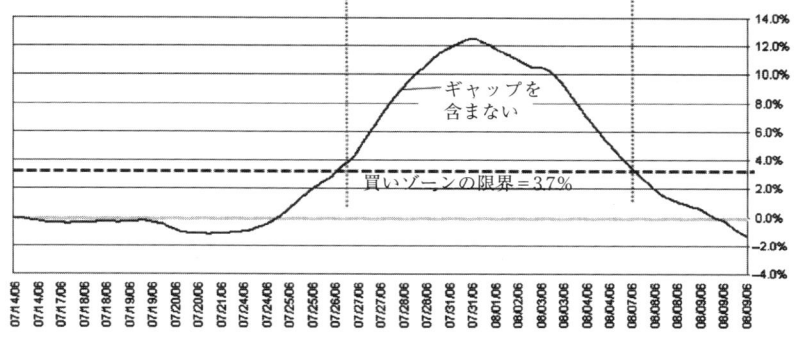

25日間の株価

ダマシの買いゾーン

25日間のラージERと株価のダイバージェンス（分析窓5.2日、ギャップ調整済み）

ギャップを含まない

買いゾーンの限界＝3.7％

25日間のラージERと株価のダイバージェンス（分析窓5.2日）

買いゾーンの限界＝3.7％

ギャップを含む

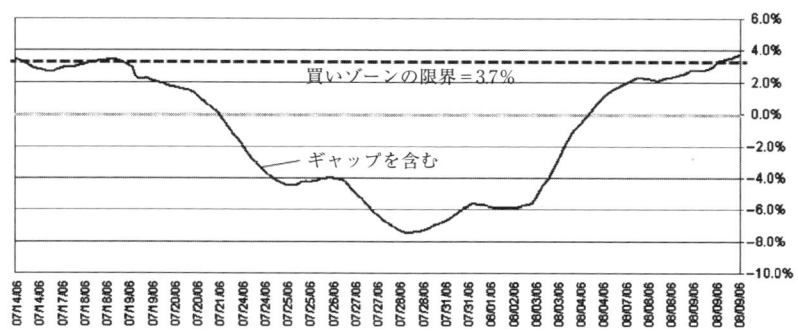

209

図3.42 IMAXの最初のダマシの買いシグナル。このシグナルはダイバージェンス分析によって図3.39の買いゾーンEで出たが、EV分析と矛盾している

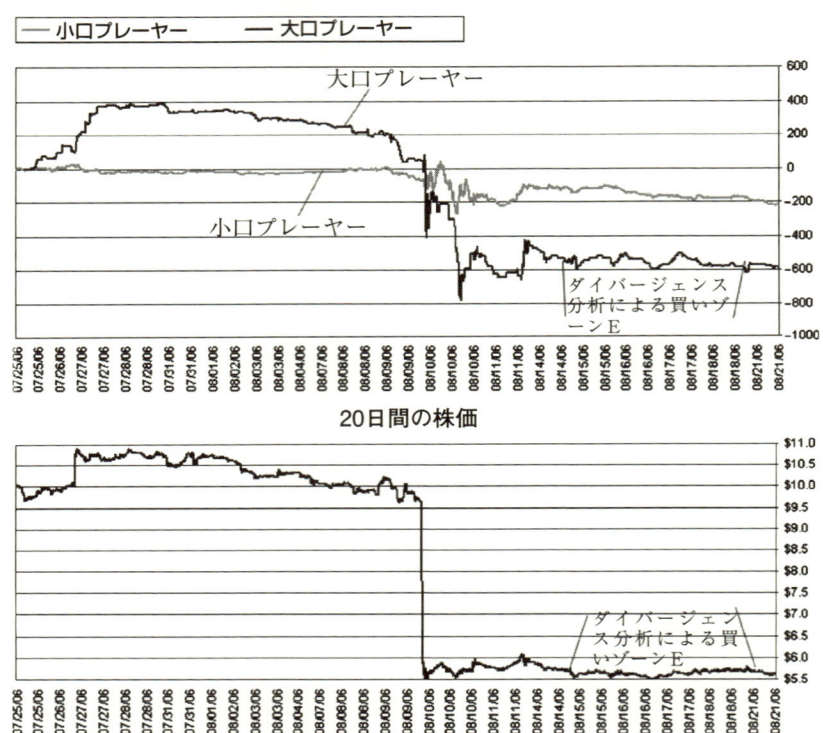

20日間のEV（単位＝1000株）

［― 小口プレーヤー　― 大口プレーヤー］

（グラフ：大口プレーヤー、小口プレーヤー、ダイバージェンス分析による買いゾーンE）

20日間の株価

（グラフ：ダイバージェンス分析による買いゾーンE）

ケット参加者の反応が変化することもよくある。そのため、大きなギャップのあとにはすべてのシグナルが正確かどうかを再評価する必要がある。このようなときには、ABが新しい限界を形成したり、ラージEV分析が有効でなくなったり、ダイバージェンス分析がギャップを含めるかどうかで逆の結果になったりすることもある。

実際、**図3.41**の中央の図（ギャップ調整後のダイバージェンス）には買いシグナルが出ているが、下の図（ギャップを調整しない場合のダイバージェンス）は売りシグナルを出している。同様に、**図**

図3.43　IMAXの二度目のダマシの買いシグナル。このシグナルはダイバージェンス分析によって図3.39の買いゾーンFで出たが、EV分析と矛盾している

20日間のEV（単位＝1000株）

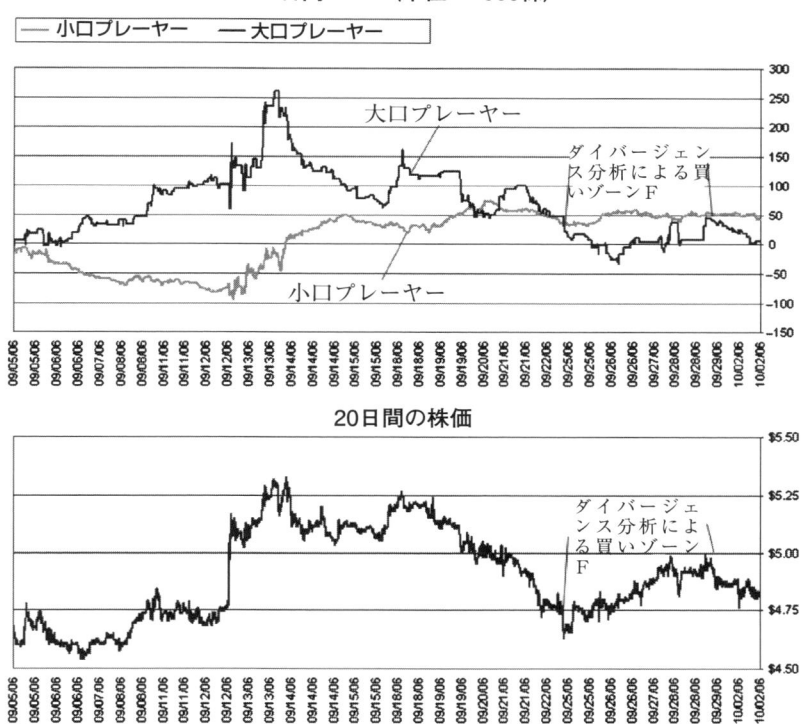

20日間の株価

3.39の買いゾーンEと買いゾーンFを観察すると、EVトレンドが続いていないため（**図3.42**と**図3.43**）、どちらもダマシだということが分かる。

ダイバージェンスとABを組み合わせる

第2章で、ABを使ってテラブスのトレンドを詳しく調べたが（**図2.7a**、**図2.7b**、**図2.11a**、**図2.11b**）、今度はテラブスのフルサイクル（**図3.44**）を使ってダイバージェンス分析とABの関係を見て

図3.44 テラブスの株価サイクル

出所＝ストックチャート・ドット・コム

いこう。**図3.44**の各ポイントでは、売るべきか買うべきかという一点に注目していく。

まずは４つのトレーディングルールをまとめておこう。

1．次の条件がすべてそろえば下限近くで買う
   ●ダイバージェンス分析で買いゾーンに入っている
   ●株価が下落していない（かつ９日移動平均線を超えている）
   ●ラージEVが上昇している

2．次の条件がすべてそろえば、上限近くで買う
   ●ダイバージェンス分析で買いゾーンに入っている
   ●株価が下落していない（かつ９日移動平均線を超えている）
   ●ラージEVが上昇している
   ●ABが前回上限に達してから今まで一度も０％を下抜いていない

3．次の条件のどちらかが合えば上限近くで売る
   ●ダイバージェンス分析で売りゾーンに入っている

●ラージEVが上昇していない

4．もしABが下限を超えたら、買わずに新しい限界が形成されるのを待つ

これらのルールで買うときにはすべての条件がそろう必要があるが、売るときには条件のひとつが合えばよい。言い換えれば、買うときには注意深く行わなければならないが、売るときは問題の兆しがあればすぐに実行するということになる。

トレード分析──図3.44のトレンドA、B、C
正しいトレード判断を下すための重要なポイントをおさらいしておこう。

●図2.7のポイント1～3は限界を設定するために使われているため、分析は図3.45の下限に近いポイント4から始める。ラージEVが上昇していないので（図3.46）、買いゾーンに入っていて（図3.47）、株価が横ばいでもここで買うことはできない。
●ポイント5は下限を下抜いた。大口プレーヤーの一部が絶対に撤退しようとしているこの時期に買うのは良い判断とは言えない（図3.46）。そのうえ売りゾーンにも入っている（図3.48）。
●ポイント6では、大口プレーヤーが動き始めたが、まだ買いゾーンには入っていないし、通常反転することが多い上限に達してしまっている。ここで買うわけにはいかない。
●図3.45、図3.46、図3.47のポイントB（買い）は興味深い。上限に近くて買いゾーンにあり、ラージEVは上昇しているうえ、株価トレンドも下げてはいない。ここは10.7ドルで買うべきだろう。
●買ったあとは売りのポイントを考えなければならない。ただ、上限

図3.45　テラブス――図3.44のトレンドＡ・Ｂ・Ｃの時期のAB（１億5000万株）

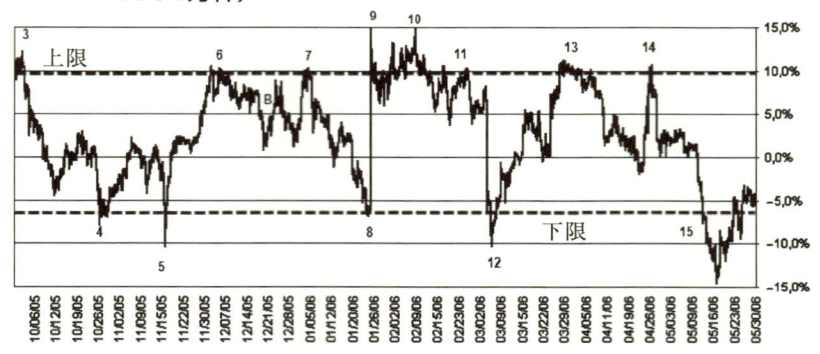

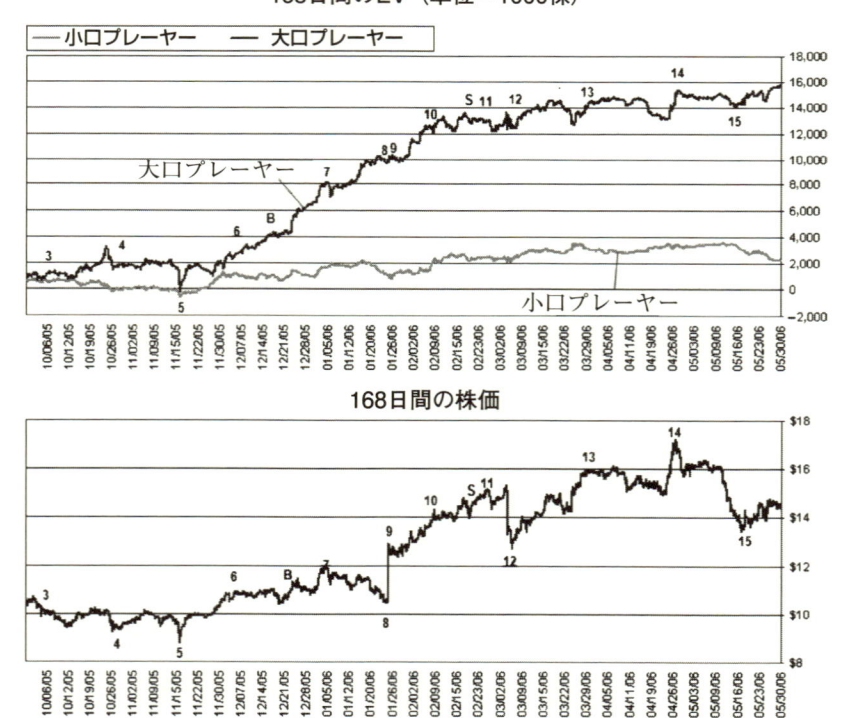

図3.46　テラブスの168日間の上昇トレンドにおけるEV分析

図3.47 テラブスの168日間のラージERと上昇トレンドにおける買いの
ダイバージェンス分析（分析窓3.3日、ギャップ調整済み）

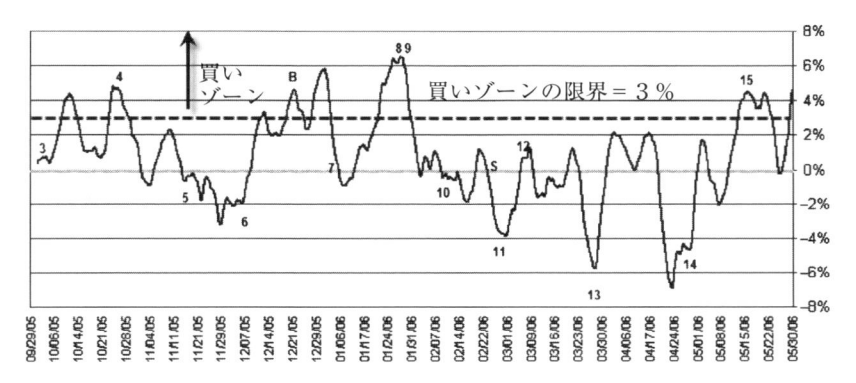

図3.48 テラブスの168日間のトータルERと上昇トレンドにおける売り
のダイバージェンス分析（分析窓3.3日、ギャップ調整済み）

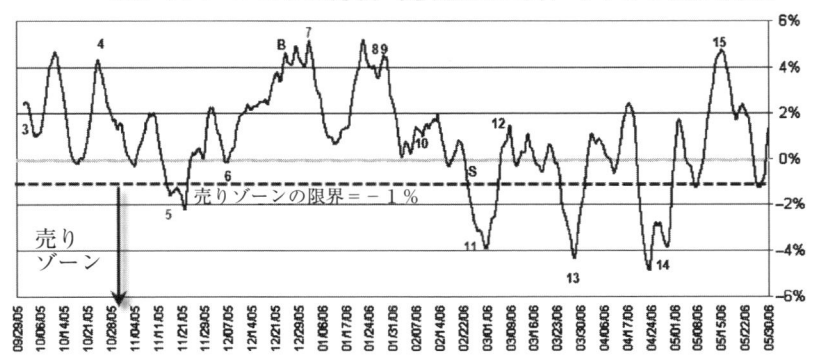

にあるとはいってもポイント7は絶対に売りポイントではない。この時点では大口プレーヤーがまだ激しく買っていて、ダイバージェンス分析（**図3.48**）でも売りゾーンにはほど遠い。

●ポイント7で11.88ドルまで上げたのに、買値の10.7ドルまで下げたポイント8は心配だ。どうすればよいのだろう。含み益を損失にしないために売るべきなのだろうか。ただ、ポイント8は下限にあり、

大口プレーヤーは激しく買っており、ダイバージェンス分析のシグナルも最高値を示している。ここは保有し続けるべきだろう。大手ファンドがこのような規模で買っているときに売る理由はない。
- ポイント9では大きな含み益が出ているがどうすべきだろう。利食って「ニュースで売る」べきか迷うところだが、大口プレーヤーはニュースで売っていないのだから保有すべき。
- ポイント10は、上限よりも少し高い熱狂状態でこれは長続きはしない。しかし、大口プレーヤーはまだ買い集めているため株価トレンドは堅調だし、ダイバージェンス分析も売りシグナルを出していない。引き続き保有。
- ポイント11は上限まで上昇したが、EVフローは横ばいで、ダイバージェンス分析は売りの領域に深く入り込んでいる。ここは売りゾーンに入ったら、ポイント11に行く前にポイントSの14.71ドルで売る。
- 株価は上昇トレンドに戻っているなかで押したポイント12は、ラージEVが横ばいでダイバージェンス分析は買いゾーンに戻っていない。ここは待つ。
- ポイント13とポイント14は同じパターンで、両方とも売りゾーンに深く入り込んでいる。
- ポイント15は興味深い。買いゾーンに戻ったが、ここは買うべきなのだろうか。この時点では、EVフローが横ばいから若干下落している。このダイバージェンスは株価の下落がEVの下落よりもずっと急なことが「買い」シグナルにつながっている。しかし、下限を超えたことは何かが起こっていることを示唆しているし、株価の大幅な下落は過去の利益を守りたい売り手や、株主が不安定な状態を利用して儲けを上げたい空売り筋の注目を集めている。ここは念のため待つ。

第3章　出来高と株価が乖離するとき

図3.49　テラブス――図3.44のトレンドD・E・FのAB（1億5000万株）

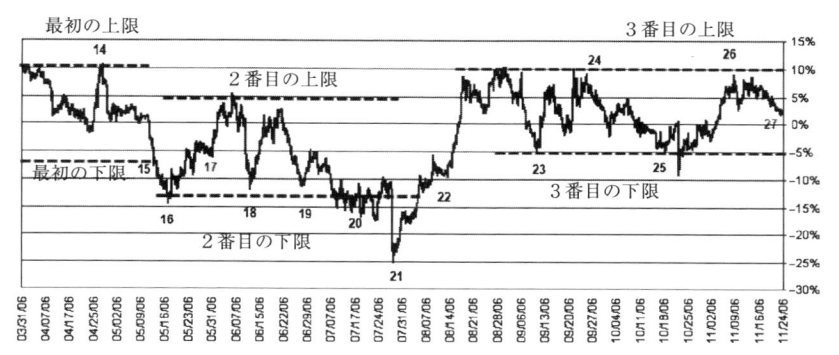

図3.50　テラブスの168日間の下降トレンドのEVと株価

168日間のEV（単位＝1000株）

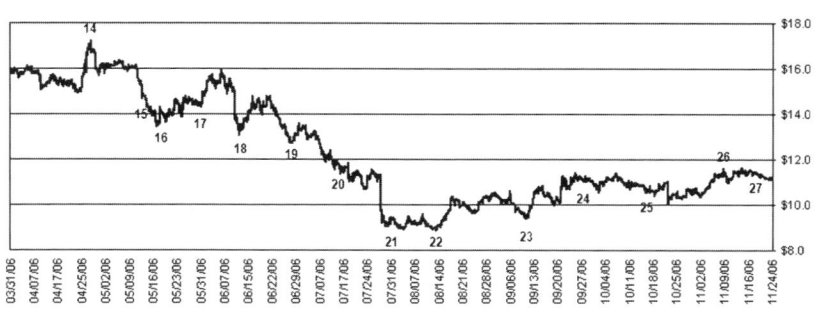

― 小口プレーヤー　　― 大口プレーヤー

168日間の株価

217

図3.51 テラブスの168日間のラージERと株価——下降トレンドでの買いのダイバージェンス分析（分析窓3.2日、ギャップ調整済み）

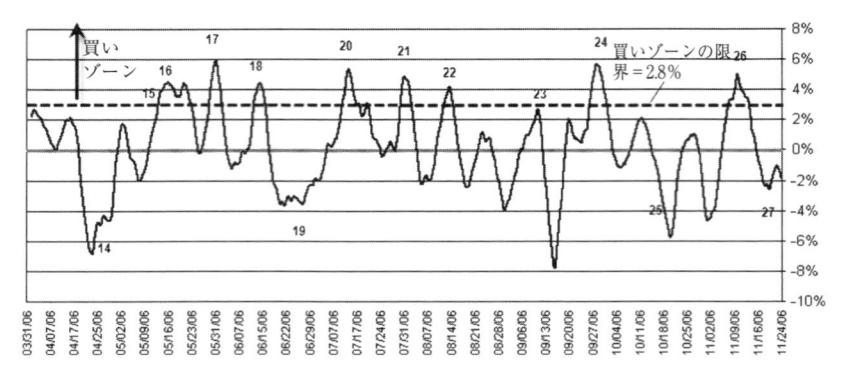

図3.52 テラブスの168日間のトータルERと株価——下降トレンドでの売りのダイバージェンス分析（分析窓3.2日、ギャップ調整済み）

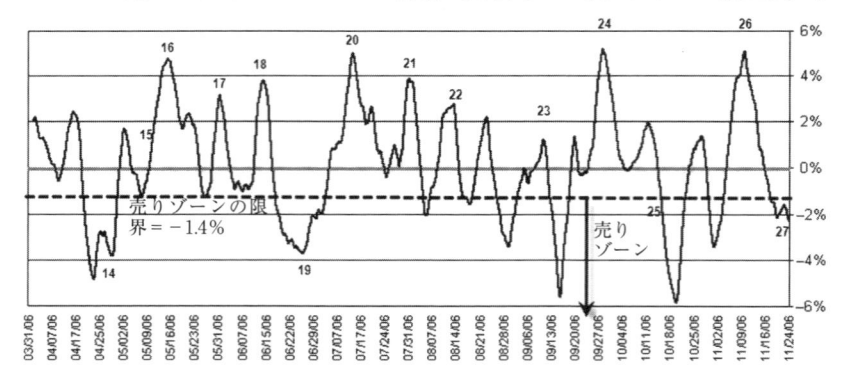

トレード分析——図3.44のトレンドD、E、F

再度買うことなくポイント15までの分析を終えたが、次の仕掛けポイントがもしあればもちろん知りたい。ちなみに、良い仕掛けポイントとはABで見た割安なポイントで、大口プレーヤーが異常な勢いで買い集めているところと言える。

●ポイント15で初めて下限を超えたため、ポイント16は新しい限界が

形成されるのかもしれない（**図3.49**の2番目の上限と下限を見てほしい）。しかし、この時点ではまだはっきりしていないため、新しい限度が確認できるまで待つ。

● ポイント18では、2番目の上限と下限が確定した。しかし、ラージEVのトレンドは下落している（**図3.50**）ため、**図3.51**では買いゾーンに入っていてもまだ待つ。

● ポイント19のラージEVはさらに良くない。売りゾーンに入り（**図3.52**）、株価の下降トレンドは確認されたので、そのまま待つ。

● ポイント20とポイント21はダマシの買いポイントで（**図3.51**）、株価がEVよりも急落したためダイバージェンスはプラスになっている。ただ、ラージEVトレンドもマイナスなので（**図3.50**）、買うことはできない。

● 次の買いポイントは24（株価は11ドル）で、ここはラージEVの強力な上昇トレンドと株価の横ばいという組み合わせになっている。ただ、残念ながらすぐにポイント25（10.6ドル）に到達してしまい、売って小さな損失が確定する（3.6％）。

● ポイント26（11.5ドル）で買うと、やはりポイント27（11.3ドル）で売って小さな損失が出る（1.7％）。

ポイント23～ポイント27のラージEVフロー分析は、複数のファンドの攻めぎ合いを示している。年初にテラブスを買ったファンドは、下降トレンドの初期に売れなかったことで負けポジションを抱え込んだまま年末の決算期が迫っているため、少しでも株価が上がれば手仕舞いたいと思っている。しかし、天井で売ったファンドは、以前の高値よりも安い間に再度買おうとしている。

このテラブスの例から分かるように、出来高を基にしたさまざまなツールを組み合わせると、ほんのわずかだが良いシグナルが出る。ほかの手法に比べると限定的だが、これなら特定の銘柄に投資している

期間は非常に短い。今回の例では、2005年12月末から2006年2月末(13カ月中の2カ月)のトレードで37%の利益を上げ、2回小さな損失(5.3%)を出している。

短期間の高リターンは、もし20銘柄の分散ポートフォリオに投資して、1つのポジションには取引期間の15%しか保有できなければ、少なくとも133銘柄(20÷0.15＝133)を観察しなければならないことになる。それに、さまざまな銘柄のシグナルが重なるときもあるため、実際にはもっと多くを観察する必要があるだろう。しかし、毎日これほどの数の銘柄を観察することは、自動スキャンシステムでも使わなければ不可能だ。私は毎日800銘柄以上を観察しているが、実際に分析するのはシステムでフラッグが立った銘柄だけで、その数は20を下回っている。

最適な分析窓の設定の仕方

本章ではこれまで、ラージERとPROCのダイバージェンスが強いプラスのときに買い、強いマイナスのときに売るという基本原則に従ってきた。

しかし、残念ながら人生はそう単純にはいかない。出来高と株価には非常に異なった特徴があり、それがダイバージェンス分析を難しくしている。その特徴の違いはボラティリティーで、株価のボラティリティーは一定期間に反転した回数とその大きさを示している。出来高の少ない銘柄(例えば店頭銘柄)は、出来高の多い優良銘柄よりもボラティリティーが高い。

出来高は、株価よりもずっとボラティリティーが高いし、振幅が大きすぎてダイバージェンス分析が使い物にならないこともある。このようなボラティリティーは大手ファンドが大きな利益を狙って大量の株をトレードするために起こる。取引時間は限られているため、彼ら

図3.53　DRI──短期の分析窓を使ったダイバージェンス分析

90日間のラージERと株価のダイバージェンス（分析窓1日、ギャップ調整済み）

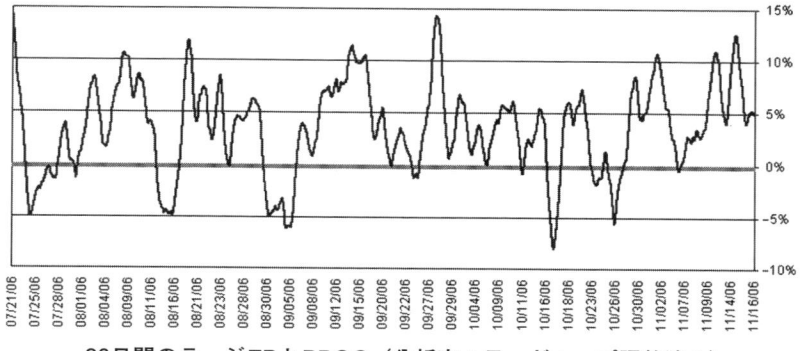

90日間のラージERとPROC（分析窓1日、ギャップ調整済み）

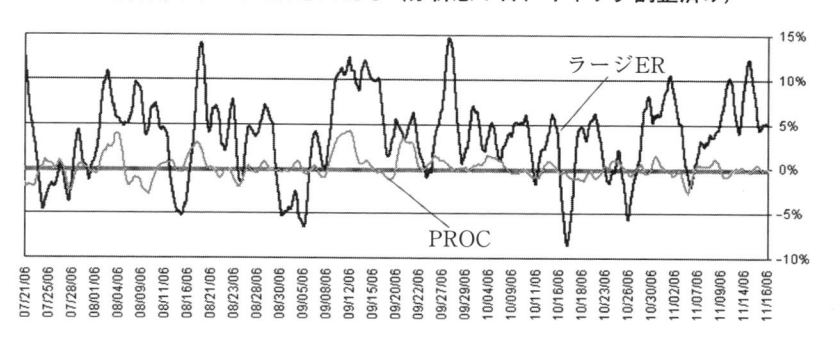

は短時間に大量の株をトレードしなければならない。極端な出来高を除いたとしても、短い時間内では出来高のボラティリティーのほうが株価のボラティリティーよりはるかに高くなる。

　ここでもう一度、**図3.17**（ダーレン・レストラン）を見てみよう。ここでは分析窓を5.3日としてERとPROCを計算し（下の図）、中央のダイバージェンス分析でトレード判断を下した。

　次は、分析窓をもっと短い1日に設定して、再びダイバージェンス分析を行った（**図3.53**）。すると、ダイバージェンスシグナルとラー

図3.54　DRI――長期の分析窓を使ったダイバージェンス分析

90日間のラージERと株価（分析窓10日、ギャップ調整済み）

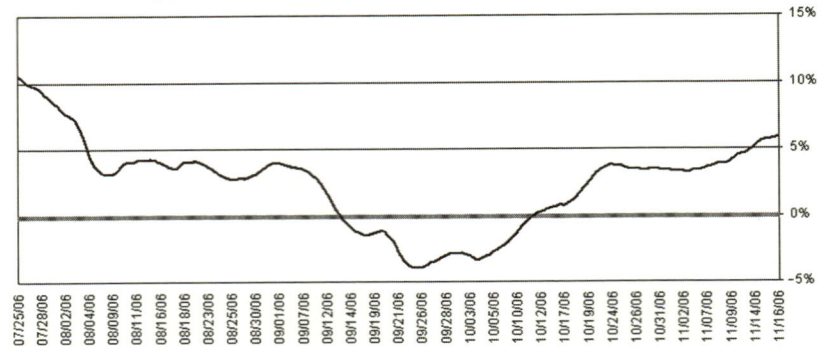

90日間のラージERとPROC（分析窓10日、ギャップ調整済み）

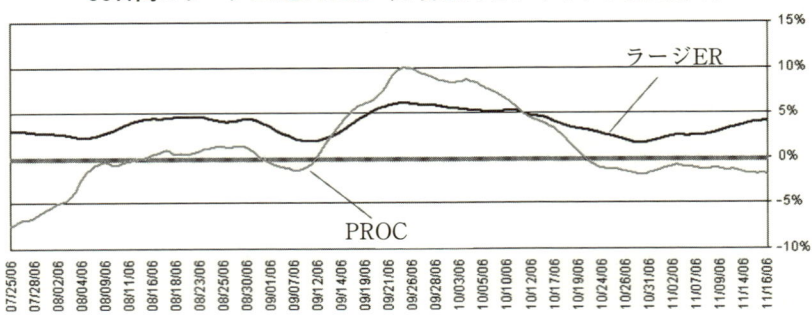

ジERのシグナルがほぼ同じ形になった。これは、分析窓がここまで小さいと、PROCの影響が非常に小さくなるからで、短期の分析窓からは出来高のボラティリティーが株価のボラティリティーよりもはるかに大きいことが分かっただけだった。

　今回の分析では、買いシグナルの数が非常に多くなる（ダイバージェンスが大きいときに買う）。この意味は何なのだろう。まず、われわれが大口プレーヤーだけに注目していることを思い出してほしい。つまり、株価を動かした1分間に激増した出来高を見ているというこ

とだ。出来高のスパイクは波のように現れるため、分析窓が短いと連続したスパイクが激しい動きをもたらすことになる。また、分析窓がある１分間から次の１分間に移行していくとき、新しいEVを足して古いEVを引いていくのだが、これには重要な意味がある。新しい１分間に急上昇したEVを足すと、この出来高は分析窓を抜けるときに同じだけマイナスの影響を及ぼす。このことが、**図3.54**のような短期のダイバージェンスシグナルの変動をもたらす主な理由となっている。この問題は、出来高のボラティリティーが株価のボラティリティーよりずっと高くなる短期の分析窓にだけ起こる。

図3.53の下の図を見ると、ラージERの急騰が－５％から＋15％（合計20％）のレンジで変化しているのに対して、PROCは－３％から＋５％（合計８％）しか変化していない。１日の分析窓では、ラージERシグナルが株価のPROCよりも2.5倍も強いということだ。

分析窓が非常に短いと、ダイバージェンスシグナルはラージERとほぼ同じになることが分かった。しかし、これがトレーダーにとって必要な情報なのだろうか。一部の大口プレーヤーが買っているときに買い、ほかの大口プレーヤーが売っているときに売ることに意味があるのだろうか。それはおかしい。売り手と買い手はおそらく同じではないし、「大きい」ことが必ずしも「正しい」わけではないからだ。もしだれかがオレンジを１トン買えば、オレンジの価格が上がると結論づけられるわけではない。しばらく待って、供給が増えないのにオレンジを大量に買う人が続けて現れるかどうかを確認する必要がある。

つまり、短期の分析窓を使うのは「昨日大口プレーヤーが激しく買っていたから自分も買う」と言っているようなもので、それが上昇トレンドに出遅れた最後の買い手なのか、上がる前に買い集めるトレンドを決定づける者なのか、それとも急落したから飛び付いただけの安物買いなのかさえ分かっていない。出来高のシグナルのみでトレードするのは、最悪の手法だ。直接的な株式投資で成功する方法は２つし

かない。

1．安く買って高く売る
2．高く空売りして安く買い戻す

　上の2つをよく読めば、利益と出来高には何の関係もないことが分かる。利益を上げるためには、出来高ではなく株価だけに十分な注意を払っていなくてはならない。
　そして、このモデルの目的を忘れないでほしい。われわれは株が安くて、大口プレーヤーの買いのモメンタムがまだ株価に織り込まれる前に買いたい。そして、売るときは株価が高くて（できればかなり高くて）、売りのモメンタムがマーケットに広まる前に実行したい。
　モデルに関して言えば、これは株価が主たる指標だということを意味している。つまり、このモデルで使う株価シグナルは、出来高のシグナル以上に強くなければならないし、どのような状況でも株価シグナルよりもずっと強い出来高シグナルは使うべきではない（例えば**図3.53**）。
　次は、分析窓を10日間にした**図3.54**を検証しよう。
　まず、**図3.54**の下の図ではPROCがラージERより激しく動いていることが目につく。PROCは－8％から＋10％に動いているが、ラージERは＋2％から＋6％にしか変化していないのだ。10日間の分析窓では、PROCがラージERより2.25倍も大きく動いている。つまり、2つのダイバージェンス（上の図）はPROCがもたらした買いと売りのシグナルということになる。
　長期の分析窓（10日間）の問題点は、シグナルが少ないこと以外にもある。

●シグナルが遅すぎるため、ニュースが公表される2～3日前に買い

表3.11　トレードがない１分間を除いたトレードデータ

		始値	高値	安値	終値	出来高
4/10/2006	15:10	8.00	8.01	8.00	8.00	300
4/10/2006	15:09	8.00	8.00	8.00	8.00	1,417
4/10/2006	15:08	8.00	8.01	8.00	8.00	2,303
4/10/2006	15:07	8.00	8.00	8.00	8.00	100
4/10/2006	15:03	8.01	8.01	8.01	8.01	1,800
4/10/2006	15:01	8.02	8.02	8.00	8.00	1,884
4/10/2006	15:00	8.01	8.01	8.01	8.01	1,992
4/10/2006	14:59	8.01	8.01	8.01	8.01	1,000
4/10/2006	14:55	8.02	8.02	8.01	8.01	8,897

始めることが多いインサイダーの動きをとらえることはできない。
● ダマシとそうでないシグナルの境界線がはっきりしていない。これは統計的に有効な平均値を算出するだけの天井と底のデータがないためで、それにはもっと古いデータがいる。ただ、それではおそらく実際のトレーダーの全体像が適切に反映されない。

結局、まずはPROCに従うほうが、出来高系のシグナルのみに頼るよりもずっと効果的だ。ただ、これでは株価変動を使ったほかの指標と比較しても優位性がない。

分析窓の期間を正しく設定することは、正しい売買シグナルを得るためには欠かせない。期間はもちろん１～10日の範囲で、例えば**図3.17**では5.3日としている。

私は株価トレンドでトレードしつつ、水面下で起こっていることを教えてくれるEVの情報も十分得ておきたいため、分析窓の期間をラージERの最大変化がPROCの最大変化の75～100％になるよう設定している。**図3.17**は、ラージERが－0.5～＋8.5％（９％の振幅）、PROCは－４～＋８％（12％の振幅）なので、変動の割合は９÷12＝75％になっている。

表3.12　トレードがない1分間も含めたトレードデータ

		始値	高値	安値	終値	出来高
4/10/2006	15:10	8.00	8.01	8.00	8.00	300
4/10/2006	15:09	8.00	8.00	8.00	8.00	1,417
4/10/2006	15:08	8.00	8.01	8.00	8.00	2,303
4/10/2006	15:07	8.00	8.00	8.00	8.00	100
4/10/2006	15:06	8.01	8.01	8.01	8.01	0
4/10/2006	15:05	8.01	8.01	8.01	8.01	0
4/10/2006	15:04	8.01	8.01	8.01	8.01	0
4/10/2006	15:03	8.01	8.01	8.01	8.01	1,800
4/10/2006	15:02	8.00	8.00	8.00	8.00	0
4/10/2006	15:01	8.02	8.02	8.00	8.00	1,884
4/10/2006	15:00	8.01	8.01	8.01	8.01	1,992
4/10/2006	14:59	8.01	8.01	8.01	8.01	1,000
4/10/2006	14:58	8.01	8.01	8.01	8.01	0
4/10/2006	14:57	8.01	8.01	8.01	8.01	0
4/10/2006	14:56	8.01	8.01	8.01	8.01	0
4/10/2006	14:55	8.02	8.02	8.01	8.01	8,897

図3.55　トレードのない1分間の値を挿入したデータとしないデータによるダイバージェンス分析の比較

40日間のARBAのトータルERと株価のダイバージェンス
（分析窓4.9日、ギャップ調整済み）

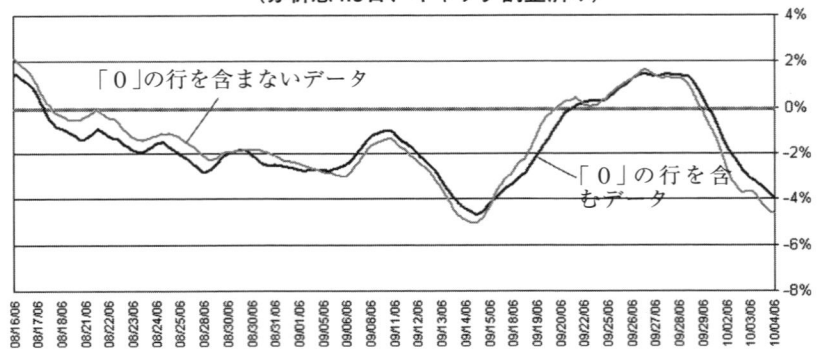

トレードのない1分間

　1分足の推移を記した**表3.11**を注意深く見ると、ときどきデータが抜けているところがある。例えば、15時3分と15時7分の間は3行抜けているが、これはこの3分間にトレードが執行されなかったことを示している。このシステムではトレードが行われないと「0」と表示する代わりに、その1分間のデータを入力しないようになっているからだ。もし数学的な正確さを期すなら、**表3.12**のように出来高「0」の行も挿入すべきだろう。

　これまでさまざまなツールを紹介してきたが、EVフロー分析もAB分析も「0」の行の影響を受けることはない。ただ、期間を固定する分析窓を使うツールは、「0」の行があると出来高が減るため、明らかに影響を受ける。そして、株価とEVのボラティリティーには大きな違いがあるため、これがダイバージェンスシグナルに影響する。理論的には、「0」の行を足すとPROCシグナルの振幅が若干増え、ERシグナルの振幅は若干減る。

　しかし、**図3.55**が示すとおり、これらの変化がダイバージェンスシグナル自体に与える影響はほとんどない。実際、この影響は誤差の範囲内で、「0」の行が多すぎでもしないかぎりトレード判断に影響することはないだろう。アリバ・インクのケースでは、トレードがあった1分間は全体の77％だった。つまり、1日のトレード時間である390分間のうち、この銘柄がトレードされたのは平均300分しかなかったことになる。しかし、**図3.55**が示すように、トレードのなかった90分相当の「0」の行を加えたとしても、ダイバージェンスシグナルはほとんど変わっていない。

　1つの例ですべてを証明することにはならないが、出来高の多い銘柄で「0」の行の有無がダイバージェンスシグナルにさほど影響しないことは明らかだろう（出来高の多い銘柄はほとんどの1分間にトレ

ードがある)。「0」のデータを入れるとパソコンの処理負担が増えるため、私は日々のトレーディングには「0」を含めないことにしている。

ダイバージェンス分析のまとめ

　本章では、出来高と株価トレンドのダイバージェンスが大きいプラスの値だと買い時となることを学んだ。ダイバージェンスがプラスになる理由は2つある。

1．ERよりも株価のほうが急落している。これは、トレーダーの売りが株価の動きよりも遅いということでもある。言い換えれば、売るには株価が安すぎると考えるトレーダーが増えるため、株価の下落が売り手の増加を抑えていることになる。
2．株価の上昇が、ERの上昇よりも遅い。つまり、トレーダーが株価の動きよりも速いペースで買っているということ。これはトレーダーが株価の上昇モメンタムが続くと考えているときに起こり、株価が上がりすぎるまでさらに多くの買い手を引き付けていく。

　トレード判断は、ダイバージェンスシグナルと株価トレンドを比較して下す。

●株価が下げていても、ERとPROCのダイバージェンスシグナルが上がっていれば、少ない売り手が株価を下げているか(だれも買っていない)、割安株狙いのトレーダーが参入してERの下落を和らげていると考えられる。簡単に言えば、何が起こっているのかは分からない。株価が安定するか上昇に転じるのを待つのが最善策。
●株価が安定していてもダイバージェンスシグナルが上昇していれば、水面下で何かが起こっている兆しと言える。しかし、株価が上がる

前に何日間も買い集めが進むかもしれない。そのようなときは、ダイバージェンスが過去の最高値の平均を超えるまで待って買う。ただ、さらに大事なことは買うのならば、9日移動平均線を超えるまで待つ。

また、トレーディングルールは、補完的な指標と一緒に使うことも学んだ。私の4つのルールは次のとおり。

1．次の条件がすべてそろえば下限近くで買う
　●ダイバージェンス分析で買いゾーンに入っている
　●株価が下落していない（かつ9日移動平均線を超えている）
　●ラージEVが上昇している

2．次の条件がすべてそろえば、上限近くで買う
　●ダイバージェンス分析で買いゾーンに入っている
　●株価が下落していない（かつ9日移動平均線を超えている）
　●ラージEVが上昇している
　●ABが前回上限に達してから今まで一度も0％を下抜いていない

3．次の条件のどちらかが合えば上限近くで売る
　●ダイバージェンス分析で売りゾーンに入っている
　●ラージEVが上昇していない

4．もしABが下限を超えたならば、買わずに新しい限界が形成されるのを待つ

それから、ダイバージェンス系の手法をABシグナルと組み合わせると非常に選択的になり、あまりシグナルが出ないことも学んだ。た

だ、そうなると多くの銘柄を観察しなければならないため、何らかのスキャンシステムで多くの銘柄を自動的に分析し、チャンスのあるものにのみ警報を鳴らすようにする必要がある。

第4章

需要と供給──トレーディングのカギ

Supply and Demand -- The Key to Trading

　ここまで読めば、トレーディングで利益を上げるためには需給の平衡の作用を把握することが不可欠だということを私が大前提としていることは分かったと思う。前章までにこの平衡が利益（株価で測定する）という動機に影響され、その利益は強さ（出来高で測定する）という力に動かされることを学んだ。ただ、それ以外にも需給の平衡に影響を与える第三の要素がある。それが改革への抵抗だ。物体に力を加えると逆向きの力で押し返すことは物理学ではよく知られている。マーケットでも、ある方向に力を加えれば、すぐに反対方向の力が生まれる。もし買いの力によって株価が上がれば、すぐに売りの積極的な成り行き注文と受け身の指値注文が出てくる。

　これまででエフェクティブボリューム（EV）を使ってアクティブトレーダーの行動を詳しく見てきた。しかし、パッシブトレーダー、つまり指値注文を出す人たちの動きも分かればさらによい。本章は、このことについて述べていく。最初は、株の全体的な供給の測定の仕方で、それが枯渇すると反動で非常に高値になる可能性が高い。大手ファンドの買いが勝っているときは特にそうだ。

　次はテクニカル的に受け身の供給量を1分足で測定していく。ここでは、受け身のトレーダーが株価に与える影響が限定的でしかないことを学ぶ。マーケットの攻防は、大口プレーヤー間の高速コンピュー

ターによる発注とルーティングの戦いで、これが株価操作を防止していることについても見ていく。

そしてこのことに関連して最後に、ファンドの強さと弱さを個人投資家と比較する。

需給の平衡

第2章では、トレンドの途中でトレーダーの期待が上限と下限の間で循環的に動くことを学んだ。この動きは、主にアクティブトレーダーの層が入れ替わることによって起こる。新しい買い手の参入はアクティブトレーダーの平均利益を下げる一方で、株価の上昇は平均期待値を上げるからだ。新しい買い手の数が多いほど、平均的な期待値は大きくなる。そして、期待利益が上限に達したとき、株価上昇に対するアクティブトレーダーの期待は最も低くなる。この時点では、新しい買い手が参入しなくなり、株価は下落に転じる。

しかし、第1章（「エフェクティブボリューム」）では、買い手と売り手の平衡が需給の平衡（株はあるのか、資金は入ってくるのか）とボラティリティー（株はすぐに買えるようになるのか、資金はすぐに入ってくるのか）に影響されることを学んだ。また、出来高の25％が株価の75％を動かしていることも学んだ。この25％がラージエフェクティブボリューム（ラージEV）だ。

買い手と売り手の平衡は、主に需給の平衡にかかっている。株式市場はマーケットのなかのマーケットで（**図4.1**）、株を売りたければ買い手を探し、買いたければ売り手を探さなければならない。

需要は、株価の動きに反応してみんなが買いたがっている株数、つまり買い注文の量で測ることができる（**図4.1**の2）。しかし、実際には需要の一部しか執行されない（**図4.1**の4）。

供給は、株価の動きに反応して売りに出た株数（**図4.1**の6）、ま

第4章　需要と供給——トレーディングのカギ

図4.1　株式市場の仕組み

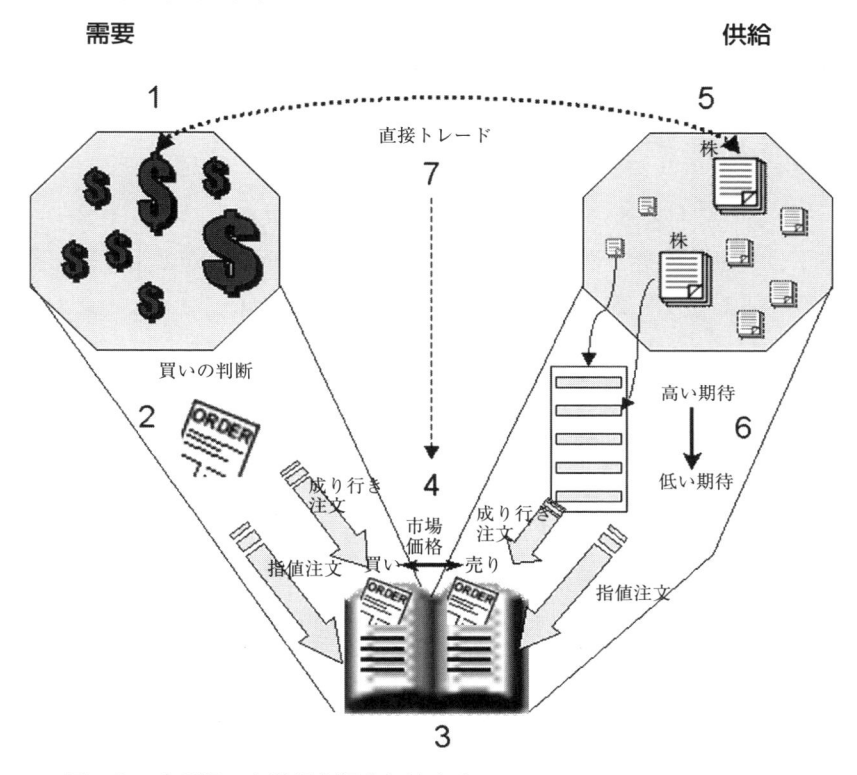

需要　　　　　　　　　　　　　　　　　　供給

1．買いたい人が狙った銘柄を観察し始める
2．買うと決めて注文を出す
3．注文が取引所に届く（成り行きか指値）
4．市場価格で注文が執行される
5．株主たちが株価をフォローする
6．株の供給は期待度を示し、期待度の低い株のほうが期待度の高い株より早く売りに出される
7．大きなトレードは株主間で直接行われるときもある

たは気配値相場表に記された売り注文の量で測ることができる。しかし、実際には供給の一部しか執行されない（**図4.1**の4）。買い気配値や売り気配値の範囲を大きく外れた注文の多くは執行されず、いず

233

れ取り消される。しかし株の供給は気配値相場表に記載されている分だけでなく、株価が特定の水準に達するのを待って出される予定の潜在的な指値注文も含まれている。もっと広い意味で言えば、フロート（トレード可能な株）全部、あるいは魅力的な株価になれば売りに出る株のすべてと考えることもできる。

「はじめに」で述べたとおり、株価表示の小数点化によってマーケットは見通しが悪くなった。株の需給量を評価するのが非常に難しくなり、トレーダーが自分の「手の内を見せる」意味がなくなったのだ。通常、需給の平衡は指値注文を列挙した気配値相場表を見れば分かる。指値は買い気配値以下で買えるか売り気配値以上で売れるまで待つ注文だ（**図4.1**の３）。売り気配値の株数が多ければ、大量の株が売りに出ているので少し待てばさらに良い条件で買えると分かる。

株価が小数点化される以前は気配値相場表はとても参考になったし、売り手と買い手の平衡を明確に理解するためには不可欠だった。しかし、今日ではこれを見てもマーケットの方向性は分からないと私は思っている（ただし１セントでも影響が大きいデイトレードは別）。これは、今日の機関投資家が注文の一部しかさらさないうえ、ぎりぎりのタイミングで動く場合が多いことが原因だ。

つまり、気配値相場表から分かるのはその瞬間のマーケットの状況だけで、需給の平衡は推測できない。トレードで成功するためには、何かもっと統合的な情報が必要だ。

さらに、売買の平衡と需給の平衡という２つの概念の違いは、執行される売買注文数と需給量の比較だけではなく、その背景の意思にある。実際、買われた株は買い手の（利益を期待する）意思と判断と行動を反映しているし、買い戻された株は意思や期待を反映して需要の一部を担っている。ただ、後者は本来の売りや買いほど強くはない。

同じことは指値注文と成り行き注文の違いに関しても言える。特定の株価に達したら執行される指値注文は、需給バスケットには入って

も、すぐには執行されない。それに対応する反対注文が出るまで待たなければならないからだ。一方、成り行き注文は、現在の株価で売買される注文で、表示された株価との間にスリッページがあったとしてもそのまま執行される。そのため、成り行き注文のほうが指値よりも強い意思が感じられる。ただ、実際の執行価格はスリッページの分、注文時の株価と若干の差があり、これがそのとき最善の株価で即座に執行するためのコストとなる。

需給の平衡に影響を及ぼす2つ目の要素はボラティリティーで、これには株価のボラティリティー（株価変動の速さ）と出来高のボラティリティー（株の供給とトレードの速さ）の2つがある。

ボラティリティー

　ボラティリティーとは、変数（株価や出来高）の変化の相対的な比率と定義できる。日々の株価のボラティリティーは日々の株価変動のデータを年間の標準偏差として数学的に算出される。われわれは、素早く上下する株価を、ボラティリティーが高いと表現する。1分間に動く株価は1日の動きと比べればずっと少ないため、1分間のボラティリティーは1日のそれとはかなり違う。そこで、ボラティリティーを扱うときは、対象の期間を明確にすることが重要になる。通常は、長期よりも短期のボラティリティーについて述べることが多い。

　第3章で見たとおり、株価パターンには短期の小さなボラティリティーと長期の大きなボラティリティーがあるということを覚えておく必要がある。しかし、出来高パターンは反対に短期が重要で（ある1分間に100株トレードされ、次の1分間はそれが10

> 万株に増加することもある)、長期のボラティリティーは小さい
> (50日間の平均変動率はさほど大きくない)。

　株価と出来高のボラティリティーには関連性がある。

- 買いの出来高の増え方が速いほど、株価も速く上昇する
- 株価に勢いがあるほど、出来高の変化も活発になる(株価の勢いは強い需給を引き寄せる)

需給の平衡の測定方法

　株の需給を評価するためには、2つの実用的な方法がある。
　ひとつは静的な方法で、トレード可能な株数(フロート)に対応した株価ヒストグラムを算出する。株は、それぞれたくさんの感情や期待などを担っている。そこで、株価の各段階で何株が売買されたかを知っておけば、株価が上がったときに多くの株が売りに出るか(抵抗線)や、ある水準まで下がったら多くの買い手が現れるか(支持線)ということが分かる。
　図4.2は、リライアント・エネルギー・インク(RRI)の株価の谷を結んだ支持線を示しており、このケースでは10.80ドル近辺になっている。この水準は、過去にここまで下がれば買い手が十分割安だと判断して買い、売り手は安すぎて売らなくなることで上昇に転じている。前の支持線に達し、それ以降トレーダーの層は大きく変わっていないため、売り手も買い手も前と同様の分析を行い、もし支持線まで下げれば再び上昇に転じる可能性が高い。
　図4.3には、2006年9月25日のリライアント・エネルギーのフロートのなかでトレードされた出来高のヒストグラムを示している。それ

図4.2　支持線

出所＝ストックチャート・ドット・コム

図4.3　2006/9/25のRRIの株価のヒストグラム（3億0500万株）

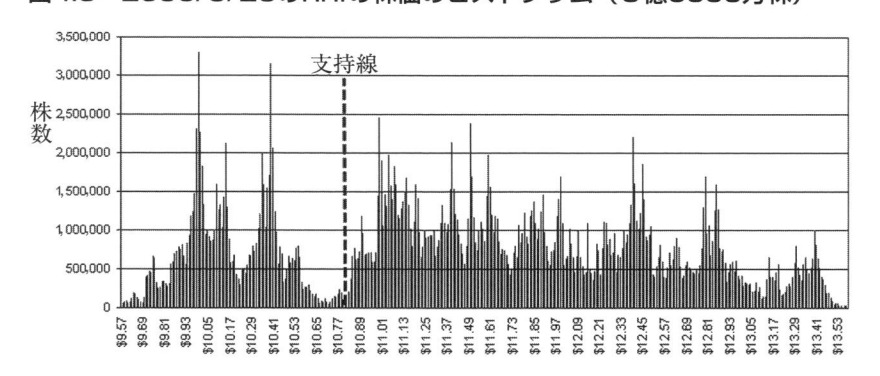

ぞれの棒は該当する株価でトレードされた株数を示している。このような出来高のヒストグラムの支持線は、出来高が最も少ない株価のところに引いた縦の線で、**図4.3**では10.80ドル近辺になる。出来高ヒストグラムからは、特定の日の特定の時間における株の配分の瞬間像が分かる。あとで見るように、出来高ヒストグラムは時間とともに追加されていく。

　この需給レベルを静的と呼ぶのは、これが供給（取引可能な株数）

だけを測定しているためで、ボラティリティー（株がトレードされる速さ）は分からない。

　需給の平衡を測定する２つ目の方法は、動的だがある程度の規模のファンドなどしか利用していない。これは、出来高のボラティリティーを実験的に測定する方法で、実際のマーケットでテストするためにはコストもかかる。マーケットメーカーのなかには、あえて株価を押し下げて株が供給される速さを確かめたり、新しい安値が新しい買い手を引き付けるかどうかを見たりしている。例えば、支持線をブレイクしようと試みて、そこで持ちこたえれば、マーケットは上昇する準備が整ったと考えられる。これはよく知られたテスト方法で、もし株価の大きな下落で前回と同じように下げたときよりも売り手の数が少なければ、株の供給は枯渇しつつあると言える。

　もう気づいたかもしれないが、この２つの手法は（静的でも動的でも）需給の平衡の一部分、つまり供給側しか測定していない。供給側は過去のトレード記録があるため簡単に測定できる。いくらで何株買われたかが分かれば、最終的に現在の価格で何株売れるかは推測できるからだ。私はこれを供給分析と呼んでいる。

　しかし、需要の評価は難しい。潜在的な買い手の財布と頭のなかをのぞいて、彼らがそれをどう使おうとしているのかを知ることはできないからだ。しかし、第３章で見たように、需要の変化はラージERと株価のダイバージェンスを見れば分析できる。強いプラスのダイバージェンスは、大口プレーヤーが普通以上に買い集めていることを示している。ただ、買い集め自体は、需要の増加が元になっている。そこで、需要の増加を十分早い時期につかむことができ、供給分析が売り手が少ないことを示していれば、株価はおそらく上がるだろう。

　需給の平衡は、供給分析とダイバージェンス分析という２つのツールを使って測定できる。

図4.4　2006年末のIMAXの株価

（チャート内注記）
- 8月9日　下落前
- 8月21日　最初の売りの波のあと
- 9月5日　二度目の売りの波のあと

出所＝ストックチャート・ドット・コム

供給分析ツール

　供給分析ツールの仕組みを説明する前に、株式トレードの動きを理解しておく必要がある。それには、出来高と株価の配分（ヒストグラム）の推移が及ぼす影響ももう一度見ておかなければならない。例を使って説明しよう。第２章でIMAXコーポレーションのケースを見たが、この会社は2006年８月10日に、一晩で株価が半分になった。

　図4.4に記した３つの日付について、出来高と株価のヒストグラムを用意してある（**図4.5a〜図4.5ｃ**）。

1．８月９日は大きな窓を空けて下げた１日前で、**図4.5a**のヒストグラムを見ると、この日の時点ではIMAXの発行株数に当たる4021万株すべてが8.17〜10.92ドルでトレードされている。また、８月９日までの10日間は１日平均54万5000株がトレードされている。
2．８月21日は激しい下落が一服した日で、10日から21日までの８

図4.5a　2006/8/9のIMAXの出来高ヒストグラム（発行株数4021万株）

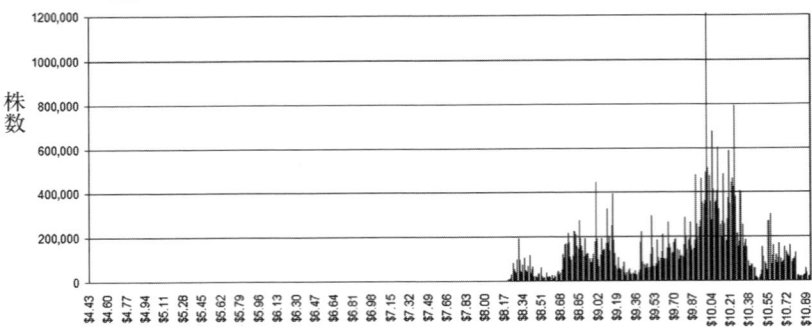

図4.5b　2006/8/21のIMAXの出来高ヒストグラム（発行株数4021万株）

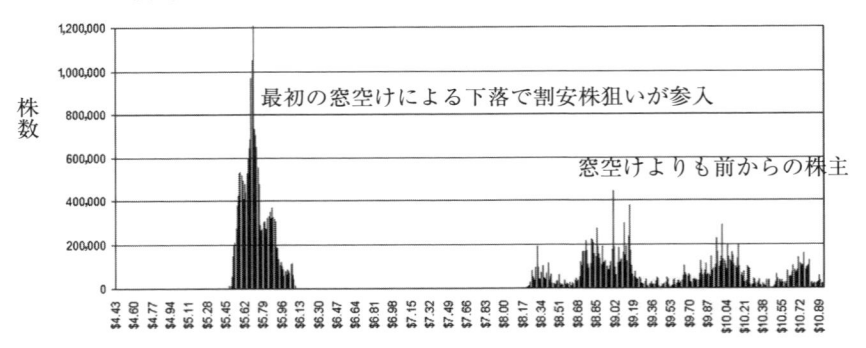

最初の窓空けによる下落で割安株狙いが参入

窓空けよりも前からの株主

営業日に2260万株がトレードされた。これは1日当たり約280万株で、8月9日までの10日間の平均出来高の4倍に当たる。**図4.5b**は、8月21日の出来高ヒストグラムで、割安株狙いの投資家が参入して新しい株主層を形成していることが分かる。彼らは、現在の株価を過去の株価と比較して、「今なら安いから買う」という理由で投資する。

3．9月5日は二度目の大きな下落が終わった日で、8月21日から9月5日までの10営業日に1160万株（1日平均116万株）がトレー

図4.5c　2006/9/5の時間とともに推移するIMAXの出来高ヒストグラムはさまざまな株主のポジションを示している。株の供給分析はここから始める。図4.5aでは、最初の大きな窓空けの前に4021万株が8.17～10.92ドルで売買されている。また図4.5bでは、大部分が5.45～6.00ドルで割安株狙いのトレーダーに買われている。また、グラフの右端では二度目の大きな下落で残りの株主の数が減り、バリュー投資家と入れ替わった（発行株数4021万株）

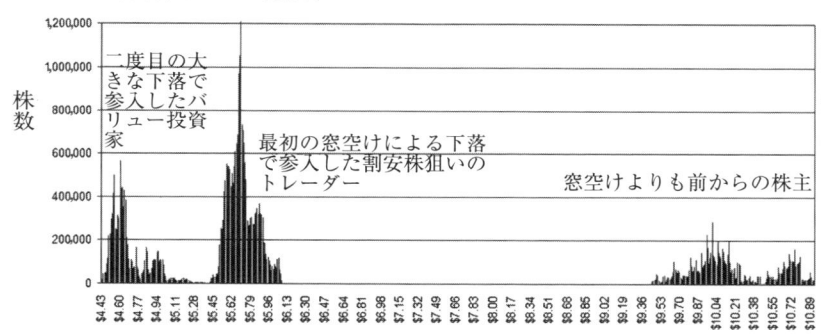

ドされている。**図4.5c**は９月５日のヒストグラムで、バリュー投資家が参入して３番目の株主層を形成しているのが分かる。株価が下落しても、バリュー投資家は割安株狙いの投資家よりも長く待ってから買い始める。通常、彼らは株価の下げには反応しないが、PER（株価収益率）の低下には引かれる。2006年11月には１日の出来高が35万株に減り、二度の下落の波が需要を殺して長期的な株主をいら立たせたことを示している。

図4.5a～図4.5cの分析では、まず企業が壊滅的な状態に陥ると、それがすべての株主に影響を及ぼし、アクティブ株主を失う可能性は非常に高くなるということを学んだ。彼らは、このような悪いポジションを抱えると損切りして二度とこの銘柄を買わなくなる。

図4.6　IMAXのEV分析。株価が大きく下落したあと、ラージEVは大口プレーヤーがバリュー株と判断したかどうかを示してくれる。もしそうでなければ、この時点で買う理由はない

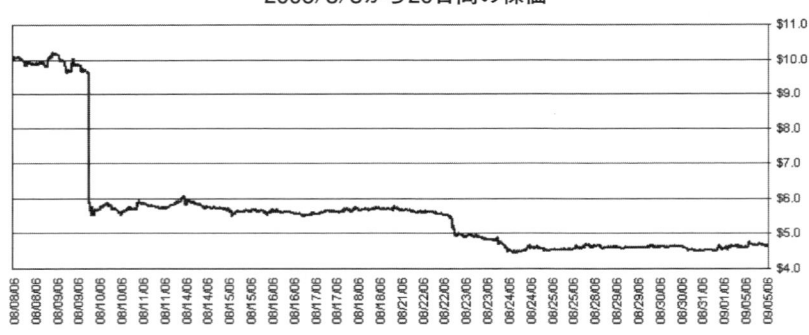

2006/8/8から20日間のEV（単位＝1000株）

2006/8/8から20日間の株価

　IMAXのケースでは、株価の上昇を期待する割安株狙いの投資家が離れていくアクティブ株主と入れ替わった。しかし、株価は上昇せず、さらなる悪いニュースが従来の株主と新しい株主の一部に損切りを余儀なくさせた。そして、バリュー投資家という新しい株主層が現れた。8月21日以降、この株価が本当にこの企業の価値を表しているのかどうかの判断はもちろん難しい。悪いニュースがまだ続くかどうかはだれにも分からなかったからだ。第2章で見たように、特定の時期に株

価が割安かどうかを判断するためには、あとでそれをもっと高く売ることができる確率を求めなくてはならない。割安な株を見つけるチャンスを広げるためには、売り手がとても少ない（安すぎて売る気になれない）買値を探すと同時に、株価を上げるためには自分と同じ考えの買い手を見つけなければならない。**図4.6**が示すとおり、大口プレーヤーは大きな窓空けによる下落では激しく売っているし、彼らが買い集めている様子がないことはIMAX株の需要が完全に枯渇したことを示している。たとえ株価が過去よりも安くなっていたとしても、需要が枯渇した銘柄は割安な株とはならない。

この例の２つ目の教えは（こちらのほうが大事）、ある企業の株主のなかで、特定期間に効果的な投資ができた一部の株主は常に入れ替わっているということだ。IMAXのケースでは、入れ替わりが非常に速かったが、ほかの会社のペースはもう少し遅い。このような株主の推移によって、需給の平衡も継続的に変化している。

供給はどこから来るのか

この項目では、供給の水準は常に推移しているので、それを観察することで正しいトレード判断が下せるということを説明していく。ただ、その前に「供給はどこから来るのか」という単純な質問に答える必要がある。

これはとても簡単なことで、供給は持ち株を売る株主から来ている。しかし、なぜ彼らは売りたいのだろう。ここで、テラブス（TLAB）の直近の株価の推移を見てみよう（**図4.7**）。2006年６月26日（図の左端）から９月21日（図の右端）までに４億4850万株が売買されたが、これは同社の発行株数と同じ数だ。点線は、前営業日の株価で見た勝者と敗者の分かれ目で、９月21日の終値よりも安く買った人たちは利益が出ているが、それ以外は（実現していない分も含めて）含み損を

図4.7 2006/9/21までのテラブスの株価

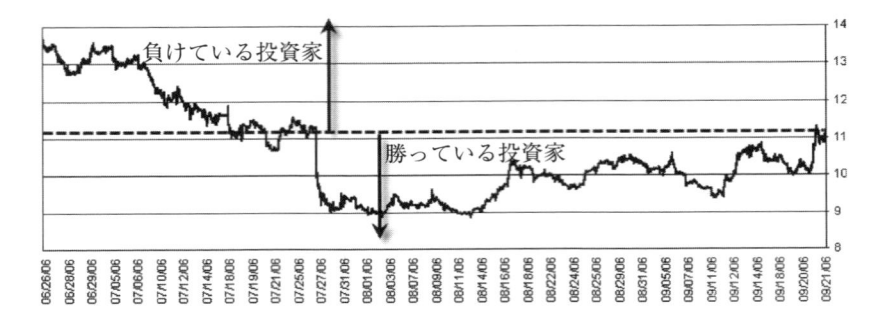

図4.8 2006/9/21のテラブスの終値で見た株主の損益

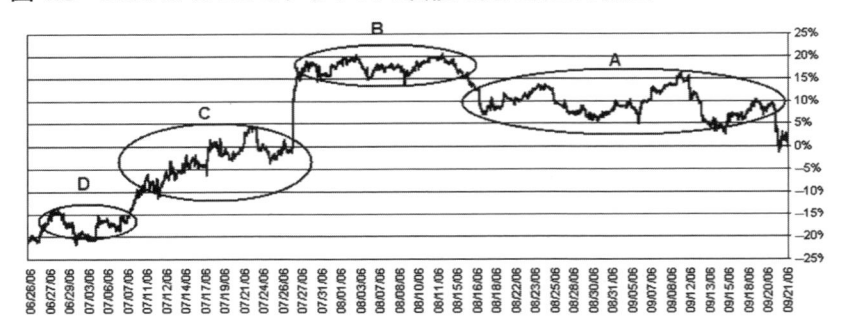

抱えている。

　かつてテラブス株を買った株主がとり得る行動を分析するため、**図4.8**を見てほしい。この図は過去に買った株について、9月21日の終値に対する損益を示している。実は、この**図4.8**は**図4.7**の逆になっている。**図4.8**の各ゾーンについては、「ここで買った株主は売る気があるか」「次の営業日に売る気になる確率はどのくらいか」と考えなければならない。もしだれも売る気がなければ、翌日はどのような買いでも株価を押し上げることになるからだ。

1．ゾーンAは最近買った人の損益を示している。彼らの利益は0～15％だが、私はこのうちの利益が0～5％の人たちは売らずに様子を見ると考えている。しかし、5～15％の利益を上げている人たちは売るつもりになっていて、利益が高いほどその気持ちは強いと思う。ここで、利益が5％の人は全員売るつもりがなく、15％の人は全員売るつもりがあり、10％の人は半分が売るつもりになっていると仮定しよう。すると、最近買った人で15％以上の利益を上げている人は全員売り手候補ということになる。これは絶対に売るというわけではなく、売り手を探すなら利益が15％以上の層のほうが5％の層よりも見つけやすいということを意味している。
2．ゾーンBは、最近よりも少し前に買った人の損益を示している。彼らの利益は15～20％だ。この層には2つの興味深い特徴がある。
   ● この時期に買った人の多くは、おそらくこの銘柄をすでに売って5～15％程度の利益を上げていると考えられる。つまり、過去にさかのぼって買い手を探すと、すでに売ってしまった人も多く、これから売りに出る株数は少なくなる。
   ● 最近買った人とそれ以前に買った人を比較すると、以前に買って早い段階で売らなかった人たちは、もっと高い利益を期待している。
3．ゾーンCは、さらに前に買った人の損益を示している。このなかで、7月27日の下落の前に売らなかったことを後悔している人たちは、株価が買値のレンジに戻ってほっとしているため、このレンジで売ってもよいと考えている。
4．最後に、ゾーンDの投資家は最初の大きな下落で損切りをしていないならば、売りたくても売れない状況に陥り、株価が上がるまで売らないだろう。

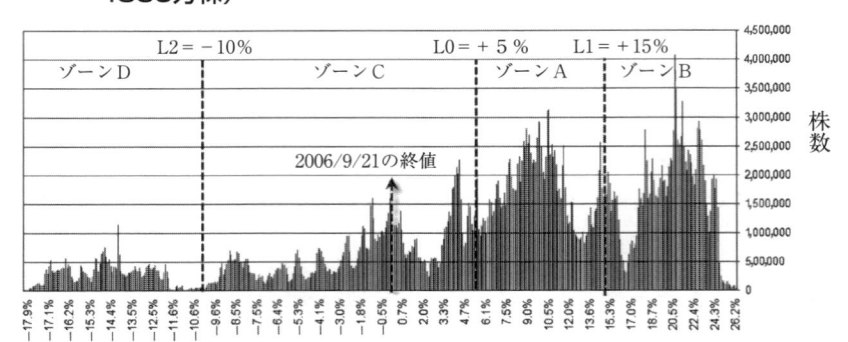

図4.9 2006/9/21のテラブスの出来高ヒストグラム(総株数4億4850万株)

図4.9は、ゾーンA~Dの出来高を示している。これならば売買された株数を数えることができ、売られる確率を算出できる。そして、4つのゾーンでの出来高を合計すれば、2006年9月21日以降、どこかの時点で売りに出される株数が分かる。

本当の数学モデルは株価ゾーンが重なることもあるため、さらに複雑になる。また、通常アクティブトレーダーは長期投資家よりも早く売るため、私が実際に使っている数学モデルは株主のタイプでも分けている。

モデルはかなり複雑だが、要するに売買可能な株数を数えて売りに出る確率で加重しているだけだ。このような確率は、実際の損益や買ってからの期間と比較した売りパターンの配分を織り込んだ数式によって算出する。

このモデルを実際の例に当てはめてみよう。

実例

最初に、トレーダー向けの新聞などでよく見かける「みんなが売っているときに買え」という教えについて一言述べたい。私に言わせれ

ば、これでは間違いなく破綻する。買うべきときは明らかに２つしかない。

1．みんなが買っているときに買う。ただし、トレンドの初期で買う。
2．みんなの売りが止まったら買う。つまり、株の供給が枯渇し、売りに出ている株がほとんどなくなったら買う。

前の項目で学んだように、特定の時点で売買可能な株数を正しく評価するには、その時点で売りに出る可能性が高い株数を数えるしかない。

供給分析が大事なのは割安な株が見つかるからではなく、その銘柄が上昇しそうなタイミングを察知できるからだ。株価は、大きなポジションを建てようと思うほど魅力的な株価だと大口プレーヤーが判断したときに上昇する。つまり、われわれは大口プレーヤーが価値を認め、売り手がいなくなって底が固められるまで待つ必要がある。

リライアント・エネルギーのケース

図4.10の下の図は、リライアント・エネルギー（RRI）株の供給を測定したものだ（第２章の**図2.19a**と**図2.19b**も参照）。これを見ると、供給シグナルが小さな株価の変動にもすぐ反応していることが分かる。株価が２～３％上がっただけでも、利益の大きさによっては新しい売り手が現れる。

この反応の良さがダマシのトレンドシグナルになることもあるため、私は下の図を４日移動平均線を使ってならしてみた。

そして、**図4.10**の下の図のように、水平線を２本引いてチャートを３つの興味深い供給ゾーンに分けてみた。

1．発行株数の10％未満を供給が低いとする。このような水準では、

図4.10 RRIの供給分析。供給分析は通常よりも低い供給パターンを探す助けになる。これが分かれば、大口ファンドの大きな買いによって株価上昇に圧力がかかる時期が分かる。中程度の供給量である20%を超えれば、売りに出ている株数は大手ファンドの需要を満足できる十分な量と言える。つまり、中程度の供給レベルよりも多いときに大手ファンドが買っても、株価は上がらない可能性がある

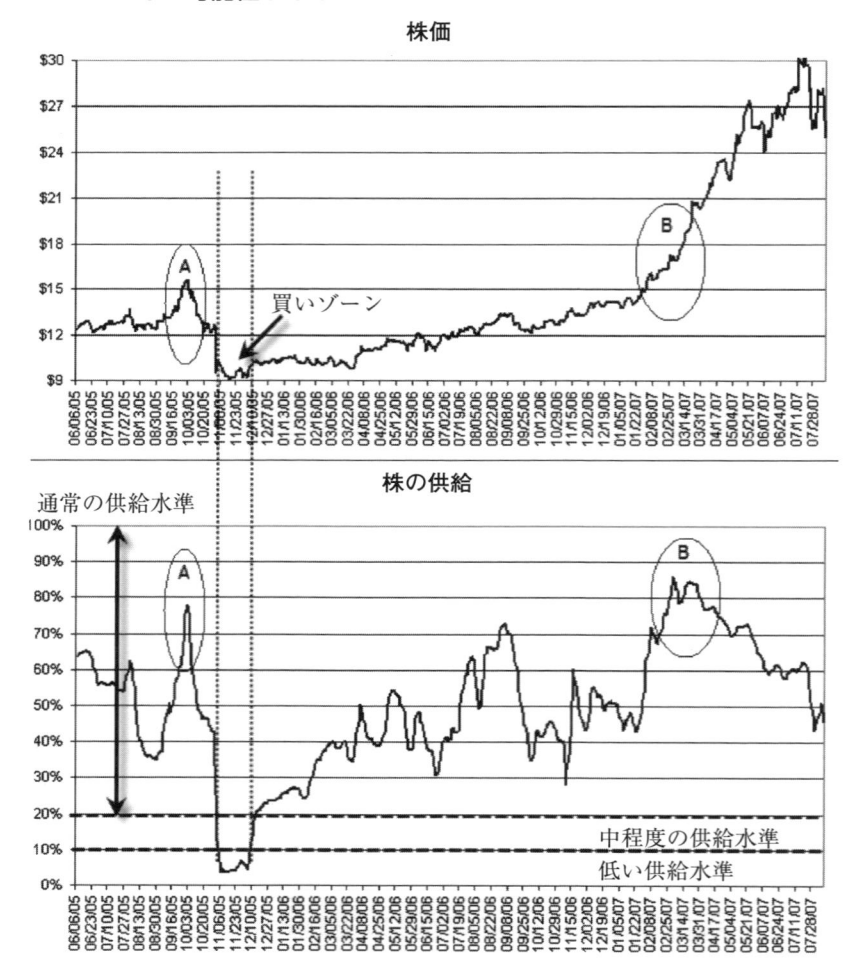

　　大手ファンドが大量に買えば株価が上昇するのはほぼ間違いない。
　ちなみに、大口プレーヤーの買いパターンはEVで分かる。ただ、

供給が低くても株価が必ず下がり続けるわけではないが、その企業の見通しが暗ければ新しい投資家の参入もないし、小さな売り圧力でもさらなる下落につながる。また、低い供給水準は、買いゾーンをもたらす（本章執筆後、私はトレードパフォーマンスに関して供給水準の感度解析を行った。すると、適切な供給水準は10％ではなく、むしろ5～7％だということが分かった。この感度分析については、第6章で説明する）。
2．発行株数の10～20％は、供給が中くらいとする。20％は全体の割合からすれば比較的低いが、この水準の下限である10％の2倍に当たる。私の経験から言えば、20％という水準は株の供給に問題がある上限だと思う。売買可能な株が足りなければ、大きなポジションを建てようとしているファンドは、新たな供給を引き寄せるために株価を上げざるを得ないことを覚えておいてほしい。
3．20％を超える供給があれば、ファンドは株価に深刻な影響を与えずに大きなポジションを建てることができる。

図4.10には、高値を示すゾーンAとゾーンBも示してある。これらのゾーンは供給水準が高い時期に当たっているが、売り圧力と供給水準の相関性は見当たらない。つまり、供給水準が70％でも50％でも、売り圧力の違いはない。

テラブスのケース
テラブスも2つの興味深い供給ゾーンを示していて、ここで買えば大きな利益が上がる（図4.11、第2章の図2.7aと図2.7b）。この例で重要なのは、供給のピークが必ずしも売りポイントに当たるわけではないということだ。供給のピークは単に株が売りに出される可能性があるというだけで、売りのきっかけは株価が押したときにある。供給水準が高ければ、大部分の株主は15％以上の含み益を実現する。株

図4.11 テラブスの供給分析。この例は供給のピークが株価のピークと自然に重なるわけではないことをはっきりと示している。また、下降トレンドの買いゾーン2が早すぎることにも注目してほしい。このことは、最高の仕掛けポイントを選ぶためにEVなどほかのツールも必要だということを示している

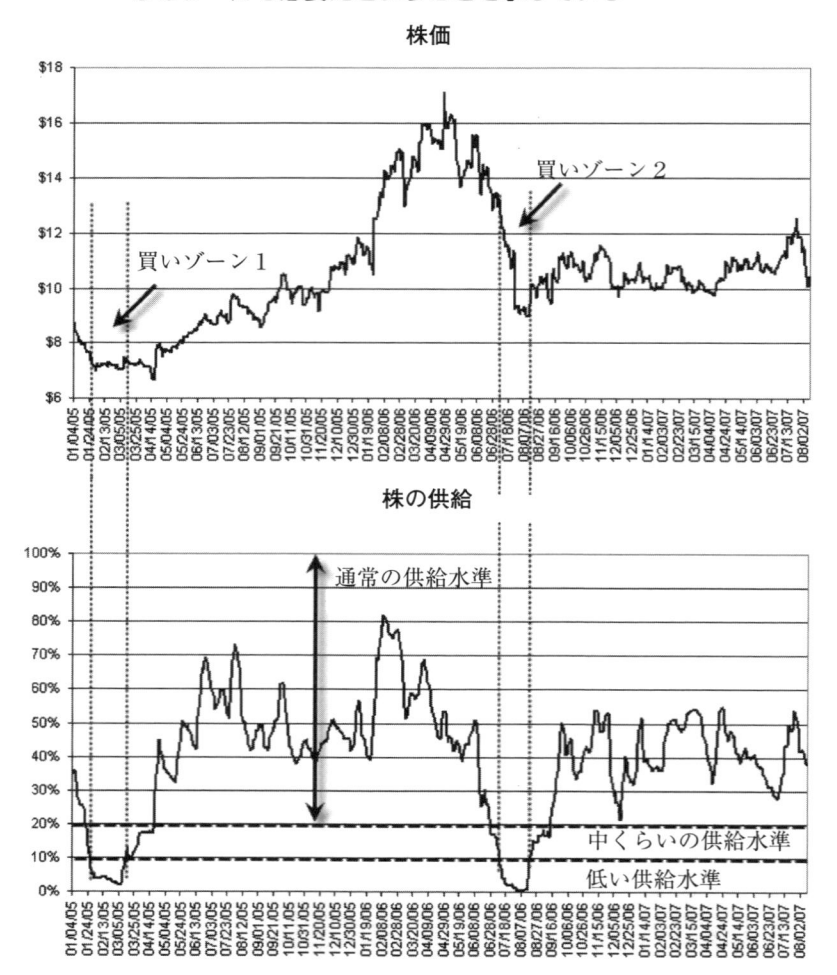

価が押すと株主たちはそれまでの利益を守るために売ろうとするため、その圧力が一時的な押しか本当の新しい下降トレンドになる。繰り返しになるが、第3章で見たようにEVとダイバージェンス分析を使え

図4.12　テラブスのEV分析。EVは供給分析を補完する優れたツールとなる

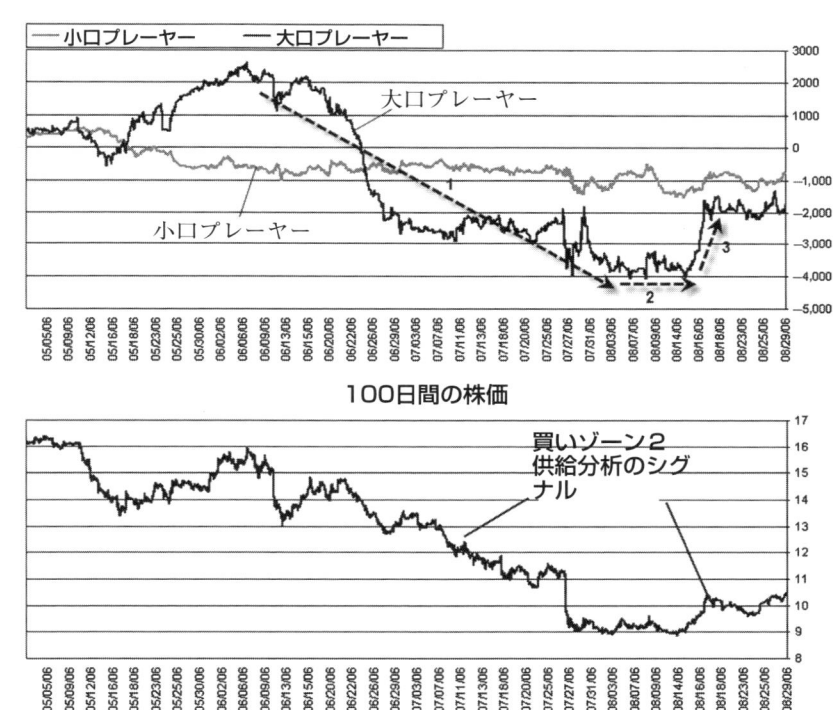

100日間のEV（単位＝1000株）

100日間の株価

ば、状況がはっきりと分かる。**図4.12**の下の図には、**図4.11**の供給分析で算出したゾーン2を示してある。また、**図4.12**の上の図では、供給水準が低くても、ラージEVの下降トレンド1が買いを押しとどめてくれている。トレーディングルールに従ってわれわれが買うのは、大口プレーヤーが買い始めたときとなる（小さな上昇トレンド3）。

オープンウエーブ・システムズのケース

図4.13は、供給シグナルだけでトレードすることの危険性を示し

図4.13　OPWVの供給分析。供給分析は、供給が低いシグナルをもたらしたのが通常の押しなのか、それとも悲惨な下落なのかを見分けることはできない。そこで、正しいタイミングで仕掛けるためにはEVやERなどのツールも必要となる

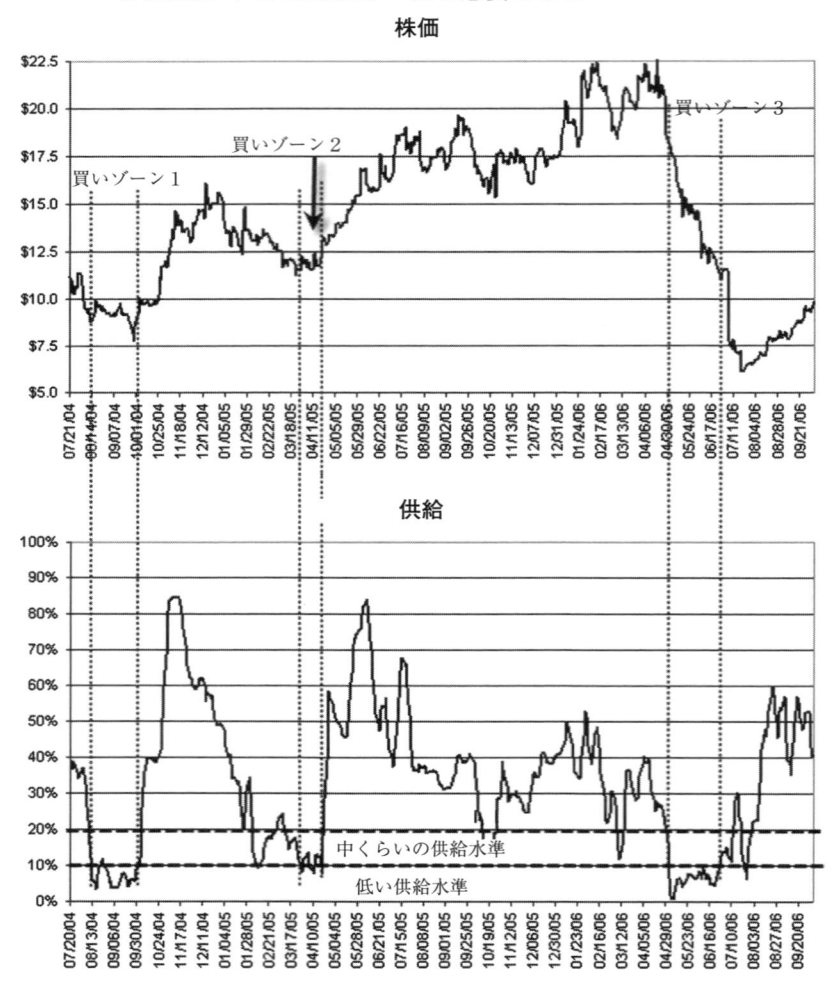

ている（第2章の**図2.16a**と**図2.16b**も参照）。**図4.13**の下の図を見ると、正しい買いシグナルが2つ出ているが（買いゾーン1と買いゾーン2）、そのあとにダマシが続いている（買いゾーン3）。オー

第4章 需要と供給──トレーディングのカギ

図4.14 OPWVのEV分析。EV分析が確実にダマシを回避できるわけではないことを示している。ラージEVは供給シグナルの買いゾーン3のなかで買いシグナルを出したが、あとから見ればこれもダマシだった

プンウエーブ・システムズ（OPWV）の株価の悲惨な下げが、このダマシを引き起こした。残念ながら、このケースではEVを使っても、ラージEVの上昇トレンドB（**図4.14**の上の図）で再度暴落する前の買いを防ぐことはできなかった。私が９日移動平均線を上回っているときに買うというルールを使うもうひとつの理由はここにある。これによって、最悪の状況に陥るのを防ぐことができる。

ラージEV分析の問題のひとつに、買い手が新たに割安な株だと思

って買っているのか、それとも空売りポジションを買い戻しているだけなのかは区別できないことがある。大きな下降トレンドが空売り筋を引き付けることは分かっている。実際に売っているのは、空売りをしている人よりも株主たちが手仕舞いしている可能性のほうが高い（このとき買いたがる人はいない）。そう考えると、長期の下降トレンドのあと、最初の買いの兆しは空売りポジションの買い戻しなのかもしれない。第6章で見ていくが、ERのシグナルを使う必要がある理由はここにある。ラージERを使えば、現在と過去の買い集めを比較し、そのときの買いの本当の強さを知ることができる。ラージERは、空売りの買い戻しだけでなく、本当の買いを伴わなければ重要なシグナルは出さない。

供給分析のシグナルは、ほかのツールと組み合わせることで予想以上に良い結果をもたらす便利なツールである。第6章では、このシグナルを使ったトレード戦略を紹介していく。

ただ、実際の利益の上げ方を学ぶ前に、マーケットに流動性を提供してくれる数々のファンドが、どのように投資ポジションを建てたり手仕舞ったりしているかを調べておく必要がある。

ファンドの戦略

第1章で、大口プレーヤーが株価の方向性に重大な影響を及ぼすことを学んだ。これは、彼らがあるトレンドのなかで大きくトレードしたり、トレンド自体を変えたりする傾向があるからだ。

しかし、もし大口プレーヤーが大量の株をトレードすることでマーケットを動かす本当の力を持つならば、それは大きな弱みでもある。出来高があるということは、必ず相手が存在する。100万株買いたければ、だれかが100万株を売ってくれなければならない。もしマーケットに流動性がなければ、大量の売りや買いは株価に影響を及ぼ

す。そこで、大口プレーヤーたちが直接売買する市場も存在する。

　個人投資家にとって、マーケットには基本的に流動性がある。彼らは株価に影響を及ぼす心配などせずに、株を好きなときに売買できる。しかし、ファンドにとってマーケットは流動性がない。彼らのポジションは非常に大きいため、建てるにも手仕舞うにも日数がかかることが多い。そのため、需給分析はファンドにとって不可欠となる。

　大きなポジションを管理する場合、売りでも買いでも作戦の選び方が大きく影響することはすでに分かっている。仮に、あるファンドが現在10ドル程度の銘柄をマーケットから500万株買いたいとする。この銘柄の1日の平均出来高は100万株だ。しかし、もしこのファンドが1日の出来高の10％以上は買いたくないと思えば、1日に買えるのは最高10万株で買い集め作戦には50日もかかってしまう。EVツールなら、間違いなくこのような作戦を察知できる。ただ、このような買い集めはある時点で株価に影響を与え始める。継続した買いが需給バランスを変化させ、供給が枯渇し、株価が上昇することになるからだ。

　例えば、300万株買ったあとで株価が上がり始め、2～3日で10％上がってしまったとする。そうなれば、目的の500万株に達していなくても、すでに買った300万株には含み益が出ている。ファンドマネジャーは、買い集めをやめるか、以前よりも高くても売り気配値での買いを継続していくかを選ぶことができる。すると株価はさらに上がり、マーケットに「買い手が現れた」というシグナルを送る。そして、これが新しい上昇トレンドの始まりとなってファンドが得をすることもある。

　要するに、ファンドはすでにある程度買い集めていれば、売り気配値で買うことがメリットになる。

　次に、ファンドが500万株をマーケットで売る必要がある場合を考えてみよう。これを大きな塊のまま買い気配値で売るのはバカげている。それをすれば、株価は間違いなく下がり、手元に残った株にはす

ぐに含み損が生じる。つまり、マーケットで大きなポジションを売るには長い時間がかかるうえ、株価を下げないように売り気配値で少しずつ売っていくか、供給をなくさないように少しずつ買い気配値で売っていくほうが効果的に目的を達成できる。

　要するに、もしファンドに持ち株がたくさん残っている場合、大量の株を買い気配値で売ると不利になるため、買い気配値と売り気配値のバランスが崩れないことを確認しておくべきだろう。

　供給の問題は、大手ファンドがトレードを執行するときには避けて通れない。ファンドは、株価が上昇している間に売り始めなければならないからだ。長く待ちすぎれば、持ち株の多くを下降トレンドで、ほかの多くの売り手とともに売らざるを得なくなる。

　ポジションサイズが大きいゆえのマイナス効果はほかにもある。従来型のファンドは大きなポジションを建てる必要があるが、そのサイズでは損切りが使えないためかなり分散する必要がある。しかし、極端に分散すると、良い投資判断をしても大きな利益を上げることはできない。年金ファンドなどの低リターンの理由はここにある。

　ここで、実際によくある厳しい状況をいくつか見ていこう。

　まず、**表4.1**を見てほしい。機関投資家は、四半期ごとに保有する証券の売買を報告しなければならない。これらの数字は、ナスダックのウエブサイト（http://www.nasdaq.com/）からアクセスできる。**表4.1**には、第2章でABを学んだときに取り上げた8つの企業のデータをまとめてある。左から2列目と3列目は、発行株数と機関投資家の保有割合を示している（2006年6月末のナスダックのウエブサイトのデータ）。4列目と5列目は、前四半期の出来高と機関投資家のポジションの変化を示している。そして最後の列は、前四半期の機関投資家の動きを示している。通常、実際の機関投資家が報告するポジションの変化は実際の活動よりも少ないため、これは必ずしも正しい数字とは言えない。もし機関投資家が100万株買っても期末までに

第4章 需要と供給――トレーディングのカギ

表4.1 2006年第2四半期における機関投資家の動き

企業	発行株数 (単位=100万株)	機関投資家の 保有率	出来高 (単位=100万株)	機関投資家のポジ ションの変化 (単位=100万株)	出来高の割合で 見た機関投資家 の行動
エンボイ	19	4.3%	5.5	0.4	6.6%
デラプス	448	72.8%	383.0	83.3	21.7%
オープンウェーブ	94	87.7%	183.8	54.0	29.4%
メリディアン・リソース	87	43.9%	37.0	12.5	33.8%
チコスFASインク	176	73.3%	210.0	82.0	39.0%
リライアント・エネルギー	308	89.2%	150.5	59.4	39.5%
ペクトン・ディッキンソン	245	84.1%	56.0	25.2	45.0%
IMAXコーポレーション	40	67.5%	19.5	11.9	61.0%

257

表4.2 2006年第2四半期における機関投資家のポジションの変化

企業	機関投資家のポジションの変化（単位=100万株）	機関投資家の増加ポジション（単位=100万株）	機関投資家の減少ポジション（単位=100万株）	機関投資家のポジションの増減（単位=100万株）	出来高の割合で見たポジションの増減	前四半期の株価変動
エンボイ	0.4	0.05	0.3	-0.3	-4.9%	4.6%
テラブス	83.3	42.30	41.0	1.3	0.3%	-17.0%
オープンウェーブ	54.0	24.00	30.0	-6.0	-3.3%	-46.7%
メリディアン・リソース	12.5	7.60	4.9	2.7	7.3%	-13.1%
チコスFAS インク	82.0	33.00	49.0	-16.0	-7.6%	-32.7%
リライアント・エネルギー	59.4	34.60	24.8	9.8	6.5%	13.2%
ペクトレン・ディッキンソン	25.2	10.20	15.0	-4.8	-8.6%	-0.6%
IMAX コーポレーション	11.9	5.40	6.5	-1.1	-5.6%	-11.0%

売ってしまえば、200万株のトレードは報告されないからだ。しかし、最後の列を見れば、機関投資家の動きを見ることの重要性は分かるだろう。

表4.2は、機関投資家のトレードの詳細を示している。グローバルな機関投資家が大量のトレードを行っていても、ネットの増減は出来高から見たらほんの小さな割合でしかない。例えば、2006年6月30日までの四半期におけるチコスFASのポジションの増減は出来高のわずか-7.6%だった。比較のために、同じ期間の株価の変動を最後の列に示してある。

表4.2の最後の2列を比較すると、株価の下落と機関投資家のネットの売りや、株価の上昇と彼らのネットの買いに明らかな相関性はないことが分かる。

ここで、オープンウエーブ・システムズをよく観察してみよう。2006年6月30日までの四半期に機関投資家は3000万株を売り、2400万株を買っていた。この時期の最大の買い手はドイツ銀行だった。彼らは、オープンウエーブの株を260万株買い増して、ポジションは180%増加した。ところが、この四半期の間に株価は22ドルから11ドルに下がっている。仮にドイツ銀行の買値が平均16.50ドルだったとすると、オープンウエーブの株価が6.10ドルまで下がったことで、ドイツ銀行に1株当たり約10ドル、全体で2600万ドルの含み損が出ていることは簡単に計算できる。これは非常に大きな金額に聞こえるかもしれないが、ドイツ銀行全体のポートフォリオである1684億ドルから見れば、この損失はわずか0.0154%でしかない。

次に、チコスFASも見てみよう。2006年6月30日までの四半期に機関投資家は4900万株売り、3300万株買っている。この期間は、TIAA-CREFインベストメント・マネジメントLLCが最大の買い手で、チコスFAS株を490万株買ってポジションを360%増やしている。この四半期に、株価は40ドルから27ドルまで下がった。もしTIAA-

CREFインベストメント・マネジメントの買値の平均が33.50ドルなら、のちに株価が18ドルまで下がったときは1株当たり15.50ドル、全体で7600万ドルの含み損が出ることになる。しかし、TIAA-CREFのポートフォリオである1277億ドルから見れば、この損失は0.059％でしかない。

　どちらの機関投資家も4000以上のポジションをさまざまなセクターで同時に運用していて、非常に分散されている。そのため、1つのポジションで1000万ドルの損失を出しても、おそらく別のポジションの利益で相殺されるだろう。もし素早く手仕舞いたいときに損切り戦略が使えなければ、分散は非常に重要だ。ファンドが1つの銘柄で大きなポジションを建てるとこうなるが、大規模な分散によって彼らが一貫してマーケットを上回ることはできない。彼らはマーケットが上げれば利益を出し、下がれば損失を被る。分散の主な目的はリスクコントロールだが、難点は特大のリターンは出ないことだ。さらに防御的な戦略を用いる年金ファンドなどは、通常このパターンに当てはまる。

　マスコミは、「卑劣な大物相場師や詐欺師まがいのトレーダー」を追いかけるのが大好きだ。どこかのヘッジファンドがよく分からないマーケットで巨大なポジションを建てたために破綻したなどという話はみんなが読みたがる。私は、これについて称賛したり批判したりする立場にはないが、実際に大手ファンドを管理するのは非常に難しい。この仕事は、正しい仕掛けや手仕舞いのタイミングを見つけることよりも、大きなポジションの管理のほうが大変だ。下落するなかで買って2600万ドルと7600万ドルの含み損を出した2人のファンドマネジャーに同情する気はないが、継続してマーケットを上回る利益を出している大手ファンドのマネジャーは尊敬に値すると思う。

　しかし、ちょっと待ってほしい。私は第1章で大口プレーヤーこそが株価を動かしていると書いた。そのような状況で、彼らが常に大金を失う余地があるのだろうか。ここは彼らの動きを観察したほうがよ

さそうだ。

　思ったとおり、正しく観察すればファンドにはアクティブ型とパッシブ型という２つのタイプがあるようだ。パッシブファンドは、銘柄を組み合わせて保有し、セクターの長期トレンドに乗ろうとする。アクティブファンドは、ファンダメンタルズ分析とテクニカル分析に基づいた特定の投資戦略に従って投資している。

　アクティブファンドは、投資する銘柄を注意深く選ぶ傾向がある。最高のアクティブファンドには優秀なアナリストがいて、相当な時間をかけて企業のファンダメンタルズや販売網などを調べたうえで、優良企業や中規模企業などに投資している。

　しかし、大口プレーヤーに付いていきたい個人投資家ならば、主に中型株に投資すべきだろう。ブルーチップと呼ばれる優良企業には、アクティブファンドもパッシブファンドも相当な株数を投資しているため、EVでアクティブファンドがきっかけとなった動きを見分けるのは難しい。しかし、主要な指数の構成銘柄になっていない中型株はかなりのボラティリティーがあることから、パッシブファンドはあまり投資していない。そこで、中型株で大手ファンドの動きを追っていれば、たくさんの利益チャンスが見つかるだろう。

ファンドと市場操作

　ファンドにとってマーケットでトレードするのは難しい。それに比べて、個人投資家には次のようなメリットがある。

- 運用しているのが自分の資金なので、熱心に勉強し、知識を得ようという気になる
- トレンドが始まるまで待ってポジションを仕掛けられる
- 素早く仕掛けたり手仕舞ったりできる

●いくつかの優れたトレードだけに集中できる

　そして、このように厳しい環境にあるファンドならば、彼らはどのようにして利益を上げているのかが当然気になる。これは無邪気な質問ととらえることもできるが、前の項目を学んだあとなら従来型のファンドが許容できるリターンを上げることができていることに疑問を持つはずだ。

　ヘッジファンドがさまざまなマーケットで複雑な金融商品を駆使した特別な戦略を用いていることは、みんな知っている。しかし、従来型のファンドはどのようにして利益を上げているのだろう。トレードで成功しているファンドは、一時的に流動性がない状態を探し当て、そこで利益を上げている。本章の初めで紹介したように、もっともよくあるケースは株価がファンダメンタルズで見た価値よりも下げたのに、多くの投資家は損失が大きすぎて売れない状態に陥っているという場合だろう。

　前述の供給分析は、供給状況の全体像を示してくれる。ただ、私は大手ファンドが流動性のない株を買い集めているとき、操作をしなくても株価を十分安く保つことができるのかどうかをいつも疑問に思っている。ファンドは株価を上げずにマーケットから大量の株を買うことができるのだろうか。言い換えれば、ファンドはマーケットを操作できるのだろうか。彼らが利益を得るためには、マーケットを操作しなければならないのだろうか。これは無邪気な疑問ではない。第1章で見たように、EVシグナルの重要な動きは大きなニュースが公表される前に表れる。つまり、インサイダートレードは例外なく、頻繁に行われているということだ。そこで、私の次の無邪気な（しかし恐ろしい）質問は、株価操作もよく行われているのか、ということだった。

　「はじめに」のなかで、EVの手法を可能にした株価の小数点化について書いた。このとき、私は「小数点化がマーケットの見通しをなく

してしまったことで、一般投資家が株価操作が行われていると考えるようになっても不思議はない」と書いたが、これはどういう意味だろう。

- **マーケットの見通し**　小数点化によって、株価の単位はそれまでの6.25分の1になった。これによって指値注文（買い気配値以下で買うか売り気配値以上で売る）よりも不利だった成り行き注文（買い気配値で売り、売り気配値で買う）は、状況がかなり改善した。そこで、大口プレーヤーは大きな指値注文を出すのをやめ、その代わりに少しずつ成り行き注文を出すようになった。
- **株価操作**　小数点化によって単位が小さくなったことで指値注文を出すメリットが減り、理論的には大手ファンドが成り行きの大きな買い注文のあと成り行きの小さな売り注文を出して株価を押し下げることが可能になった。小数点化の前は、買い気配値に対しても売り気配値に対してもそれぞれ大きな指値注文が出ていて、株価操作は非常に難しかった。

　これまでさまざまな概念を細かく紹介してきたが、そろそろマーケットの見通しと株価操作という大胆な発想についてもう一度考えてみよう。そのためには、本章の冒頭で紹介した変化抵抗について学ぶ必要がある。変化抵抗は株価が特定の方向に動いたときのマーケットの自然な反応と定義され、これを測定するためには、当然ながらまずは株価が変化する必要がある。

　ここで、買いの圧力に対する抵抗を見てみよう。EVは小さな株価変動をもたらした出来高と定義されている。大口プレーヤーが株を買うと、彼らは成り行きで売り注文を出している売り手や、指値注文を出そうとしている（あるいはすでに出した）売り手の抵抗に遭う。私は、成り行きで売り注文を出した人たちをアクティブな売り手、指値で売り注文を出した人たちをパッシブな売り手と呼んでいる。

EVは、プラスとマイナスに分けることができる。マイナスのEVは、アクティブな売りの勢力を測定するが、プラスの勢力はどうすれば測れるのだろう。

　これは、株価に影響を与えなかった出来高である「非EV」で分かる。私はこれをERを使ってダイバージェンス分析（第3章）に挿入した。ERが全出来高に対するEVの変化率を測定するものだということを思い出せば、全出来高にはEVと非EVの両方が含まれていることが分かるだろう。

　しかし、第3章をもう少し思い出すと、通常エフェクティブレシオの水準は全体出来高の2～3％にとどまっている。つまり、買い手と売り手の平衡はかなり危ういということになる。ただ、パッシブなプレーヤーがERとPROCのダイバージェンスに影響を与えることはないのだろうか。

　例えば、もし大口プレーヤーが売り気配値で大量の株を売りに出したとする。これらの株は買い手を待っている状態で、当然ながらこれがすべて買われなければ株価は上昇しない。売り気配値に大量の株があると、小口の売り手が売るには買い気配値しかないため株価は1セント下がる。しかし、もしそこにアクティブな買いがあれば中規模の買い手が売り気配値で買い、中くらいの出来高で株価を1セント上げる。この例では、EVのパターンは上昇しているが、売り気配値にある大量の株が株価の上限を設定しているため、アクティブな買い手がいても株価は横ばいになっている。同じパターンは、大口の売り手が一定の株数を売り気配値で売りに出した場合にも見られる。

　もちろんこれは極端なケースで、私もまだ経験したことはないが測定してみる価値はある。

　出来高と株価を使う従来のテクニカル分析のツールは、通常出来高を価格の動きで加重している。しかし、EVは微小レベルの話なので株価の開き自体は重要ではなく、株価が1分間で変化したことだけを

重視する。この理論は、１万株が動かした株価が１セントでも５セントでも、その重要度は変わらない。つまり、１万株が株価を５セント上げたとしても１セント上げた株よりも５倍強力だったという意味ではなく、単にだれかが買っていることを示しているだけである。

この指標が示唆していることはほかにもある。株価が５セント上昇したのはその１万株が例外的に強かったからではなく、単純に株の供給が１万株での上げを十分相殺できるほどなかったということだ。このことは、静的な変化抵抗を測定する方法について手掛かりをくれる。

実際に株価を上げるのはプラスのラージEVだということはすでに学んだ。例えば、第３章の**表3.6**で見たように、ダーレン・レストランのラージEVはいつも株価を平均４セント変動させていたが、スモールEVは平均で２セントを少し超える程度だった。

つまり、大口プレーヤーの買いの力に対する抵抗を測定するときは、一定期間に株価を１セント上げるために必要なプラスのラージEVの大きさを測る必要がある。もし大口プレーヤーが少ない株数で１セント上げられるなら、パッシブプレーヤーの抵抗は弱まっていることになる。

算出は次のステップに従って行う。

1．任意の分析窓を決める（通常はダイバージェンス分析と同じで、**図4.15**のケースなら3.3日とする）
2．分析窓期間のすべてのプラスのラージEVを合計する
3．分析窓の間にプラスのラージEVが上昇させた金額をすべて合計する
4．ステップ２のプラスのラージEVの合計を、ステップ３の合計で割る
5．分析窓を１分間だけ移動して同じ計算をしたら、**図4.15**の変化抵抗の図にならって結果を図に書き込んでいく

パート1　これまでのテクニカル分析を変えるツールセット

図4.15　テラブスの株価を1セント上げるために必要なプラスのラージEVの平均（100日間、分析窓3.3日）

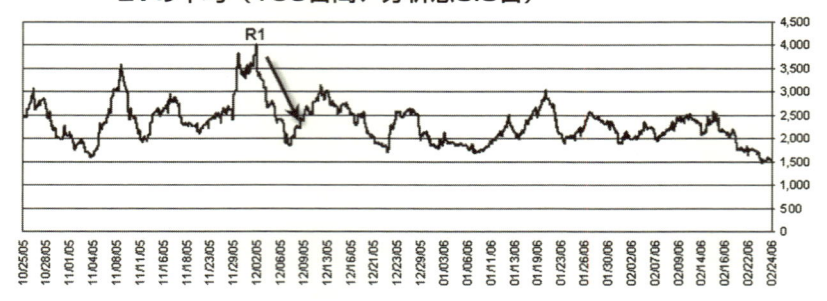

図4.16　テラブスの100日間のラージEVと株価

100日間のラージEV（単位＝1000株）

100日間の株価

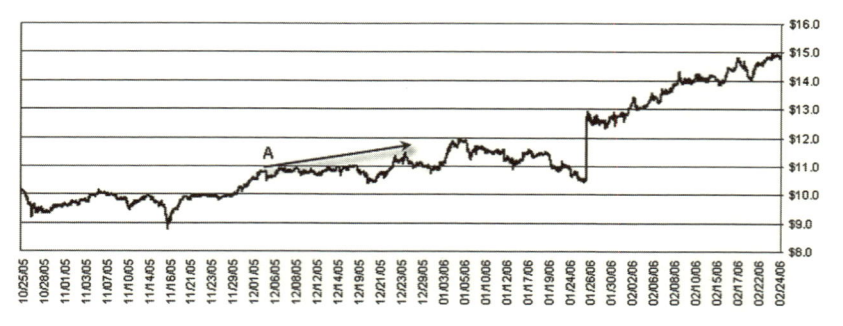

図4.17　テラブスの売りへの抵抗と買いへの抵抗

テラブスの株価を1セント下げるために必要なプラスの
EV（100日間、分析窓3.3日）

――　買いへの抵抗
――　売りへの抵抗

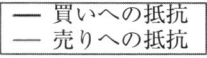

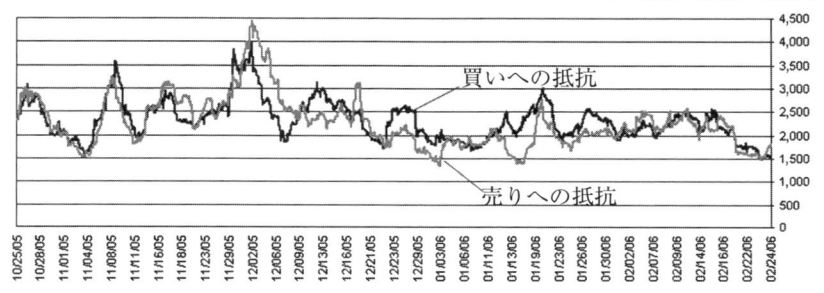

　図4.15は、図4.16（図4.15と同じ100営業日のラージEVフローと株価）と比較する必要がある。

　図4.15をよく見ると、よく分からないパターンがある。大口プレーヤーが買い始めた12月2日周辺（図4.16のポイントA）に強い抵抗（図4.15のR1）があり、そのあと抵抗は徐々に弱まっていくのだ（R1からの下向きの矢印）。これは直感に反する動きで、株価が上がれば（図4.16のポイントAからの上向き矢印）通常はさらに多くのパッシブな売り手が現れて抵抗が増える。それなのに、なぜその反対になっているのだろう。

　これについてはうまく説明できないため、私は大口プレーヤーの売りに対する抵抗も同じように測定し、その結果を大口プレーヤーの買いに対する抵抗と同じ図に書き込んでみた（図4.17）。これは面白い図で、売り圧力への抵抗が同じパターンの買い圧力への抵抗と同じ動きを見せている。しかし、これはすべての常識に反しているため、私はアクティブな抵抗に比べればパッシブな抵抗は無視してよい程度だという結論に至った。

　また、3.3日パターンのプラスのラージEVをマイナスのラージEV

パターンと比べた結果を図4.18aに示してある。ここからは、プラスのEVとマイナスのEVがマーケットを同時に反対方向に動かしていることが分かる。

● 大口の買い手の力が強くなってくれば（プラスのラージEVが上向きの矢印）、大口の売り手も強くなる（マイナスのラージEVが下向きの矢印）
● 大口の買い手の力が弱くなってくれば（プラスのラージEVが下向きの矢印）、大口の売り手も弱くなる（マイナスのラージEVが上向きの矢印）

このことは、実際にはマーケットが非常に効率的だということを表している。大口プレーヤーが株価を何セント上げる程度の株を買えば、別の大口プレーヤーがほぼ同じ株数を売って前の株価まで下げる。ここで、前述の株価の小数点化がマーケットの見通しを殺し、株価操作をしやすくしたことについてコメントしておきたい。

● **マーケットの見通し**　パッシブな売りやパッシブな買いの抵抗線を測定するのが難しいということは、アクティブな抵抗と比較して指値注文はさほど重要ではないということを示している。つまり、気配値相場表はマーケットに影響を及ぼさず、買い手と売り手のバランスの方向性に関する見通しも示してくれない。小数点化は本当に見通しをなくしてしまったようだ。
● **株価操作**　図4.18aと図4.18bからは、プラスとマイナスのラージEVの絶妙なバランスによって株価操作が実質的に不可能だということが分かる。実際、このようなバランスでは少ない株数の買いや売りで株価を上下させることはできず、買い集めや売り抜けの期間に株価をコントロールする良い方法とは言えない。マーケットの

図4.18a　テラブスのプラスとマイナスのラージEV（100日間、分析窓3.3日）

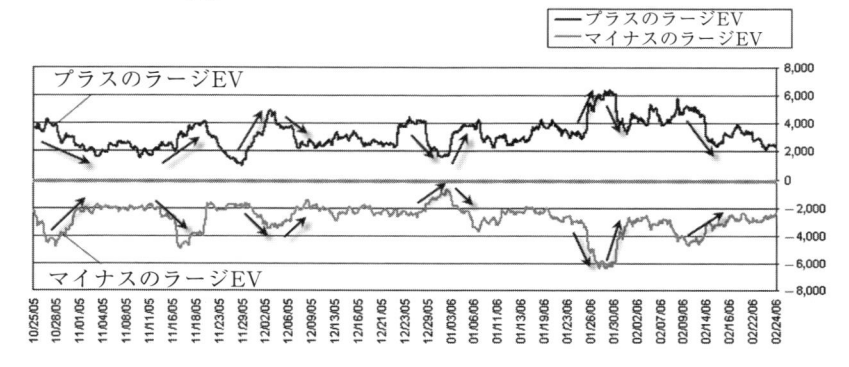

図4.18b　テラブスのラージEVのバランス。横ばいのときはプラスとマイナスのラージEVの絶妙なバランスが流動性の高い銘柄にとって効率的に働き、大規模な株価操作を起こすことはできない（100日間、分析窓3.3日）

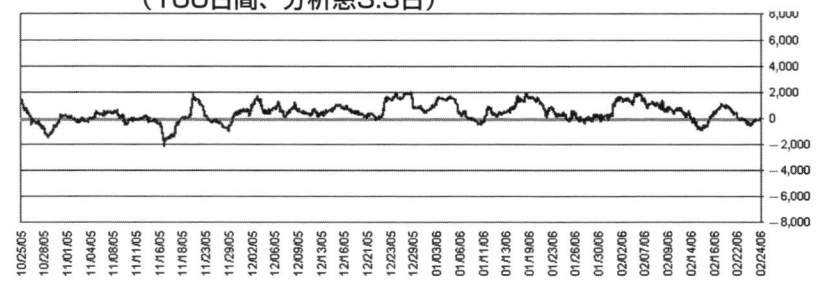

勢力があれば株価操作の可能性はないし、少なくとも出来高の大きい銘柄では無理だろう。このことを数量的に確認するため、私は横ばいになっている数多くの銘柄の1分足データを検出アルゴリズムにかけてみたが、株価操作として説明できる数学的に有意な相違は見つからなかった。

供給分析のまとめ

ここまでで、私が紹介したい概念についてすべて述べた。

- 第1章　エフェクティブボリューム
- 第2章　アクティブバウンダリー
- 第3章　エフェクティブレシオとダイバージェンス分析
- 第4章　供給分析

　本章ではまず、株の供給水準を測定することの重要性とその効果的な測定方法を学んだ。そして次に、ファンドがいかに流動性の低い環境にあり、そのポジションの大きさから利益を上げるのが非常に難しいということを学んだ。また、マーケットが非常に効率的で、ファンドが株価操作をする余地がないことも分かった。

　そこで、次章では個人トレーダーだけでなく、大きなポジションを管理しなければならない従来型のファンドでも利益を上げられる方法を学んでいく。ここまででマーケットの仕組みも、どのツールを使えばその仕組みが見えるかもよく理解できたはずだ。あとは、一貫して利益を上げるためのトレーディングシステムがあればよい。

　パート2では、まず第5章でトレード戦略のリスク・リターン・バランスの測定方法を学ぶ。そして、第6章ではパート1で学んだツールを使ったさまざまなトレード戦略を見ていく。

パート2

トレード戦略

第5章

パフォーマンス――リスク・リターン・バランス

Performance -- The Risk/Return Balance

　本書はこの時点では、まだいくつかのトレーディングのシグナルしか学んでいない。次章でさまざまなトレード戦略を比較する前に、もう一度リスク・リターン・バランスを見ておくべきだろう。このことが明確に理解できていなければ、トレード戦略を比較しても意味がない。こう書くと、「そんなの簡単だ。リターンは期待する儲けで、リスクはいずれ失うかもしれない金額ではないのか」と思っただろうか。

　まったくそのとおりだ。ポートフォリオ・パフォーマンス分析やリスク・リターン・バランスを使った比較について書いた本は多く発行されている。この枠組みのなかで、ファンドを格付けするツールも多数ある（この分野では、フランソワ・サージ・ラビタン著『ヘッジファンド――クワンティタティブ・インサイト』［Hedge Funds : Quantitative Insights］を勧める）。しかし、これらのツールはトレード戦略では使えない。ポートフォリオマネジャーはトレード戦略を使って投資機会を選んでいるからだ。そこで、ポートフォリオのリスク・リターンの格付けは、トレード戦略の効率性と、ポートフォリオマネジャーの銘柄選択のスキルを合わせて行う。第6章では、さまざまなトレード戦略を比較していくが、そのためには何をどう測定するのか理解することが重要となる。

　本章では、トレード戦略をリスクとリターンの面から評価する公式

をいくつか見ていく。このなかには、複雑だったり、必ずしも正しくない仮定を基にしていることで誤解を招きやすくなっていたりするものもある。また、複雑な公式が必ずしも使えるというわけでもない。反対に、複雑な公式がトレーダーの日々の現実を必ずしも反映しているわけではないため、私はもっと単純な方法として、自分のポートフォリオのトレード戦略に年間期待リターン（YER）と月間損失繰越率（MLT）を好んで使っている。YERはトレード戦略のリターンを測定し、MLTはリスクを測定する。

　成功するトレード戦略は、良いパフォーマンスの数字だけでなく、自動トレーディングシステムにも簡単に統合できる。

　株式トレードは、牛の乳搾りに似ていると思う。私は子供時代、学校が休みの時期をおじの農場で過ごしていた。当時、おじは自動搾乳機を買ったばかりで、それを使えばずっと速く搾乳できるのだと教えてくれた。つまり、この器具を使えば一定時間の搾乳量が手で搾る場合よりもずっと多くなる。搾乳の経験があれば分かるが、これは大変な仕事だ。座って牛の側面に頭をつけ、両手で乳頭を１つずつしっかりと握り、少し引っぱりながらやさしく搾っていく。そのうえ、この間ずっと牛に尻尾で頭を叩かれ続けるのだ。システムを使わずに株をトレードするのも、これと同じくらい退屈な作業と言える。

　トレーディングシステムを使ってトレードを仕掛けていくのは、新しい搾乳機を導入するようなものだ。どちらもそのパフォーマンスを評価し、それを最大化するよう工夫する必要がある。農場では自動搾乳機と手で搾る量を比較するように、トレーディングシステムも同じ期間に同じ銘柄をバイ・アンド・ホールド戦略を用いた場合と比較する。さらに、搾乳機の効率を調べるため、泌乳量の多い牛を除いて何頭かずつのグループに分け、手搾りと比較してもよい。株も同様で、いくつかの銘柄を集めてバイ・アンド・ホールド戦略やほかの手法で運用すれば、トレーディングシステムのパフォーマンスが分かる。具

体的な方法は、本章後半で紹介する。「トレーディングシステム」という言葉は通常、トレード戦略を手順どおりに（ほとんど機械的に）処理していくことを意味している。しかし、本当に優れたトレード戦略は機械的なシステムとして客観的に運用できるという考えから、本章と次章ではトレード戦略とトレーディングシステムは同義語的に使っている。

次は、トレーディングシステム特有のリスクについて検証していこう。ポートフォリオのリスクとトレード戦略のリスクを混同してはならないように、株式市場の一般的なリスクとトレード戦略のリスクも混同してはならない。株式市場のリスクはよく知られていて、マーケットのボラティリティー、あるいは暴落が起こる周期を測定すればリスクの度合いは分かる。そして、リスクを下げるためには、さまざまなセクターからさまざまなベータ値の銘柄を選べばよい（ベータ値とは、ウィリアム・シャープ博士が資本資産評価モデルのなかで定義した係数。詳細は省くが、銘柄のボラティリティーを資産クラスのボラティリティーと比較した値で、1を超えていれば市場全体よりもリスクが高いが潜在リターンも高い。逆に、ベータ値が1未満なら市場全体よりもリスクは低いが潜在リターンも低い）。ただ、この銘柄選択の戦略は、トレーディングシステムのリスクの測定とはまったく関係ない。

トレード戦略

まず、トレード戦略の意味と目的という2つの基本的な問題について考えてみよう。

トレード戦略の意味

トレード戦略は、一定の流れに沿って連続してトレードを仕掛けていく手法で、次の4つの要素を含んだ生産ラインのようなものと言える。

1. **原料** 仕掛けを促す売買シグナル
2. **調整パラメーター** 手仕舞う時期をコントロールするためのさまざまな方法。私は、損切りの水準、目標値、時間指定（一定期間が経過したら売る）の3つを設定している
3. **製品** トレード日数に対するリターン
4. **副産物** トレードごとのリスクと一時的なドローダウンの痛み

トレード戦略の目的

トレード戦略の第一目的は、バイ・アンド・ホールド戦略よりも平均リターンが高いトレードを仕掛けていくことにある。

そして2つ目の目的は、さまざまなリスクから資産を守ることにある。

- リスク1は期待リターンに達しないリスク
- リスク2はマーケットリスク。トレード戦略は、マーケットが下げたときに受けると予想される悪影響から資産を守るものでなければならない
- リスク3は熱狂的な喜びや極度の痛みを感じたときに反射的に犯すトレーダーのミス
- リスク4は間違った分析

戦略を用いる

　本章の目的は、トレード戦略が生み出す製品と副産物について学び、調整パラメーターがそれぞれどのような影響を及ぼすかを見ていくことにある。機械がどのように機能するかを理解すれば、次章で最高のトレード戦略を選んでそれを最大限生かすことができる。

　本章で説明するアイデアは、実際の例がないとかなり分かりにくい。そこで、次に紹介するサンプルトレード戦略を使ってできるだけ多くのトレードを仕掛けていくことにする。こうすることで、異なる調整パラメーターがどのような仕組みで、どの程度までサンプル戦略の目的に見合うかを調べることができる。

　この作業には、159銘柄の１分間のデータを使用している。**図5.1**が示すように、大部分のデータはマーケットが２年間にわたる上昇トレンド（**図5.2**）にあった2005～2006年にかかっている。このような時期は、当然ながらどのトレード戦略でも低リスクでプラスのリターンを上げることができる。最後に、159銘柄をパフォーマンス順に並べ、最悪の69銘柄を遅延グループ、最高の97銘柄を飛躍グループ、それぞれのグループからいくつか選んで標準グループという３つのグループを作った（**表5.1**）。ただ、飛躍グループのなかの最悪の７銘柄を遅延グループに入れてあり、これらは遅延グループのなかでは最高の７銘柄になっている。

　注意点を３つ挙げておく。

1. 159銘柄というサンプル数は多く思えるが、この手法を適用するさまざまなマーケットの数千に上る銘柄数と比較すれば少ない
2. 入手できた2001年４月までのデータでは、さまざまなマーケットの状態をテストするのに十分な期間とは言えない
3. 過去の結果が将来の結果を示唆しているわけではない

図5.1 トレード戦略の検証のためのサンプル銘柄の配分

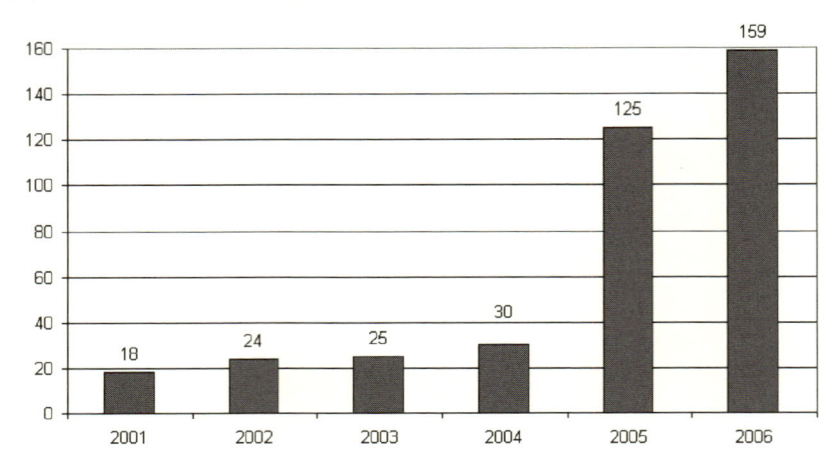

- 2001: 18
- 2002: 24
- 2003: 25
- 2004: 30
- 2005: 125
- 2006: 159

図5.2 過去6年間のS&P500のトレンド

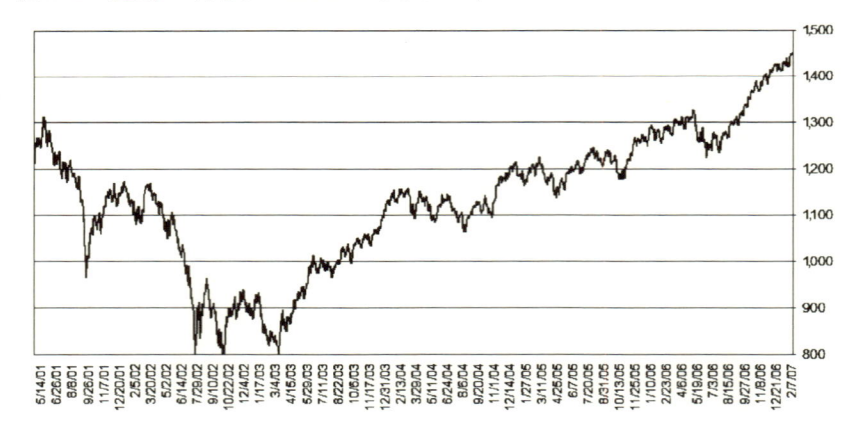

　第6章で紹介するさまざまなトレード手法はさらに多くのサンプルと長い期間で検証すべきだが、ひとまず今回はこの非常に有望な結果を公表することにした。

本章では、標準グループのデータだけを使うが、第6章の最適化の過程では3つのグループを使うことになる。

本章で使うサンプル戦略は、9日移動平均線よりも高ければ買い、調整パラメーターのどれかに該当するまで保有するというものだ。仕掛ける前の株価は9日移動平均線よりも低いため、この戦略の目的は上昇トレンドに早めに乗って、それが長期トレンドに発展することを期待する。この単純な戦略を使う目的は、戦略の一部であるシグナルとは独立した調整パラメーターの効果を確かめることにある。また、本章自体の目的は、異なる調整パラメーター（損切りの水準、時間指定、目標値）の関連性とそれがトレード戦略に与える影響を、リスクとリターンの面から調べることにある。私は、3つの調整パラメーターがトレード戦略とは関連性がなく、むしろマーケットサイクルのほうにかかわっているのではないかと考えている。

利益の最適化

トレード戦略の利益の最適化は、美しくなるための化粧と似ている。化粧は、もともと魅力的な顔立ちをさらに際立たせることはできるが、それだけで素朴な少女を美人コンテストで優勝させることはできない。同様に、利益の最適化も、もともと優秀なトレード戦略にしか意味がない。まずは利益を定義したうえで、それを向上させる方法を考えていこう。

トレード戦略のリターンの測定方法

サンプル戦略のシグナルに従って、**表5.2**の買い注文が出された。サンプルトレード戦略のシグナルに従って買い注文が出され、表の最後の列の売った理由（損切りの水準、時間指定、目標値到達）にした

表5.1　分析に使った銘柄グループ

グループ名	銘柄数	分析日数	銘柄ごとの平均トレード日数
遅延グループ	69	35,023	508
標準グループ	101	41,843	414
飛躍グループ	97	47,584	491

表5.2　トレード戦略に従ったトレード

銘柄	買った日	買値	売った日	売値	売った理由
KG	10/25/2006	$16.94	12/15/2006	$16.31	時間指定
RHT	10/24/2006	$19.42	10/26/2006	$14.83	損切り
BDX	10/20/2006	$72.14	12/26/2006	$70.57	時間指定
CTSH	10/18/2006	$77.41	11/8/2006	$77.12	売りシグナル
UPL	10/10/2006	$49.16	12/18/2006	$48.07	時間指定
HAL	10/6/2006	$27.68	11/15/2006	$33.57	目標値到達
CVO	10/4/2006	$19.02	12/26/2006	$19.85	時間指定
CTSH	9/29/2006	$74.01	10/5/2006	$75.44	売りシグナル
CME	9/27/2006	$479.35	11/17/2006	$534.80	売りシグナル
CDNS	9/26/2006	$16.82	10/26/2006	$17.79	売りシグナル

がって手仕舞っていく。

　トレード戦略のリターンを測定するためだけなら、**表5.2**に十分な情報がある。必要なのは、損益の金額と保有日数だけだ。

　ラルフ・ビンスが書いた『**投資家のためのマネーマネジメント――資産を最大限に増やすオプティマルf**』（パンローリング）という素晴らしい本がある。このなかで、ビンスはカジノやスポーツくじで使われる数学的手法を用いて株式トレーディングシステムを評価している。要するに、トレーディングシステムはプラスかマイナスのリターンを生み出すいくつかの賭け（トレード）と同じということだ。彼は、過去のリターンの流れを分析することでトレーディングシステムの将来のリターンを予想できると言っている。

第5章　パフォーマンス──リスク・リターン・バランス

　われわれの目的は、数学的にプラスリターンを期待できるトレーディングシステムを構築することにある。もしそのシステムを使って1000ドル投資すれば、過去にこのシステムが上げた平均リターンに近いリターンをかなりの確率で期待できるということだ。

　ときには個人投資家もカジノのギャンブラーと同じ状況に陥るが、ギャンブラーの勝率はハウス側に有利であるのに対して、トレーダーの勝率は自らに有利だというところが違う。カジノのギャンブラーとトレーダーの類似点は無限のトレードを好きな金額で賭けられることで、唯一の制限は自分の資産額となる（トレーダーにとってこれは理にかなっている。10億ドルの資産を持つ個人なら、おそらくトレーダーにはならないだろう）。

　そこでビンスは、トレーディングシステムを評価する基準としてトレード数とリターンのみを使ったパフォーマンス比率（PR）と悲観的リターンレシオ（PRR）を定義している。また、最大のPRとPRRを得るためにとるべき最適なリスク額であるオプティマルｆも紹介している。デイトレーダーや短期トレーダーは、ビンスの教えについてよく考えるべきだろう。

　ビンスの公式を使うと、もしトレーディングシステムが平均利益12％の勝ちトレードを50回と平均損失８％の負けトレードを40回仕掛けるとすれば、数学的な期待値は明らかにプラスになる。計算してみよう。

パフォーマンス比率＝［（勝率）×（平均利益）］÷
　　　　　　　　　　［（負率）×（平均損失）］
　　　　　　　　＝［（50÷90）×12％］÷［（40÷90）×８％］
　　　　　　　　＝1.875

　しかし、保有期間が勝ちトレードは平均20日で負けトレードは平均50日なら、このシステムが生み出すプラストレードは1000日で１日の

平均利益は0.6%、負けトレードは2000日で1日の平均損失は0.16%ということになる。

勝ちトレード　50×20＝1000日
1日の利益＝12%÷20日＝0.6%

負けトレード　40×50＝2000日
1日の損失＝8%÷50日＝0.16%

そして次の計算から、この手法は1営業日当たり平均0.0933％のリターンを期待できることになる。

　　［(1000×0.6%)－(2000×0.16%)］÷3000＝0.0933%

1年間で考えると営業日は約250日あるため、統計的に言えばこの手法は0.0933%×250日＝23.33%のリターン（複利は考えない）を上げられることになる。もし暦日を使うなら、365日を掛ければよい。
しかし、先のケースと逆の状況を考えてみよう。もし勝ちトレードの保有期間が50日で、負けトレードは20日だったら、プラストレードは2500営業日（平均利益12%）で、負けトレードが800営業日（平均損失8%）になる。

勝ちトレード　50×50＝2500日
1日の利益＝12%÷50日＝0.24%

負けトレード　40×20＝800日
1日の損失＝8%÷20日＝0.4%

そして次の計算から、この手法は1営業日当たり平均0.08465%の

リターンを期待できることになる。

［(2500×0.24％) － (800×0.4％)］ ÷ 3300 = 0.08465％

　こちらの年間リターンは21.21％で、負けトレードのほうが長かった最初のケースよりもリターンは低くなっている。
　この例からは、パフォーマンス比率が同じ2組のトレードでも、勝ちトレードと負けトレードの日数が違えばパフォーマンスは変わってくるということが分かる。
　ビンスによれば、カジノのパフォーマンスの典型的な評価方法は賭けた回数とリターンのみを使ったパフォーマンス比率だという。しかし、トレード戦略のリターンは瞬時には出ないため、1保有日当たりの平均リターンに評価期間の日数を掛け合わせる。通常、評価期間は1年間なので、この評価基準は年間の期待リターン（YER）と呼ぶことにする。YERは、対象のトレード戦略に100％の期間投資した場合の理想的なリターンと言ってよいだろう。ただ、実際に100％投資するのは難しいため、オプティマルYERの80％が達成できればよしとする。

悲観的リターンレシオ

　ラルフ・ビンスは、悲観的リターンレシオ（PRR）を、トレード戦略の最適化の試行過程を格付けするための理想的な測定方法だと定義している（「投資家のためのマネーマネジメント――資産を最大限に増やすオプティマルf」より）。PRRの定義は、パフォーマンス比率の勝ちトレードから勝ちトレードの平方根を引

き、負けトレードから負けトレードの平方根を足す。このように調整することで、トレード数の多いグループの比重を高くすることができる。

$$PRR = \{[(W-\sqrt{W}) \div T] \times AW\} \div \{[(L+\sqrt{L}) \div T] \times AL\}$$

W＝勝ちトレード（プラストレード）の数
L＝負けトレード（マイナストレード）の数
T＝W＋L＝全トレード数
AW＝勝ちトレードの平均金額
AL＝負けトレードの平均金額

ビンスは、PRRの値が2.0を超えていれば優れたシステムで、2.5を超えれば素晴らしいシステムだと言っている。

PRRは一定数のトレードを評価するための素晴らしい方法だが、トレード期間が考慮されていないため、YERが必要となる。

YER＝［（１トレード当たりの平均利益）÷
　　　　（１トレード当たりの平均日数）］×AD

実際の営業日でトレードの平均日数を計算する場合は、ADは250（１年間の営業日数）とし、暦日で計算するならADは365とする。

YERの値は、各トレードを独立して扱っているため、複利効果は効いていない。しかし、ポートフォリオ内のトレードなら毎日の利益

第5章 パフォーマンス——リスク・リターン・バランス

表5.3 正しい計算によるリターンYER

銘柄	買った日	買値	売った日	売値	売った理由	投資日数	損益
KG	10/25/2006	$16.94	12/15/2006	$16.31	時間指定	51	−3.72%
RHT	10/24/2006	$19.42	10/26/2006	$14.83	損切り	2	−23.64%
BDX	10/20/2006	$72.14	12/26/2006	$70.57	時間指定	67	−2.18%
CTSH	10/18/2006	$77.41	11/8/2006	$77.12	売りシグナル	21	−0.37%
UPL	10/10/2006	$49.16	12/18/2006	$48.07	時間指定	69	−2.22%
HAL	10/6/2006	$27.68	11/15/2006	$33.57	目標値到達	40	21.28%
CVO	10/4/2006	$19.02	12/26/2006	$19.85	時間指定	83	4.36%
CTSH	9/29/2006	$74.01	10/5/2006	$75.44	売りシグナル	6	1.93%
CME	9/27/2006	$479.35	11/17/2006	$534.80	売りシグナル	51	11.57%
CDNS	9/26/2006	$16.82	10/26/2006	$17.79	売りシグナル	30	5.77%
					平均	42	1.28%
						YER	11.11%

表5.4 間違った計算によるYERの1トレード当たりの平均

銘柄	買った日	買値	売った日	売値	売った理由	投資日数	損益	1日の損益	1トレード当たりのYER
KG	10/25/06	$16.94	12/15/06	$16.31	時間指定	51	-3.72%	-0.07%	-26.62%
RHT	10/24/06	$19.42	10/26/06	$14.83	損切り	2	-23.64%	-11.82%	-4,313.47%
BDX	10/20/06	$72.14	12/26/06	$70.57	時間指定	67	-2.18%	-0.03%	-11.86%
CTSH	10/18/06	$77.41	11/8/06	$77.12	売りシグナル	21	-0.37%	-0.02%	-6.51%
UPL	10/10/06	$49.16	12/18/06	$48.07	時間指定	69	-2.22%	-0.03%	-11.73%
HAL	10/6/06	$27.68	11/15/06	$33.57	目標値到達	40	21.28%	0.53%	194.17%
CVO	10/4/06	$19.02	12/26/06	$19.85	時間指定	83	4.36%	0.05%	19.19%
CTSH	9/29/06	$74.01	10/5/06	$75.44	売りシグナル	6	1.93%	0.32%	117.54%
CME	9/27/06	$479.35	11/17/06	$534.80	売りシグナル	51	11.57%	0.23%	82.79%
CDNS	9/26/06	$16.82	10/26/06	$17.79	売りシグナル	30	5.77%	0.19%	70.16%
								平均	-388.63%

の平均対数を使って複利効果を加味することもできる。

　YERの計算結果を**表5.3**にまとめてある。ここでは、トレードごとの利益とその利益を実現するまでの日数を計算したあと、1トレード当たりの平均日数（42日）と平均損益（1.28％）も求めてある。リターンは42日間で1.28％なので、これを365日に換算するとYERは11.11％になる。もちろんこれは2006年9月26日～10月25日に仕掛けたサンプルトレードだが、実際のYERは何百ものトレードを使って計算する。**表5.3**は、実際にはこのトレード戦略が生み出すトレードは平均期間が42日間で、平均利益が1.28％だということを意味している。つまり、これはあまり優れた戦略ではないが、RHTのトレードが2006年10月24日に23.64％もの損失を出したことを考えると、例としては面白い。

　YERの算出は、最初にトレードごとのYERを計算してからそのYERの平均をとる方法もある。**表5.4**はこの方法で算出し、平均YERは－388.63％となった。しかし、この方法は長期のトレードよりも短期のトレードの比重が大きくなるため有効ではない。**表5.4**はRHTが実際には非常に短いトレード（2日間）だったにもかかわらず、ほかのトレードと同じ比重でYERに換算したため－4313.47％となり、全体の平均も－388.63％という異常な値になってしまった。

　次に、このサンプルトレードをさらに現実に近づけるため、1トレード当たりトレード額の0.25％を手数料とスリッページのコストとして加えることにした。1万ドルのトレードならば買ったときと売ったときに25ドルずつかかる。25ドルのうちオンライントレードの平均的な手数料が10ドルで、スリッページが15ドルと考えればなかなか現実的な数字と言えるだろう。例えば、株価が15ドルの株を売り気配値で買おうとして、結局買い気配値よりも0.01ドル高く支払えば（売り気配値に十分な株数がある場合）、1万ドルなら667株買えて、スリッページは0.01ドル×667株＝6.67ドルとなる。もし仮にスリッページに15

表5.5　トレードコストを含めたYERの計算

銘柄	買った日	買値	売った日	売値	売った理由	投資日数	損益	トレードコスト	合計損益
KG	10/25/2006	$16.94	12/15/2006	$16.31	時間指定	51	−3.72%	−0.50%	−4.22%
RHT	10/24/2006	$19.42	10/26/2006	$14.83	損切り	2	−23.64%	−0.50%	−24.14%
BDX	10/20/2006	$72.14	12/26/2006	$70.57	時間指定	67	−2.18%	−0.50%	−2.68%
CTSH	10/18/2006	$77.41	11/8/2006	$77.12	売りシグナル	21	−0.37%	−0.50%	−0.87%
UPL	10/10/2006	$49.16	12/18/2006	$48.07	時間指定	69	−2.22%	−0.50%	−2.72%
HAL	10/6/2006	$27.68	11/15/2006	$33.57	目標値到達	40	21.28%	−0.50%	20.78%
CVO	10/4/2006	$19.02	12/26/2006	$19.85	時間指定	83	4.36%	−0.50%	3.86%
CTSH	9/29/2006	$74.01	10/5/2006	$75.44	売りシグナル	6	1.93%	−0.50%	1.43%
CME	9/27/2006	$479.35	11/17/2006	$534.80	売りシグナル	51	11.57%	−0.50%	11.07%
CDNS	9/26/2006	$16.82	10/26/2006	$17.79	売りシグナル	30	5.77%	−0.50%	5.27%
					平均	42	1.28%		0.78%
								YER	6.77%

表5.6 バイ・アンド・ホールド戦略のリターン

銘柄グループ	年間リターン
遅延グループ	−2.1%
標準グループ	13.6%
飛躍グループ	38.9%

ドルかかったとすれば、買値はさらに高くなる。

売買ごとに0.25％のコストを引くということは、**表5.3**の各行から0.5％引くことになり、その結果は**表5.5**に示してある。

売買シグナルとは関連性のない3つのパラメーター（目標値、損切り、時間指定）がトレード戦略のリターンに与える影響を分析するため、この戦略で**表5.1**の3つの銘柄グループ（遅延グループ、標準グループ、飛躍グループ）を運用してみた。

参考までに、**表5.6**に同じ3つのグループをバイ・アンド・ホールド戦略で運用した結果をまとめてある。バイ・アンド・ホールド戦略は、データが有効な期間の最初の日に買って最後の日に売るということで、**表5.3**のYERと同じ方法でリターンを計算してある。**表5.6**の結果は、あとでサンプル戦略のリターンと比較する。

トレード戦略から最高のリターンを出す方法

素早く利食えば、下落リスクを限定できることはよく知られている。しかし、株価はその後も上昇してさらに大きな利益をもたらす可能性もあり、早く売れば将来の潜在利益は限定されてしまう。

目標値の水準がトレード戦略のリターンに与える影響を分析するため、ほかの2つのパラメーター（損切りと時間指定）を無効にする必要がある。**図5.3**からは、目標値が実質的にYERに影響を及ぼしていないことが分かる。損切りや時間指定を使わず、サンプル戦略で目標

図5.3　標準グループのYER（目標値だけを使い、損切り、時間指定、トレードコストは無視）

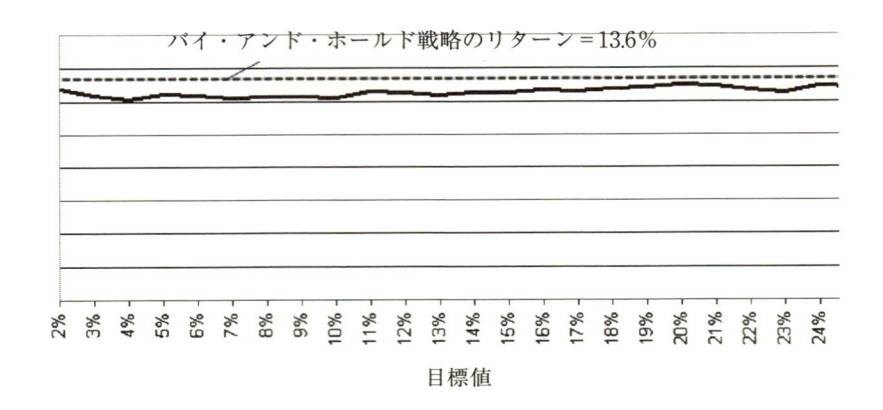

バイ・アンド・ホールド戦略のリターン＝13.6％

目標値

図5.4　図5.3のトレードコストを含むYER（標準グループ、損切りと時間指定は無視）

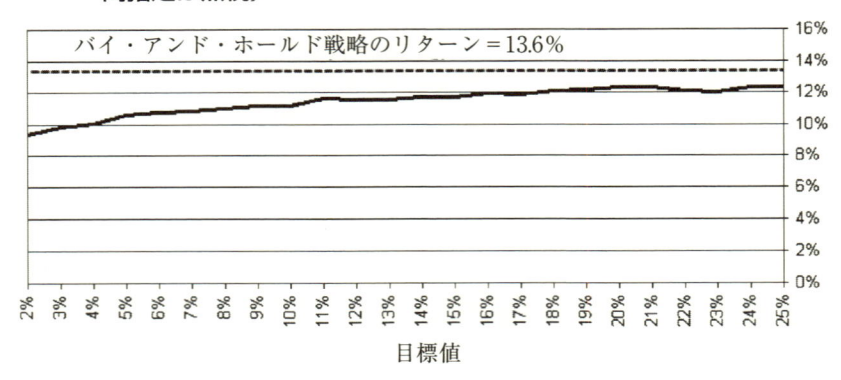

バイ・アンド・ホールド戦略のリターン＝13.6％

目標値

値だけを使ったとき、利回りはバイ・アンド・ホールド戦略とほぼ同じになる。このことは**図5.3**の標準グループだけでなく、ほかのグループにも言える。これは、利食うとその直後にシステムは株価が9日移動平均線よりも上にあることを認識して買いの注文を出すからで、結局バイ・アンド・ホールド戦略とあまり変わらなくなるからだ。

　1回のトレードごとに0.5％のトレードコストを含めると、YERは

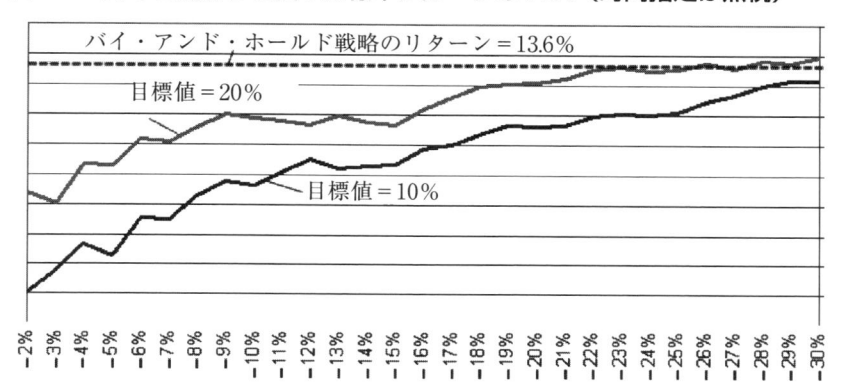

図5.5 異なる損切りを使った標準グループのYER（時間指定は無視）

[図: バイ・アンド・ホールド戦略のリターン＝13.6%、目標値=20%、目標値=10% の曲線。横軸は目標値 −2%〜−30%]

低くなる（**図5.4**）。目標値が下がると仕切る率が上がるため、これは理にかなっている（つまり、目標値が高いときよりも売買の頻度が高くなる）。これ以降、第5章と第6章のすべてのYERの計算には0.5％のトレードコストを含めることにする。

次は、同じトレード戦略に異なる損切りの水準を使って目標値が10％のケースと20％のケースを見ると、面白いデータが得られる（**図5.5**）。ここからは、損切りが近いと利益が減り、特に目標値が低いとその影響が大きいことが分かる。これは、トレード数が多いと売買コストが増えるからだ。ただ、目標値が低ければリターンも低いということは、すべてのトレード戦略に当てはまるわけではない。

この例から、トレード戦略のリターンを分析するとき現実的な売買コストを含めなければならない理由は明らかだと思う。ウエブサイトの銘柄選択サービスなどを使うときは、過去のパフォーマンスに現実的な売買コストが含まれているかどうかを必ず確認してほしい。これらのサイトのなかには、株価が望む方向にすでに0.5％動いてからしか推奨しない「タイムリー」なものさえある。このサービスは、2％

パート2　トレード戦略

図5.6　目標値別の勝ちトレードと負けトレードの数（標準グループ、損切りと時間指定は無視）

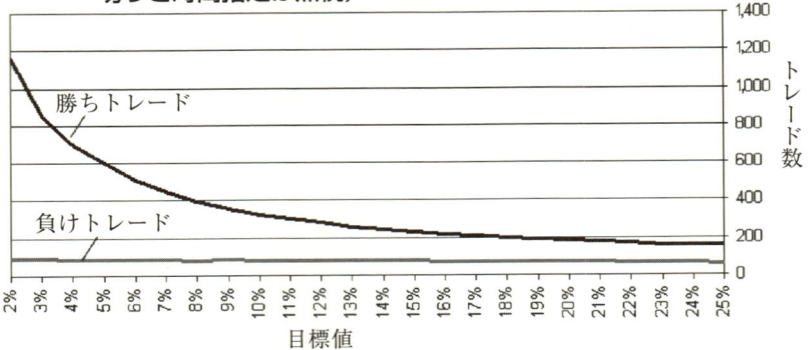

図5.7　損切りの水準別勝ちトレードと負けトレードの数（標準グループ、目標値＝20％、時間指定は無視）

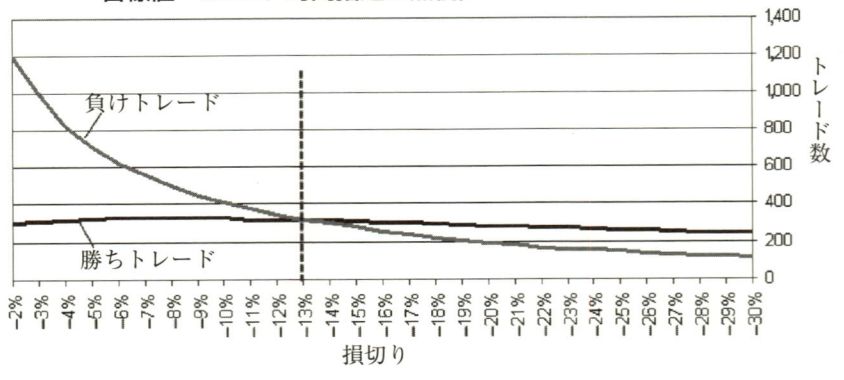

図5.8　損切りの水準別勝ちトレードと負けトレードの数（標準グループ、目標値＝10％、時間指定は無視）

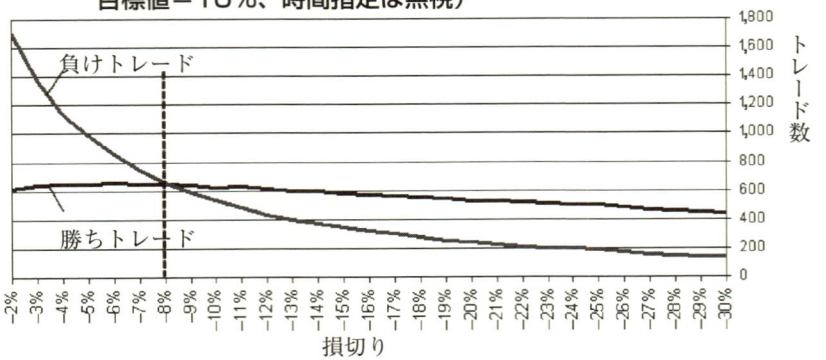

の損切りと5～10％の目標値を使っているのに毎年マーケットを驚くほど上回っているが、このパフォーマンスデータに売買コストが含まれていないことは明らかだろう。

図5.5は、目標値と損切りを別々に分析しても意味がないことを示している。2つは、その組み合わせによってトレード戦略のリターンに影響を及ぼしている。

次は、損切りと目標値によって変化する勝ちトレードと負けトレードの数を示した**図5.6**と**図5.7**を見てほしい。目標値が下がると勝ちトレードの数が増え（**図5.6**）、損切りが近いと負けトレードの数が増える（**図5.7**）ことがはっきりと表れている。また**図5.7**と**図5.8**を比較すると、負けトレードよりも勝ちトレードを多くするための損切りの水準は、目標値によって変わることも分かる。もし**図5.7**のように目標値が20％なら、勝ちトレードを増やすために損切りは比較的遠くに置くべきだろう（13％超）。それに対して、**図5.8**は目標値を10％にすると、損切りを近くしても（8％超）負けトレードよりも勝ちトレードを多くできることが分かる。

しかし、もし損切りを近くして負けトレードが増えても、1トレード当たりの損失額は少なくなる。反対に、もし目標値を低くして勝ちトレードが増えても、1トレード当たりの利益は小さくなる。ラルフ・ビンスなどがトレード数とトレード損益の両方を含んだ悲観的リターンレシオ（PRR）を使ってさまざまなトレード戦略を比較する理由はここにある。

一方、**図5.9**は損切りがどの水準でもPRRが満足な値（2.0以上）にはならないが、**図5.10**は損切りや時間指定がなければ目標値はどこに置いてもPRRは良い値になることを示している。

ただ、現実にはトレード期間も考えなければならない。もし負けトレードを勝ちトレードよりも長く保有していたら、ポートフォリオは負けトレードばかりになってしまう。ポートフォリオの資金は限られ

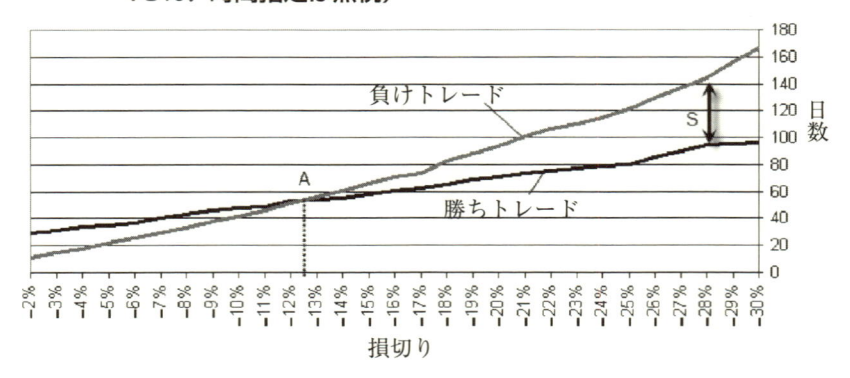

パート2　トレード戦略

図5.9　損切りの水準別PRR（標準グループ、時間指定は無視）

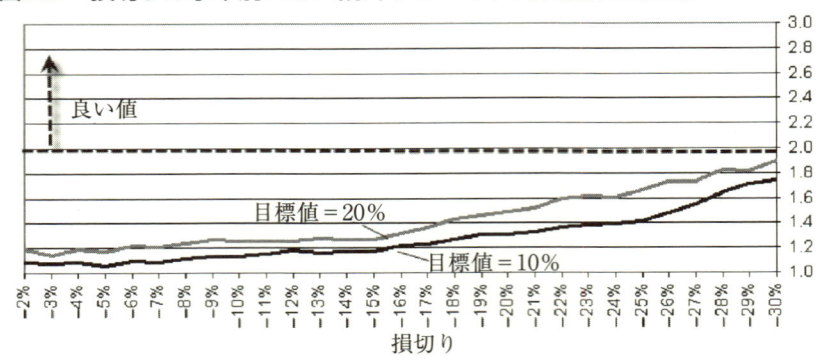

図5.10　目標値別PRR（標準グループ、損切りと時間指定は無視）

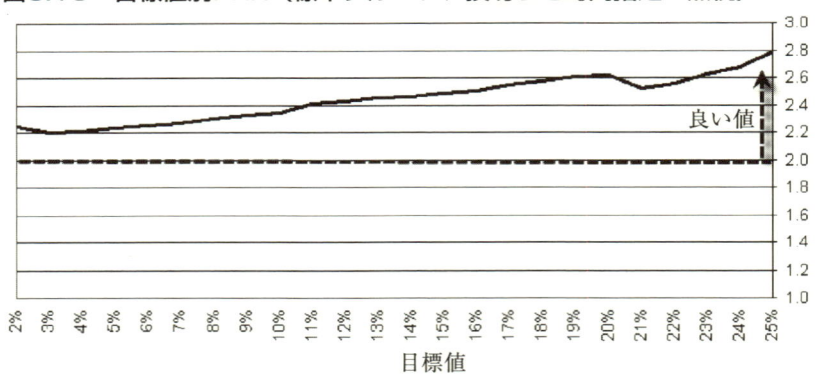

図5.11　損切りの水準別トレードの平均日数（標準グループ、目標値＝10％、時間指定は無視）

図5.12　目標値別の平均トレード期間（標準グループ、損切りと時間指定は無視）

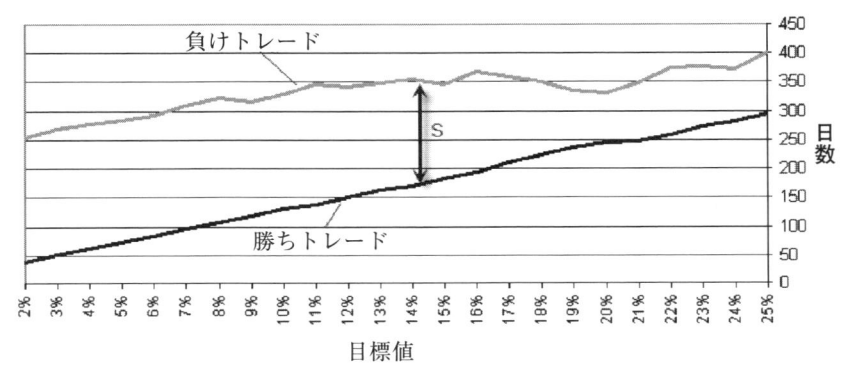

図5.13　損切りの水準別の勝ちトレードと負けトレードの期間の比率（標準グループ、時間指定は無視）

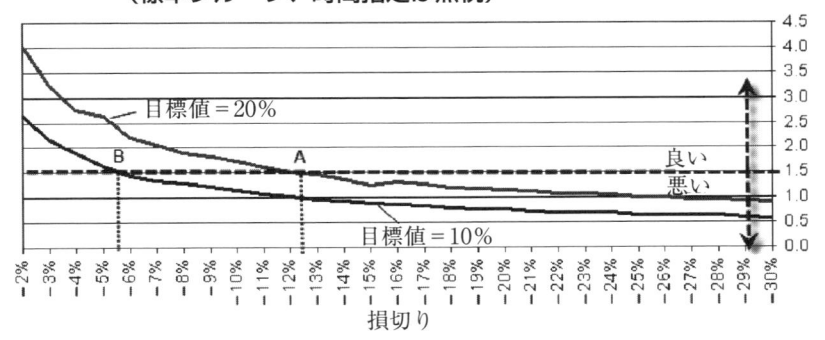

ているため、負けトレードのほうが多い戦略は、勝ちトレードに投資する「機会損失」につながる。そこで、負けトレードを素早く手仕舞えば、ポートフォリオ内の勝ちトレードの割合を増やすことができる。**図5.11**は、ポイントA（12.5％の損切り水準）を超えると負けトレードは勝ちトレードよりも長くなり、直接的にポートフォリオに打撃を与えることを示している。2つの曲線の距離（S）が離れるほど、将来のポートフォリオのダメージは大きくなるのだ。

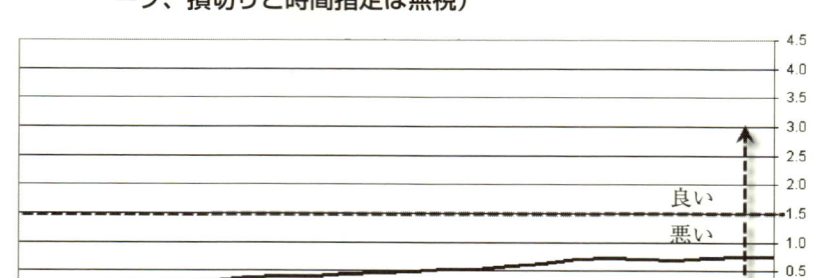

図5.14 目標値別の勝ちトレードと負けトレードの期間の比率（標準グループ、損切りと時間指定は無視）

　また、**図5.12**が示すようにＳの距離がプラス（負けトレードのほうが勝ちトレードより長い）ならば、目標値をどこに置いてもポートフォリオはダメージを受ける。ただし、勝ちトレードの数のほうがはるかに多い場合、このダメージは多少和らぐ。

　一般的に、許容できるトレード戦略は勝ちトレードと負けトレードの期間の比率が1.5以上とされている。勝ちトレードと負けトレードの期間の比率を固定すれば、**図5.13**が示すように、目標値が20％のとき（ポイントＡの12.5％）よりも10％のときのほうが損切りを近く（ポイントＢの5.5％）に置く必要がある。

　ただ、**図5.5**で損切りを5.5％、目標値を10％にすると、悲惨なリターンになったことを思い出してほしい。そこで、このパラメーターは除外すると、高い目標値（20％）と遠い損切りの水準（12.5％）という組み合わせが残る。ちなみに、トレード戦略によっては低い目標値と近い損切りでうまくいくものもある。これは第６章で紹介する。

　図5.14は、時間指定も損切りも使わないで損失を限定しないと、勝ちトレードと負けトレードの期間の比率が下がり、ポートフォリオのリターンはひどい結果になることを示している。

第5章 パフォーマンス——リスク・リターン・バランス

図5.15 時間指定別の標準グループのYER（目標値＝20％、損切りは無視）

バイ・アンド・ホールド戦略のリターン＝13.6％

時間指定の日数

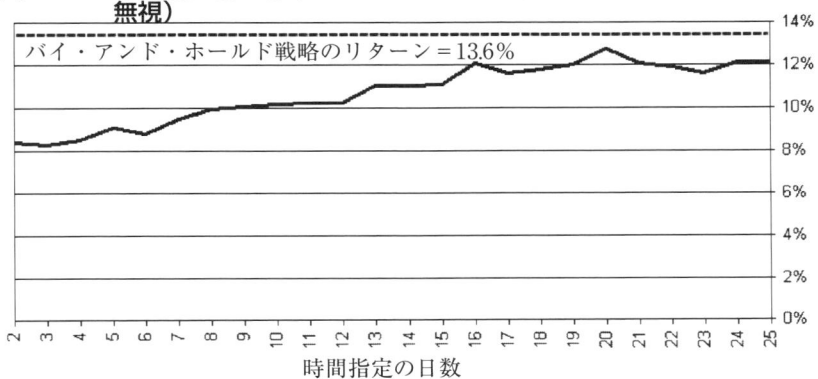

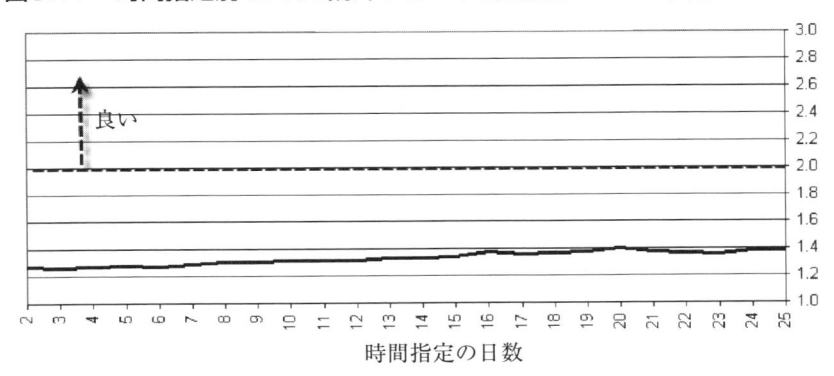

図5.16 時間指定別の勝ちトレードと負けトレードの数（標準グループ、目標値＝20％、損切りは無視）

負けトレード

勝ちトレード

トレード数

時間指定の日数

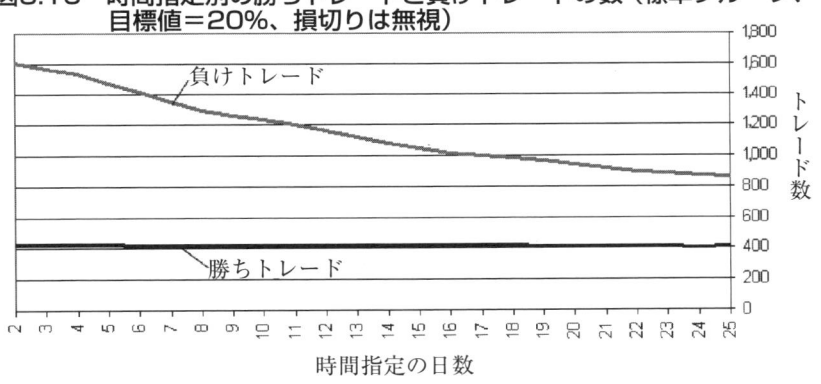

図5.17 時間指定別のPRR（標準グループ、目標値＝20％、損切りは無視）

良い

時間指定の日数

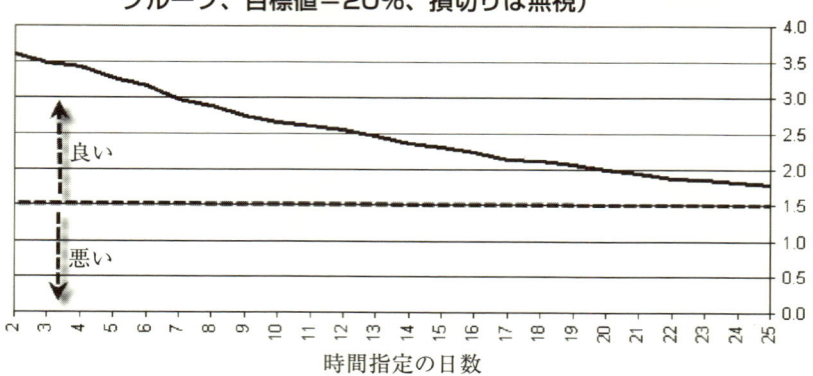

図5.18　時間指定別の勝ちトレードと負けトレードの期間の比率（標準グループ、目標値＝20％、損切りは無視）

それでは時間指定のパラメーターはどうか

　時間指定は、株を買ったあと特定の日数が経過したら成り行き注文を出す場合と似ている。ただ、このパラメーターはトレード戦略の全体的な利益率を上げるものではないし（**図5.15**）、損切りのように負けトレードの数を効率的に減らすものでもない（**図5.16**、**図5.7**）。負けトレードも時間指定に達して初めて手仕舞われる。それまでは損失が積み上がっていくため、PRRは低くなる（**図5.17**）。

　言い換えれば、損切りを置いた場合と比べて時間指定を使うと、勝ちトレードと負けトレードの比率が小さくなる。しかし、勝ちトレードは長く保持され、負けトレードは損失が小さいうちに損切りされるため、時間指定は、勝ちトレードと負けトレードの期間の比率を良くする傾向がある（**図5.18**）。

　この単純な例を使ったトレード論理の実験によって、トレーダーが直面する３つのトレードオフを理解することができる。

1. 損切りと時間指定のパラメーターは失敗トレードに対する保険のような働きをするが、利益率は下がる。特に、損切りが近かったり時間指定の日数が短かったりするときは影響が大きい（**図5.5**と**図5.15**）。
2. しかし損切りを遠くに置くと、勝ちトレードと負けトレードの期間の比率が悪くなり、ポートフォリオに占める負けトレードの数が多くなりすぎる（**図5.13**）。
3. 時間指定は勝ちトレードと負けトレードの期間の比率を良くしてくれるが（**図5.18**）、負けトレードの数が勝ちトレードよりもずっと多くなってしまう（**図5.16**）。

最後に、明らかな点をまとめておこう。

● パラメーターを調整しても、ダメなトレード戦略が勝てる戦略になるわけではない
● 負けトレードに対して保険を掛けたければ、時間指定よりも損切りが適している
● 損切りを置くときは、その水準を目標値によって調整する必要がある（目標値が高ければ、損切りは遠くに置く必要がある）

リスクを最適化する

最高の計画でも失敗することはある。トレーダーは楽観的なので、トレード戦略の欠陥を探し当てて失敗に備えた計画を立てるのはつらい作業だ。まずはリスクを検証してから、トレード戦略を最適なリスク・リターン・バランスに調整する方法を学んでいこう。

トレード戦略のリスクを測定する方法

　先述の4つのリスク（①期待リターンに達しないリスク、②マーケットリスク、③トレーダーの行動リスク、④トレーダーが分析を間違うリスク）のうち、直接測定できるのは①だけで、それ以外は間接的に測定することになる。失敗トレードを仕掛けてしまったとき、（部外者から見ると）損失の原因がマーケットにあるのか、それともトレーダーにあるのかはなかなか分からない。ただ、どちらにしても部外者にとって時間とお金が無駄になったという結果自体は変わらない。
　ただ、②〜④のリスクに関しては、防御策となるパラメーターがある。

- 損切りを置いておくと、②の株価の急落などに対してある程度防御してくれる。損切りの水準はトレーダーの痛みを限定することで、いくつかのポジションで大きな損失が出ているときに下しがちな誤った判断を防いでくれる。
- 目標値を使えば、定期的に利食うことでトレーダーが楽観的な姿勢や熱狂的な感情に支配されるのを避けることができる。
- 分析は一定期間のみ有効なので、時間指定を使えば間違った分析が続くことを回避できる。

　リスク①を測定すると、継続的なリターンというトレード戦略の安定性を見ることができる。これは報酬が一定のベンチマーク以上のリターンの割合になっているファンドマネジャーの場合、重要な要素になり得る。その場合、リスクはリターンがベンチマークからどれだけそれたかで測定することになる。
　平均からの逸脱を測るには、ボラティリティーを測定する標準偏差が使われる。標準偏差は過去のリターンの一貫性を測定するもので、最適化テストに合格したら将来もこの一貫性が続くかもしれない。た

第5章 パフォーマンス——リスク・リターン・バランス

図5.19　1日のリターンがグラフに示した範囲になる確率（サンプル戦略を目標値20％と損切り10％で運用した場合）

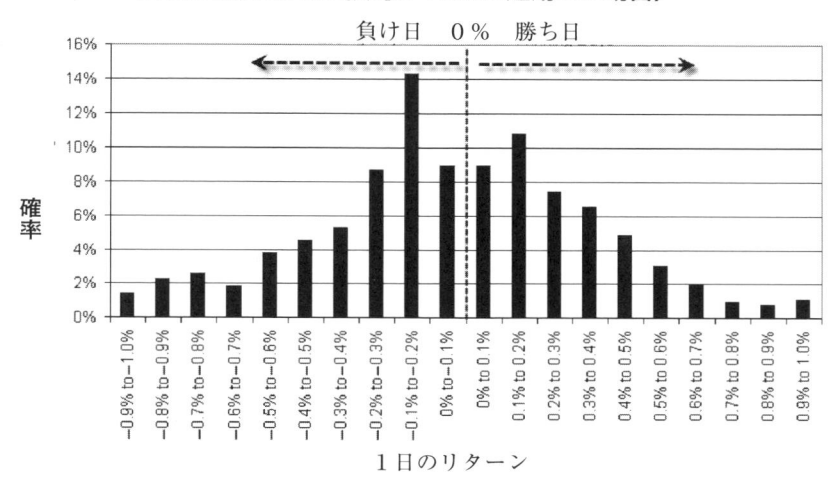

図5.20　1日のリターンがグラフに示した範囲になる確率（優れたトレード戦略を目標値20％と損切り10％で運用した場合）

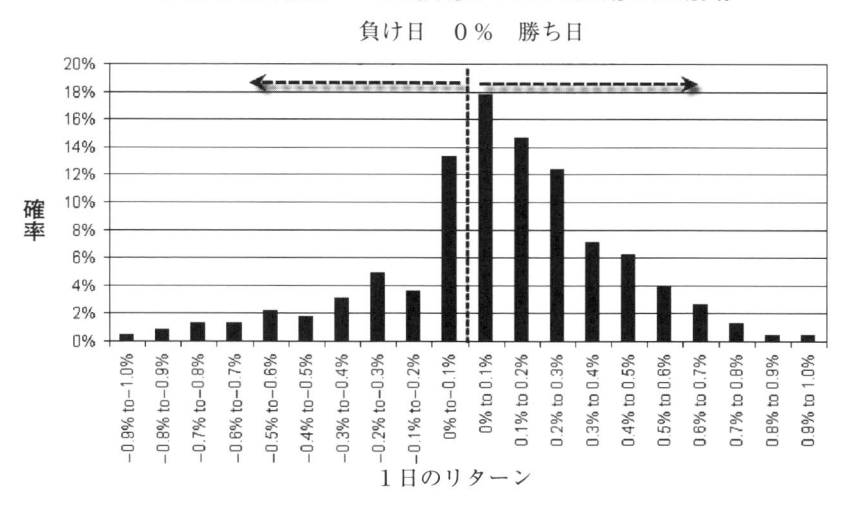

だ、数学的に言えば標準偏差はリターンが左右対称な正規分布のときしか有効ではなく、金融関連データでこのような分布になることはめったにない。単純に正規分布と仮定すると計算は簡単になるが、これが重要な間違いを生んでいることは証明されていないため、広く受け入れられている。

図5.19は、サンプルトレード戦略の日々のリターンを示している。日々のリターンは、トレードごとにリターンをトレード日数で割って算出している。

金融商品のリターンは、その多くがプラスやマイナスに偏っている。例えば、**図5.20**は優れた戦略なので１日のリターンがプラスに偏っている（第６章で紹介する供給・ラージエフェクティブレシオ戦略）。これは分布の重心が０％よりも明らかに右にあるだけでなく、右端が左端よりも高いことが優れた戦略だということを示している。

トレード戦略の安定性を測定するため、搾乳機の例を思い出してほしい。所有する牛を手で搾乳できる量は経験上分かっている。また、乾燥した夏は普通の夏よりも搾乳量が減ることも分かっている。もし搾乳機を使えば乾燥した夏も普通の夏も搾乳量が増えれば満足だし、そうならなければ機器を購入した意味がない。普通でないケースは、搾乳機を使っても手動よりも搾乳量が少ない場合で、これが下方リスクとなる。これは実際のマーケットで起こる通常とみなされるリターン（バイ・アンド・ホールド戦略）よりも少ないリターンのばらつきと同じことだ。

トレード戦略の場合は、１日当たりのリターンと同時に１日当たりの下方リスクも測定する必要がある。

下方リスク

バイ・アンド・ホールドで運用した1日の平均リターンをBHとすると、下方リスクは次の公式で計算できる。

$$1日の下方リスク = \sqrt{\sum_{i=1}^{n}(r_i - BH)^2 / N}$$

r_i ＝BHを下回った1日のリターン
N＝全トレード日数
n＝1日のリターンがBHを下回った日数

トレード戦略の1年間の下方リスクは、1日の下方リスクに1年間の日数（営業日ベースなら250、暦日ベースなら365）の平方根を掛けて算出する。

また牛たちに戻ると、欲しい情報があと2つある。

まず、搾乳機にアレルギー反応を起こして手動よりも搾乳量が少なくなる牛の数が知りたい。

これは下方リスクの頻度と呼ばれる。トレード戦略の場合は、全営業日数に対してバイ・アンド・ホールドよりもリターンが低い日数の割合となる。最適化の過程で、下方リスクの頻度は最小化される。

下方リスクの頻度 = n ÷ N

> ### 下方リスクの平均偏差
>
> 下方リスクの平均偏差は次のように算出する。リターンがBH（バイ・アンド・ホールドのリターン）よりも低かった日について、BHとの差の合計を日数で割る。
>
> $$\text{下方リスクの平均偏差} = \sum_{i=1}^{n}(r_i - BH)/n$$

次に、搾乳機にアレルギーを示す牛は、それがどれくらいひどいのかを知りたい。搾乳機を蹴飛ばして乳を床にぶちまけるほどなのか、それとも手動よりも少し搾りにくい程度なのかといったことだ。これは下方リスクの平均偏差と呼ばれる。

これまで説明した3つのリスク基準（1日の下方リスク、下方リスクの頻度、下方リスクの平均偏差）は次の2つのケースにおいてのみ便利だと私は考えている。

1. さまざまなトレード戦略のリスクを比較するとき、これらの基準を使えば合理的な比較ができる
2. ファンドマネジャーなら、自分のファンドのリスクとリターンの展開をパワーポイントで分かりやすく示すことができる

しかし、それ以外ではあまり使い道がない。まず、これらの基準は下方リスクの頻度以外はかなり抽象的な概念だし、これらの重要性も疑問だ。全トレードのうち40％が目標利益を下回っていると知ることに意味があるのだろうか。本当に重要なのは、マーケットが不利な状況でも自分のトレード戦略が目標利益を達成し、破綻リスクから守ってくれるかどうかなのだ。

第5章　パフォーマンス——リスク・リターン・バランス

表5.7　バイ・アンド・ホールド戦略のリスク・リターン

銘柄グループ	年間リターン	平均最大ドローダウン
遅延グループ	−2.1%	−32.2%
標準グループ	13.6%	−18.2%
飛躍グループ	38.9%	−13.5%

　私がリスク管理により現実的な「平均最大ドローダウン」を使う理由はここにある。特定のトレードの最大ドローダウンは、買ってから売るまでの間に発生する最大の含み損を意味している。例えば、10ドルで買って15ドルで売ったとしても、途中で最も安くなったのが9ドルならば、最大ドローダウンは（10ドル－9ドル）÷10ドル＝10％になる（ピークから谷までを測るポートフォリオの最大ドローダウンの定義とは違う）。平均最大ドローダウンは、特定のトレード戦略を使ったときに耐えなければならない平均的な痛みを物理的に表してくれる。

　表5.7の平均最大ドローダウンの数値は、ある銘柄グループにおいて耐えなければならない1銘柄ごとの一時的な痛みの平均を測定したものだ。

リスク・リターン・バランスの調整

　前述のとおり、リスクにはいくつかの種類があるため調整は難しい。まずは現実的なリスク基準である平均最大ドローダウンが利益水準に与える影響を見てみよう。**図5.21**は目標値が小さいと平均最大ドローダウンも小さくなることを示しており、低い目標値がリスクを限定するように見える。

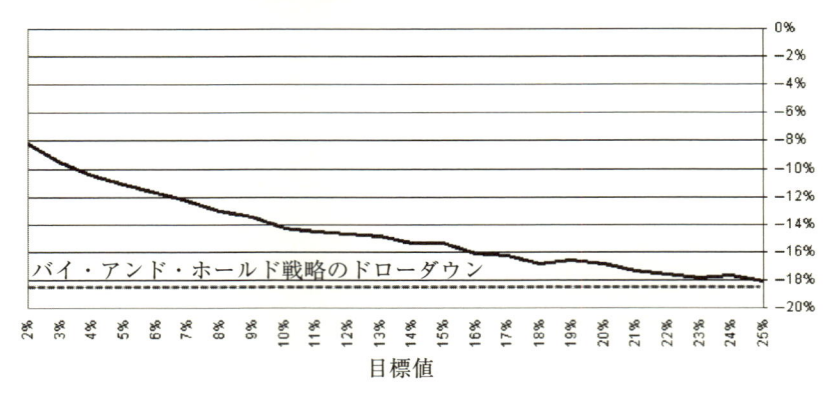

図5.21 目標値別の標準グループの平均最大ドローダウン（標準グループ、損切りと時間指定は無視）

　しかし、実は必ずしもそうではない。目標値が低いとトレード期間が短くなり、その結果、平均最大ドローダウンも限定される。つまり、こうすることでおそらくいくつかの大きなドローダウンの代わりに、小さなドローダウンの数が増えることになる。もしかしたら、これは平均最大ドローダウンがリスク測定方法として完全ではないということなのかもしれない。トレーダーは大きな損失が数回続くか、小さな損失が何度も続けば破綻する。トラに襲われるのとアリの大群に襲われるのとどちらを選ぶかと聞かれれば、どちらでもいいから痛みが少ないほうがいいが、避けられるものならもちろん避けたい。

　図5.22は標準グループをバイ・アンド・ホールド戦略で運用した場合の各ドローダウンが起こる確率を示している。ここからは、非常に急な（50～99％）5％のドローダウンと次に急な（25％～50％）22％のドローダウンは避けるに越したことはない。株式市場では、非常に大きなドローダウンが同時に起こる傾向があるため、平均最大ドロ

図5.22　バイ・アンド・ホールド戦略で各ドローダウンが起こる確率（標準グループ）

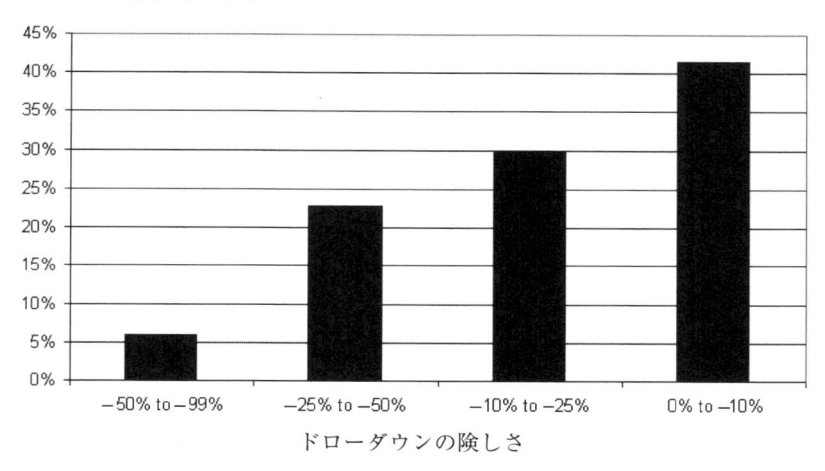

[棒グラフ: 横軸 ドローダウンの険しさ、縦軸 確率
-50% to -99%: 約6%
-25% to -50%: 約22%
-10% to -25%: 約30%
0% to -10%: 約41%]

図5.23　バイ・アンド・ホールド戦略で最大ドローダウンが起こる時期（標準グループ）

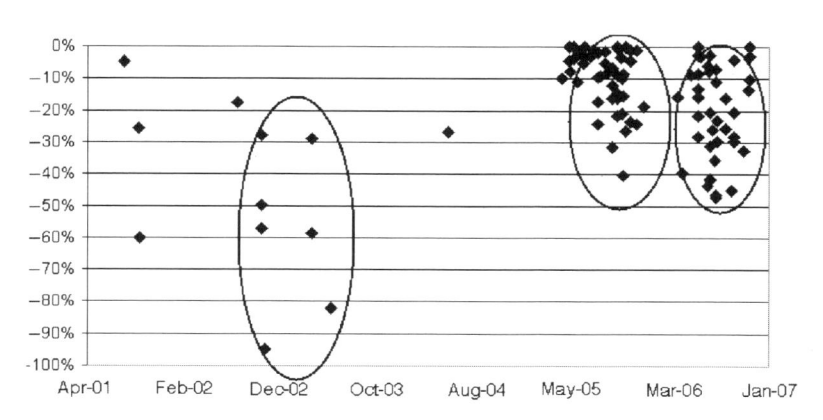

[散布図: 横軸 Apr-01 から Jan-07、縦軸 0% から -100%]

ーダウンは良いリスク基準とは言えない。このことは、**図5.23**にも表れている。株価が調整に入ると、大部分の銘柄は影響を受ける。

　もちろんトラ（いくつかの大きなドローダウンが同時に起こる）も、アリたち（数多くの小さなドローダウンが同時に起こる）も避けたい。

それでは、これらが起こる確率をパラメーター別に測定したらどうなるだろうか。

それにはまず、同時に起こるという意味を定義しておきたい。もし平均保有期間が5日間の短期投資家ならば、「同時」はそれよりも少し長い期間（例えば2週間）となる。また、長期投資家ならばもっと長い分析期間（例えば1四半期）でもよい。本章では1カ月の分析期間を使っているので、ドローダウンも1カ月単位で見ていくことにする。

大きなドローダウンの測定

101銘柄が入った標準グループのなかで、25％以上のドローダウンが同時に起こる割合を調べてみよう。

ちなみに、最大の損失にかかわるリスクを測定するためには、全体の株数に対する大きなドローダウンの割合を調べる必要がある。これは大きなドローダウンが多すぎてポートフォリオ自体の修復が不能になってしまうリスクで、私はこれを「トレード破産」と呼んでいる。

「トレード破産」についてもう少し考えてみよう。私はこれを、資本の50％以上を失ったときと定義している。こうなると、100％の利益を得ないと元の資本に戻れない。そのうえ、もしトレード破産から復活したとしても、13％以上の年間平均利益を10年間続けて、やっと同じ期間に無リスクの米国長期債（5％）で保有した場合と同じリターンになる。トレード破産からの復帰がどれほど大変か分かってもらえただろうか。ちなみに、2006年12月までの10年間で平均的なヘッジファンドの年間リターンは10％を多少超える程度だった。資本の50％を失った人が、次の10年間ずっとヘッジファンドのリターンを上回る可能性はかなり低いと私は思う。復活するのに長い道のりを要するトレード破産は避けるべきだ。

この理論をさらに分かりやすくするため、実践的な例を見てみよう。

第5章　パフォーマンス──リスク・リターン・バランス

図5.24　最大ドローダウンの分布（標準グループ、目標値＝10%）

大きなドローダウン

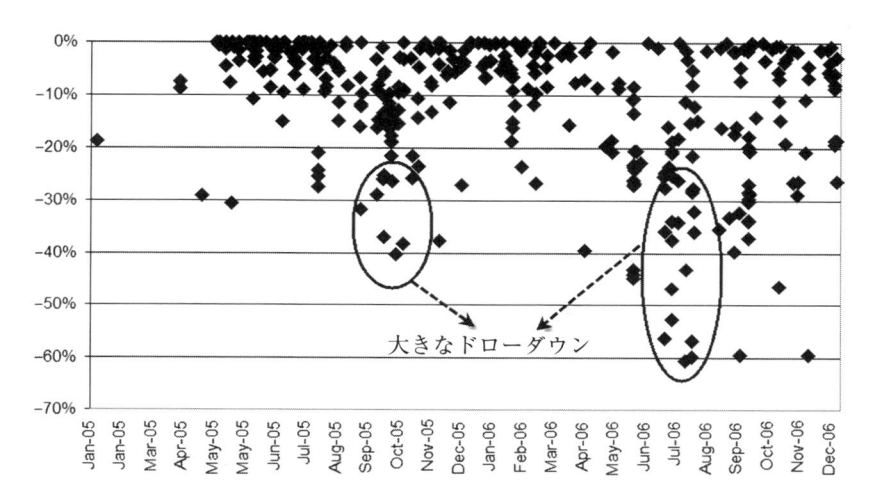

図5.25　25%を超えるドローダウンが起こる割合（目標値＝10%、損切りと時間指定は無視、対象銘柄全体に対する割合）

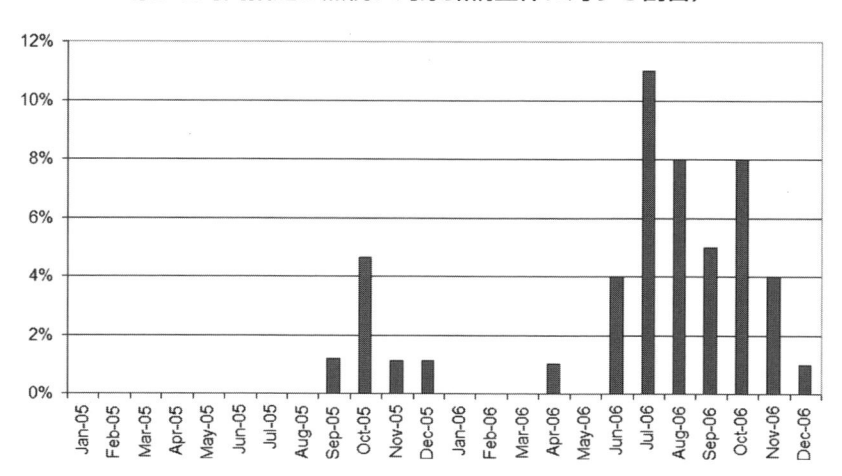

図5.24は、標準グループをサンプル戦略で運用した場合の最大ドローダウンの起こり方を示している。この例では目標値を10％とし、損切りと時間指定は使っていない。ちなみに、今回の分析はデータ量が多い2005〜2006年に限定している。

　図5.25は、大きなドローダウンが起こる割合を示している。悲劇の可能性を知るには、トレード戦略のリスク水準を示す数学的な公式よりも、このチャートのほうが良いと思う。例えば、2006年7月のマーケットの転換期（**図5.2**参照）には、仕掛けていたトレードの11％が25％を超えるドローダウンに陥っていた。これはかなり大きな割合で、このような連続的な損失の発生は損切りを使って避けるべきだろう。

　比較として、同じトレード戦略で損切りを20％と10％にした場合（**図5.26**と**図5.27**）を見てみよう。これらの図は損切り注文を置くことで、トレード破産のリスクを大幅に減らせることを示している。**図5.26**では、20％の損切りが大きなドローダウンが発生する最悪の可能性を11％から4.6％に減らしているし、10％の損切りでも同じ割合が1％（つまり100回に1回）に減っている（**図5.27**）。

　10％や20％の損切りを設定してあるのに25％のドローダウンが発生するのかを疑問に思うかもしれない。これは、例えば悪いニュースなどでギャップが生じる場合などに起こる。ギャップがあると、簡単に損切りの位置を超えたあとに手仕舞うことになるため、損切りを想定していた株価よりも安くなってしまう。

小さい損失の測定

　一時的な小さいドローダウンは測定してもあまり意味がない。これは、たいていの銘柄が買ったあとに小さなドローダウンに陥るからだ。しかし、毎月の全トレードに対する小さな損失（5％）の割合は、ポートフォリオのリターンとかかわってくるため役に立つ。この損失を

図5.26　25%以上のドローダウンが起こる割合（目標値＝10%、損切り＝20%、対象銘柄全体に対する割合）

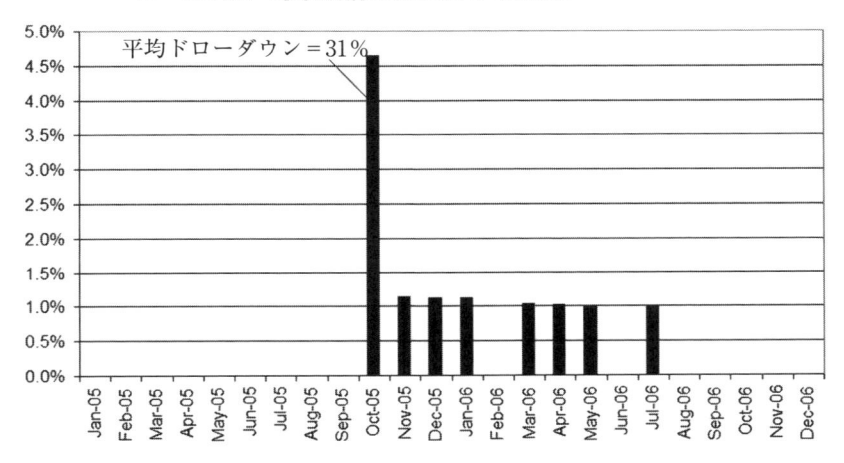

（平均ドローダウン＝31%）

図5.27　25%以上のドローダウンが起こる割合（目標値＝10%、損切り＝10%、対象銘柄全体に対する割合）

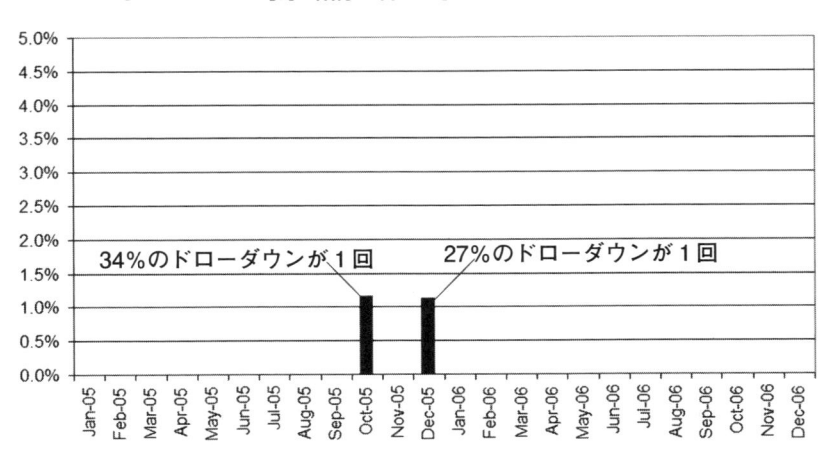

34%のドローダウンが1回　　27%のドローダウンが1回

十分補うだけのリターンを上げるトレード戦略が必要である。

　これは、毎月5％以上の損失の合計をその月のトレード数で割って算出している。損切りを20％に置いた場合、結果は図5.28のようになった。2005年4月には、全トレードの25％が5％以上の損失を出していた。これが大きな損失かどうかは、5％をどれだけ超えたかで変わってくる。もし平均損失額が大きければ、それがポートフォリオに大きな損害を与える確率は25％となる。図5.29は、これらの損失を月ごとに示してある。損失は、たとえ小さくても平均すれば20％を少し超えている。例えば2005年4月を見ると、仕掛けたトレードの25％が20％の損失を出している。この2つの数字を掛け合わせると5％となり、当初この戦略がポートフォリオに与えると予想した損失の水準になっている。実際のポートフォリオ全体の損失は、その月の勝ちトレードによって変わるため、これがそのまま損失となるわけではない。ただこの数字は、思ったほど利益が出なかったときにポートフォリオが被るかもしれない損失額の参考になる。私は、これを月間損失繰越率（MLT）と呼んでいる。

　図5.30からは、平均MLTが1.22％だと分かる。これは、現在のトレード戦略から出た5％以上の損失を合わせると、勝ちトレードが相殺しないかぎりポートフォリオが毎月平均1.22％の損害を受けるということを意味している。つまり、この数字がわれわれの戦う相手となる。

　仮に損切りを20％ではなく10％に変えると、図5.28よりも小さな損失の頻度が上がる（図5.31）。しかし、10％の損切りが損失を小さくしたとしても頻度が高いため、MLTは1.81％に悪化してしまう（図5.33）。これは、損切りが常に優れた防御策だと思っている私にとっては気がかりな結果だった。結局、損切りは大きな損失に対しては良い防御策となるが、マーケットが下げているときに小さな損失が続くことを防ぐことはできないということだろう。

　これまで見てきたとおり、近くに置く損切りはトレードを大きな損

第5章 パフォーマンス——リスク・リターン・バランス

図5.28 5％を超える損失が出る割合（目標値＝10％、損切り＝20％、対象期間のアクティブトレードに対して小さな損失が出る割合）

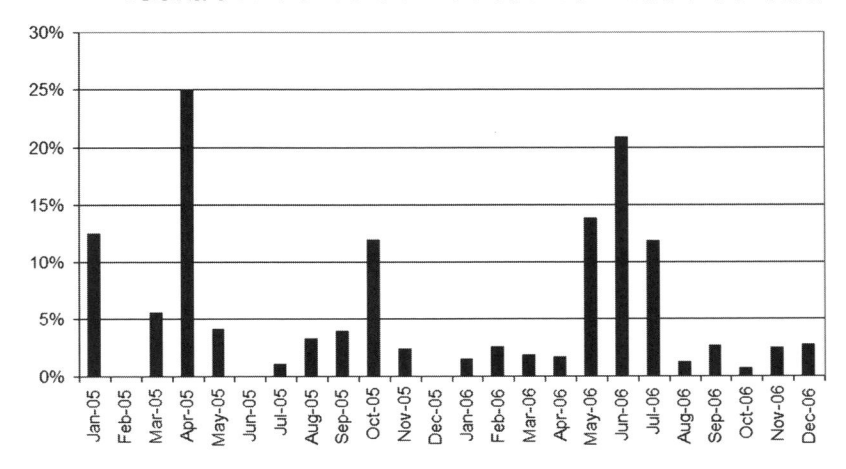

図5.29 5％以上の損失を出したトレードの月別平均損失（目標値＝10％、損切り＝20％）

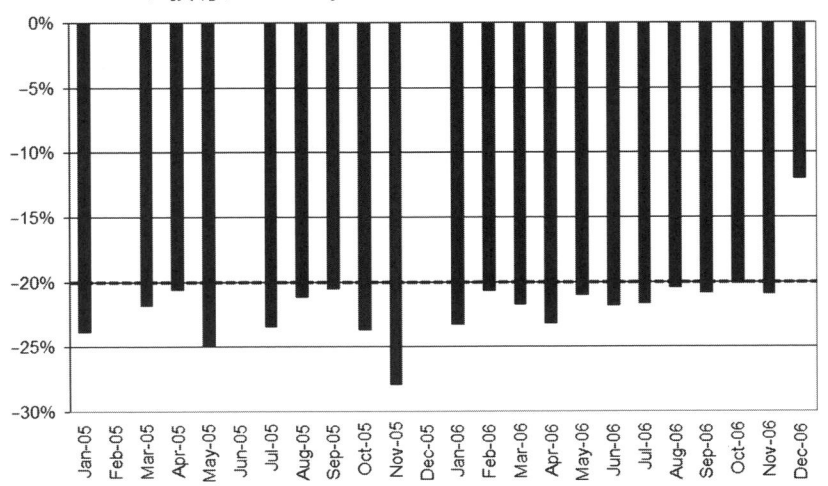

図5.30 損失が５％を超えるトレードのポートフォリオに対する予想MLT（目標値＝10％、損切り＝20％）

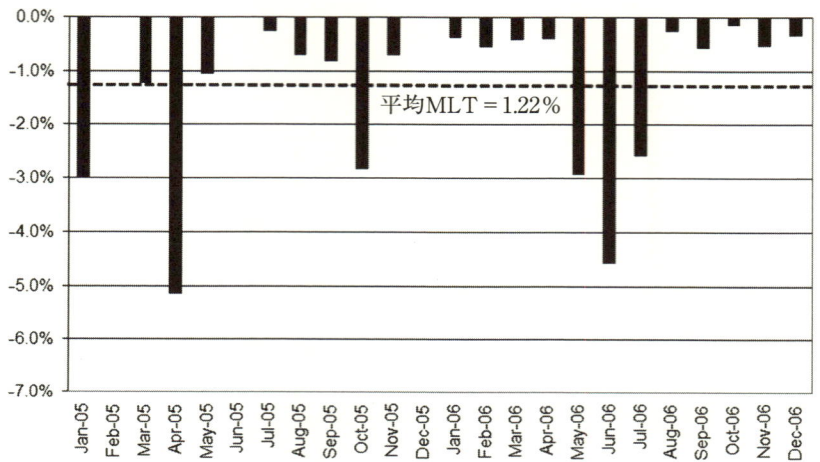

平均MLT ＝ 1.22％

失からは守ってくれるが、小さな損失が続いた場合にはトレード数が増えてしまうことで効率性が失われて利益も減る。このトレードオフの関係を**図5.34**に示してある。私の経験から言えば、MLTが－1.5％を超えると、ポートフォリオにとってはあまり良くない。

参考までに、**図5.35**に損失が25％を超えた場合のMLTも載せてある（損切りと時間指定はなし）。これについての説明は必要ないだろう。

時間指定もMLTの助けになるのか

図5.36が示すように、期待MLTに関しては時間指定のほうが損切りよりも良い結果になった。損切りを使いたければ、**図5.37**のように30日の時間指定と損切りを組み合わせると、期待MLTは良くなる。

第5章 パフォーマンス——リスク・リターン・バランス

図5.31　5％以上の損失が出る割合（目標値＝10％、損切り10％、対象期間のアクティブトレードに対して小さな損失が出る割合）

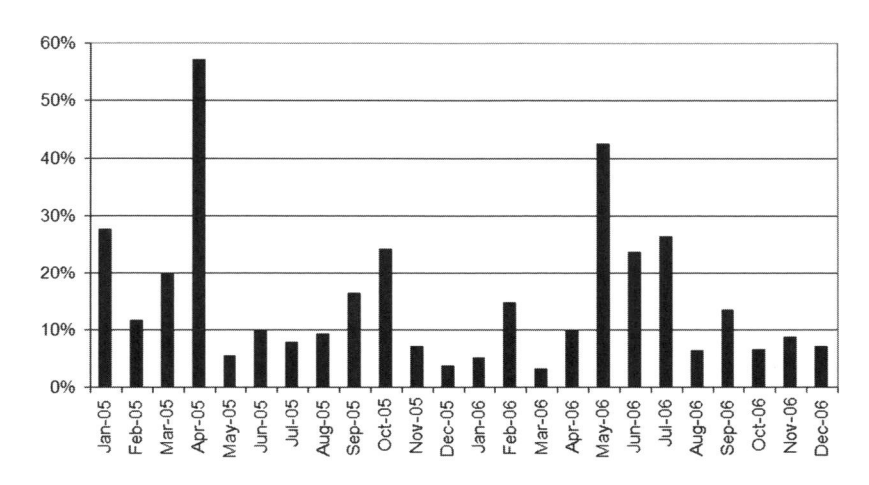

図5.32　5％以上の損失を出したトレードの月別平均損失（目標値＝10％、損切り＝10％）

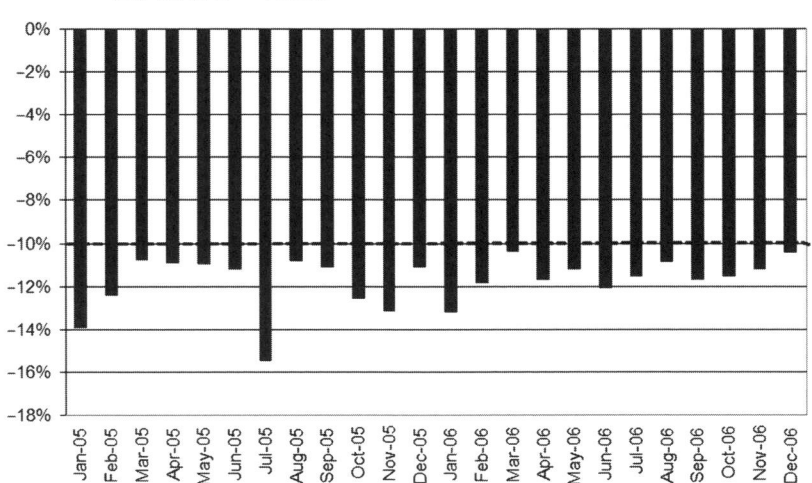

315

図5.33　損失が5％を超えるトレードのポートフォリオに対する予想MLT（目標値＝10％、損切り＝10％）

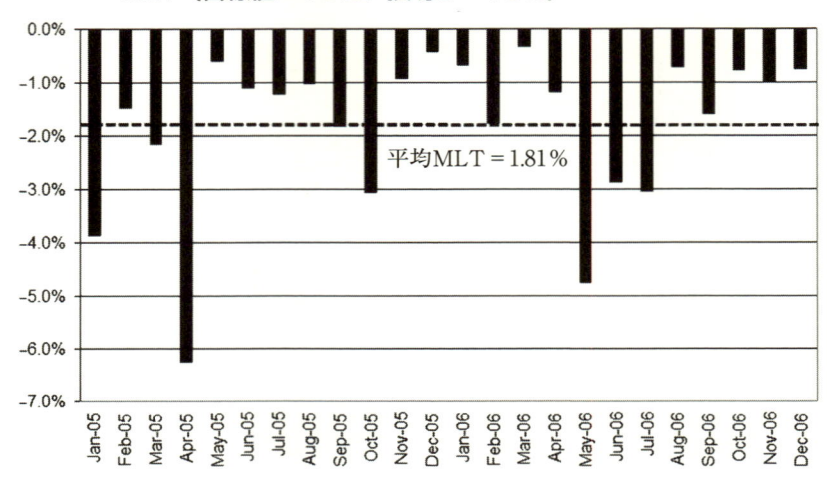

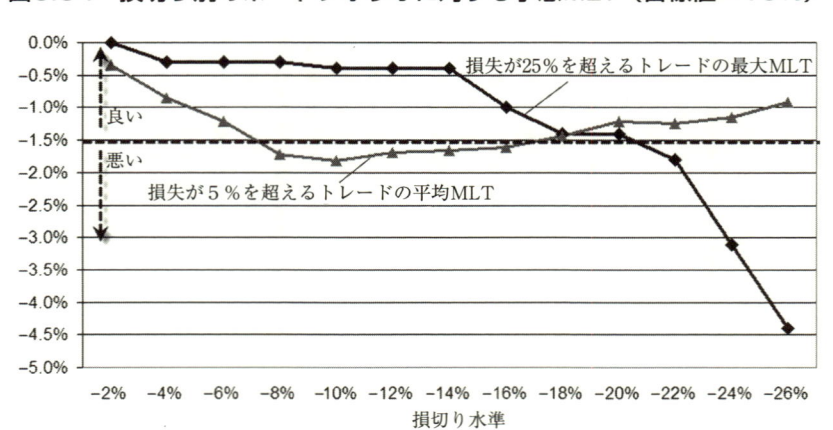

平均MLT＝1.81％

図5.34　損切り別のポートフォリオに対する予想MLT（目標値＝10％）

損失が25％を超えるトレードの最大MLT

良い
悪い

損失が5％を超えるトレードの平均MLT

損切り水準

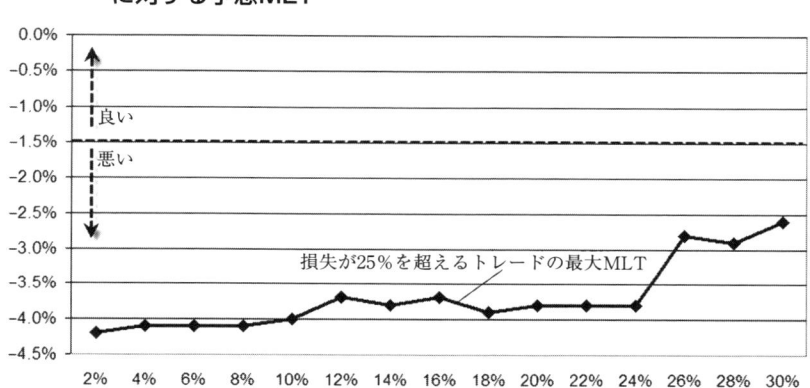

図5.35　損切りと時間指定を使わない場合の目標値別のポートフォリオに対する予想MLT

（グラフ：縦軸 0.0%～-4.5%、横軸 目標値 2%～30%、-1.5%のラインの上が「良い」、下が「悪い」、折れ線は「損失が25%を超えるトレードの最大MLT」）

リスク調整済みパフォーマンスの測定――シャープレシオとバークレシオ

　経済学者のウィリアム・シャープ博士が考案したシャープレシオは、1単位当たりのボラティリティーに対して無リスクの投資を超えるリターンを測定した値で、次のように算出する。

シャープレシオ＝（トレード戦略のリターン－無リスク投資のリターン）÷（トレード戦略の標準偏差）

　シャープレシオが上がると、ポートフォリオのパフォーマンスも上がる。投資情報会社のモーニングスターは、シャープレシオが1を超えれば良いファンドで、2.0を超えていれば素晴らしいファンドだとみなしている。ちなみに、S&P500は過去の大部分において0.4未満だった。シャープレシオはファンドの比較に広く使われていて、単独の

図5.36　時間指定別ポートフォリオに対する期待MLT（目標値＝10%）

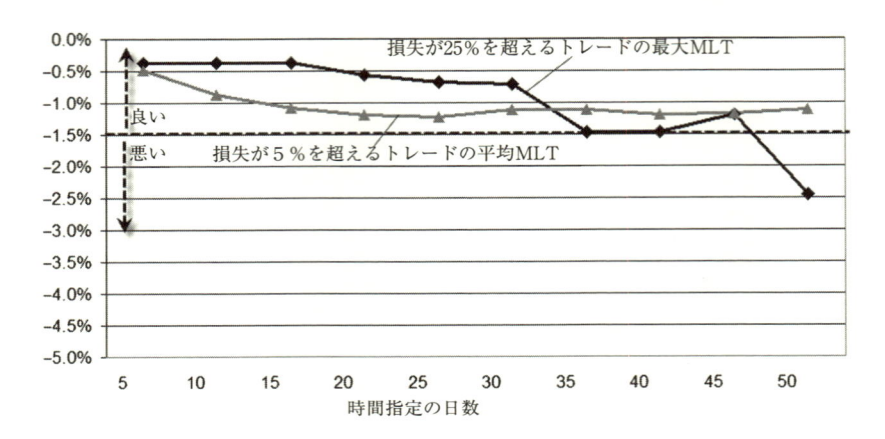

（グラフ：縦軸 -5.0% ～ 0.0%、横軸 時間指定の日数 5～50）
- 損失が25%を超えるトレードの最大MLT
- 損失が5%を超えるトレードの平均MLT
- 良い／悪い（-1.5%を境界）

図5.37　損切り別のポートフォリオに対する期待MLT（目標値＝10%、時間指定＝30日）

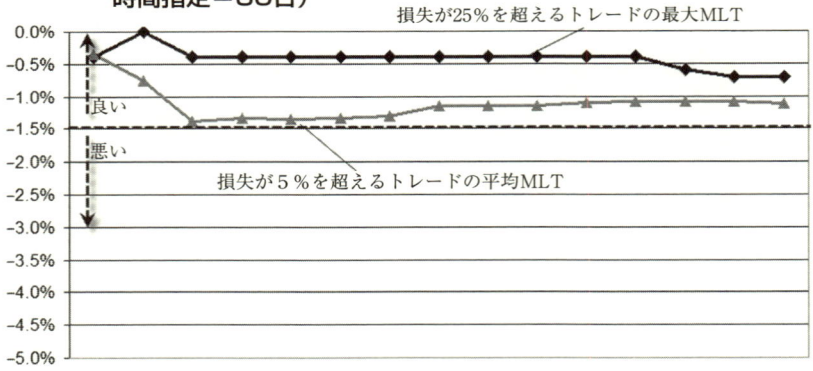

（グラフ：縦軸 -5.0% ～ 0.0%、横軸 損切り水準 -2% ～ -30%）
- 損失が25%を超えるトレードの最大MLT
- 損失が5%を超えるトレードの平均MLT
- 良い／悪い

比較ツールとしては非常に実践的と言える。そこで、次章ではリスク基準としてMLTの代わりにシャープレシオと次に紹介するバークレシオを使っている。

一部の経済学者は、ドローダウンを使ってシャープレシオに似た比率を算出しようと考えた。そのなかから、ギボンズ・バークが考案したバークレシオを紹介しよう。この比率はリスク測定に標準偏差を使う代わりに、すべてのドローダウンの二乗を合計して、その平方根を使っている。こうすると、数多くの小さなドローダウンよりも大きなドローダウンの比重が大きくなる。

バークレシオ＝（トレード戦略のリターン－無リスク投資のリターン）÷日々の下方リスク

$$日々の下方リスク = \sqrt{\sum_{i=1}^{n}（ドローダウン）^2}$$

第6章では、バークレシオを算出するときの無リスクのリターンを5％、ドローダウンは5％を超えるものだけとしている。

もしこの分野に関心があれば、フランソワ・サージ・ラビタン著『ヘッジファンド――クワンティタティブ・インサイツ』を勧める。

まとめ

本章では、自動トレーディングシステムを検証する第6章をよりよく理解するために必要な基礎知識を提供してきた。本章では、サンプルトレード戦略の買いシグナルで仕掛けているが、そのあとのさまざまなパラメーターを使ったトレード管理はシグナルとは関係ないということを理解してほしい（ただし、ラージEVがすぐに手仕舞うことを示唆したらそれに従う）。

トレード戦略レベルでは、リスク・リターン・バランスは次のように測定できる。

- トレード戦略の年間期待リターン（YER）。YERはバイ・アンド・ホールド戦略のリターンを上回るようにする。
- ポートフォリオに対するトレード戦略の月間損失繰越率（MLT）。5％を超える損失と、25％を超える一時的なドローダウン。

　YERとMLTは常識的に理解できるパフォーマンス基準で、これらは数学的な公式よりも優先すべきだと思う。ただ、プログラミングに関しては、シャープレシオとバークレシオのほうがMLTよりも使いやすい。

　そして何よりも、目標値と損切りと時間指定というパラメーターを使って仕掛けたあとのトレードを管理していくことが大事だ。トレーディングシグナルとは関係なく、これまで学んできたさまざまなパラメーターの機能を考えて使っていってほしい。

第6章

自動トレーディングシステム

Automated Trading Systems

　投資家のなかには、投資家自身から判断を奪うという理由で自動トレーディングシステムを嫌う人もいる。私も投資家（つまり自分自身）の力を必要としないシステムや無視するシステムは使いたくない。苦労して稼いだ資金を投資するのだから機械に判断を任せるなんてごめんだし、自分でやればパーティーでうまくいったトレードについて語ることもできる（そういうときは失敗トレードのことは忘れよう）。経験豊富な投資家たちを相手に「株式市場に多額の投資をしているけれど、どこのセクターや銘柄かはまったく知らないなぁ。でもコンピューターがすべてうまくやってくれているからいいんだ。それよりも僕の趣味は釣りで……」などとは語りたくない。

　それならなぜ、ここで自動システムについて書いているのだろう。それは、これがリスクを管理しながら一貫した利益を上げることができる方法だからだ。人間だけでは、長期間利益を上げ続けるトレードはできないが、トレーディングシステムの支えがあれば、それが可能になる。その理由のひとつは、人が感情や過去のトレードの記憶に（良くも悪くも）影響されるからだ。これらの記憶には、いずれ将来の判断に影響を及ぼす感情が含まれている。

　しかし、コンピューターを使えばトレーディングから感情を切り離せることをトレーダーたちは知っている。コンピューターにはそのほ

かにも次のような役に立つことがある。

●手動よりもずっと多くの銘柄をチェックできる
●チャンスを逃さない
●必要なときにはいつでも動ける（利食い、損切りなど）
●上司や配偶者などへの報告義務がない
●バックテストを行って自分のアイデアを最適化できる

　そういうわけで、コンピューターの判断よりも人間の判断を重視する私でも、トレーディングシステムに関する数学的な事実は無視できない。
　第１章～第４章で、価値のある興味深いトレーディングシグナルを生み出す新しいツールをいくつか学んできた。そのなかのひとつであるエフェクティブボリューム（EV）は、従来の手法によるシステムを大いに改善した。このツールは、別のシステムのシグナルの確認に使ったり、短期トレードを長期トレードにしたり、システム間で乗り換えたりするときにも使える。これは、本書でこれまで紹介してきたなかで、最も簡単かつ実践的なツールだと思う。
　本章では、本書前半で紹介したさまざまなツールを組み合わせて効果的なトレード戦略を立てていく。これらの戦略は、個人投資家でもファンドマネジャーでも使うことができる。
　ちなみに、ツールはそれぞれ特定の概念のもとに開発されており、単独でもトレード戦略の原則は満たしている。

●ラージエフェクティブボリューム（ラージEV）は、株価が横ばいでもシグナルが何日間か上昇しているときは、買い集めが行われており、それがまだ株価に表れていないが、買いを示唆している。
●トータルEVのシグナルは、買い集めが行われているときに買うべ

きだということを示唆している（例えば、トータルEVシグナルが20日移動平均線を超えたら買うなどと決める）。これは、供給バランスの平衡に変化が生じ、将来株価が上がることを示している。
- アクティブバウンダリー（AB）シグナルは、下限に達したら買いを、上限に達したら売りを示唆している。上限は平均的な株主がそれ以上の株価の上昇を期待しないポイントであることを示し、下限は平均的な株主が株価の上昇を期待し始めるポイントであることを示している。
- ダイバージェンス分析のシグナルは、ラージエフェクティブレシオ（ラージER）と株価変化率（PROC）の乖離が過去の最大値の平均よりも大きければ買いを示唆している。これは、大きな買い集めのトレンドと株価トレンドに通常とは違うゆがみが生じていることを示している。
- 供給分析のシグナルは5〜7％よりも低ければ、売りたい株主が少ないということで、買いを示唆している。
- 最後に、重要な株価トレンドのシグナルである「トレンドはフレンド」、つまりトレンドには逆らわないということを覚えておく。

　これらのツールから、利益を上げられる自動トレーディングシステムを構築するのは簡単ではない。私自身は毎日このようなシステムを使っているが、現実問題としてこれはすべての個人トレーダーができることではない。そこで、本章は必要な技術や人材が得られるファンドマネジャーを主な対象として想定している。

　毎日さまざまなツールを用いてトレードを続けていくのは大変なことで、1日に300銘柄のシグナルを自動的に計算すると、デュアルプロセッサを搭載した3.2ギガヘルツのパソコンで6時間かかる。標準的なトレーディング用プラットフォームならもっと遅いかもしれないし、もしかしたら数百銘柄分の途中計算を保存できないために毎日

新しいデータを再計算する必要があるかもしれない。つまり、私が紹介したツールも最新のトレーディング用プラットフォームに統合され、プロ用の訓練と技術的なサポートがなければ、個人トレーダーのトレーディングシステムを改善することはできないのかもしれない。今のところ唯一使えるのはEVエクセル・アドオンだけだ（マイクロソフトがエクセル2007の処理スピードを改善すれば使えるが、本書執筆時点では解決していない。それ以前のバージョンなら問題はない）。

しかし、ファンドの多くは必要なコンピューターや技術的なサポートを備えている。その場合は、技術者に頼んでトレーディングシグナルが出るよう設定し、それを自動トレーディング用プラットフォームにつなぐかトレーダーに伝わるようにすればよい。

本章は２つの項目に分かれている。

1. シグナルを出す項目は、いかにトレーディングシステムを点灯させ、相反するシグナルにいかに対処するかを見ていく。ここでは、資金形成の可能性について考える。
2. トレード戦略の項目は、トレーディングシグナルを組み合わせて優れたトレーディングシステムを構築する方法を紹介する。トレーディングシステムは、コンピューターが正確に認識できる一定のトレーディングルールから成っている。ここでは、実際に利益を上げる方法を紹介する。

トレーディングシグナルを出す

現代のトレード用プラットフォームの多くは、警告やトレード自体の規則を自分で設定できるようになっている。いくつかの条件が合えば、インスタントメッセージで警告するようにもできる（例えば出来高が急増したとき）。トレーディングルールを組み合わせて、データ

ベースをスキャンし、最も良いものにシグナルを出すこともできる。これから、第1章～第4章で紹介したツールを使った警告画面と表示画面を紹介する。警告画面は「注意――大口プレーヤーが仕掛けている（または手仕舞っている）けれど、まだ株価には表れていない」というたぐいのもので、表示画面は対象銘柄をチェックして最高のシグナルを選び出すようになっている。

警告画面

　最初の最も基本的なシグナルは、「注意――何かが起こっているぞ」という警告だ。これはいわゆるトレーディングシグナルではなく、単に何か大事なことを見逃さないための注意を促す警告と言える。ここで問題となるのは、「見逃してはならないのは何か」ということだ。
　このようなときは、たとえ目の前で起こっていても、もう少しあとで株価が変わってからしか明らかにならないことに気づかなければならない。テクニカル的に言えば、大口プレーヤーが3日以上続けて株を買い集めているか売り抜けようとしているのに、株価はその反対に向かっているか横ばいという状況だ。ファンドが買い集めを進めていくためには最低3日間が必要となるため、そこに注目していく。
　このことから、次のようなことが分かる。

●株価が横ばいか下降トレンドが終わりかけているときの買い集め
●株価が横ばいか上昇トレンドが終わりかけているときの売り抜け

　もしまだ仕掛けていないのなら、このシグナルはすぐに飛びつかないための警告で、単に株価が近未来に動く可能性があることを教えてくれている。そこで、プラスのEVフローのトレンドが続いている場合は、株価が保ち合いの上限をブレイクしたらすぐに買えばよい。こ

表6.1 株価とEVのダイバージェンスの警告画面

	株価	日付	時間	3日間の株価	3日間のラージEV	ランク	
ANSS	$ 26.01	July 10, 2007	15:59	-3.3%	4.03	7.3%	早期の警告シグナル
KBH	$ 36.13	July 10, 2007	15:59	-4.5%	1.80	6.3%	
IFLO	$ 18.03	July 10, 2007	15:59	2.4%	-3.58	6.0%	
KSS	$ 68.20	July 10, 2007	15:59	-2.8%	3.13	5.9%	
CXW	$ 31.82	July 10, 2007	15:59	-3.6%	1.87	5.5%	
MSM	$ 55.41	July 10, 2007	15:59	-1.1%	4.23	5.3%	
ORCL	$ 19.73	July 10, 2007	15:59	-3.6%	1.57	5.2%	
PCLN	$ 67.50	July 10, 2007	15:59	-2.5%	2.51	5.0%	
CNP	$ 17.35	July 10, 2007	15:59	-1.6%	3.22	4.9%	
AEO	$ 26.40	July 10, 2007	15:59	2.3%	3.19	-0.9%	
EZPW	$ 11.84	July 10, 2007	15:59	-6.1%	-3.44	-2.7%	トレンドの確認シグナル
BOT	$ 219.54	July 10, 2007	15:59	3.0%	11.80	-8.8%	
CROX	$ 48.26	July 10, 2007	15:59	11.1%	1.54	-9.5%	
ISIS	$ 15.65	July 10, 2007	15:59	15.6%	5.02	-10.6%	
FSLR	$ 114.69	July 10, 2007	15:59	20.7%	1.47	-19.3%	
ALNY	$ 23.38	July 10, 2007	15:59	53.2%	31.77	-21.4%	

の勢いはそのまま続く可能性が高い。

しかし、仕掛けてしまったあとで、株価は上昇トレンドにあるのにラージEVが何日間か続けて横ばいに変わってしまったら、買い集めの勢力がなくなったということで手仕舞ったほうがよい。ラージEVは、仕掛けたあとのシグナルとしても注意しておく価値がある（ただ、空売りに関しては第7章で説明するトータルEV分析のほうが適している）。

警告画面の例を**表6.1**に載せてある。右側の3列が最も重要だということは明らかだろう。

- 「3日間の株価」の列は、過去3日間の株価の変化率を示している（3日前の始値から直近の終値まで、グレーの枠はプラス）
- 右から2列目は、過去3日間のラージEVの強さを、ラージEVフローの過去3日間の変化率と15日間の変化率の比率で示している（グレーの枠はプラス）
- 最後の列は、その前の2列をランク付けしたもので、プラスの値な

図6.1　プライスラインの有効な早期警告シグナル

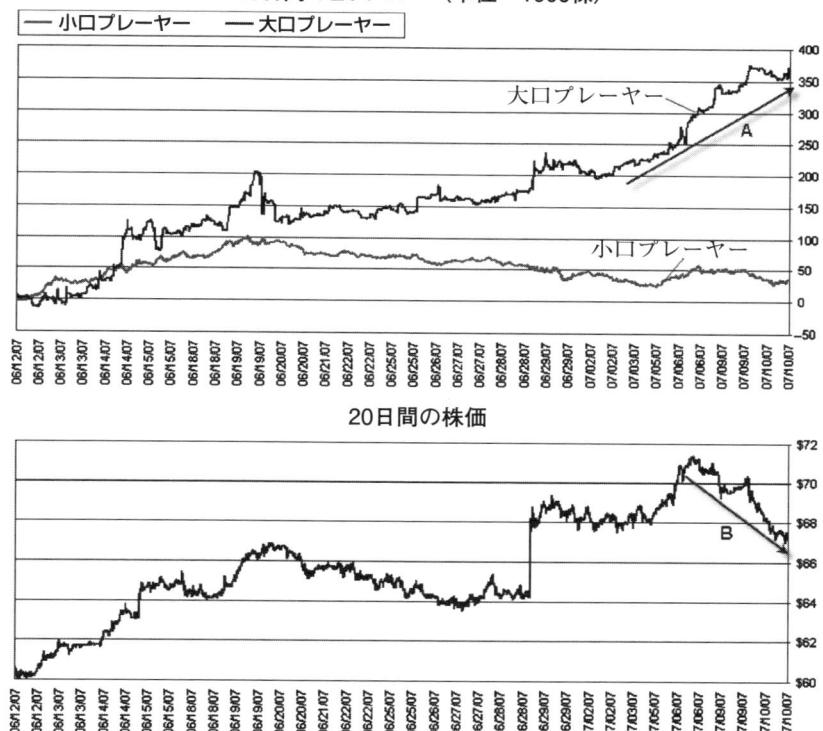

20日間のEVフロー（単位＝1000株）

20日間の株価

らば株価と出来高のトレンドが乖離していることを、マイナスの値ならばトレンドは同じ方向だということを表している

警告画面は、起こりつつあることを知らせてくれる。株価が下落していてもラージEVのトレンドがプラスなら、大手ファンドが買い集めている場合が多く、そうであれば株価トレンドもいずれ上昇する。また、株価が上昇していてもラージEVのトレンドがマイナスなら、大手ファンドが利食っていていずれ株価も下落に転じる可能性が高い。ランクがマイナスになっている**表6.1**の下部は、大口プレーヤ

図6.2　KBホームのダマシの早期警告シグナル

20日間のEVフロー（単位＝1000株）

小口プレーヤー　　大口プレーヤー

20日間の株価

ーの買い集めや売り抜けのトレンドが株価を追いかけていて、トレンドの確認シグナルになっている。毎日、全体の約10％の銘柄が早期の警告シグナルを発し、約25％がトレンド確認シグナルを発する。そして残りの65％はラージEVから意味のある情報は示されていないため、**表6.1**からは外してある（これは株価トレンドの途中や後半でラージEVに買い集めや売り抜けのシグナルが表れない状態にあるとき起こる）。

早期の警告シグナルとして、**図6.1**では大口プレーヤーがプライス

表6.2　表示画面

	期待値	売買のダイバージェンス	ラージER	供給	グローバルシグナル	
ANSS	22%	6%	3%	23%	117.2	↑ 買いトレードに適する
KBH	32%	7%	1%	7%	100.8	
KSS	19%	4%	0%	41%	79.4	
CNP	18%	4%	3%	19%	76.2	
ALNY	-14%	8%	2%	21%	70.0	
ORCL	5%	3%	4%	42%	44.5	
PCLN	4%	5%	6%	69%	41.8	
CXW	-2%	3%	1%	83%	25.3	
FSLR	-2%	-8%	4%	88%	8.9	
EZPW	38%	1%	0%	5%	8.0	
MSM	-6%	1%	3%	93%	4.7	
BOT	4%	2%	6%	64%	4.6	
CROX	-7%	-3%	2%	32%	-23.6	↓ 空売りトレードに適する
ISIS	-32%	-6%	3%	46%	-39.5	
IFLO	-22%	-8%	3%	61%	-86.3	

　ラインの株を下降トレンドBで激しく買い集めているのが分かる。このことは、株価の下落は長く続かないことを示しているのかもしれない（この部分を執筆した2007年7月10日には、1ヵ月後に株価が80ドルまで急騰するとは思っていなかった）。

　反対に、**図6.2**はダマシの早期警告シグナルになっている。KBホームの株価は強い下降トレンドにあったが、大口プレーヤーは買いが勝っていた（矢印B）。しかし、これが近いうちに株価の下降トレンドに終焉をもたらすことを示しているとは言えない。まず、このセクターは投資家の関心を集めていない。次に、矢印Aが矢印Bとほぼ同じ強さで下がっていて（**図6.2**）、大口プレーヤーと小口プレーヤーの動きを合わせるとほぼ中立になる。ラージEVがもっと強くて、株価トレンドが転換しなければ、買うことはできない。

表示画面

自動トレーディングシステムを使ったり作ったりしたくなければ、この表示画面がそれに最も近いものだろう。**表6.2**は、私が使っている表示画面の一部だが、本当の画面は色分けがされていてプラス部分が一目で分かるようになっている。**表6.2**では、グレーのセルがプラスの値を示している。

表示画面の第一の特徴は、その名のとおり自動的に算出されるさまざまな指標にある。例えば、**表6.2**の表示画面には、本書で紹介した4つの指標が表示してある。

1. **期待値** アクティブバウンダリー（AB、第2章）から来る値で、現在の株価で投資した場合の上限までの距離、つまり期待できる上昇幅を示している（**表6.2**で空売りの場合は、下限までの距離、つまり期待できる下落幅）。グレーの枠は上限（空売りの場合）や下限（買いの場合）に近いことを示している。グローバルシグナルのマイナスの値が大きい銘柄は、空売りの候補になる。

2. **売買のダイバージェンス** ダイバージェンス分析（第3章）で算出される数値で、ラージERとPROCのダイバージェンスの割合を示している。グレー枠は、過去の最大値と乖離した値を示している（買いなら過去の最大値の1.5倍を超えた値、売りなら過去の最低値の1.5倍未満）。

3. **ラージER** 大口の売り手と買い手のバランスを分析窓の全出来高と比較した値（第3章）。グレー枠は、過去の最大値の平均から乖離した値を示している（ラージERの過去の最大値の1.5倍を超えた場合）。

4. **供給** この値は供給分析モデル（第4章）で算出した値で、株の供給が一時的に低く、需要が増えるとすぐに株価上昇に転じる状

態を割合で示している。グレー枠は供給水準が10％未満の強いシグナル。

表示画面には、次の2つの役割がある。

1. 銘柄ごとに指数を算出することで、図を分析しなくても、その銘柄の状態を確定できるようにする
2. グローバルシグナルでランク付けすることで、トレード判断を自動化する

　表示画面を使えば、警告画面のシグナルを素早く確認したり却下したりできる。例えば、**図6.2**のKBホームのダマシのシグナルは、この銘柄のラージERが過去の高値よりもはるかに低い1％だったため、すぐに却下した。また、プライスラインのケースでは**図6.1**が有効な警告シグナルを示していても、**表6.2**の期待値を見ると、4％という小さい値上がり幅しかなかった。

　最初の4つの指標で大事なのは数値そのものではなく、参考水準（供給シグナル）や過去の水準（残りの3つのシグナル）と比較して強いシグナルを示すグレー枠だ。つまり、いくつかの指標を組み合わせるトレード手法の場合、最初に参考水準や過去の水準を算出しておく必要がある。

　本書で紹介した指標は、さまざまな株主グループの行動を測定していることを思い出してほしい。

● ABは、アクティブ株主の期待の限度を測定する
● ラージEVは大口プレーヤーの買い集めや売り抜けの状態を測定する
● ダイバージェンス分析は、買い集めがどの程度株価に織り込まれて

いるかを測定する
●供給指数は、株主がどの程度売るつもりになっているのかを測定する

　本書では、基本的に特定の銘柄の株主は少しずつ入れ替わっていくと仮定している。ほかの条件が同じならば株主たちは似たような売買の判断を下すため、6～18カ月前の指標を計算すれば、彼らが過去に下した判断に関する参考資料になる。
　その結果、シグナルを算出するうえで2つの重要な点は以下となる。

1．ある程度の設定時間が必要。このなかには、過去のデータをダウンロードして書式を設定し、過去の水準を算出することが含まれる。もし1銘柄の設定に30分かかるなら1000銘柄で500時間かかるが、その大部分は計算時間が占めている。
2．過去の水準は、最低でも1カ月に一度は新しいデータを組み込んで自動的に再計算させる。観察している銘柄数が多ければ、これ以上の頻度だと負担が大きすぎる。再計算することで、トレーディングシステムを株主の行動の変化に合わせて調整していくことができる。

トレード戦略

　表6.2の一番右の列のグローバルトレーディングシグナルは、最高のトレーディングチャンスを教えてくれる。
　このシグナルがただ指標を数学的に組み合わせただけだと思うのは間違いだ。このシグナルは、①トレード戦略をいくつかのトレーディングルールに置き換える、②トレーダーが重視するルールを加重して、その時点で事前に規定したルールに最も見合う銘柄を示す――ように

なっている。

　それでは、シグナルの値が高いときに買って低いときに売れば利益が出るということだろうか。実は、システムが機能していても必ずしもそうではない。この時点では、トレード戦略が利益を生むかどうか、あるいはどのくらいの利益を生むかということは分からない。それにはさらに、シグナルの強さがどのくらいで、どの時間枠を使うかなどといった最適化をする必要がある。また、買うのは仕事の半分で、そのあと売らなければならない。そして第5章で見たように、売る理由はたくさんある（さらに良い銘柄を買うため、利食うため、損切りするため、投資期間を短縮するため、売りシグナルに従ってなど）。

　短期トレーダーは注意深く仕掛けや手仕舞いのタイミングを選ぶ必要があるが、長期トレーダーの場合は仕掛けの質のほうが重要になる。短期トレーダーの利ザヤは小さいため、うまく手仕舞わないと利益が大幅に減ってしまう。例えば、目標利益が5％でも2％外したら利益は40％も減ってしまう。しかし、例えば20％の利益を目指す長期トレーダーならば、2％外しても、利益は10％しか下がらない。

　言い換えれば、本章で説明するトレード戦略は仕掛けと手仕舞いの両方を管理するが、その主な違いは仕掛けの質にある。もし同じ手仕舞いの戦略を使っても、仕掛けの質が高い戦略ならば結果はずっと良くなる場合もあるし、早めに利食うほうがずっと良い戦略もある。

　さまざまなトレード戦略を紹介する前に、第5章の**表5.6**を思い出してほしい。ここでは3つの銘柄グループを使ってバイ・アンド・ホールド戦略の年間期待リターン（YER）を算出した。これから紹介する戦略は、このときのリターンをベンチマークとして比較していくことにする。

　良い仕掛けができる戦略にはどのような特徴があるのだろう。私の手法も、常識を使って長期的な価値やきっかけとなる変化を探すもので、ほかの手法と条件は変わらない。

このことをEVの項目に置き換えると、次のようになる。

- **長期的な価値を探す** AB（第2章）か供給分析（第4章）で安い株を探す
- **変化のきっかけを探す** ラージEV（第1章）かラージERかダイバージェンス分析（第3章）で大手ファンドが買っていることを確認する
- **常識を使う** 買うときは、長期の株価トレンドが上昇していて短期の株価トレンドが下落していないときを狙う

これらは当たり前のことだし、これらの条件に見合うトレーディングシグナルを使えばだれでも株で儲けられると思うかもしれないが、残念ながらそれは違う。理由は4つある。

1. 安い株がもうそれ以上安くならない理由はない。例えば、弱い上昇トレンドが反転すれば、いとも簡単に強い下降トレンドの始まりに変わる。
2. 大手ファンドも大きく間違うときがある。特に株価が下降トレンドにあるときは、長期的な値上がりを見込んでいる割安株狙いの大口投資家が集まるため、間違いやすい。
3. 株価の新たな傾斜（小さなトレンド）が新たな長期トレンドに発展するかどうかを見極めるのは非常に難しい。
4. 最後に、マーケット全体が不利な展開になることもあるが、それは特定の銘柄のシグナルとは関係ない。

次は、これらの条件に合うトレード戦略を見ていこう。これから紹介するトレードシミュレーションでは、日足データでシグナルを出すが翌日の寄り付きで買うことにしている。また、このときスリッペー

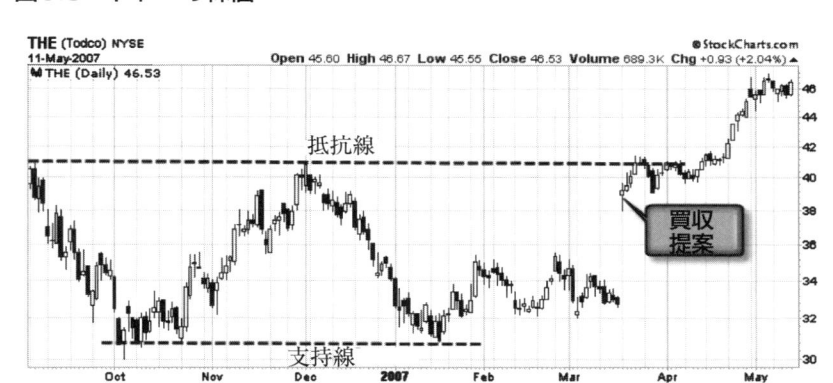

図6.3　トドコの株価

出所＝ストックチャート・ドット・コム

ジを含むコストとして1トレード当たり0.5％（両方向）がかかるものとする。

ABを使ったトレード戦略

　第2章で見たように、ABは株価トレンドをとらえるための優れたツールで、上限と下限はアクティブトレーダーの期待の変化を示してくれる。下限はトレーダーの株価上昇に対する期待が高いことを示すため、株価が上昇に転じる可能性は高い。特に、下限において大口プレーヤーの買いが勝っていれば、その可能性は高い。

　トレード戦略の仕組みを、2007年3月半ばに買収された深海石油掘削会社トドコ・カンパニーの例で見ていこう。トドコの株価の動き（図6.3）はABの範囲（図6.4）に収まっており、株価とほぼ同じスイングになっている。問題は下限にあるポイントAやポイントBで買うべきかどうかだが、2つのポイントまでのEVフローを見ると（図6.5と図6.6）どちらも過去3日間はプラスで、株価トレンドも下がっていなかった。つまり、3つの条件がそろったことになる。

335

パート2　トレード戦略

図6.4　トドコのAB（6000万株）

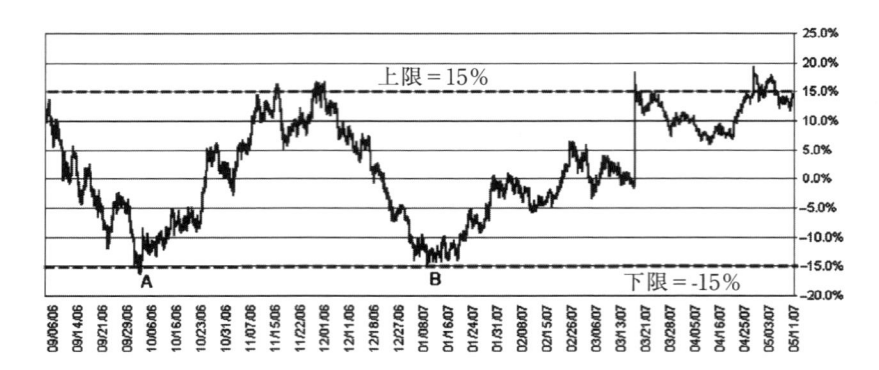

図6.5　ポイントAまでのトドコのEV

20日間のEV（単位＝1000株）

20日間の株価

第6章 自動トレーディングシステム

図6.6 ポイントBまでのトドコのEV

20日間のEV（単位＝1000株）

20日間の株価

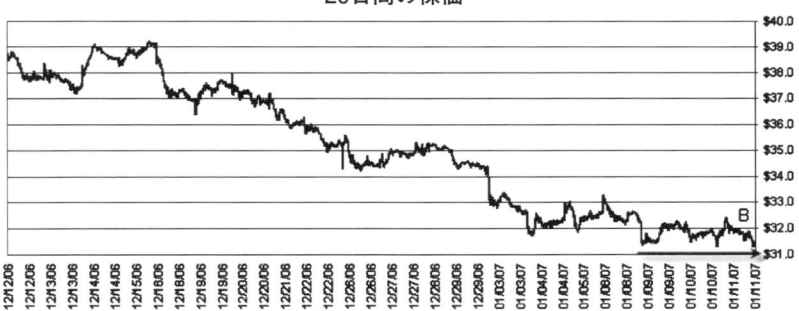

表6.3 ABを使ったトレード戦略のリターン

銘柄グループ	シャープレシオ	YER	バイ・アンド・ホールドのYER	バイ・アンド・ホールドとの差	平均投資期間
遅延グループ	2.00	36.3%	−2.1%	38.4%	10.7%
標準グループ	1.30	21.9%	13.6%	8.3%	16.7%
飛躍グループ	3.14	50.5%	38.9%	11.6%	13.1%

まずはEVのシグナルを使わないでABだけを見ると、次のようなトレーディングルールが作れる。

買い
● ABシグナルが下限に近い
● かつ、株価トレンドが下げていない

売り
● ABシグナルが上限に近い
● または、次の売りのパラメーターのひとつに達したとき──①目標値が20％、②損切りが10％、③時間指定が50日（**図5.13**は、第5章で使ったサンプルトレード戦略を目標値20％、損切り10％、勝ちトレードと負けトレードの期間の比率が1.5超という条件で運用した結果。時間指定を50日とすることで、ABが下限から上限までのスイングを完成する時間が確保できる）

このトレード戦略は株価トレンドの変化を事前にとらえることができるが、ときにはトレンドが有効になるまで待ってから仕掛けるほうが賢明な場合もある。

表6.3は、このトレード戦略が非常に良い結果を出し、バイ・アンド・ホールド戦略を大きく上回ったことを示している。一番右の列は、投資期間と分析期間の比率になっている。優れた投資チャンスを見つけるためには、平均投資日数が短いほどたくさんの銘柄を調べなくてはならない。

改善策1　ラージEVも考慮する
先のトレーディングルールにラージEVのシグナルも加え、3日間ラージEVがプラスだった場合のみ買うことにする。トレーディング

表6.4　ABとEVを使ったトレード戦略のリターン

銘柄グループ	シャープレシオ	YER	バイ・アンド・ホールドのYER	バイ・アンド・ホールドとの差	平均投資期間
遅延グループ	1.29	24.4%	−2.1%	26.5%	5.8%
標準グループ	2.12	31.3%	13.6%	17.7%	8.6%
飛躍グループ	3.16	54.9%	38.9%	16.0%	5.6%

ルールは次のように変わる。

買い
- ABシグナルが下限に近い
- かつ、過去3営業日のラージEVフローがプラスになっている
- かつ、株価トレンドが下げていない

売り
- ABシグナルが上限に近い
- または、次の売りのパラメーターのひとつに達したとき──①目標値が20％、②損切りが10％、③時間指定が50日

表6.4が示すとおり、この改善策によって標準グループと飛躍グループの結果は向上したが、平均投資期間が短くなってしまった。

このトレード戦略は非常にうまくいったが、ABには次の2つの限界があることも覚えておく必要がある。

1．2つの平行線の間の動きでトレンドをとらえるABは、上昇でも下落でもシグナルの動きが似ているため、方向を見間違う場合がある。
2．ABは、トレンドの長期的な変化をとらえるのには適していない。

図6.7 レックスマークの株価

図6.8 レックスマークのAB（1億株）

　たとえラージEVを併用しても、ABが下限に達したとき、シグナルが下抜けるのか反転するのかを見極めるのは難しいことがある。

　これらの点を、印刷機メーカーのレックスマークの例で見てみよう。**図6.7**が示すとおり、株価は2006年の強力な上昇トレンド（A）のあとに、同じくらい強力な下降トレンド（B）が続いている。また、**図6.8**はABがこれらのトレンドをうまくとらえていることを示してい

る。ただし、下限で買って上限で売る戦略は、上昇トレンドでのみ有効で、下降トレンドの場合は上限で空売りして下限で買い戻すという戦略に変わる。**図6.7**なら上昇トレンドAと下降トレンドBは目で見て簡単に分かるが、それをABにした**図6.8**は注意深く見ないと分からない。ただ、人間の目では難しくても、コンピューターならABのトレンドパターンを簡単に見分けることができる。

ちなみに、トレンドの強さは上限と下限の中点で見る。例えば、Aは10％の上昇トレンド（15％ − ［15％ − 5％］ ÷ 2）で、Bは−9.75％の下降トレンド（−6.5％ − ［−6.5％ + 13％］ ÷ 2）となる。

図6.8のポイント1を分析すると、ABの2つ目の限界がよく分かる。ポイント1は、株価が再び上昇するかもしれない下限Aにある。しかし、もしポイント1のラージEVフローが中立かマイナスならば、買い圧力はないという結論に達する。そうなると株価は上がらず、むしろ現在の下落モメンタムに押されてさらに下げると思われる。そして、下げ続けることでトレンドがブレイクされる（**図6.7**のポイント1を見ると、上昇トレンドがすでに脅かされかけていることが分かる）。

しかし、**図6.9**は大口プレーヤーの強い買い集めを示していて（矢印C）、新たな株価の上昇を予感させる。ただ、このときの買い集めは新しいトレンドを始めるほどの強さはなかったため、これはダマシとなった。第3章のダイバージェンス分析で紹介したラージERの概念を思い出してほしい。これは一定期間の出来高に対して大口プレーヤーが買い集めた割合を示す比率で、大口プレーヤーが生み出す売買の波を観察することができる。また、過去のラージERの標準と比較すれば、現在の買いがどのくらい強力かが分かる。そこで、**図6.10**を見ると、2007年1月17日のレックスマークのラージERは過去の平均最大値を大きく下回っている。今回の大口プレーヤーの買い集めはトレンドに影響を与えるには弱すぎたということだ。

図6.9　2007/1/17までの20日間のレックスマークのEV

20日間のEV（単位＝1000株）

大口プレーヤー
小口プレーヤー

20日間の株価

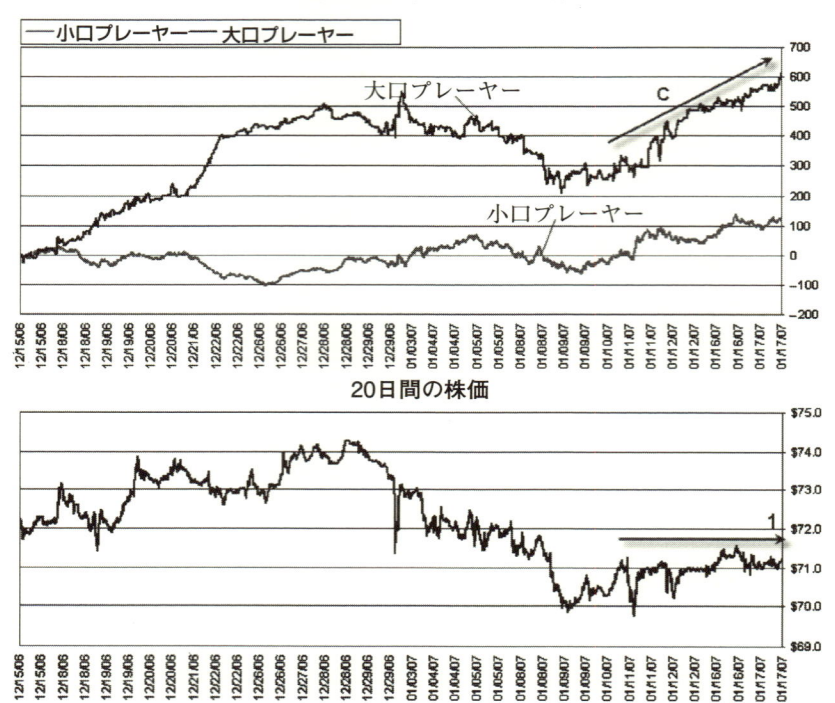

図6.10　2007/1/17までの100日間のレックスマークのラージER
（分析窓6.5日、ギャップ調整済み）

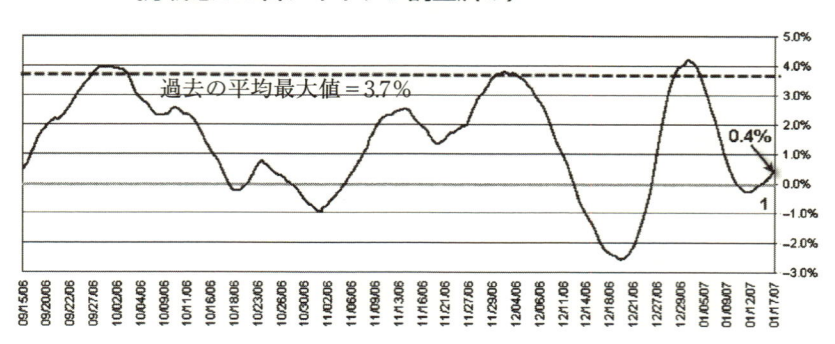

過去の平均最大値＝3.7%

0.4%

表6.5　ABとラージERを使ったトレード戦略のリターン

銘柄グループ	シャープレシオ	YER	バイ・アンド・ホールドのYER	バイ・アンド・ホールドとの差	平均投資期間
遅延グループ	3.89	66.1%	−2.1%	68.2%	2.8%
標準グループ	3.90	52.9%	13.6%	39.3%	4.3%
飛躍グループ	5.10	67.0%	38.9%	28.1%	2.8%

改善策2　ラージERも考慮する

次は、ラージEVの代わりにラージERを考慮するとどうなるかを見てみよう。この変更はラージEVのシグナルのなかでも特に優れたものだけを採用するということで、トレーディングルールは次のように変わる。

買い

- ABシグナルが下限に近い
- かつ、ラージERが過去の最大値よりも大きい
- かつ、株価トレンドが下げていない

売り

- ABシグナルが上限に近い
- または、次の売りのパラメーターのひとつに達したとき──①目標値が20%、②損切りが10%、③時間指定が50日

表6.5が示すように、ラージEVの代わりにラージERを使うことでこの戦略の結果は大幅に改善したが、投資期間はさらに短くなった。

改善策3　株価トレンドの条件を外す

改善策2の欠点は、条件が厳しいことで質は高くなるが投資チャン

表6.6 ABとERを使って株価トレンドの条件を外したトレード戦略のリターン

銘柄グループ	シャープレシオ	YER	バイ・アンド・ホールドのYER	バイ・アンド・ホールドとの差	平均投資期間
遅延グループ	2.44	44.6%	−2.1%	46.8%	3.0%
標準グループ	3.92	57.8%	13.6%	44.2%	5.5%
飛躍グループ	4.77	69.7%	38.9%	30.8%	4.0%

図6.11 ABを使ったトレード戦略に改善を加えて標準グループを運用したYER

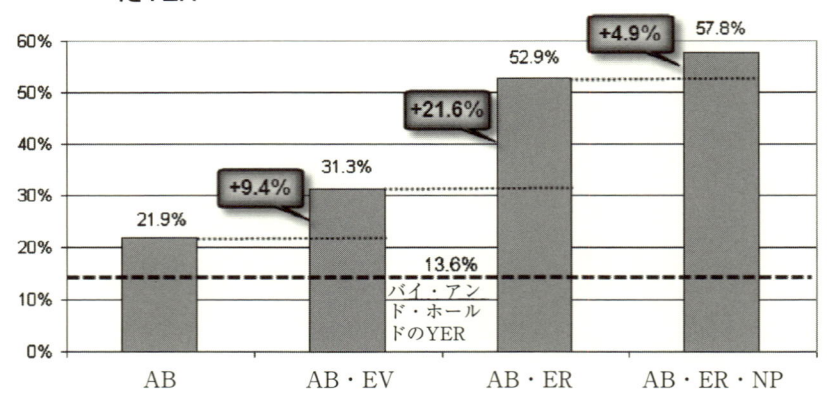

[棒グラフ: AB 21.9%、AB・EV 31.3% (+9.4%)、AB・ER 52.9% (+21.6%)、AB・ER・NP 57.8% (+4.9%)、バイ・アンド・ホールドのYER 13.6%]

スがなかなかないことだった。チャンスの回数を増やすためには、トレーディングルールを多少緩める必要がある。そこで、「短期の株価トレンドが下げていない」という条件を外してみるとどうなるだろう。もちろん、下降トレンドが終わって反転してから買ったほうが安全だが、ABが株価が安いことを示し、ラージERが大規模な買い集めが行われていることを示していれば、株価が短期的には下げていたとしても、近いうちにトレンドは上昇に転じる可能性は高い。株価トレンドの条件を外せばシグナルがさらに早く出るようになるため、買い集める時間も長くなる。ポジションを積み上げるための時間がかかるとい

図6.12　ABを使ったトレード戦略に改善を加えて標準グループを運用した場合の1トレード当たりの平均ドローダウン

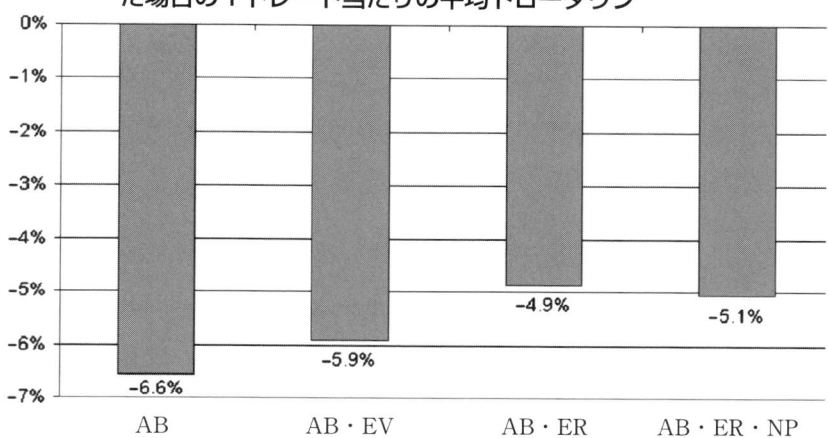

AB	-6.6%
AB・EV	-5.9%
AB・ER	-4.9%
AB・ER・NP	-5.1%

図6.13　ABを使ったトレード戦略に改善を加えて標準グループを運用した場合の小さな損失（5%以上）によるMLT

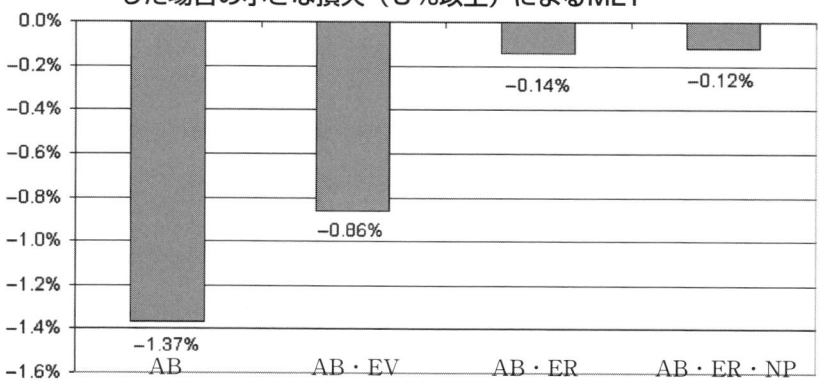

AB	-1.37%
AB・EV	-0.86%
AB・ER	-0.14%
AB・ER・NP	-0.12%

うファンドの特性によって、株価の条件を外すほうがリターンが上がるという興味深い結果となった。

パート2　トレード戦略

図6.14　ABを使ったトレード戦略に改善を加えて標準グループを運用した場合のシャープレシオ

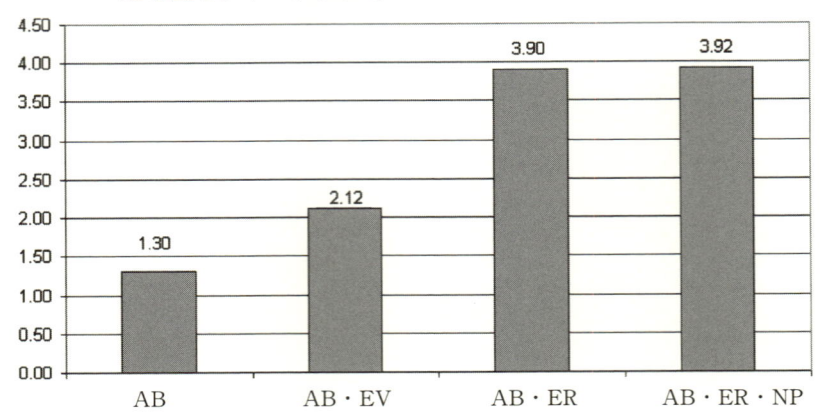

	AB	AB・EV	AB・ER	AB・ER・NP
値	1.30	2.12	3.90	3.92

図6.15　ABを使ったトレード戦略に改善を加えて標準グループを運用した場合のバークレシオ

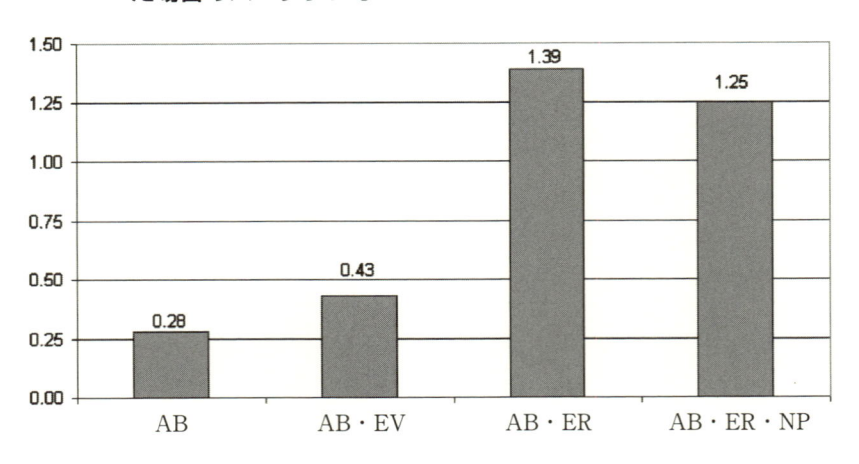

	AB	AB・EV	AB・ER	AB・ER・NP
値	0.28	0.43	1.39	1.25

　表6.6が示すように、今回の改善によって標準グループと飛躍グループの結果が前回よりも多少向上すると同時に、平均投資期間も改善した。

図6.11～図6.15に、いくつかの基準を使って改善したリターンを載せてある。図6.11は、ABを使った最初のトレード戦略にさまざまな改善を加えたことによるYERの推移を示している。ちなみに、このABを使ったトレード戦略は最初からバイ・アンド・ホールド戦略のYERである13.6％（図中の点線）を上回っていたが、それでも最後の改善策以外はYERがさらに大きく伸びている。

　そのうえ、思ったとおりリターンが高い改善策はリスクも低くなっている。このことは、一般的に言われているリターンが高ければリスクも高まるという考えとは相反しているが、図6.12では1トレード当たりの平均ドローダウンが基本戦略に改善を加えるたびに減っている。また、図6.13ではポートフォリオへの月間損失繰越率（MLT）が改善とともに少しずつ減っている（最後の改善策以外）。そのため、リスクとリターンを組み合わせたシャープレシオ（図6.14）とバークレシオ（図6.15）も改善策とともに大幅に上昇し、効率的なトレード戦略になっていることを示している。

改善策4　早めの利食い

　次に、これまでのルールを使って売りのほうも考えてみよう。

- ABシグナルが上限に近い
- または、次の売りのパラメーターのひとつに達したとき──①目標値が20％、②損切りが10％、③時間指定が50日

　第5章で、3つのパラメーターを調整すればリターンが向上することはすでに見た。そこで、ここではトレーディングシグナル自体に注目し、売り注文を上限に達するまで待つ意味があるのかどうかを考えてみたい。下限で買って上限で売る目的は、ABのフルスイングをとらえることにある。しかし、下限から上限までの株価の動きが直線に

表6.7　ABとERを使い、株価トレンドの条件を外し、早めに利食ったトレード戦略のリターン

銘柄グループ	シャープレシオ	YER	バイ・アンド・ホールドのYER	バイ・アンド・ホールドとの差	平均投資期間
遅延グループ	3.43	46.0%	−2.1%	48.1%	1.5%
標準グループ	10.01	102.0%	13.6%	88.4%	2.5%
飛躍グループ	12.71	140.1%	38.9%	101.2%	1.8%

なっていることはめったにない。トレーダーは新しい上昇トレンドに素早く乗って株価を押し上げていくが、上限に達する前に早めの利食いの波によって上昇の勢いは鈍り始める。利益の大部分はトレンドの初期に生まれるため、トレーディングルールを変更して上限までの距離の3分の1のところで売るようにすると、ルールは次のように変わる。

買い
- ABシグナルが下限に近い
- かつ、ラージERが過去の最大値よりも大きい
- かつ、株価トレンドが下げていない

売り
- ABシグナルが上限と下限の距離の3分の1まで上昇した
- または、次の売りのパラメーターのひとつに達したとき──①目標値が20％、②損切りが10％、③時間指定が50日

表6.7が示すように、この改善策によって特に標準グループと飛躍グループのリターンが向上している。

この改善点は、基本のABトレード戦略のこれまでの改善策すべて

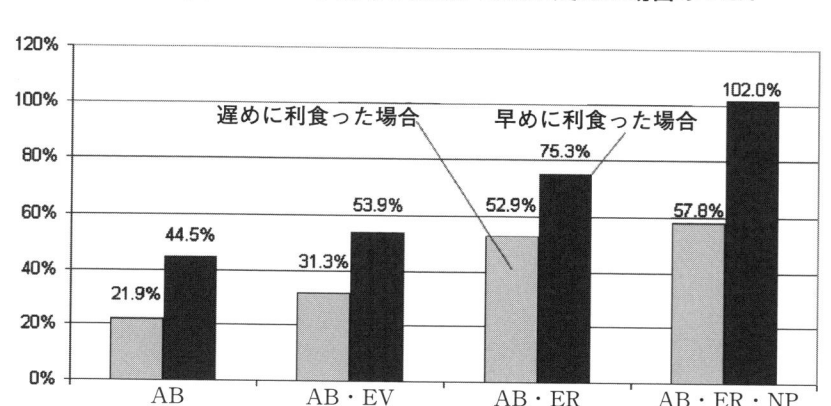

図6.16 ABを使った4つの戦略で利食い時期を変えた場合のYER

凡例: 遅めに利食った場合 / 早めに利食った場合

戦略	遅め	早め
AB	21.9%	44.5%
AB・EV	31.3%	53.9%
AB・ER	52.9%	75.3%
AB・ER・NP	57.8%	102.0%

図6.17 ABを使った4つの戦略で利食い時期を変えた場合のシャープレシオ

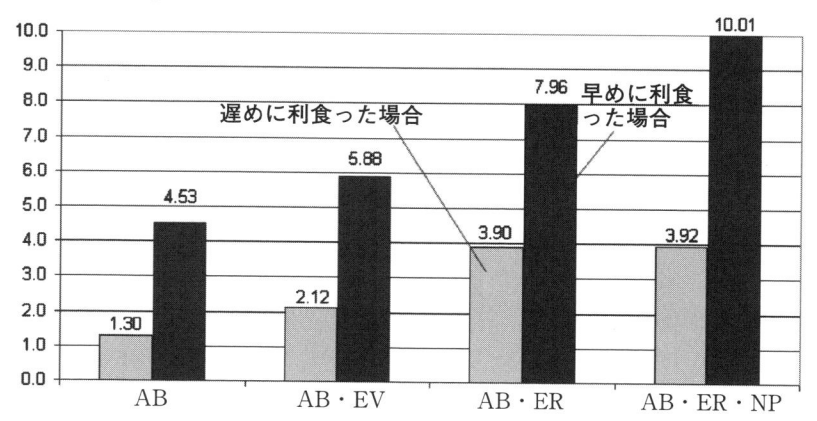

戦略	遅め	早め
AB	1.30	4.53
AB・EV	2.12	5.88
AB・ER	3.90	7.96
AB・ER・NP	3.92	10.01

に加えることができる。

- 基本のABを使った戦略
- ABとEVを使った戦略

パート2　トレード戦略

図6.18　ABを使った４つの戦略で利食い時期を変えた場合のバークレシオ

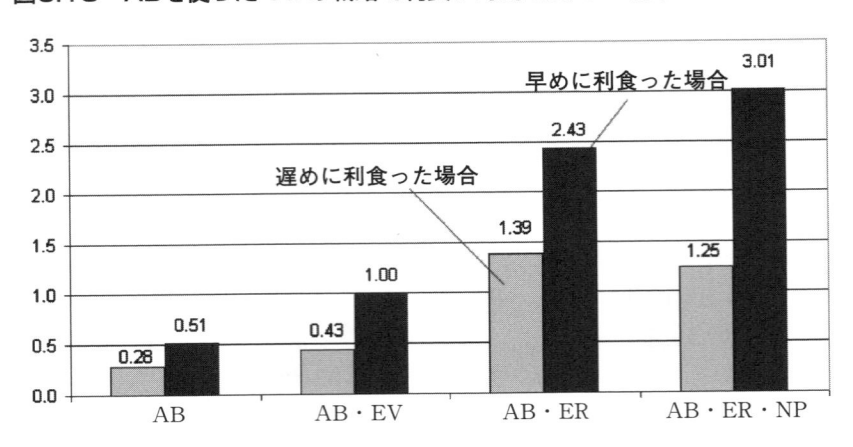

	AB	AB・EV	AB・ER	AB・ER・NP
遅めに利食った場合	0.28	0.43	1.39	1.25
早めに利食った場合	0.51	1.00	2.43	3.01

図6.19　ABを使った４つの戦略で利食い時期を変えた場合の投資期間

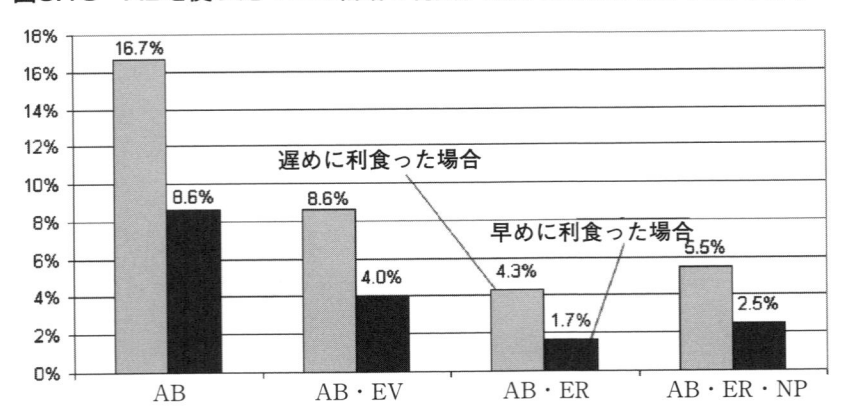

	AB	AB・EV	AB・ER	AB・ER・NP
遅めに利食った場合	16.7%	8.6%	4.3%	5.5%
早めに利食った場合	8.6%	4.0%	1.7%	2.5%

● ABとERを使った戦略
● ABとERを使い、株価トレンドの条件を外した戦略（NP）

4つのトレード戦略で、通常の利食いと早めの利食いを比較した結果を**図6.16〜図6.21**に載せてある。左側のグレーの棒が上限近く（トレンド後期）で売った場合で、右側の黒の棒が上限までの3分の1の距離（トレンド初期）で売った場合の利益を表している。

図6.16では、上昇トレンドの初期で素早く売ったほうが、トレンドが終了するまで待って売るよりもずっと良い結果が出ている。これは、上昇トレンドの場合、初期のほうが後期よりも大きく上昇するためで、早めの売りがYERを向上させるうえ、そこで得た資金を次のトレードに回す十分なチャンスが見つかればポートフォリオにとってもプラスになる。もちろん利食い時期を変えてもYERが2倍になることはないが、**図6.17**と**図6.18**を見るとシャープレシオとバークレシオはYER以上に改善している。このことは、早めに売ったほうがリスクが低く、より効率的だということを意味している。

ただ、一連の改善策は投資期間が急激に短くなるというコストを伴っている。また、株価トレンドの条件を外したケース以外では、条件が厳しくてどの時点でも良い投資チャンスを見つけるのが難しくなっている。

図6.19は、各トレード戦略における1銘柄当たりの平均投資期間を示している。

ここでは、基本のAB戦略の平均投資期間が16.7％になっている。つまり、標準グループから1銘柄選んでも1年間に60.955日（365日×16.7％）しか投資しないということで、2銘柄ならば期間は2倍の121.91日になるが、実際には時期が重なることもよくある。これでは、1年間投資するならば時期が重ならずに条件に見合う銘柄を6つ見つけなければならない（6×60.955日＝365.73日）。そうなると、もしポジションが20あるポートフォリオなら、120の投資チャンスを探す必要があり、統計的には基本のAB戦略で120銘柄を観察することになる。そのうえ、これらのチャンスのなかで仮に40％は時期が重なるとした

図6.20　20ポジションのポートフォリオの運用で利食い時期を変えてスキャンした銘柄数

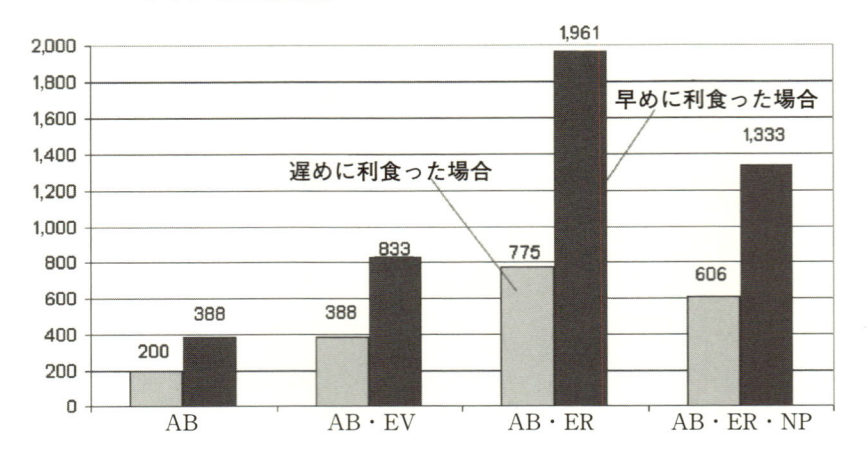

（グレーの棒：遅めに利食った場合、黒い棒：早めに利食った場合）

	AB	AB・EV	AB・ER	AB・ER・NP
遅めに利食った場合	200	388	775	606
早めに利食った場合	388	833	1,961	1,333

図6.21　利食い時期を変えた場合の平均トレード日数

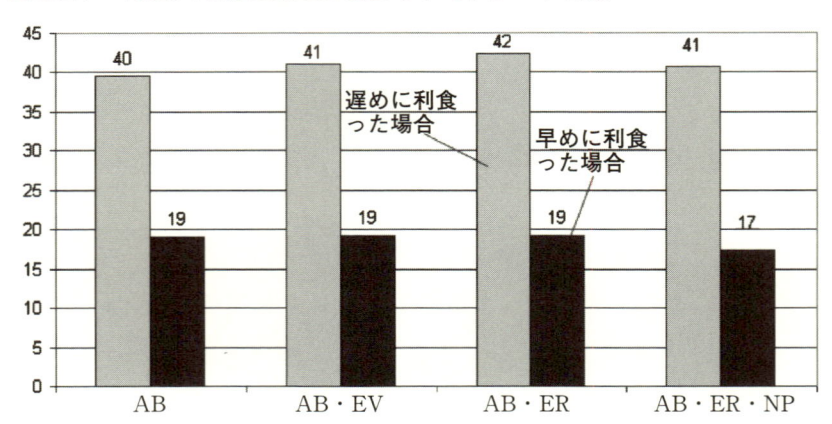

	AB	AB・EV	AB・ER	AB・ER・NP
遅めに利食った場合	40	41	42	41
早めに利食った場合	19	19	19	17

ら、毎日チェックする銘柄数は200（120銘柄÷60％）にも上る。

　このことを結果が最も良かった改善策・（AB＋ラージER＋株価トレンドを考慮しない＋早めの利食い）に応用すると、毎日1333銘柄以上

も観察しなければならなくなる（**図6.20**）。つまり、早めの利食いでパフォーマンスが向上したとしても、投資チャンスを探す作業も増えてしまうのだ。当然ながら、早めに利食えば投資期間が短くなるため、トレード数を増やさなければならない。しかし、そうなれば手数料やスリッページなどの費用がかかるだけでなく、トレード数が増えることによるストレスも増える（トレード結果には1トレード当たり0.5％の売買費用が含まれている）。例えば、利食いを遅くすると平均投資期間が40暦日になり（**図6.21**）、1年間のトレード回数は9.12回（365日÷40日）、ポジションが20あれば年間のトレード回数は182回となる。もしそのうえに利食いを早めると平均トレード期間は半分以下の日数になり（**図6.21**の黒い部分）、トレード数は2倍以上に増えてしまう。

以前に本書の草稿を読んだ人から、どの手法を使うべきかと質問された。答えは単純で、たとえ作業量が増えたとしても、102％の利益が狙える戦略を選ぶべきだろう（**図6.16**）。きちんと動くパソコンがあればなおさらだ。ただ現実的には、株価のスイングを詳しく観察しているスイングトレーダーの場合しかこう言い切ることはできない。大手ファンドは新しいポジションを作るのに何日もかかることがあるため、投資期間の短いトレードは難しい。

短期トレーダーにも別の事情がある。2～3日でポジションを入れ替えたいトレーダーにとって、この戦略はどうなのだろう。答えは、戦略ごとにトレードの展開を見なければ分からない。例えば、10のトレードを仕掛けているとき、1日目、2日目、3日目……の平均利益はどのくらいになるのだろう。採用したトレード戦略は、必ず一貫して利益が上昇していったり、最初に急上昇したりするのだろうか。具体的に言えば、1日目が0.5％、2日目は1％、3日目は1.5％といった具合に増えていき、10日後には5％、40日後には20％になるのだろうか。そうはならないことは感覚的には分かる。もしそううまく事が運ぶならば、YERは182％（[365日÷40日]×20％）になってしま

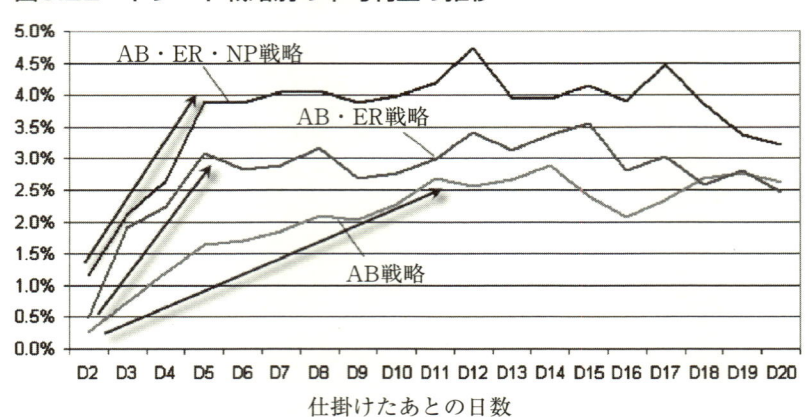

図6.22　トレード戦略別の平均利益の推移

うからだ。ちなみに、ここでは営業日ではなく、暦日で計算している。**図6.22**は、利益が急上昇するケースを示している。潜在利益が102%だということを考えれば、182%がとんでもなく高い目標だということは明らかだろう。しかし、本当にこれは無理な目標なのだろうか。

それに答える前に、戦略別の平均利益の推移を見ておく必要がある（**図6.22**）。ここでは、トレード期間が約40日の次の3つの戦略の推移を、最初の20日分だけ載せてある。

1. AB戦略。基本のAB戦略で、結果は**表6.3**。
2. AB・ER戦略。基本のAB戦略で、ERを仕掛けのシグナルに使う戦略。結果は**表6.5**。
3. AB・ER・NP戦略。基本のAB戦略でERを仕掛けのシグナルとするが、短期トレンドが下げているという条件は外した戦略。結果は**表6.6**。

表6.8　AB・ER戦略に株価トレンドを考慮せず、早めの利食いと５日間の時間指定を採用した場合のリターン

銘柄グループ	シャープレシオ	YER	バイ・アンド・ホールドのYER	バイ・アンド・ホールドとの差	平均投資期間
遅延グループ	15.21	137.2%	−2.1%	139.3%	0.9%
標準グループ	22.70	174.9%	13.6%	161.3%	1.1%
飛躍グループ	17.50	139.8%	38.9%	100.9%	0.8%

図6.23　AB戦略にさまざまな改善策を施して利食い時期を変えた場合のYERの推移

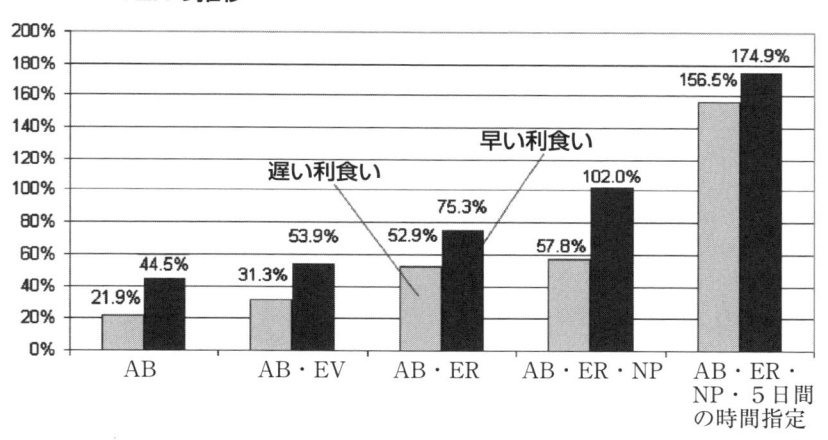

　図6.22で目を引くのは、どの戦略も仕掛けてすぐ利益率が直線的に上昇したあと、突然それが止まることだ。例えば、AB戦略は11日目まで平均利益が安定的に上がっていくが、そこからは上がらなくなる。ほかの２つの戦略は、もっと急激に上げたあと、６日目辺りからは上がらないか、むしろ下がっている。
　AB戦略の利益率が上昇するのに時間がかかるのは、買いシグナルを使っていないという単純な理由からだ。つまり、ABは株価水準の目安（割安かどうか）は示してくれるが、買うタイミングについては

図6.24 AB戦略にさまざまな改善策を施して利食い時期を変えた場合のバークレシオ

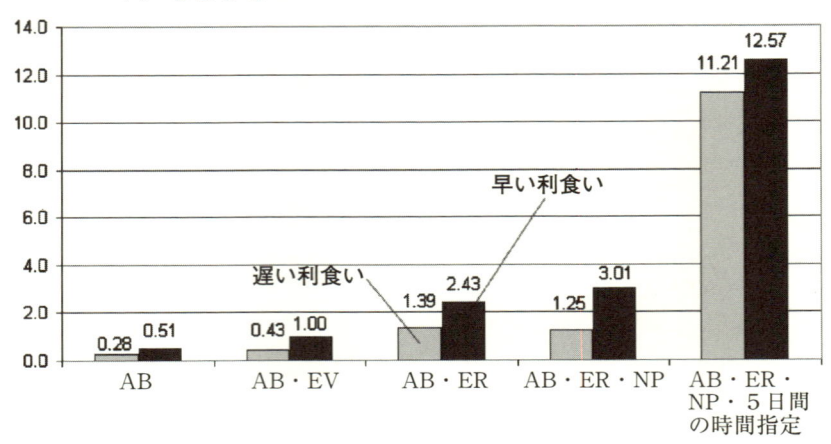

戦略	遅い利食い	早い利食い
AB	0.28	0.51
AB・EV	0.43	1.00
AB・ER	1.39	2.43
AB・ER・NP	1.25	3.01
AB・ER・NP・5日間の時間指定	11.21	12.57

図6.25 AB戦略にさまざまな改善策を施して利食い時期を変えた場合に20ポジションのポートフォリオでスキャンした銘柄数

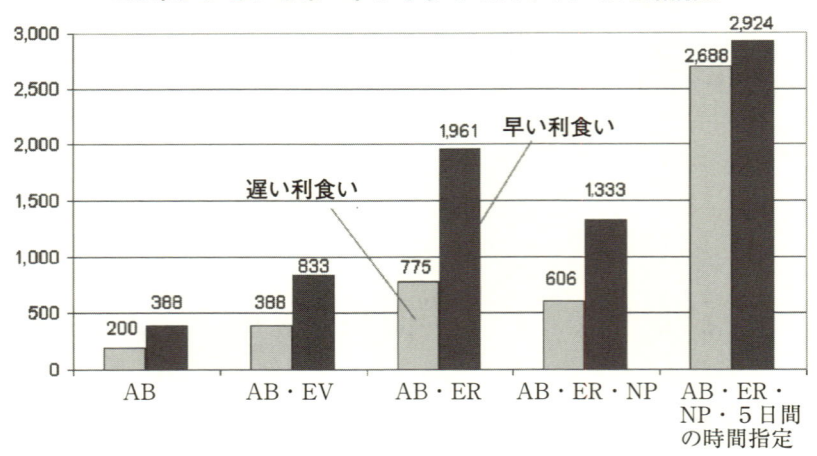

戦略	遅い利食い	早い利食い
AB	200	388
AB・EV	388	833
AB・ER	775	1,961
AB・ER・NP	606	1,333
AB・ER・NP・5日間の時間指定	2,688	2,924

教えてくれない。それに対して、あとの２つの戦略はいつ仕掛けるべきかをもっと正確に示してくれるため、すぐに利益も上がり始める。

それではなぜ、潜在利益に達しているのにトレードを続けるのだろうか。AB・ER・NP戦略は、５日を超えたらそれ以上利益は増えないだけでなく、損失の可能性のほうが利益のさらなる増加よりも高くなる。

改善策５　５日間の時間指定

表6.8は、表6.7のルールに５日間の時間指定を適用した結果を示している。この改善策によって、どの戦略もYERが大幅に改善した（図6.23）。また、リスク（ドローダウン）に対するリターンを示すバークレシオも、それまでの改善策の４倍に跳ね上がっている（図6.24）。

現実に戻ろう。世の中には非常に低リスクで素晴らしいリターンが望める戦略がたくさんあるが、そんな夢物語のようなことは無理だと思いながらも、そのためにはどのようなコストがかかるのかと考えてしまう。

主なコストは、図6.25に示してある。20のポジションすべてに投資するためには、大量の銘柄を観察しなければならない。ちなみに、本書で紹介している手法は１分足を扱うため、相当量の計算が必要となる。例えば、１つの銘柄のトレーディングシグナルを算出するのに１分かかるとすれば、2924銘柄（図6.25の一番右のケース）をチェックするのには約48.7時間かかる。そうなると、パソコンを何台か使って同時に計算させる必要があるが、個人投資家の多くはそこまでの設備を持っていない。もうひとつの方法は、ポジションの数を例えば20から５に減らすことで、そうすれば算出時間は12.18時間に減る。これならば少しは実行可能だし、新しくて高速のパソコンならば時間はさらに短縮できるかもしれない。ただ、ポジションの数を減らすことには２つの問題がある。

1. リスクはポジションの数が多ければ分散されているが、ポジションが少なければ高くなるということでもある。例えば、資本の20％をある1つの銘柄に投資したあとで、インサイダーにも予測できなかったような事態に陥って株価が一晩で50％下落したら、資本の10％を失うことになる。
2. 分散度が低いということは、1つのトレードに配分する資本の割合が大きくなるということだが、図6.22で見たようにトレード利益の大部分は最初の2～3日で上がる。そのため、買いシグナルが点灯したら大きな金額をすぐに投資しなければならない。そうしないと、利益チャンスは失われていく。AB・ER・NP戦略では、1日遅れると1.2％の機会利益が失われる。また、2日遅れると機会利益の損失は2.1％で、これはこの戦略を使った5日間の平均期待利益である4％の半分以上に当たる。要するに、期待リターンに達するためには、シグナルから1日以内に資金を配分する必要がある。例えば、100万ドルの資本を5つのポジションに配分して運用する場合は、1つの銘柄に1日で20万ドルを投資しなければならない。これはまったく問題ないように見える。ただ、もし運用額が1億ドルだとすれば、1つの銘柄に2000万ドルを1日で投資することになり、これは大部分の小型株や中型株では不可能だろう。

つまり、大手ファンドが最高の短期トレード戦略を使うときの主な障害は、投資額ということになる。実際、彼らが本書で紹介した戦略を使おうとすれば、ポジションの数を増やすために戦略をかなり調整する必要がある。またそれ以外にも、株価が大きく上昇する前にポジションを建てる時間的な余裕ができるような調整も必要となる。

ここでもう一度、図6.23の「遅い利食い」作戦の結果（グレーの

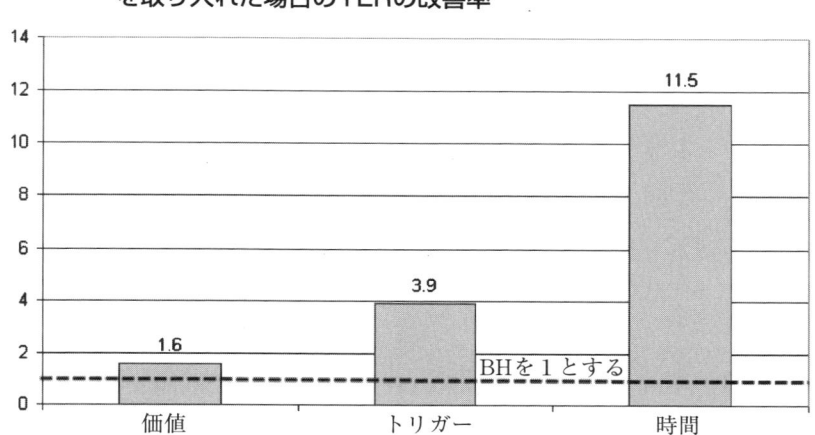

図6.26　バイ・アンド・ホールド戦略に成功トレードのための３つの方針を取り入れた場合のYERの改善率

価値: 1.6
トリガー: 3.9
時間: 11.5
BHを１とする

部分）を分析してみよう。基本のAB戦略は、そのままでも21.9％のリターンでバイ・アンド・ホールド戦略の13.6％を上回っているが（61.2％高い）、そこに４つの改善策を施してみた。改善策１は仕掛けのタイミングをつかむための方法で、３日前からのラージEVフローが良いきっかけとなることが分かり、リターンは21.9％から31.3％に上がった（上昇率は42.9％）。改善策２はラージERを仕掛けのシグナルとして使ってみると、リターンは31.3％から52.9％に上がった（上昇率は68.8％）。改善策３は株価トレンドの条件を外すと、リターンは52.9％から57.8％に上がった（上昇率は少し下がって9.3％）。そして、最も大きな効果が出た改善策４はトレード期間に時間指定を取り入れたことで、リターンは57.8％から156.5％に上がった（上昇率は170.8％）。

このことから、成功するトレード戦略の３つの方針が見つかった。

方針１　「価値」を見つける。現在の株価と比較して株の価値を見誤ると、トレードは失敗する可能性が高い（価値は、将来の株

価に対するトレーダーの期待であるABを使ったトレーディングチャンスで測定する）。

方針2 良い仕掛けのタイミングを見つける。私はこれを「トリガー」と呼んでいる。トリガーは、株価が動き始める準備が整ったことを示す。

方針3 「時間」の管理。①トリガーから株価が実際に上昇し始めるまでの時間、②シグナルからその戦略の最高リターンに達するまでの時間——を知っておく。

図6.26は、バイ・アンド・ホールド戦略に3つの方針を取り入れて改善した場合のYERを示している。YERは「価値」によって1.6倍になり、「トリガー」で3.9倍、「時間」で11.5倍に上がった。たとえ改善率が低くても、3つのなかで最も重要なのは「価値」である。価値の判断を誤れば（割高で買うということ）トレード自体が失敗となるため、ほかの2つの方針は意味がなくなってしまうのだ。

このことを示すために、3つの戦略で実際にトレードしてみよう。まずはABによる「価値」のシグナルを使わないトレード戦略、次にこれを使ったトレード戦略を比較する。トレーディングルールは次のようになる。

買い
- 仕掛けのシグナルが出たらすぐに買う
- かつ、過去5日間の株価トレンドが下げていない

売り
- 仕掛けのシグナルが出たらすぐに売る
- または、次の売りのパラメーターのひとつに達したとき——①目標値が20％、②損切りが10％、③時間指定が50日

図6.27　戦略別に見たABの「価値」シグナルによるYERの変化

- EV: ABシグナルなし 6.7%、ABシグナルあり 31.3%
- ER: ABシグナルなし 6.6%、ABシグナルあり 52.9%
- 買いのダイバージェンス: ABシグナルなし 1.0%、ABシグナルあり 49.7%
- BHのYER: 13.6%

買いのトリガー

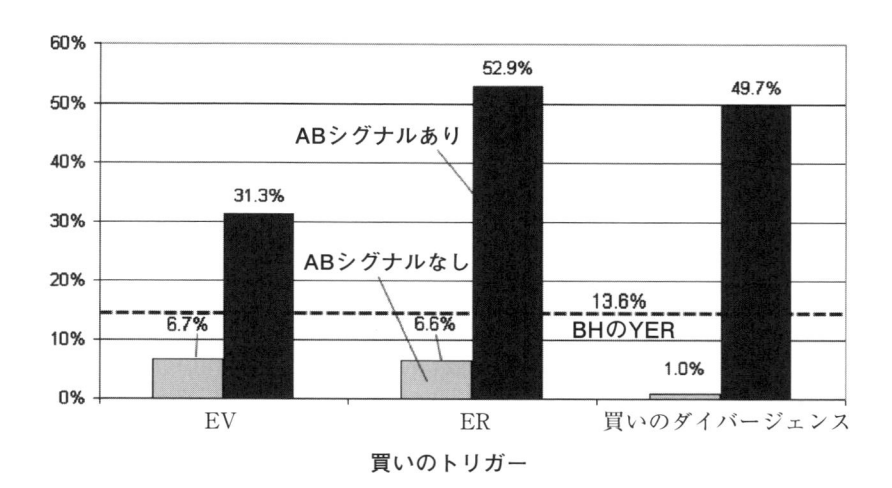

図6.28　戦略別に見たABの「価値」シグナルの有無による投資可能期間の割合の変化

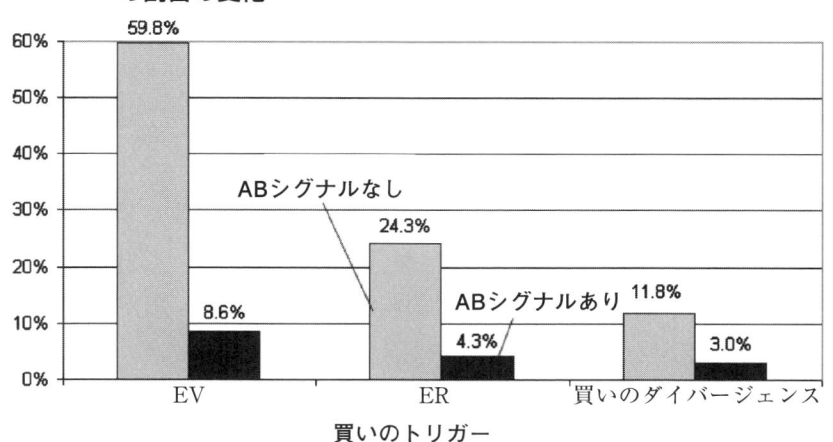

- EV: ABシグナルなし 59.8%、ABシグナルあり 8.6%
- ER: ABシグナルなし 24.3%、ABシグナルあり 4.3%
- 買いのダイバージェンス: ABシグナルなし 11.8%、ABシグナルあり 3.0%

買いのトリガー

ラージEV、ラージER、買いのダイバージェンス（第3章で説明したラージERと株価のダイバージェンス）という3つのトリガーシグナルを使ったトレード結果は、**図6.27**と**図6.28**に示してある。

図6.27には、「価値」を考慮しないと買いのトリガーシグナルはひどい結果をもたらすことがはっきりと表れている。これは大口プレーヤーの買い集めを基にした買いのトリガーを使うと、シグナルが多くなりすぎることが主な理由だろう。ファンドは常に株を買ったり売ったりしているし、ポジションを建てるためには何日もかかることが短期的なラージEVシグナルを大量に生み出すことにつながっている。しかし、大手ファンドが買い集めているからといって、必ずしも彼らが正しく株の価値を評価しているとは限らない。もし彼らの評価が間違っていれば、高値がほかのトレーダーの売りを誘うため、買い集めても株価が上がらないこともある。しかし、株価が割安の時期にこのような買い集めがあれば、買い時だということはほかのトレーダーも気がつく。そして、ある時点で大きな買い圧力が需給の平衡を変化させ、株価は上昇せざるを得なくなる。**図6.28**を見ると、ABシグナルを使わないトリガーで多くのトレードが実行されたように見えるが、トリガーは価値の評価には適していないため、価値の良い評価方法と組み合わせなければ信頼はできない。

そこで、買いのトリガーよりも価値を重視する必要がある。さらに言えば、このことはどの指標についても言える。私がこの「奇跡の」結論に達したあとエルダー博士の『**投資苑2**』のトリプルスクリーンの項目を再読すると、次のように書いてあった。

　　トリプルスクリーンの方法は、数個の時間枠で市場を分析して、トレンドフォロー型指標とオシレーターの両方を使うことです。戦略上はトレンドフォロー型の指標を長期チャートで使って、買

いあるいは売りの判断をします。作戦上は、オシレーターを短期のチャートで使って、仕掛けや手仕舞いの判断をします。

博士はさらに続けて次のように書いている。

> 元来の方法は変わっていませんが、システム——指標の正確な選択——がテクニックと同様に、長期の間に進化しました。

本章に新しいトレード方法は載っていないが、新しい指標と、これまで富を生み出してきた従来の原則である「割安な株を正しいタイミングで買う」をうまく組み合わせる方法は分かってもらえたと思う。

供給分析に基づくトレード戦略

第4章で約束したとおり、供給分析を使ったトレード戦略を紹介しよう。

> 特定の時期に株価が割安かどうかを判断するためには、あとでそれをもっと高く売ることができる確率を求めなくてはならない。割安な株を見つけるチャンスを広げるためには、安すぎて売る気になれないような売り手のほとんどいない買値を探すと同時に、株価を上げるためには自分と同じ考えの買い手を見つけなければならない。

一般的な供給分析を使ったトレード戦略を簡単にまとめれば次のようになる。

●株価が大きく下げ、大部分の株主は売りたくても売ることができな

表6.9 供給水準を10%としたトレード戦略のリターン

銘柄グループ	シャープレシオ	YER	バイ・アンド・ホールドのYER	バイ・アンド・ホールドとの差	平均投資期間
遅延グループ	0.38	11.0%	−2.1%	13.2%	10.3%
標準グループ	1.22	21.4%	13.6%	7.8%	24.4%
飛躍グループ	2.45	37.7%	38.9%	−1.2%	22.8%

図6.29 供給分析を使ったトレード戦略の供給水準別YER

バイ・アンド・ホールドのYER＝13.6%

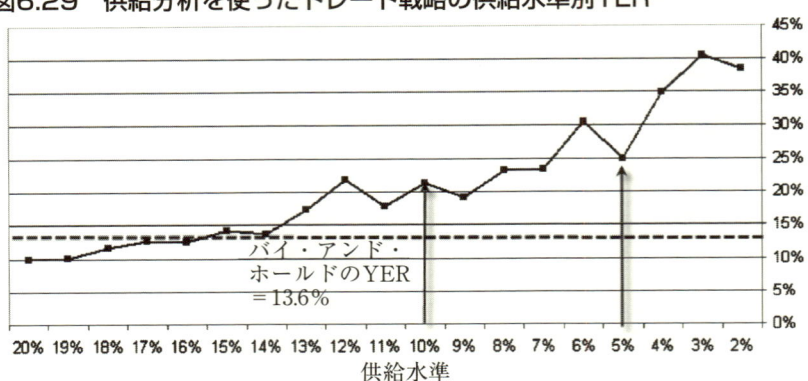

供給水準

図6.30 供給分析を使ったトレード戦略で20のポジションを運用する場合にチェックすべき銘柄数

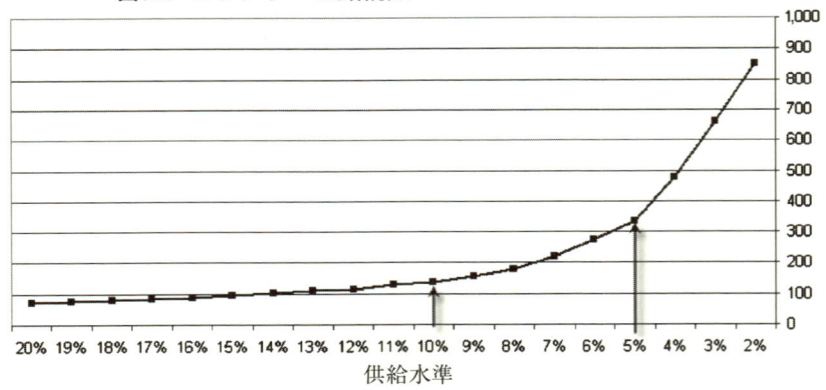

供給水準

い状態になっている
●最近の買い手が利食いたくなるほど保ち合いから株価が上昇していない

　このとき、企業の財務状況が安定していて倒産の危険がなければ、株価の下降トレンドが終わってすぐに資金を投入してもよい。
　この戦略は単純で、確率的数学モデルで供給量が発行株数の一定割合よりも少ないときを探して株を買うだけだ（第４章では割合を10％としたケースを紹介した）。ちなみに、売るときはこれまでと同じルールが適用される（目標値は20％、損切りは10％、時間指定は50日）。
　表6.9を見ると、供給割合を10％としたトレード戦略の運用結果はあまり良くなかったことが分かる。この結果はバイ・アンド・ホールド戦略を多少上回っているが、努力が報われたとは言いがたい。
　私は最初、10％まで下げれば買いシグナルを出すには十分だと思っていた。しかし、**図6.29**を見ると、この手法は供給水準の選び方で結果が大きく変わり、供給が２％や３％ならばYERが大幅に上昇することが分かる。ただ、**図6.30**を見ると、供給水準を低くした場合の負担の大きさも分かる。**図6.29**では、供給水準を10％から５％に下げるとYERが21.4％から25％に上がっているが、**図6.30**を見るとチェックすべき銘柄数は３倍に増えてしまっている。
　供給分析を使ったトレード戦略は、株主が株を買ったあとのリターンを基にしているところがAB戦略と似ている。ただ、供給戦略の買いシグナルは、株価が50日移動平均線や200日移動平均線を下回るほど大きく下げる必要があるのに対して、AB戦略のシグナルは支持線（ABの下限）まで下げればよい。それを下回ればその企業の状態かマーケット自体が変化してトレンドの方向が変わる可能性があるため、シグナルは出なくなる。また、下限がブレイクされたときは、トレーディング自体を長期から短期に変えるべきかを検討すべき時期で

図6.31　ASEIの供給モデル

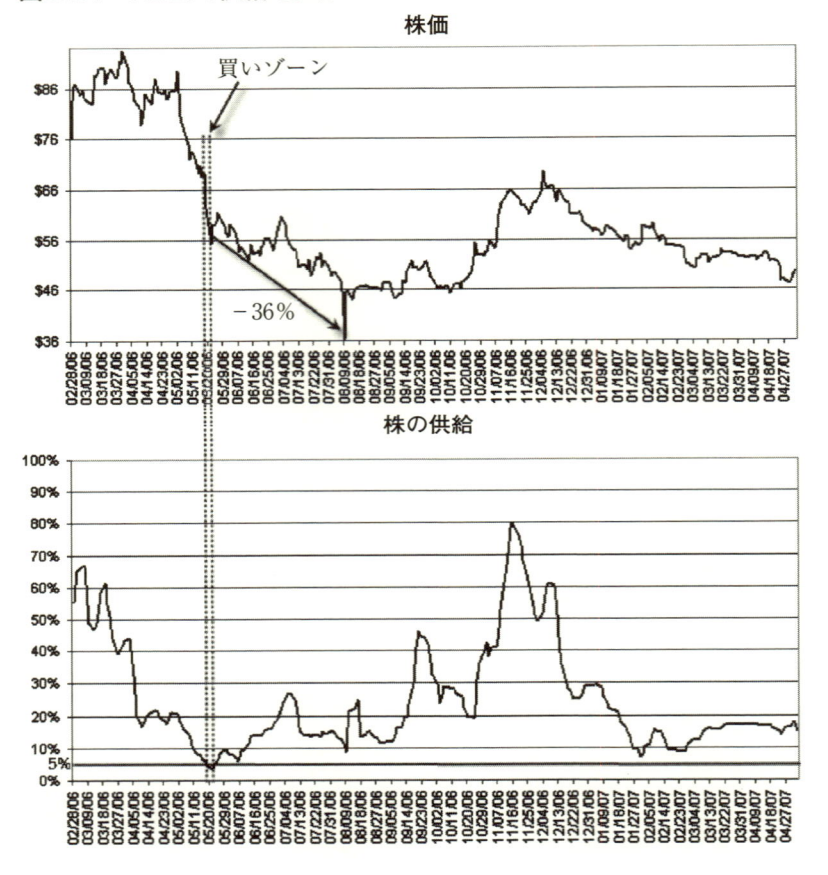

株価

買いゾーン

−36％

株の供給

あることが多い。ただ、下限では供給水準自体はまだ高いこともある。ちなみに、私の観測によれば、下限に達した株の84％は供給水準が5％を超えていて、64％は10％も超えていた。このことは、下限が下抜かれたとしても、株価は供給分析の買いシグナルが出るまでにはまだまだ下げる余地があることを意味している。多くのトレーダーは、この状態ではまだ買いに入らないし、ファンドがディストレス株（経営難にあって株価が暴落した銘柄）を追いかける状態でもない。

図6.32　ASEIのラージEVと株価トレンド

40日間のEV（1000株）

― 小口プレーヤー　― 大口プレーヤー

40日間の株価

　しかし、大部分のケースでは激しく売られ過ぎの状態に陥ると、その銘柄の本当の価値や潜在利益を正確に知るのは難しい。

　もしかしたら、株価の下落は一時的なのかもしれない。ディストレスト株はタイミングがすべてだ。下げ続ける確率も無視できないこれらの株は、安くても買う時期を間違えれば何日かで損切りに達してしまう。言い換えれば、価値を測定するツールとしては供給分析よりもABのほうが優れているということになる。

　供給戦略の最大のリスクは価値の計算間違いで、株価が大きく下げ

たからといって、そのまま下げ続けないとは限らないことだ。ここで、この戦略のリスクを、アメリカン・サイエンス・アンド・エンジニアリング（ASEI）という警備用機器などを扱う会社の例で見てみよう。**図6.31**は、2006年5月20日辺りでモデルは供給量が発行株数の5％を下回ったことを示している。買い手が現れればすぐに株価が上昇し始めると考えられるくらい低い水準だ。ただ、この単純な戦略は、供給が5％を下回ったら買い手が現れるのを待たずに買いを指示する。しかし、**図6.31**を見ると最も低い買いゾーンである56ドルから、株価はさらに36％下げている。このことは、株価が大きく下落しても、そのあとすぐ上昇に転じるとは限らないことを示している。株価が上昇に転じるためには新しい買い手が必要だが、**図6.32**を見るとそうならなかったばかりか、株価が横ばい（矢印B）のなか大口プレーヤーの売り（矢印A）パターンが続いている。これは、売り圧力がまだまだ終わらないということを物語っている。

この例から、供給モデルは需要の強さを測定できるEVを使ったツール（ラージEV、ラージER、ダイバージェンス分析）と一緒に使うべきことが分かる。もし供給が枯渇した時点で非常に強い需要があれば、株価は理論的には上昇していく。

表6.10が示すように、10％の供給戦略をラージER（大口プレーヤーの買いが大幅に増えていることを察知するツール）と組み合わせると、リターンは非常に向上する。そのうえ、**図6.33**を見ると供給・ラージER戦略のリターンは、どの供給水準でも基本の供給戦略よりも上回っている。

今回も基本のAB戦略のときのように改善策を施し、5日間の時間指定を導入すると50日間保有するよりもパフォーマンスが上がるかどうかを調べてみた。残念ながら、時間指定は供給戦略ではうまくいかず、この戦略から得られた最高YERは70％だった（**図6.33**）。これは、供給水準が非常に低くなるのはディストレスト株で、これらの株が元

第6章 自動トレーディングシステム

表6.10 供給・ラージER戦略のリターン（供給水準10％）

銘柄グループ	シャープレシオ	YER	バイ・アンド・ホールドのYER	バイ・アンド・ホールドとの差	平均投資期間
遅延グループ	0.66	16.1%	−2.1%	18.2%	10.8%
標準グループ	1.99	34.2%	13.6%	20.6%	18.1%
飛躍グループ	2.70	44.1%	38.9%	5.2%	17.7%

図6.33 基本の供給戦略と供給・ラージER戦略のYER

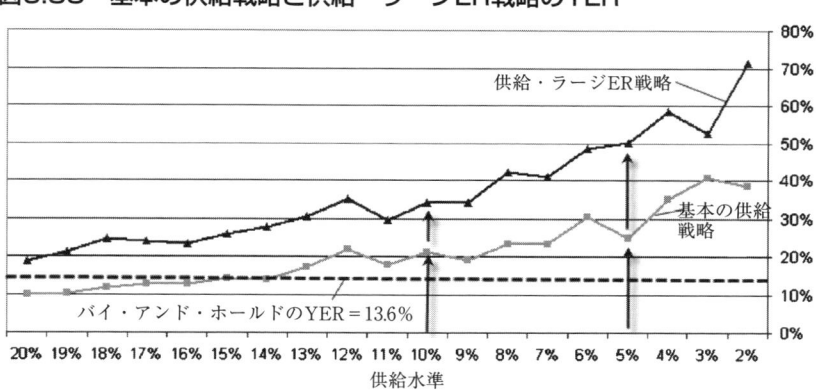

図6.34 供給・ER戦略の平均利益の推移

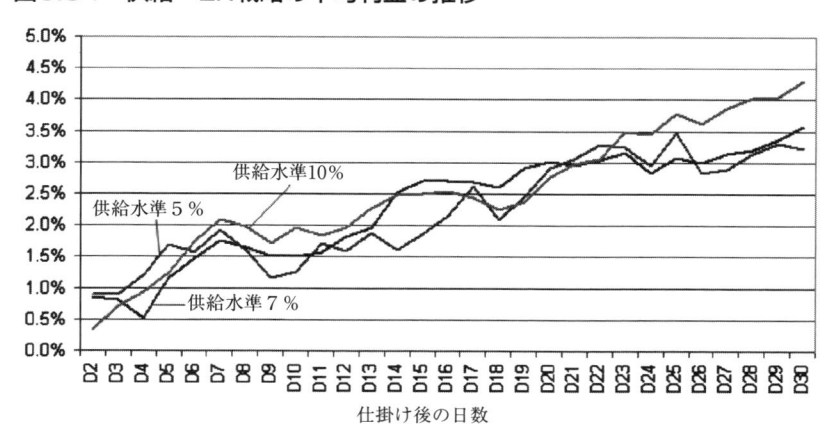

パート2　トレード戦略

図6.35　AB戦略のYER

- 基本のAB戦略: 21.9%
- AB・ER・NP: 57.8%
- AB・ER・NP・早めの利食い: 102.0%

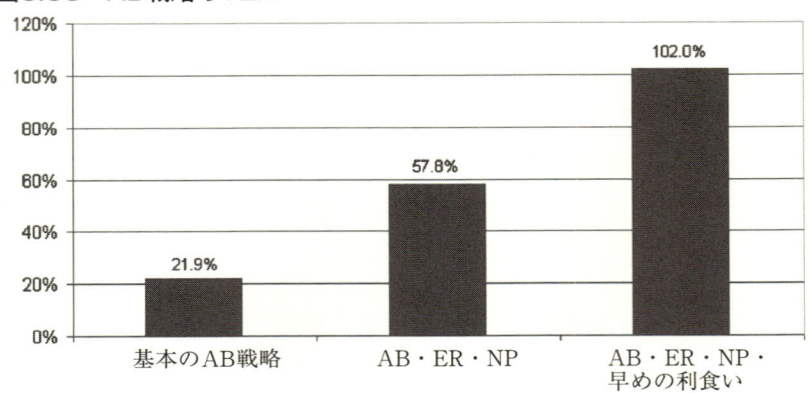

図6.36　AB戦略と供給戦略の投資期間の比率

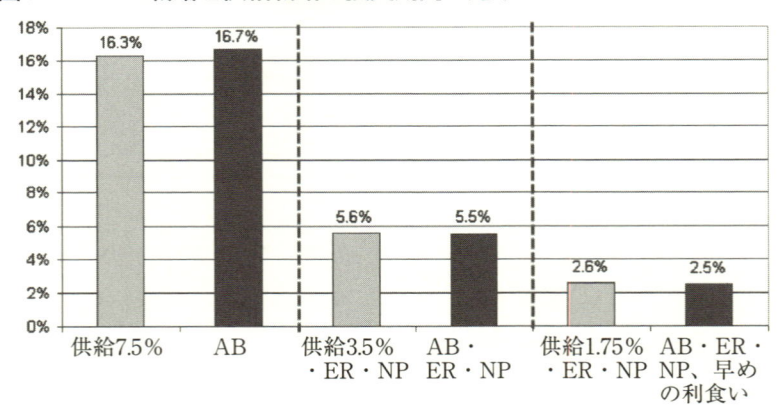

- 供給7.5%: 16.3%
- AB: 16.7%
- 供給3.5%・ER・NP: 5.6%
- AB・ER・NP: 5.5%
- 供給1.75%・ER・NP: 2.6%
- AB・ER・NP、早めの利食い: 2.5%

表6.11　供給戦略とAB戦略の対応表

AB戦略	→	供給戦略
AB	→	供給水準7.5%
AB・ER・NP	→	供給水準3.5%・ER・NP
AB・ER・NP・早めの利食い	→	供給水準1.75%・ER・NP

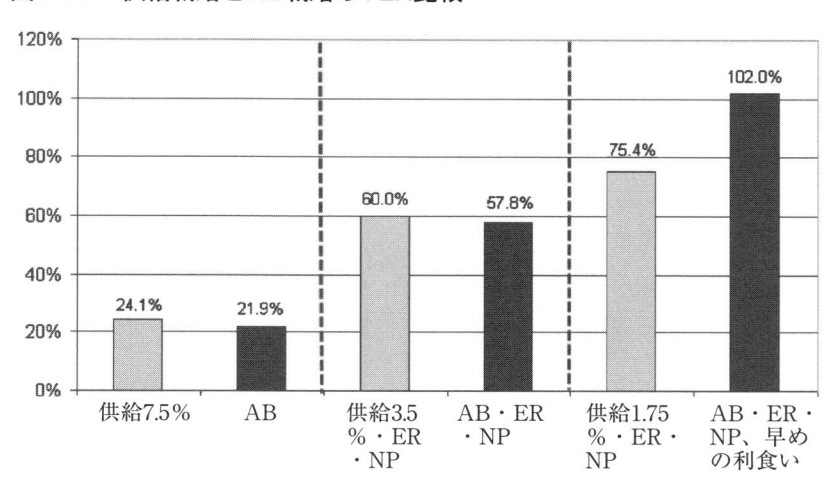

図6.37　供給戦略とAB戦略のYER比較

供給7.5%: 24.1%
AB: 21.9%
供給3.5%・ER・NP: 60.0%
AB・ER・NP: 57.8%
供給1.75%・ER・NP: 75.4%
AB・ER・NP、早めの利食い: 102.0%

の強さを取り戻すには（もし取り戻せるなら）長い時間がかかることを考えると、理にかなっている。**図6.34**を見ると、供給水準に関係なく、この戦略の平均利益は直線的に上がっていて、トレードの初期のパフォーマンスが後期よりも良いとは言い切れない。初期の利益が高かったAB戦略では効果があった時間指定が供給戦略ではうまくいかない理由はここにある。しかし、リターンが上がるのに時間がかかる戦略が必ずしも悪いとは限らない。特に、ポジションを手仕舞うのに時間がかかるファンドなどにとってはそうで、彼らにとってはゆっくり展開する戦略で短期の戦略より良いリターンが出るほうがありがたい。

　AB戦略と供給戦略を比較するため、**図6.16**の３つの改善策（**図6.35**）を供給戦略にも応用してみた。ABと供給の基本戦略にそれぞれERを組み合わせ、供給水準は投資可能な期間と実際の投資期間の比率がAB戦略と同じ条件になるようにした。２つの戦略を同じ日

図6.38 供給戦略とAB戦略のシャープレシオ比較

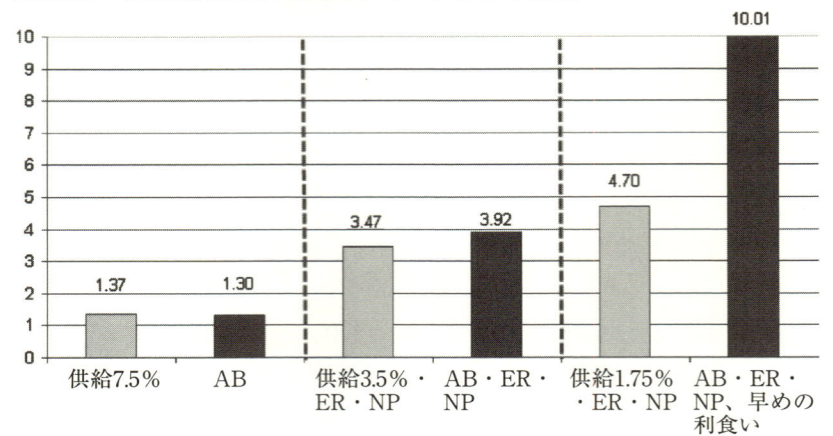

供給7.5%	AB	供給3.5%・ER・NP	AB・ER・NP	供給1.75%・ER・NP	AB・ER・NP、早めの利食い
1.37	1.30	3.47	3.92	4.70	10.01

図6.39 供給戦略とAB戦略のバークレシオ比較

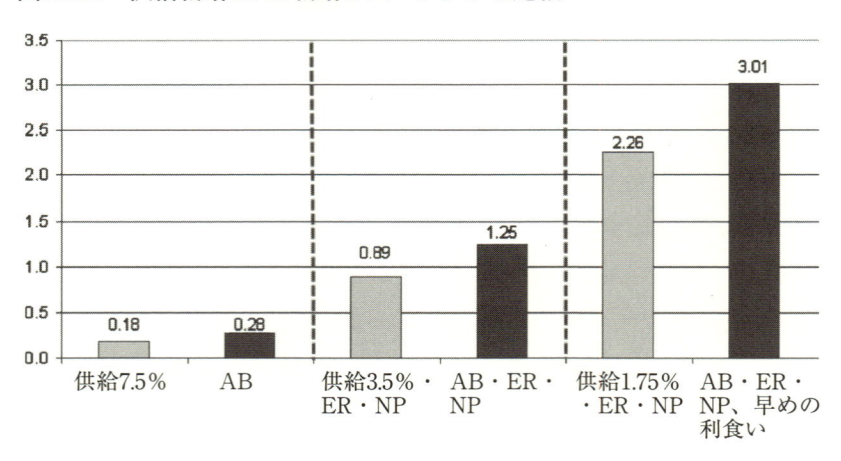

供給7.5%	AB	供給3.5%・ER・NP	AB・ER・NP	供給1.75%・ER・NP	AB・ER・NP、早めの利食い
0.18	0.29	0.89	1.25	2.26	3.01

数投資してリスク・リターン・バランスを比較すれば、どちらが優れているか分かる。つまり、**図6.35**のAB戦略それぞれと同じ投資期間になる供給水準を調べたことによって、**図6.36**の投資日数の比率は改善策ごとに同じになっている。**表6.11**に結果をまとめてある。

図6.37〜**図6.39**は、AB戦略と供給戦略を3つの改善策別に比較

している。ここからは、リターン（YER）で見ても、リターンのばらつき（シャープレシオ）で見ても、ドローダウン（バークレシオ）で見ても、最初の2つはほぼ同じ結果になっている。しかし、3つ目の供給水準1.75%・ERとAB・ER・早めの利食いのケースでは次のような違いが出た。

- AB戦略のYERは供給戦略よりも35%高い（**図6.37**）。
- ABのパフォーマンスは、供給戦略よりも113%（2倍以上）高い（**図6.38**）。
- バークレシオで見ても、AB戦略のパフォーマンスは供給戦略よりも33%高い。主な理由はAB戦略のYERのほうが35%高いからで、YERをリスク水準（ドローダウン）で割って算出するバークレシオも高くなる。つまり、どちらの戦略もリスクは同じということになる（**図6.39**）。

図6.36～**図6.39**の分析だけを見れば、AB戦略と供給戦略はリスクとリターンについては同じだが、時間指定（早めの利食い）を加えると結果は変わった（AB戦略にERと時間指定を組み合わせたほうがパフォーマンスははるかに良くなった）。ただ、このような結論は、2つの戦略の大きな違いと相反するため、少し疑わしい。

- AB戦略は下限に近づけばシグナルを出す。ただ、下限を突き抜けてしまうとメジャートレンドが転換する可能性が高くなるため、買いシグナルは止まる。
- しかし、供給戦略は供給が一定の低水準を下回るとシグナルを出し、その水準を下回っているかぎりシグナルはずっと出続ける（もちろんERは過去の最大値よりも高くなければならない）。つまり判断を誤れば、ある時点では大口プレーヤーが大きく買ったとして、株価

図6.40　全トレードにおける損切りで手仕舞ったトレードの割合

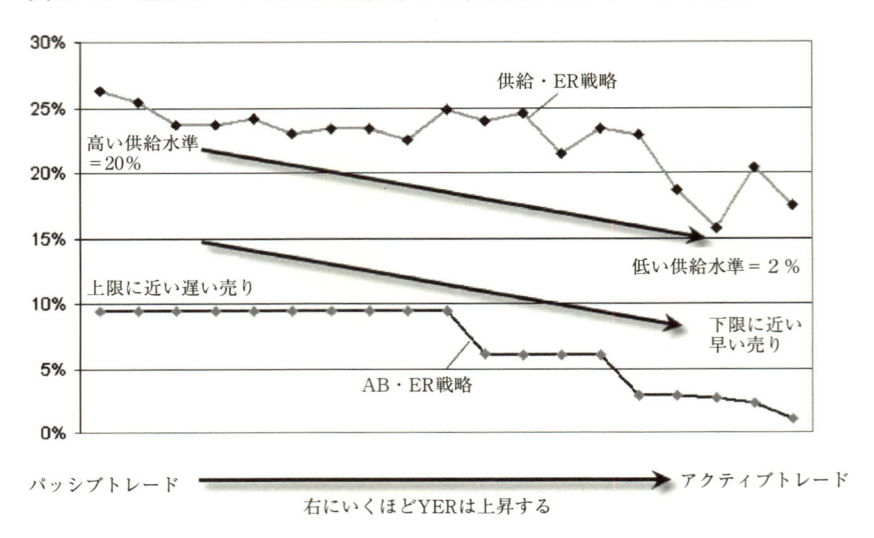

高い供給水準＝20％
低い供給水準＝2％
上限に近い遅い売り
下限に近い早い売り
供給・ER戦略
AB・ER戦略

パッシブトレード　→　アクティブトレード
右にいくほどYERは上昇する

図6.41　損切りを使った場合と使わない場合のトレード戦略別YER

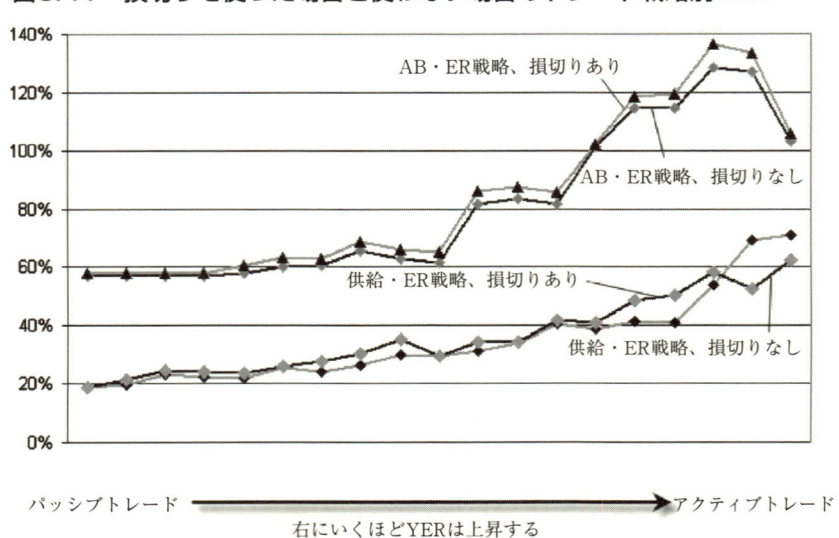

AB・ER戦略、損切りあり
AB・ER戦略、損切りなし
供給・ER戦略、損切りあり
供給・ER戦略、損切りなし

パッシブトレード　→　アクティブトレード
右にいくほどYERは上昇する

図6.42 損切りを使った場合と使わない場合のトレード戦略別バークレシオ

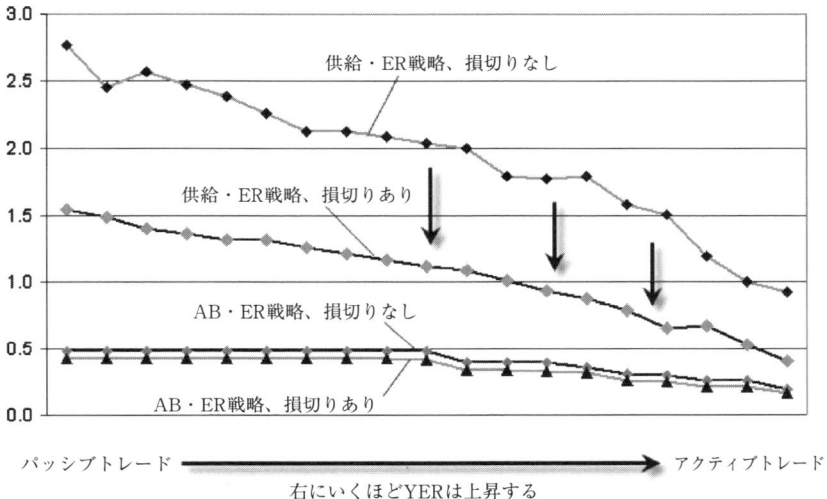

（グラフ：縦軸 0.0〜3.0、4本の線）
- 供給・ER戦略、損切りなし
- 供給・ER戦略、損切りあり
- AB・ER戦略、損切りなし
- AB・ER戦略、損切りあり

パッシブトレード ──────────────→ アクティブトレード
右にいくほどYERは上昇する

がゼロになるまで激しく下げて供給戦略が買いシグナルを出し続けることは理論的にあり得る。

つまり、供給戦略はもともとAB戦略よりもリスクが高いということになる。**図6.40**からも分かるとおり、供給戦略では損切りで手仕舞うトレードがAB戦略よりも多い。**図6.40**は供給戦略とAB戦略で横軸の意味が違うため、説明しておく必要がある。まず上の線は、供給・ER戦略で損切りに達したトレードの割合で、供給水準は右側に行くほど減っていく（20％〜2％）。このトレンドはYERの増加と連動しており（**図6.33**）、供給水準が下がると損切りに達するトレードの数は減っていく。もし比率が25％なら、4つのトレードのうち1つは損切りに達して10％の損失を出した失敗トレードということになる。

また、下の線はAB・ER戦略で損切りに達したトレードの割合を示

している。左側の上限から、右側の下限に行くほど、売りシグナルは早く出る（AB戦略は下限で買うため、下限近くで売るということは、買って２～３日で売るということ）。この傾向も、YERの増加と連動している。AB戦略で損切りに達するトレードの数が供給戦略よりもずっと少ないことは明らかで、10％は10トレードのうち１つしか失敗がないということを示している。

ここで面白いのは、どちらの戦略も損切りを使ったかどうかでYERに大きな違いが出なかったことだ（図6.41）。しかし、バークの下方リスクの公式（第５章参照）でリスク自体を見ると、損切りが供給戦略のリスク（図6.42の下向きの矢印）を大幅に削減しているのに対して、AB戦略のリスクにはほとんど影響していない。

図6.42は、落ちぶれたディストレスト銘柄に投資する人にとっては重要で、供給戦略を使うならば損切りを使うべきだということを示している。ただ、ポジションが大きいと緊急事態に陥ったときに手仕舞うのが難しくなるため、投資できる金額は限られてくる。しかし、一方でトレード戦略が信頼できるシグナルを出している場合、例えばAB戦略なら損切りをあえて置かないということもできる。

成功するトレード戦略の３つの方針

図6.26で見たスイング系のトレード戦略で成功するための３つの方針をおさらいしておこう。

1．「価値」をしっかりと査定して、割安で、上昇する潜在力がある銘柄を選ぶ
2．タイミング良く仕掛けるために、正しい「トリガー」を探す
3．「時間」の管理をすることで、トレードの推移を見ながら可能であれば期間を短くする

これらの方針に利用できる従来のツールもおさらいしておこう。

価値の査定

第2章で説明したように、価値の査定はトレーディングチャンスと合わせて考えるが、その銘柄のPER（株価収益率）や成長率やキャッシュフローなどで測定するファンダメンタルズや本質的価値とは関係ない。

価値を知るためのツールでよく知られたものを挙げておこう。

- ●**株価** 日足チャートでも、週足チャートでも、株価は上昇トレンドにあり、50日移動平均線を上回っていると同時に、50日移動平均線が200日移動平均線を上回っている。
- ●**RSI（相対力指数）** 直近の株価の上昇と下落の比率を0～100の値で表した指数。RSIが30を下回ると売られ過ぎの水準ということで、買いシグナルが出る（第2章）。
- ●**支持線** 過去に多くの売買の判断が集中した水準。株価が支持線まで下がると、十分な買い手が現れて株価が再び上がり始めることが多い。
- ●**株価パターン** ヘッド・アンド・ショルダーズ、カップ・アンド・ハンドルなど、有名なパターンがある。さまざまな書籍で説明されているとおり、これらのパターンは株価がトレード対象として関心を集めるゾーンに入ったことを教えてくれる。
- ●**フィボナッチリトレースメント** これもさまざまな書籍ですでに紹介されているが、38.2％と61.8％が変動幅として最もよく使われている。フィボナッチ理論によれば、もし上昇トレンドにある株価が下落しても、38.2％下落すれば再度上がり始める可能性が高く、もし61.8％下落すれば上昇はさらに大きくなる。「価値」はフィボナ

ッチの反転ポイントで見つかる。
- ●**特定の日付**　もしファンダメンタルズで見た価値を正しく査定できれば、投資家は四半期決算の発表日よりも前のみで投資することにしたり、発表後のモメンタムを利用したりすることができる。
- ●**AB分析と供給分析**　本書で紹介したAB分析ツール（第2章）や供給分析ツール（第4章）を使って「価値」を調べる。

トリガーまたは仕掛けのタイミング

　トレードを仕掛けるタイミングは、短期パターンの分析やオシレータータイプの指数で見つかることが多い。これらの指数には1つの株価しか使わないものが多いなかで、85年以上前にリチャード・ワイコフは株価と出来高の関係に関する膨大な研究を行った。

　仕掛けのタイミングを知るための有名なツールをいくつか挙げておこう。

- ●**ローソク足分析**　過去2～3日の動きを分析する（専門書多数あり）。
- ●**MACDとMACDヒストグラム**　ジェラルド・アペルが開発したMACDモメンタム・オシレーターで、長期（スロー）と短期（ファスト）の移動平均線の変化率を比較して、株価の変化が以前よりも速いか遅いかどうかを調べるツール。もし短期移動平均線の変化率が長期移動平均線の変化率よりも高ければ、株価のモメンタムがプラスであることを示している。
- ●**株価トレンド**　良いトレードをするためには、株価が5日移動平均線と10日移動平均線の間にあるとよい。10日移動平均線は、押したときの最初の損切り水準で、20日移動平均線に達したら「必ず」手仕舞う。
- ●**株価のボラティリティー**　50日間のボラティリティーが0.4を上回

っていれば押すのを待ち、0.4を下回っていればブレイクアウトを待つ。

●**リチャード・ワイコフの手法** 本書で説明するスペースはないため、ワイコフの手法の提唱者として有名なデビッド・ワイスのDVDを紹介しておく。このなかでワイスは、出来高と株価を組み合わせて簡単に買いのトリガーとなる動きを調べられる方法を詳しく説明している。このDVDはエルダー博士のウエブサイト（http://www.elder.com/）で購入できる。

●**EV、ER、ダイバージェンス分析** 本書の第1章と第3章で紹介したトリガーを探すためのツール。

時間の管理

私が知るかぎり、トレードの時間を管理するためのツールはないと思う。株価に重要な動きがある直前に仕掛けるトレード戦略の場合、株価はスイングの後半よりも前半のほうが大きく上昇することが多いため、スイングの終わりまで待たずに売ったほうが良い結果につながることが多い。ただ、時間の管理は、例えばAB戦略には適しているが供給戦略には適していない。一般的に言えば、ボラティリティーや特定の決算発表日を使う戦略には、早めの利食いが適している。

まとめ

本章で学んだ最も重要なことは、人が利益を上げるためのトレーディングを始めて以来、安く買ってタイミング良く売るという点においては何も変わっていないということだ。また、価値の判断を誤れば、たとえタイミングが良くても資金を失うことになる可能性が高いということも分かった。

さらに具体的に言うと、次の2つのトレード哲学に注目した。

1．スイングトレードには、ABとERを組み合わせて使う
2．ディストレス株を選ぶときは、供給分析とERを組み合わせて使う

どちらの戦略もバイ・アンド・ホールド戦略よりもはるかに高いリターンを上げたが、次の点にも注意が必要であった。

1．高いリターンを上げるためには、トレーディングチャンスを増やすために膨大な数の銘柄を分析する必要がある
2．戦略のタイプによっては、手仕舞うタイミングがリターンに大きな影響を及ぼすため、トレード戦略の展開の仕方を知っておく必要がある

次に、成功する戦略の3つの方針をまとめておく。

1．価値の査定
2．仕掛けのトリガー
3．トレードの展開に合わせた時間の管理

最後に、正しいトレード戦略を選ぶためには、投資資本の大きさと、大量の銘柄を自動的に分析する能力があるかどうかが決め手となるということも学んだ。

パート3

ボーナスセクション

第7章
マーケットは一方通行ではない──空売り戦略

The Market Is a Two-Way Street -- Shorting Strategies

　空売りをするには、まず株を借りてマーケットで売り、そのあとは株価が下がることを願う。そして、しばらくしたらマーケットで再び同じ銘柄を買って（できれば売った価格よりも安く買って差額を手に入れる）貸し手に返す。

　この２～３年のニューヨーク証券取引所（NYSE）における空売りの平均水準は、１日の出来高の５～７％で推移している。この比較的低い割合は、空売りがさほど一般的なトレードではないことを示している。トレード関連の本のなかには、優れたトレーダーは買いと空売りの割合が同じくらいだと書いてあるものもあるが、５～７％が空売りトレーダーだとして残りの93～95％がダメなトレーダーだとは思えない。私の知り合いにも、空売りはしない優れたトレーダーが何人もいる。ベア相場のときは空売りする代わりに資金の大部分を現金にしておいて、良いチャンスを待つというのも戦略としてまったく問題はない。

空売りの「アップティック」ルール

　空売りのテクニカル分析について述べる前に、「アップティック」ルールを紹介しておこう。これは1938年に制定された規則で、空売り

するときには直前の売値よりも高い価格でしか空売りできないと定めている。もし直近の売値が変化していなくてもその前の売値よりも高ければ、やはり直近の売値を上回る価格でしか空売りできない。要するに、空売りで株価を押し下げることはできないということだ。そして、この規則が1ティックごとに株価の変化を記録していくエフェクティブボリューム（EV）で空売りの動きを突き止めるのを難しくしていた。空売りトレーダーは株価を押し下げることができず、できるのは売り気配価格を上げることだけなので、EVで彼らの動きはつかめないからだ。しかし、2007年7月6日にSEC（米証券取引委員会）がEVに救いの手をさしのべ、「アップティック」ルールが廃止された。言い換えれば、2007年7月からEVはさらに効果的なツールになったのだ。

本書で紹介したツールを使った空売り

　本章は、読者に空売りを勧めるものではない。ここでの目的は、本書で紹介したツールを使って成功する空売り戦略を作ることができるかどうかを試してみることにある。

EV

　ラージEVとスモールEVのフローを分離することがファンドの動きを見極める最善の方法で、ファンドの動きには追従する価値があるということを、本書を通じて繰り返し述べてきた。

　EVツールのメリットは、標準的なツールよりもマーケットの動きがずっとよく分かるところにある。前述のとおり、これは特に買い持ちのトレードで言える。しかし、ここで「買い持ちのポジションを売ったら、すぐに空売りすべきではないのか」と問いたくなる。答えが

「ノー」だということは想像がつくだろう。空売りは、買いの正反対ではない。第6章の買い戦略を逆にすれば空売り戦略になるわけではないのだ。

このことは、エネルギー企業のリライアント・エネルギーの例を見ると、さらによく分かると思う。図7.1が示すように、2007年1月末にリライアントは横ばいのレンジを上にブレイクアウトして、長期の上昇トレンドに入った。図7.2を見ると、株価の高値と安値が切り上がっていくなか大口プレーヤーがかなり買い集めていることで、ブレイクアウトする可能性を示している。仮に、この銘柄を1月24日に買ったとしよう。

1月24日に買ったあとの状態を図7.3で見ると、2つの強い売りパターンが形成されている。

1. 3月22日のポイントAで株価が大きく急騰して買い手がいなくなった。この急騰は、大口プレーヤーの下降トレンド（下向きの矢印1）がシグナルとなって始まった利食いトレンドの終わりと重なっている。
2. 4月5日のポイントBで株価がダブルトップを形成する間に、大口プレーヤーはポジションを積極的に手仕舞っている（下向き矢印2）。

ここは、ポイントAかポイントBで売るべきことに疑問の余地はない。大口プレーヤーの動きに対抗するべきではないのだ。ただ、そうなると次は「大口プレーヤーの動きに合わせてポイントAかポイントBで空売りすべきではないか」と考えられる。しかし、図7.1を見れば2007年の3月末や4月初めに空売りするのが間違いだったことは分かる。

リライアント・エネルギーのケースが難しいのは、大口プレーヤー

図7.1　リライアント・エネルギーの株価トレンド

出所＝ストックチャート・ドット・コム

図7.2　リライアント・エネルギー買いポイントのラージEV

40日間の出来高（単位＝1000株）

40日間の株価

図7.3　リライアント・エネルギー売りポイントのラージEV

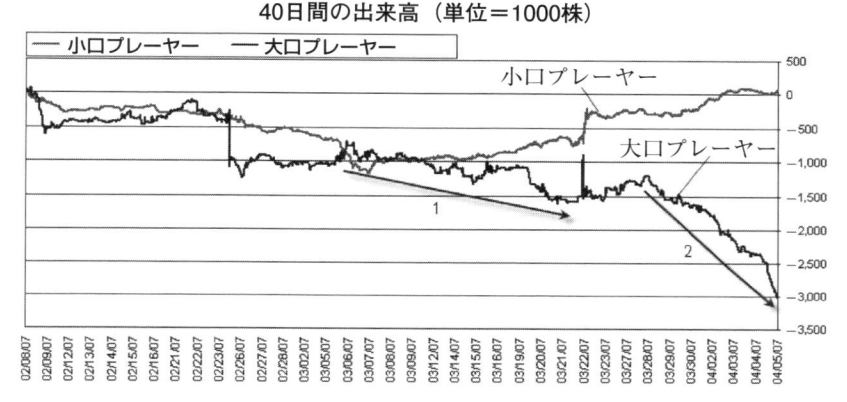

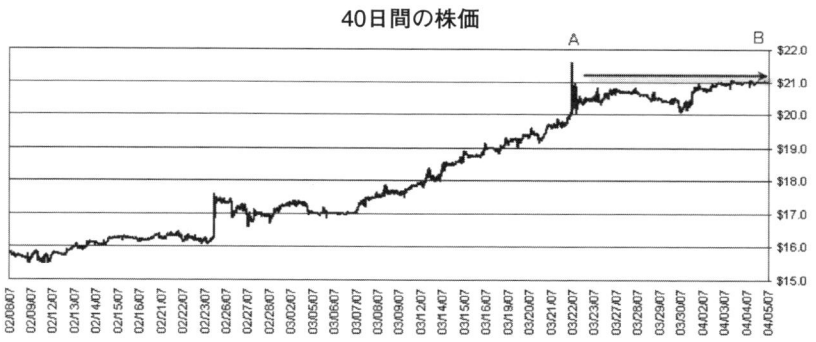

40日間の出来高（単位＝1000株）

40日間の株価

の売りと株価の強い上昇トレンドが矛盾することだ。大口プレーヤーの強い売りパターンならば株価トレンドを下にブレイクアウトするのに十分だと思うかもしれないが、たいていはそうならない。株価の強い上昇トレンドは簡単には下にブレイクされないし、強い下降トレンドも簡単に上昇には転じない。トレンドは主に、価値と価値の認識のされ方に左右される。強さを維持してきた上昇トレンドは、株の本来の価値と株価が相当乖離するまで新しい投資家を引き付けていく。ただ、多くの投資家が株価が割高だということに気づき出すと売りが始まり、上昇トレンドは下降に転じ始める。ところが、このときの反転が買い遅れた人たちを引き付け、彼らと早めに売りたい人たちのせめ

ぎ合いになるが、買い手がいなくなると下降トレンドが始まる。空売りはこのタイミングで行う。

　現実的には、株本来の価値と株価が離れている銘柄を探せば、良い空売り候補が見つかる。

　EVツールが価値の査定に適さないことはすでに述べた。EVは、価値がすでに分かっている場合に主にトリガーとして使われる。また、このトリガーは空売りよりも買いでうまく機能するということにも気づいた。株を買う主な理由は、あとでさらに高い価格で売るためだ。ただ、売る理由は、①ある程度の利益を確保する、②決算発表前にリスクを減らしておく、③ポートフォリオを再配分する——などさまざまだ。大手ファンドが売っていたとしても、その正確な理由は分からないのだから、やみくもにまねをするわけにはいかない。しかし、大手ファンドが大きく買っているときに、供給が枯渇していたり正確に株の価値が分かっていたりするときは、彼らに従って買ってほしい。

　リライアント・エネルギーのケースでは、3月末に株価トレンドが50日移動平均線をはるかに上回り、強い勢いを示していた（図7.1）。このようなところで、空売り候補は見つからない。空売り候補は通常、50日移動平均線を下回るなど、トレンドが弱含んでいるときに見つかる。言い換えれば、株価が弱含んでいなければ、大口プレーヤーの激しい売りは空売りのシグナルとしては使えない。

空売りルール1　株価が50日移動平均線を下回っている

　ここでは、大手ファンドが売る場合、下降トレンドのトリガーを引かないよう非常に注意しているということを必ず思い出してほしい。株価が下がれば、まだ売っていないポジションに含み損が生じてしまうからだ。大手ファンドが売りにおいてトレンドを決定づける者になることはほとんどない。売りのトレンドは、悪いニュースやマーケ

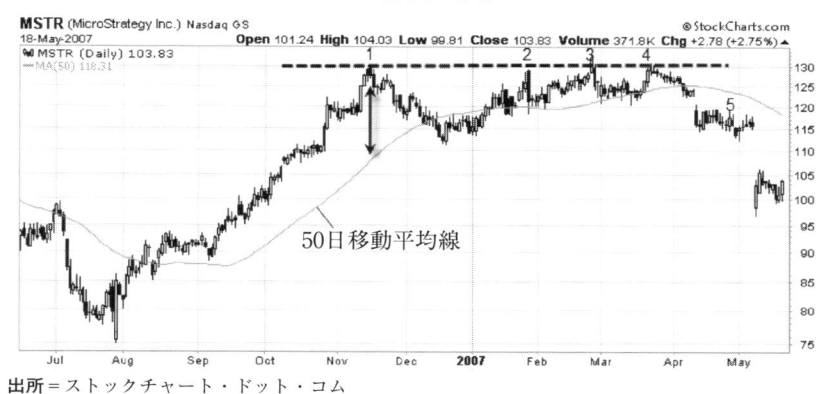

図7.4　マイクロストラテジーの株価の推移

出所＝ストックチャート・ドット・コム

ット全体の下げ、通常よりも大きい利食いの波などがトリガーとなる。買いのパターンはラージEVが強含むことで察知したが、売りの波はトータルEVが弱含むことで分かる。また、トータルEVの弱含むパターンは、ダイバージェンス分析を使って株価と比較したり、トータルERのシグナルを使って過去のトレンドと比較したりする必要がある。

ダイバージェンス分析

　トータルERと株価変化率（PROC）の乖離を見るダイバージェンス分析（第3章）がトータルEVフロー分析よりも適切なのは、ダイバージェンス分析が現在の売りパターンと過去の売りパターンの強さを比較しているからで、このほうが現在の売りの波の相対的な強さを判断するには良い手掛かりを与えてくれる。このことは、ソフトウエア会社のマイクロストラテジーの例で詳しく見ていく。**図7.4**から分かるように、この会社の株価は2006年8月から11月半ばにかけて健全な上昇トレンドを形成していた（ポイント1）。しかし、**図7.4**のポイント1～5はどれもそのあと下落しているため、どこで空売りすべきかの判断は難しい。ちなみに、点線で示した抵抗線は、株価がブレ

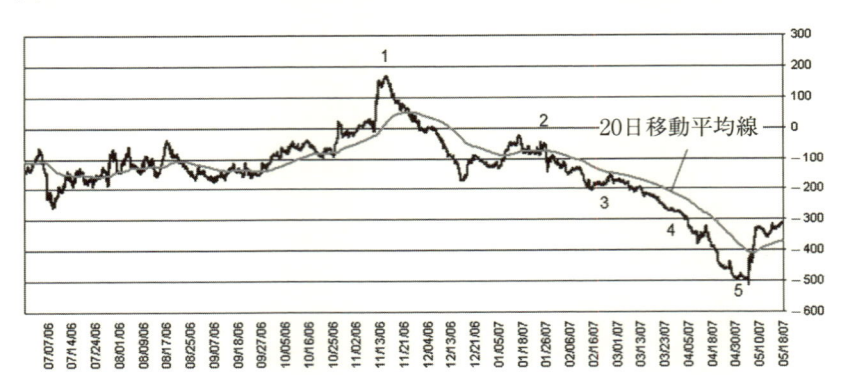

図7.5 マイクロストラテジーのトータルEVフロー(単位=1000株)

イクしないでそこで下落するたびに強くなっていく。次は、**図7.5**のEVフローのチャートに記した5つのポイントについて見ていこう。

- **ポイント1** 最も危険な空売りポイント。この時点では株価はまだ強い上昇トレンドにあり、50日移動平均線をはるかに上回っている（**図7.4**のポイント1と50日移動平均線の間の矢印の長さに注目してほしい）。また、**図7.5**ではトータルEVフローが20日移動平均線を上回ってさらに上昇したあと、ポイント1で下落に転じている。そして、**図7.4**ではポイント1のあと強力な売りによって株価が50日移動平均線を下にブレイクしている。何かが起こって、投資家の自信が脅かされているのだ。
- **ポイント2** 初めて抵抗線に達する（**図7.4**。ポイント1ではまだ抵抗線が形成されていない）。しかし、**図7.5**を見るとトータルEVフローは上昇に転じているため空売りすべきではないのかもしれない。
- **ポイント3** 株価（**図7.4**）は再び50日移動平均線を上回り、抵抗線も少し超えている。トータルEVフローはポイント2（**図7.5**）の激しい売りのあと、わずかに買い集めが進んでいる。ここで空売

図7.6　2007年2月までの40日間のマイクロストラテジーのEVフロー

40日間のEVフロー（単位＝1000株）

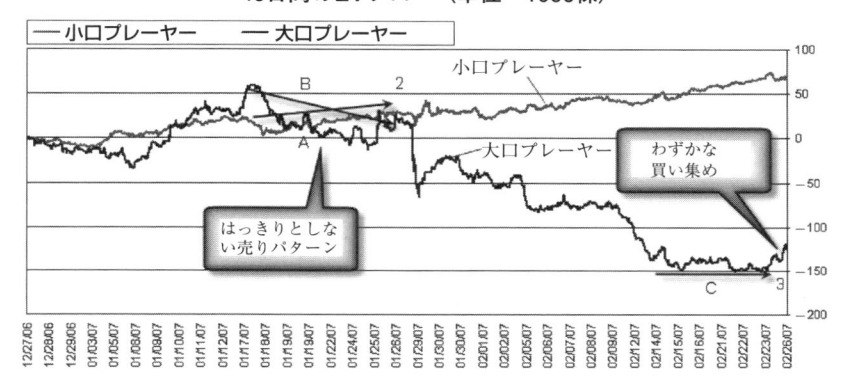

小口プレーヤー　　大口プレーヤー

はっきりとしない売りパターン

わずかな買い集め

40日間の株価

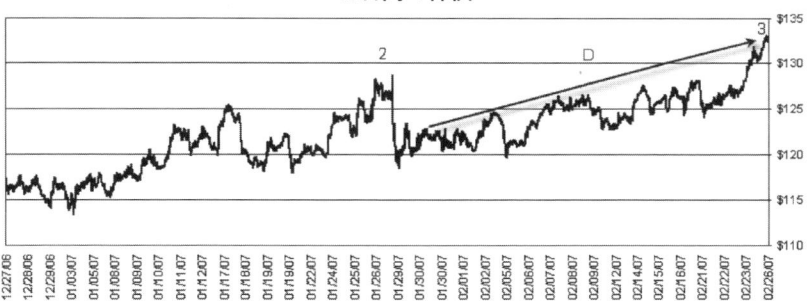

りするのは危険だ。株価が再び下げに転じるまで待ったほうがよい。**図7.6**はタイプ別のEVで、それぞれポイント2とポイント3に向かっている。ポイント2に向けては小口プレーヤーと大口プレーヤーが同じ強さで反対方向に向かうことでお互いの勢いを中和しているため（矢印Aと矢印B）、強い売りパターンとは言いがたい。また、ポイント3はラージEVがポイント2以降強い売りパターンを示しているが、**図7.6**の右側に行くと横ばい（矢印C）から買い集めが始まっている。これは大口プレーヤーのムードの変化を示す兆しかもしれない。ポイント3（**図7.4**）は抵抗線を少し上回っていることから新しい買いの波が本格的な上へのブレイクにつながる可能性

図7.7　2007年3月までの40日間のマイクロストラテジーのEVフロー

40日間のEVフロー（単位＝1000株）

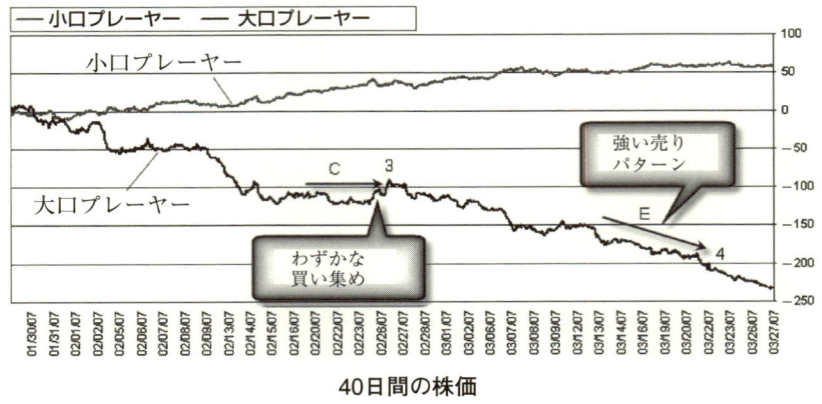

凡例：小口プレーヤー／大口プレーヤー

わずかな買い集め（C、3付近）／強い売りパターン（E、4付近）

40日間の株価

矢印D（3へ向かう上昇）／矢印F（4へ向かう上昇）

もあり、やはり安全な空売りポイントとは言えない。

● **ポイント4**　株価は再び抵抗線に達し（**図7.4**）、トータルEVは強い売りパターン（**図7.5**）を見せている。こちらのほうがポイント3よりもはるかに安全な空売りポイントと言える。**図7.7**はタイプ別のEVで、ポイント3とポイント4に向かう大口プレーヤーを示している。株価の2つの動き（矢印Dと矢印F）の強さはほぼ同じものの、ポイント3に向かう大口プレーヤー（矢印C）はわずかに買いが勝っている一方で、ポイント4に向けては大きく売られている（急落する矢印E）。つまり、空売りするならポイント4のほう

図7.8　2007年4月までの40日間のマイクロストラテジーのEVフロー

40日間のEVフロー（単位＝1000株）

40日間の株価

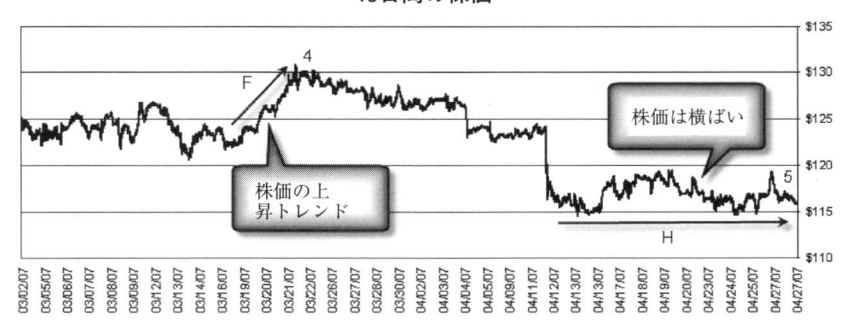

が良いということになる。

●**ポイント5**　私が好きなタイプの空売りポイント。株価は横ばいでトータルEVは大きく下げている。このパターンは、4月11日の株価のギャップダウンのあと、株価が50日移動平均線を下回ってから再び抵抗線を超えるという期待を打ち砕いている。また、タイプ別のEVを示した**図7.8**を見ると、株価は横ばい（横向きの矢印H）でも大口プレーヤーは大きく売っている（下向きの矢印G）。私は、空売りするなら株価トレンドに逆らわず、50日移動平均線も下回っているポイント5のほうがポイント4よりも安全だと思う。

図7.9　230日間のマイクロストラテジーのダイバージェンス分析

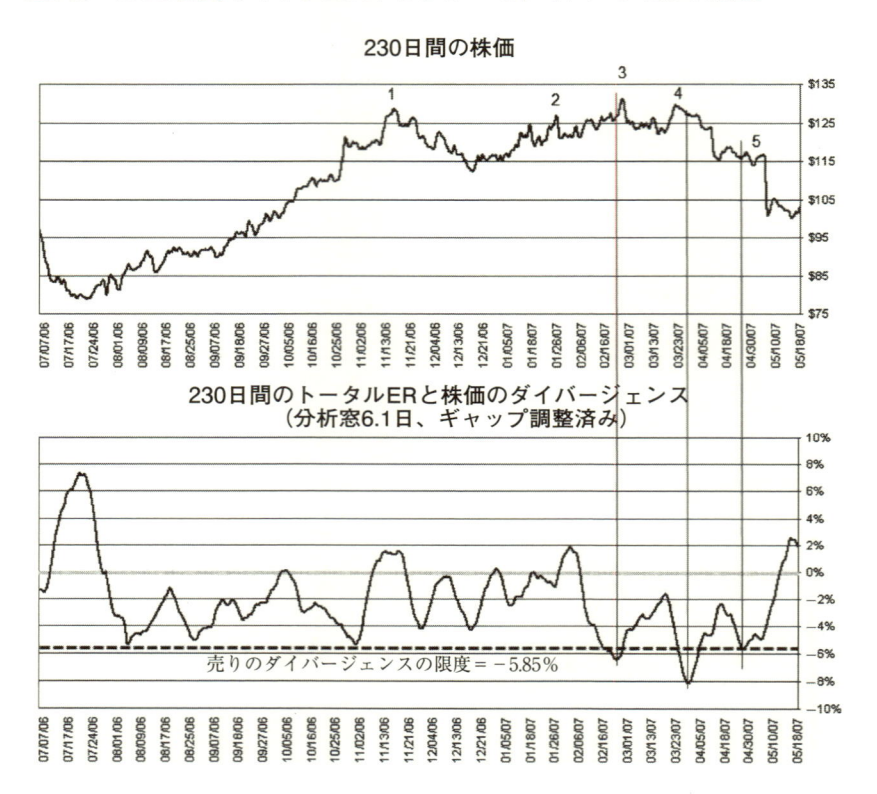

空売りルール2　トータルEVフローが20日移動平均線を下回っている

　図7.9では、ダイバージェンス分析のシグナルが、ポイント3、ポイント4、ポイント5の近くで空売りが可能であることを示している。ダイバージェンス分析のシグナルはEVのシグナルよりも信頼できるが、どちらも価値の査定と組み合わせないと使いにくい。ちなみに、マイクロストラテジーの例では、価値の指標として抵抗線と50日移動平均線のみを使っている。次は、空売りにおいてAB指数が価値の査

定で補完的なツールとして役立つことを見ていこう。

空売りルール３　トータルERとPROCのダイバージェンスが売りのダイバージェンスの限度を下回っていなければならない

AB

　トレンド観察に優れたABは、EVやダイバージェンス分析と組み合わせて空売りチャンスを探すのにも使える。これらの指数を組み合わせた空売りチャンスの分析を、世界的なコーヒーチェーンのスターバックスの興味深いケーススタディーで見てみよう。
　図7.10には、2006年８月から11月の上昇トレンドAのあとに下降トレンドBがある。ここでも空売りの可能性があるポイント１～５を挙げてみた。**図7.11**は上の図がAB（価値）で、下の図がトータルEV（トリガー）を示している。**図7.10**のポイント１～５はこちらにも記してある。
　まずはポイント１～４を見ていこう。

- ポイント１は2006年10月６日で、50日移動平均線をはるかに超えている（**図7.10**）。株価の急騰で高値は更新され、トータルEVフローも大幅に上昇した。また、ABは20％という高水準に達したが、この程度の利益では空売りする理由にはならない（買いトレードの利食う理由にならば十分なる）。
- ポイント２は、2006年11月16日に株価がギャップダウンした直後で、ポイント１以降トータルEVフローの上昇を見て積極的に買っていた投資家は、このギャップダウンに驚いた。ポイント１とポイント２の間で買った人たちの多くが２～３％の損失を被ったのは、全体

図7.10 スターバックスの株価

出所＝ストックチャート・ドット・コム

図7.11 スターバックスのABとトータルEV

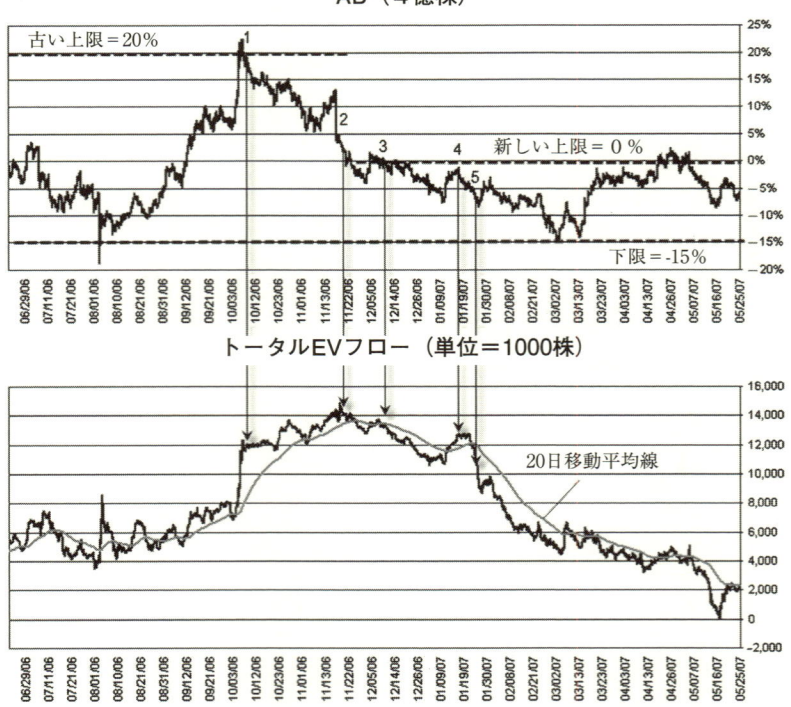

的な売りのトリガーになるには弱かったからだが、ポイント２になって株主たちは買いの判断が正しかったのかどうかを懸念し始めた。そして、11月16日のギャップダウンが彼らの自信を打ち砕き、売りが始まった。

　また、株価が急騰した10月６日よりも前に買って、まだ保有していた人は20％の利益を逃したため、売らなかったことを悔やんだ。彼らの多くが、残りの利益を確保しようと売るため、上昇トレンドに続く横ばいのあとの小さなギャップダウンは棒下げのきっかけとして十分強力かもしれない。また、この棒下げは多くのアクティブ株主のムードを変えて、新しいトレンドと新しいABを始める十分な強さもあるかもしれない。つまり、ポイント２のギャップダウンがトリガーとなった棒下げでは、空売りすべきだろう。

● ポイント３は、株価が2006年12月５日に小さくギャップアップした２日後で、このあと新たに売りが始まっている（EVフローの下落）。**図7.11**の下の図では、ポイント３でトータルEVの20日移動平均線が下がり始めている。また、2006年12月５日には、株価のギャップアップが弱かったため、ABは０％までしか戻らなかったことも興味深い。その時点から、トータルEVフローと株価はともに下げている。しかし、なぜ株主たちは平均リターンが０％になっても売り続けているのだろうか。それは彼らが希望を失ったからだ。12月５日のギャップアップでもABが０％を超えられなかったことは、新たな売りを示唆している。また、ポイント３では新しい上限ができていても下限は－15％で変わっていないため、－7.5％の下降トレンドを確認できた（０％と－15％の中点）。上限ではまだ株価が高いため、ポイント３でも空売りはできる。

● ポイント４は、2007年１月18日に株価が急騰したところで、ABは上限の０％に近くなっている。**図7.11**の下の図を見ると、トータルEVが上昇して20日移動平均線を超えていることから、株が買い

図7.12 2007年1月までの40日間のスターバックスの株価とEVフロー

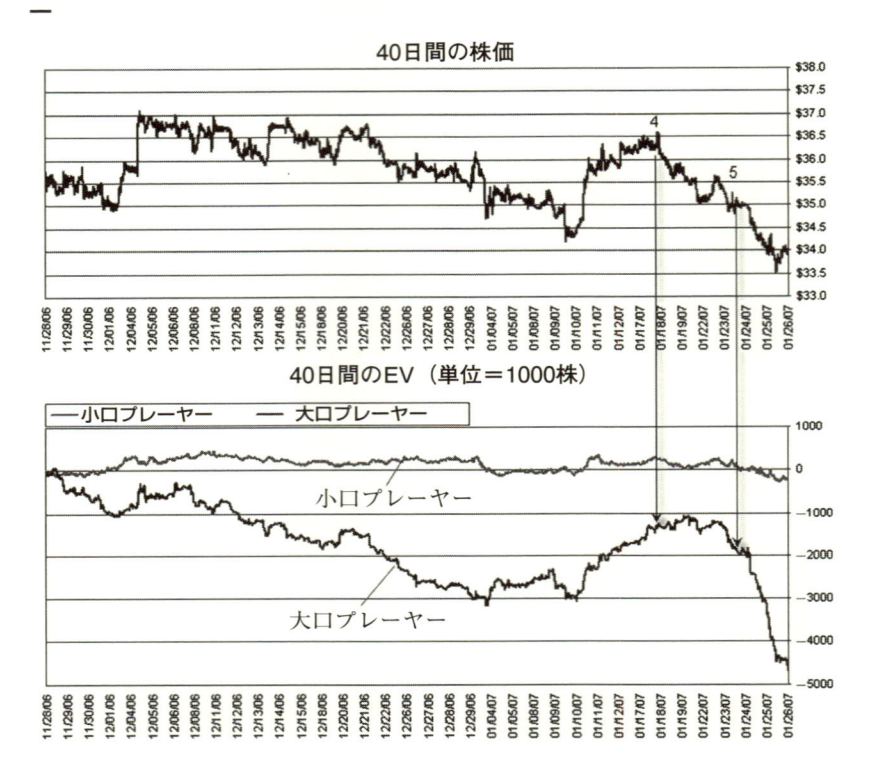

集められていることが分かる。この買い集めの様子をさらに詳しくしたのが図7.12で、ポイント4では大口プレーヤーがまだ買い集めていることが分かる。ここは良い空売りポイントなのだろうか。答えはノーだ。たとえ自分が正しくて、大口プレーヤーが間違っていると思っても、彼らにはけっして逆らってはならない。彼らには買いの力があり、それがマーケットを好きな方向に動かす力になっている。つまり、ポイント4では空売りしないで、大口プレーヤーの強い売りトレンドが始まるポイント5まで待つべきだろう。

第7章 マーケットは一方通行ではない──空売り戦略

図7.13 スターバックスの供給分析

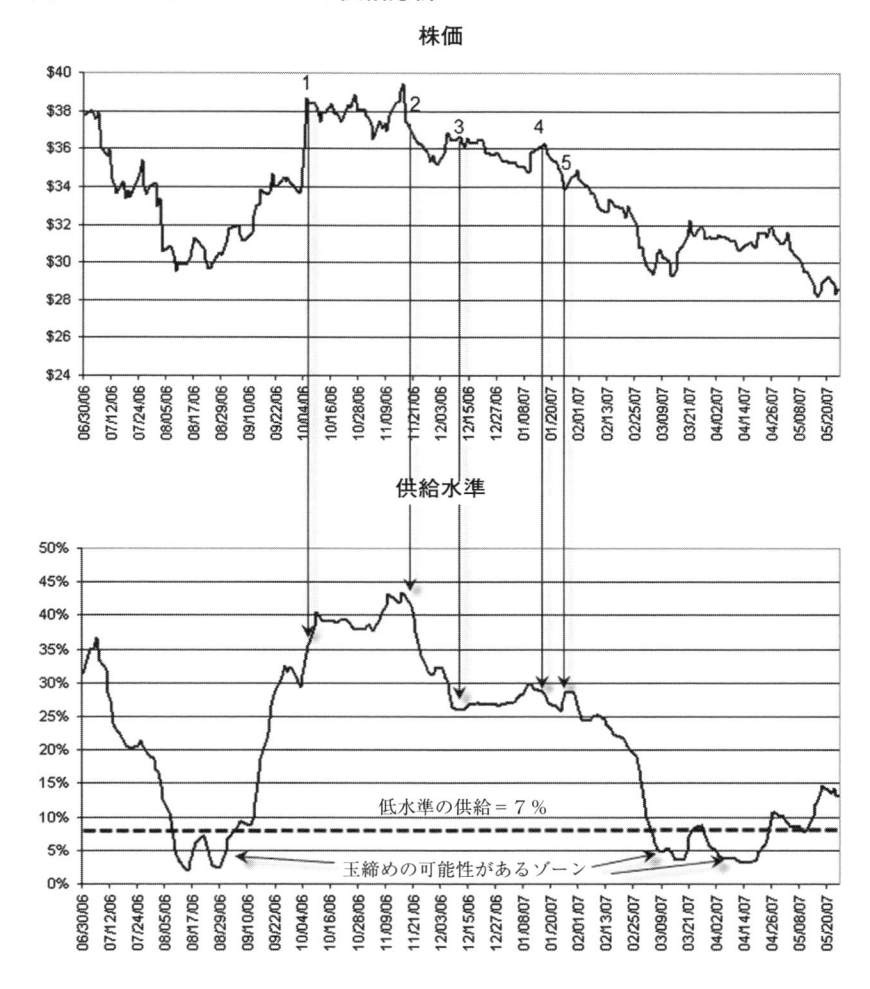

株価

供給水準

低水準の供給 = 7％

玉締めの可能性があるゾーン

空売りルール４　ABが上限に近づいても、下降トレンドが確認できなければ空売りしない

供給分析ツール

　第4章では、供給が下がって需要が増加することで平衡が崩れたポイントを探すために、供給水準を調べた。このようなポイントでは、ラージEVフローの上昇で分かる需要の急騰が、株価の新しい上昇トレンドのトリガーとなり得る。また、前述のとおり供給水準が45％でも35％でも買い手が簡単に買えるという意味ではほとんど違いがない。**図7.13**は、第4章で紹介した供給分析を使って測定したスターバックスの供給水準を示している。空売り候補のポイント１～５の供給水準はかなり高く、統計的に言えば買える株は十分あることになる。ここで供給分析が提供できる唯一の価値ある情報は、供給水準が非常に低いために玉締めの可能性があるゾーンくらいだろう。空売りで利益を上げるためにはさらに安く買い戻す必要があるため、供給が少ないときに空売りするのは非常に危険だ。供給が少なければ売り手が見つかる可能性は低い。そのうえ買い手が関心を持ち始めて株価が上がり、空売り筋に買い戻しを強いれば、それがさらに株価を押し上げてさらに多くの空売り筋が玉締めに遭うことになる。供給水準が低いことは、あまり動きがない状態を示している。株価が下落すると多くの株主が売るに売れなくなり、株価が上がるのを待つことになるが、それには時間がかかる可能性もある。

　しかし、空売りトレーダーの関心は供給水準自体ではなく、供給がまだ多い時点における株主の全体的な反応にある。株主たちは株価の直近の動きを見て、持ち株を保有し続けるのだろうか、それとも売るのだろうか。もし棒下げが予想されるなら、その前に空売りすればよい。棒下げを予想する方法のひとつに、その時点における利益水準の

第7章 マーケットは一方通行ではない──空売り戦略

図7.14　2006年10月までのスターバックスの株価

グループA　　　グループB

10月5日の株価ギャップ

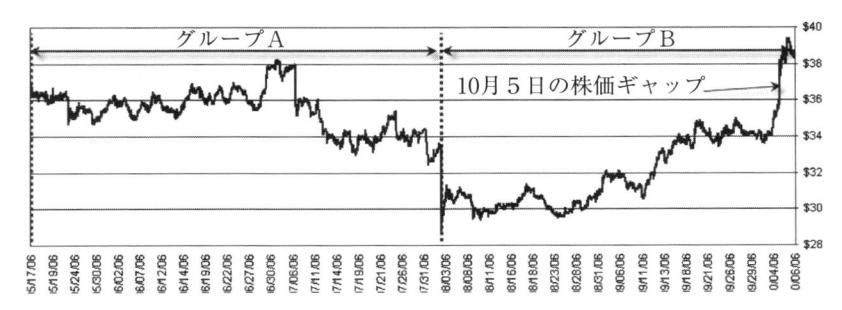

図7.15　スターバックスの出来高ヒストグラム

2006/10/4の出来高ヒストグラム（発行株数＝7億2000万株）

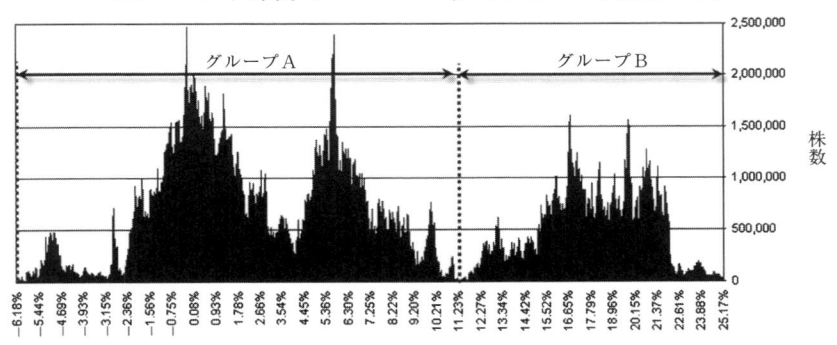

グループA　　　グループB

株数

2006/10/6の出来高ヒストグラム（発行株数＝7億2000万株）

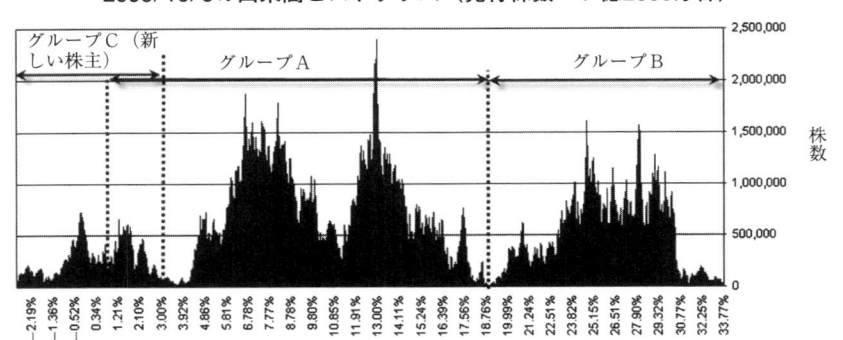

グループC（新しい株主）　　グループA　　　グループB

株数

配分を見て、(出来高ヒストグラムの推移) 株価の変化に対する反応を予想するという方法がある。

再びスターバックスのケーススタディーに戻ろう。**図7.14**は、2006年10月2日以降に株価が15％以上上昇したあと10月6日までの株価パターンを示している。ここでは、10月2日から6日までに株主たちが売るかどうかを知りたい。**図7.14**を見ると、株主を2つのグループに分けることができる。

1. グループAの株主たちは後悔している。彼らは2006年8月よりも前に買って、そのあと株価が下落しているからだ。一部の株主は下落後すぐに売ったが、残りは失敗気分を味わったあと、9月に株価が買値近くまで戻って安心している。
2. グループBは勝ち組で、多くは株価がギャップアップした10月5日の前日の株価よりも安く買っている。

この2つの株主グループが10月5日の株価ギャップにどう反応するかを予想してみよう。変化を分析するために、2つのグループの出来高ヒストグラムを用意した。**図7.15**の上の図がギャップアップ前日の2006年10月4日における損益（％）、下の図がギャップアップの翌日の10月6日の損益（％）を示している。

10月4日、グループAの株主の多くが安心して売るつもりになっていて（含み損を経験したあと株価が上昇したから）、グループBの一部の投資家は利食おうとしていた。そして10月6日、グループAの株主すべては多少の利益を得ている。短期間で利益を手にした彼らは、さらなる値上がりを待つつもりになっている。反対に、グループBの株主は順調に利益を増やしてきたため、利食いを決断できる。そして、10月5日と6日に新たに株主になったグループC（**図7.15**の下の図の左側）は、大きな期待を持って買っているため、すぐに売るつもり

第7章　マーケットは一方通行ではない──空売り戦略

図7.16　2006年11月までのスターバックスの株価

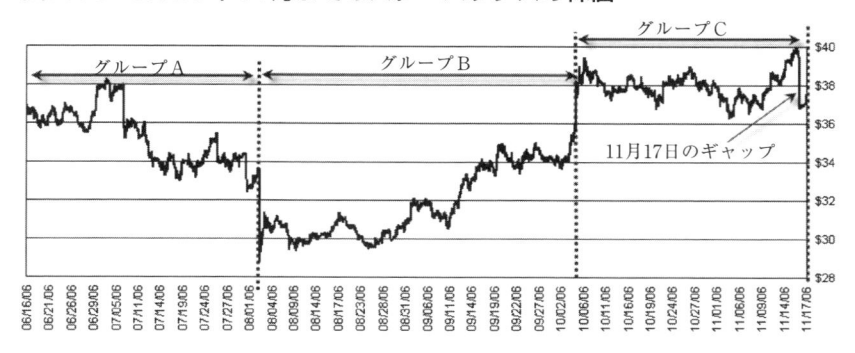

図7.17　スターバックスの出来高ヒストグラム

2006/11/16の出来高ヒストグラム（発行株数＝７億2000万株）

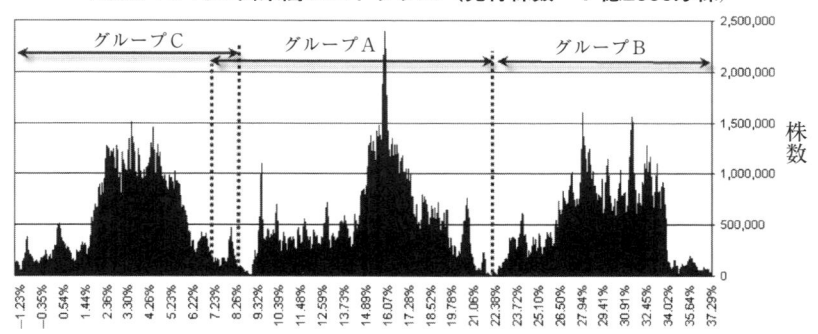

2006/11/17の出来高ヒストグラム（発行株数＝７億2000万株）

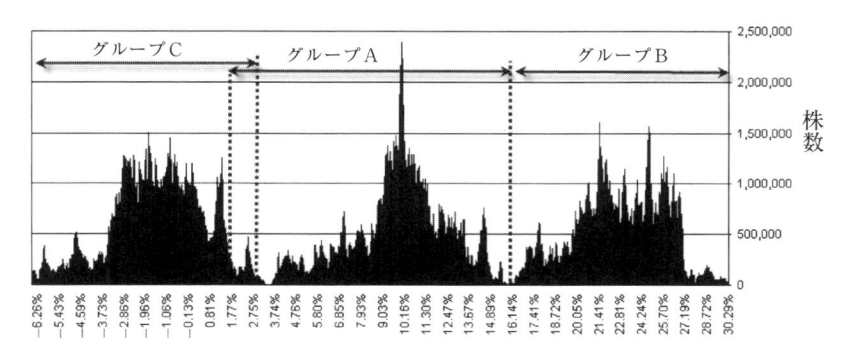

はない。つまり、利食う可能性がある株主は、大きな期待を抱いた株主に比べればずっと少ないということだ。10月5日のギャップアップのあとの空売りは勧められない。

次は、11月16日と17日を見てみよう。**図7.16**にあるように、17日には株価の小さなギャップが翌日の棒下げのトリガーとなった。前回のギャップがあった10月5日以降、グループCとして参入した株主の数は増加しているが、グループAのほうは減っている。**図7.17**の上の図は、11月17日のギャップ以前の3つの株主グループの出来高ヒストグラムを示している。ここから分かるとおり、グループBの多くは多少の利益を上げ、さらなる上昇を強く期待している。この期待は、11月17日に向けた小さな上昇トレンドでさらに高まっている。また、グループAでまだこの銘柄を保有している株主たちも（2カ月前は失敗トレードだと思っていた人たち）、この時点である程度の利益を上げている。そして、最も高い利益を上げているグループBの株主たちは、積極的に売って利食っている。この状態で11月17日のギャップダウンが起こると、各グループはどのような反応を示すのだろう。

- グループAはしぶとい長期保有者で、8月の初めにすでに一度失望を味わっている。そのときに売らずに保有し続けている彼らが現時点で売る可能性は低い。彼らは痛みに動じなくなっているのだ。
- なかなかの利益が上がっているグループB（**図7.16**の中央）はいつでも売る気になっている。11月17日の小さな下げが彼らの売り傾向を加速させるかもしれない。
- グループCは現時点で若干の含み損を抱えている。最も近い時期に最も高く株価上昇を期待していたのがこのグループで、彼らが失望しているのは間違いない。彼らの多くは損切りのために売るだろう。

図7.17の下の図を見ると、売るつもりがある株主の数（グループ

BとグループC）は、売るつもりのない株主よりもはるかに多い。これは、もし新しい買い手が現れなければ、売りが加速する可能性があることを意味している。

今回の例から、供給分析はいつ空売りすべきかについては明確なシグナルを出さないことが分かった。ただ、供給水準が低くて空売りが危険すぎるときは、それを教えてくれる。私は、供給分析で株主を損益別（勝者、敗者、最近の保有者、以前からの保有者）にして出来高ヒストグラムの推移を見れば、株価が上下したときの株主の反応を知る良い手掛かりとなるところが気に入っている。この分析は、買いにも空売りにも使える。

まとめ

本書前半で紹介したツールを組み合わせると、空売りも可能になる。私は次の4つの空売りルールを使っている。

空売りルール1　株価が50日移動平均線を下回っている
空売りルール2　トータルEVフローが20日移動平均線を下回っている
空売りルール3　トータルERとPROCのダイバージェンスが売りのダイバージェンスの限度を下回っている
空売りルール4　ABが上限に近づいても、下降トレンドが確認できなければ空売りしない

ただ、これらの空売りルールを使ったトレード戦略のバックテストは行っていないため、本当のパフォーマンスを評価することはできない。

第8章 マーケット分析とセクター分析

Market and Sector Analysis

　マーケットやセクターは、株のパフォーマンスにどのような影響を与えるのだろうか。それは私にも分からない。ただ、私の経験から言えば、マーケットやセクターが上昇トレンドに乗っているときは、株のパフォーマンスも高くなる。そしてこれは、セクターやマーケットが急落すればたとえ素晴らしい銘柄でも一緒に下がるということでもある。

　マーケット分析やセクター分析は非常に重要なので、本書を終える前に少しだけ触れておきたい。これらの分析には、消費者支出や商品価格、金利などといった要素が不可欠だが、ここでそこまで踏み込むつもりはない。ただ、私はかねてからテクニカル分析において私のツールがマーケットやセクターの展望を広げることができないかと考えていた。

　この種の提案は、魅力的でもあり危険でもある。ツールを開発目的以外に応用するにはどうすればよいのだろう。例えば、アクティブバウンダリー（AB）の周期パターンや、ダイバージェンス分析のシグナルを過去の値と比較することは、ファンダメンタルズで見た仮定に基づいている。特定の銘柄に投資する株主グループの構成は、株価のサイクルよりも遅いペースで変化していく。同じトレーダーがさまざまな時期に同じ銘柄を何度もトレードするときは、同じ分析方法で判

断を下すため、トレンドやその転換にパターンが繰り返し表れる。そして、ABやダイバージェンス分析はこのパターンをとらえているのだ。

このような周期的な価格パターンをセクターやマーケットに見つけることはできないだろうか。これに本書で紹介してきたツールを使えないだろうか。答えはイエスで、こうした分析にも今まで紹介してきたツール類を使うことができる。本章で紹介している予備的な結果はまだ完全ではないが、非常に興味深い。本章は2つのセクションに分け、前半はAB指数とダイバージェンス分析をマーケット分析に応用し、後半はそれをさまざまなセクター分析に用いていく。

マーケットはいつ割高になるのか

この答えは難しい。すでに多くの学者やノーベル賞受賞者がこの答えを表明しているため、私がこれ以上述べることはないだろう。問題は、マーケットが割高かどうかの参考となる基準がないということだ。まずはS&P500を基準としたマーケットが割高かどうかの参考水準をおさらいしておこう。

- ●**通貨単位** 2007年6月ごろ、米ドルで見るとS&P500は最高値を更新したが、この価格をユーロに換算すると2000年の高値にははるかに及ばない。こうなると、S&P500は割安なのだろうか、それとも割高なのだろうか。
- ●**買いの力** 2007年6月現在、S&P500は2002年8月以来上昇し続けている。しかし、そのペースをGDP(国内総生産)と比較したとき、国民が生み出す富の成長率と比べたら高いのだろうか。個人の富は、個人所得の伸びで測定すべきなのだろうか、それとも法人所得の伸びで測定すべきなのだろうか。もし消費者と企業の両方の買いの力がS&P500の伸びを上回っていたら、2007年6月の時点では株は安

いと言えるのだろうか。

●**将来の収益成長率**　買いの力の伸びは続くのだろうか。S&P500はアメリカの大型株500銘柄の株価を表しているが、何がこれらの企業の収益成長に影響を及ぼすのだろう。もし労働力と安い天然資源が不足すると将来の収益成長率に悪影響を及ぼすと考えれば、株式市場はすでに割高だということになる。

第2章では、現在の株主の期待を基にして株価を評価し、株主の期待は彼らの利益と反比例していると述べた。そこで、株主たち（アクティブフロートを保有する人たち）の平均損益を測定して、私がABと呼ぶ周期的なシグナルをとらえることにした。ABは割安を示す下限と割高を示す上限の間を行き来している。

残念ながら、この考えはS&P500のような指数には応用できない。1つの会社の株価ではないからだ。500の異なった企業に投資している株主たちは、指数自体の損益ではなくそれぞれの投資に対する期待を持っている。つまり、さまざまな周期を持つ企業の株主を、1つのグループとして周期的なパターンを見つける手法を応用することはできないということだ。

別の考えもある。マーケットは大きなファンドで「作られて」いて彼らは1年単位で評価を算定するため、S&P500のABも12カ月単位で算出したらどうなのだろう。S&P500の構成銘柄の日々の出来高は分かっているし、すべての銘柄の日々の平均利益を過去1年間と比較することもできる。この結果を示した**図8.1a**を見ると、ABがマーケットの価値を同期間の指数トレンド自体や指数の変化率（**図8.2**）よりもうまくとらえていることが分かる。例えば、1987年以降、S&P500は上限の20％（UB1）と下限の-20％（LB1）の間を動いているが、1987年10月になると、**図8.1a**の上の図よりも下の図のほうが暴落をはっきりと示している。1987年10月の暴落は一晩でマーケットを割高

図8.1a　S&P500のパターンとAB

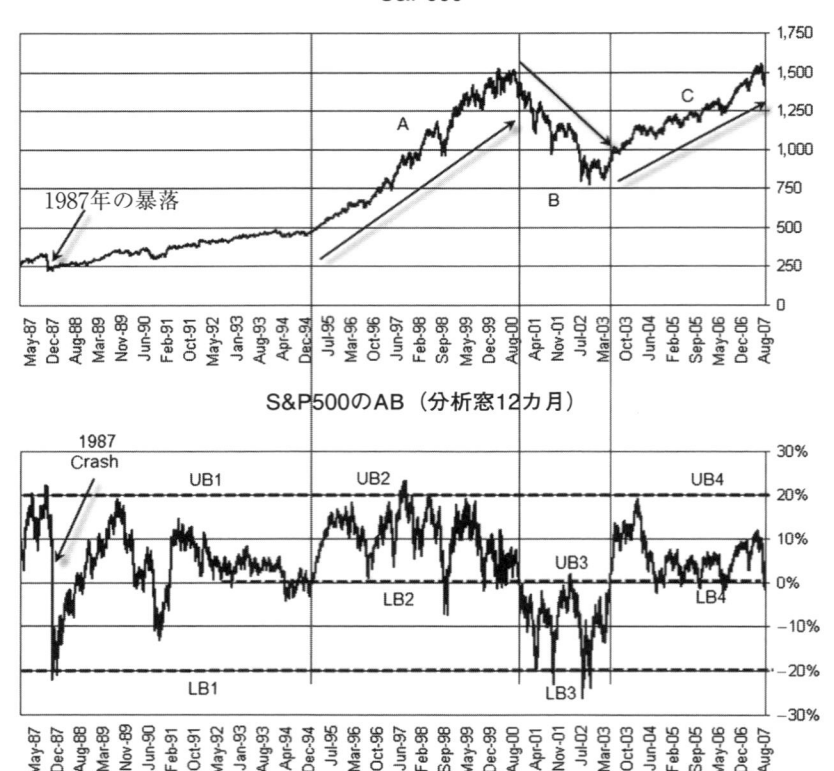

のUB1から割安のLB1に押し下げてしまった。

　図8.1aには、3つの限度から成る3つのゾーンがある。

1．ゾーンAは1995〜2000年の上昇トレンドで、これはUB2（＋20％）とLB2（0％）で示されている
2．ゾーンBには、バブル崩壊を含む2000〜2003年の動きがUB3（0％）とLB3（－20％）で示されている
3．ゾーンCは2003年に始まった直近の上昇トレンドで、UB4（20％）

第8章　マーケット分析とセクター分析

図8.1b　S&P500のパターンとABの最新値

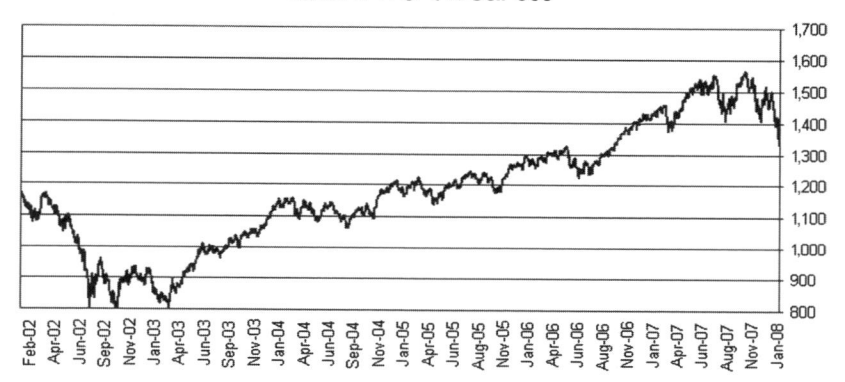

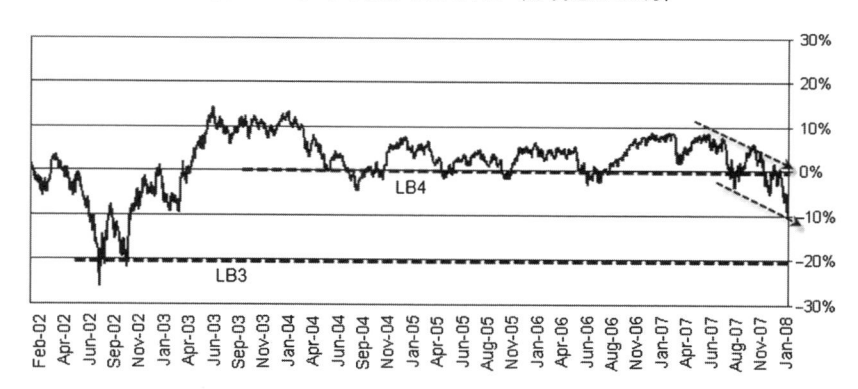

2008/1/17までのS&P500

2008/1/17までのS&P500のAB（分析窓12カ月）

とLB4（0％）で示されている

　2008年1月18日にこの図を更新し（**図8.1b**）、その後マーケットは大きく動いた。

　参考までに、**図8.2**には株価の12カ月の分析窓を使った変化率も示してある。**図8.2**は**図8.1a**ほど定期的なパターンを示していないが、その理由のひとつは株価の変化率のシグナルが株価が変化したときだけでなく、12カ月の分析窓から外れたときにも出るからだ。例えば、

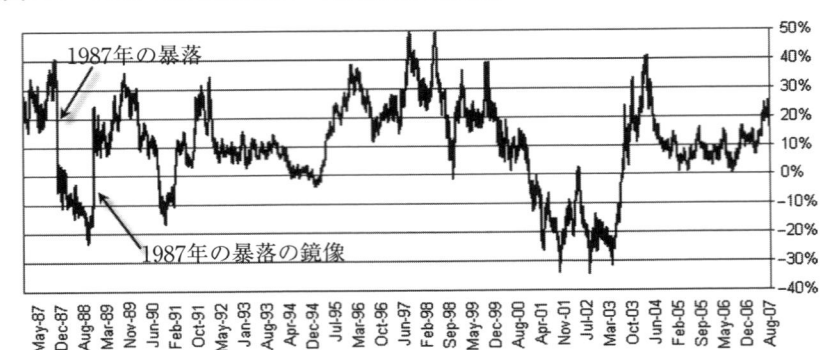

図8.2 S&P500の変化率（分析窓12カ月）

（グラフ：1987年5月～2007年8月のS&P500変化率。1987年の暴落と1987年の暴落の鏡像を示す）

図8.2には1987年の暴落の鏡像（変化率の急増）が現れているが、これには単純な数学的理由がある。鏡像は、1987年の暴落で株価がギャップダウンして分析窓を外れたとき起こるからだ（第3章の図3.4の分析窓に関する説明参照）。この問題は、何らかの加重方法（直線的または指数的）を使えば修正できるが、それではデータを希望する結果に修正することにしかならない。

　AB指数のほうがずっと強力なのは、これが株主の売りの判断の主な要素である平均利益の推移に基づいているからだ。ABのような価値を示す指数の強みは、図の右側を見れば限度に近づいているのかや、どのくらい近いのかがすぐに分かることだ。例えば、図8.1aの下の図の右側を見るとAB指数は11.3％となっていて、これはS&P500の1536に相当する（第2章で紹介した限度を使って目標株価を探す方法で算出）。このシミュレーションによれば、20％のUB4は、S&P500が1650になれば到達するが、これが非常に高い水準だということは間違いない。一方、0％のLB4に達するのはS&P500が1380のときで、1380を下回るとベア相場と言える。日中のトレードはABと引いてはS&P500の値に影響を及ぼすため、ABのさまざまな限度線に相当す

るS&P500の値を毎日算出する必要がある。言い換えれば、もし7月30日にUB4に相当するS&P500の値が1650でも、7月31日の取引終了時の値は、①出来高、②7月30日と31日の株価の変化——によって若干上下する。

　前の段落までは2007年8月末に書いた文章だが、そのあとS&P500ははっきりと下限のLB4を突き抜けた（**図8.1b**）。次の下限の水準はLB3で、S&P500が1150になると到達する。この水準だと平均損失は20％になり、ここまで行けば勢いよく反転することを**図8.1a**は示している。

　もうひとつ、ABを応用した面白い方法として、S&P500の各銘柄のABを算出してS&P500自体のABを算出することもできる。S&P500の構成銘柄は、それぞれの株価サイクルで動いていることから、それぞれのABの限度のなかでシグナルの場所を－1～＋1の間の値で示すことができる（下限の－1から上限の＋1までの間で値を割り振る）。この値をS&P500の加重に合わせて加重すると、S&P500の構成銘柄により近い新しいAB指数を作ることができる。これは**図8.1a**や**図8.1b**よりも正確な値になると思う。

　ただ、ABの弱みは限度に達したときに反転するのか、それともブレイクしてしまうのかを予想できないことにある。1つの銘柄を分析するときは、ラージEVをトリガーとして株価の方向性を予想することは自然なことだった。しかし、S&P500は500の異なった銘柄の集まりで、それぞれ額面金額も違うため、単純にラージEVフローを合計しても指数全体のラージEVフローにはならない（実際、S&P500のABは株価が100ドルの銘柄も10ドルの銘柄も同じように加重されるため、計算自体に不備がある）。アプローチとしては資金フロー、つまり次の6つの手順を使ってマーケットの推移を測定するのが良いだろう。

1. S&P500の各銘柄に対し、1分ごとのラージEVと平均株価を測定することで、資金フローを計算する。
2. 分析期間を選ぶ――例えば20日。
3. ステップ1で計算した1分ごとの資金フローを合計して、この分析期間のラージエフェクティブ資金フローを算出する。
4. この分析期間については、毎分の出来高と平均株価を掛け合わせたトータル資金フローも計算する（トータル資金フローは分析期間にこの銘柄に投資されたすべての資金を示すもので、結果は必ずプラスになる）。しかし、ラージエフェクティブ資金フローは上下する。これは、前の1分間から現在の1分間への株価変化はプラスのこともマイナスのこともあるため、ラージEVもプラスにもマイナスにもなるからだ（第1章のEVの定義参照）。
5. 各銘柄についてステップ3の結果をステップ4の結果で割ると、その期間に投資された金額の割合（％）が算出できる。私はこの値を「20日間の大口プレーヤーの強さ」と呼んでいる。これで、S&P500の各銘柄について強さの割合が分かった。
6. S&P500が構成銘柄を時価総額に応じて加重している割合で、5で算出した割合も加重する。

　これで、S&P500に出入りする大口プレーヤーの資金の1分ごとの推移が分かる。私はこれを「マーケットの資金フロー」と呼んでいる。S&P500のABのカギとなる時点の資金フローを調べれば、S&P500の次の動きを予測できるツールが作れることは間違いないと思っている。また、このようなアイデアをさまざまな指標に応用すれば、面白い結果を得られるとも考えている。
　その一例として、36のセクターから254銘柄を選んで計算してみた（これらは私が実際に日々観察している銘柄で、十分なデータが手元にある）。

第8章 マーケット分析とセクター分析

図8.3　私の254銘柄とS&P500の変化（2006/8/1～2008/3/6）

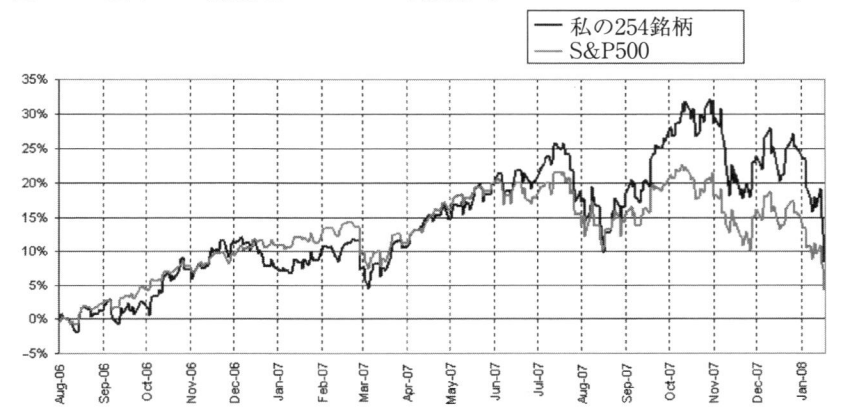

図8.4　株価の変化と大口プレーヤーの強さの推移（2006/8/1～2008/1/17）

2008/3/6までの254銘柄と20日間の大口プレーヤーの強さ
（トータル資金フローに対する割合）と20日平均

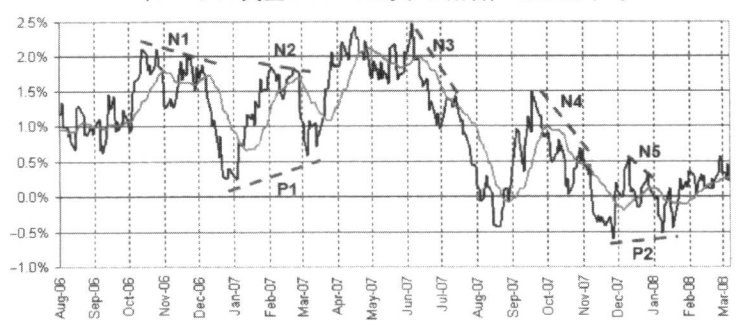

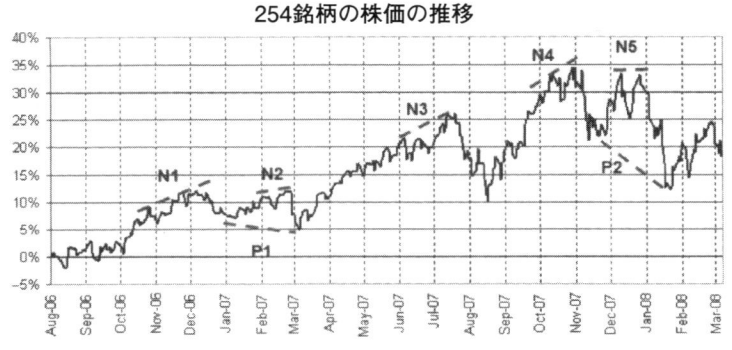

254銘柄の株価の推移

415

図8.3は、2006年8月1日以降の254銘柄の株価の推移をS&P500と比較している。これを見ると、2つの図が似た動きをしていたのは2007年9月までだ（私の254銘柄はS&P500よりも金融株が少なく、基本素材株が多い）。これでは254銘柄で分析したマーケットの強さがグローバルマーケットの強さを示しているとは言えないが、**図8.4**は興味深い結果を示しており、さらに調べを進めればS&P500をなんらかの確認に使えるかもしれない（現在はまだ調査中）。

図8.4の上の図は、254銘柄のマーケットの資金フローを示している。ここから分かることを挙げておこう。

- 5カ所あるマイナスのダイバージェンス（N1～N5）はトータル資金フローの高値が切り下がっているが、平均株価は上昇して高値を更新している。このことは、マーケットが弱含んで近いうちに株価が大幅に下落することを示唆している。
- それに合わせて2つのプラスのダイバージェンス（P1とP2）では、資金フローは下げても前回の底よりも高かったが、株価は安値を更新した。このことは、売られ過ぎたマーケットが近いうちに上昇に転じることを示唆している。
- 2007年7月6日からアップティックルールに変更が加えられたことが（第7章）、それ以降のシグナルのパターンに影響を及ぼした可能性がある。

　　（**注**　この分析は、**『スイングトレードの法則』**［パンローリング］の著者で、オードラクル・ドット・コム http://www.ordracle.com/ というサイトの設立者であるティム・オードが指摘してくれた。金市場に特化して優れたニュースレターを毎日発行しているオードも、価格と出来高を組み合わせたテクニックを使っている）

セクター分析

従来のセクター分析は次のように行われてきた。

1. **セクター内の強さの比較** もし特定の株価の動きが同じセクターのほかの銘柄よりも悪ければ、その銘柄はパフォーマンスが悪いため売る。もしセクター内で主要な銘柄が収益悪化を発表したら、そのセクター全体の経済状態が悪いと判断し、そのための対応として同じセクターの銘柄を売る。
2. **セクター間の資金配分** セクターにはそれぞれのサイクルがあることはよく知られている。例えば、テレコムセクターが小売セクターや住宅セクターと同調して動く可能性は低い。そこで、従来の保守的なファンド（例えば年金ファンド）は、相対的なセクターのパフォーマンスや金利の変化に基づいて、定期的にセクター間で資金を再配分している。

ここで知りたいのは、EVの手法が従来のセクター分析のパフォーマンスを上回ったかどうかだ。

EVをラージEVとスモールEVに分けると、彼らがいつ特定の株を買い集めたり売り抜けたりしているかが分かるということを思い出してほしい。この手法の使い方を復習しておこう。

- ラージEVで株のレラティブストレングスを調べる（同じセクター内のある銘柄がほかの銘柄よりも激しく買い集められていることが分かれば興味深い）
- 特定のセクターに出入りするトータル資金フローを算出する（もしかしたら、そのセクターの将来の株価の方向が分かるかもしれない）

表8.1　海上石油掘削会社

会社名	シンボル	時価総額（単位＝100万ドル）	1日のトレード金額（単位＝100万ドル）
アトウッド・オーシャニクス	ATW	2,050	35.0
トドコ	THE	2,790	72.3
オーシャニアリング・インターナショナル	OII	3,050	40.6
ローワン・カンパニーズ	RDC	3,330	128.6
ノーブル・コーポレーション	NE	12,290	260.4
グローバルサンタフェ	GSF	15,520	313.7
トランスオーシャン	RIG	28,200	573.7
合計		**67,230**	**1,424.3**

表8.2　海上石油掘削各社の比率

会社名	シンボル	7社合計時価総額に占める各社の割合	7社合計の1日のトレード金額に占める各社の割合
アトウッド・オーシャニクス	ATW	3.0%	2.5%
トドコ	THE	4.1%	5.1%
オーシャニアリング・インターナショナル	OII	4.5%	2.8%
ローワン・カンパニーズ	RDC	5.0%	9.0%
ノーブル・コーポレーション	NE	18.3%	18.3%
グローバルサンタフェ	GSF	23.1%	22.0%
トランスオーシャン	RIG	42.0%	40.3%
合計		**100.0%**	**100.0%**

セクター内の強さの比較

いつものように、一般的な手法に展開できる例を使って話を進めていきたい。まずは石油掘削セクターのなかの「海上石油掘削」セクターを見ていこう。地上と海上では掘削の技術も機材も違うため、ここは2つに分けてそれぞれのグループ内で比較すべきだろう。**表8.1**は、海上石油掘削分野で活発に動いている企業を挙げてある。一番右の列は1日の平均出来高から算出したトレード金額を示している。例えば、トランスオーシャン株は1日に5億7370万ドルがトレードされている

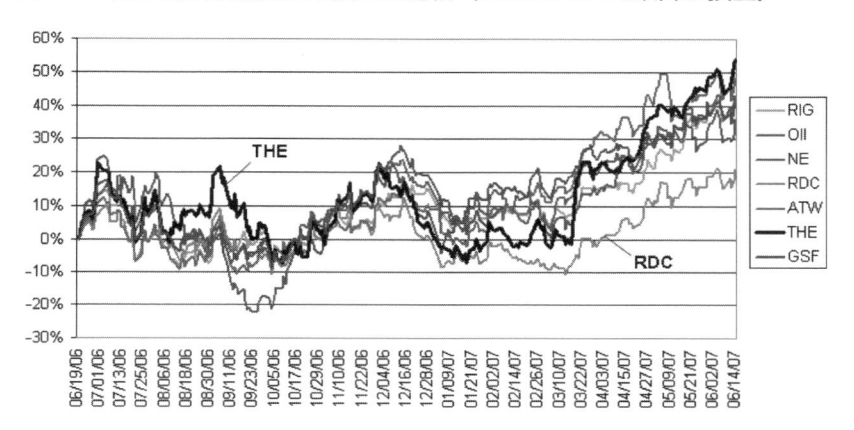

図8.5　海上石油掘削会社の損益の比較（2006/6/19以降の損益）

ことになる。

また、**表8.2**は7社合計の値と各社を比較したものである。ここからは次のことが分かる。

- 最初の4社（ATW、THE、OII、RDC）は、次の3社（NE、GSF、RIG）よりも小さい（このあと、GSFはRIGと合併した）
- ローワンを除くすべての銘柄は、1日のトレード金額の割合と時価総額の割合が非常に近い

図8.5には、2006年6月19日以降の損益を示してある。白黒の図だと各社の違いを見分けにくいが、それでも各社の損益が同じサイクルをたどっていることはすぐに分かる。各社の収益が一緒に上下するのは、おそらく石油価格の変動を追いかけているからだろう。ちなみに、**図8.5**に太線で示したトドコ（THE）は、2007年3月19日にヘラクレス・オフショア・インクに買収された。

図8.5から、パフォーマンスが最も高い銘柄を見分けるのは難しい

が、2006年11月以降ローワン（RDC）のパフォーマンスが最も低いことは分かる。

次は、各社のラージEVフローを比較してみよう。ただ、各社の株価が違うため、ラージEVフローを単純に比較しても資金の流れは分からない。そこで、各銘柄に投資されている金額を比較するため、ラージEVフローと株価を掛け合わせる。当然ながら、時価総額の大きい会社は時価総額の小さい会社よりも多くの資金を集めていることが**図8.6**に表れている。例えば、トランスオーシャン（RIG）とアトウッド（ATW）を比較すると、過去1年間にRIGには大口プレーヤーから約14億ドルの資金フローがあるが、ATWには1億3300万ドルしかない（**図8.6**の右側）。つまり、RIGは大口プレーヤーの資金をATWよりも10.5倍も多く引き付けていることになる。しかし、**表8.1**を見るとRIGは通常1日に5億7370万ドルトレードされていて、これは3500万ドルしかトレードされていないATWの16.4倍に当たることが分かる。これらのことから、もしRIGをトレードしている大口プレーヤーがATWでも同じ割合で買い集めていたとすれば（その銘柄の1日のトレード金額に対して）、14億ドル×（16.4÷10.5）＝21億8000万ドル買い集めていなければならなかったことになる。言い換えれば、RIGの大口プレーヤーはATWの大口プレーヤーよりも36％弱い（10.5倍＜16.4倍）ことになる。そこで、大口プレーヤーの資金フローを各銘柄が1日に集める資金の額で再配分すると（**表8.2**の2列目）、大口プレーヤーの資金フローはまったく違う構成になる（**図8.7**）。そして**図8.7**からは、買収される前のトドコ（THE）が、大口プレーヤーの資金を最も多く集めていたことが分かる。もちろんこれは単なる偶然だが、もしセクターのなかでさまざまな銘柄にリスクを分散したければ、大口プレーヤーの資金を多く集める銘柄には多く配分するようにしたい。

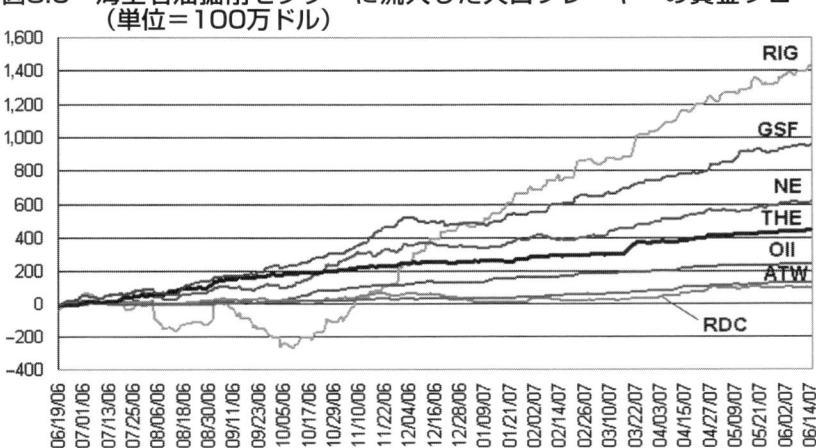

図8.6　海上石油掘削セクターに流入した大口プレーヤーの資金フロー（単位＝100万ドル）

図8.7　海上石油掘削会社への大口プレーヤーの再配分後の資金フロー（単位＝100万ドル）

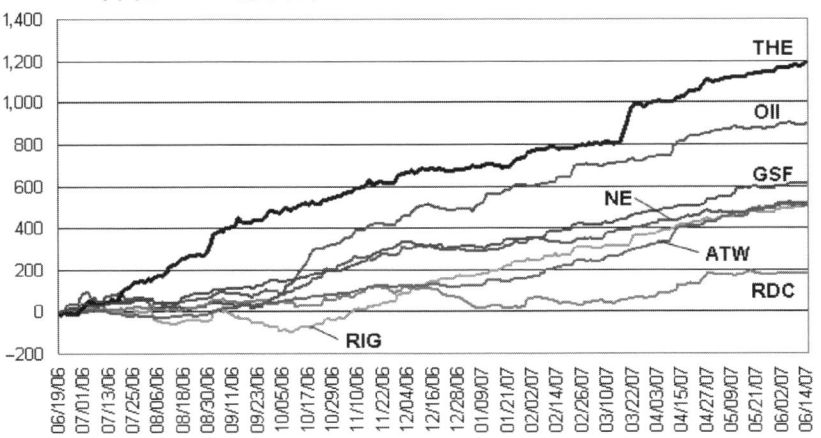

セクター間の資金配分

　セクター間の資金配分における大原則は、モメンタムが増しているセクターのポジションを拡大し、下降トレンドが始まりつつあるセクターのポジションは縮小することにある。そうなると**図8.4**の254銘

図8.8　海上石油掘削会社の資金フローと利益の比較

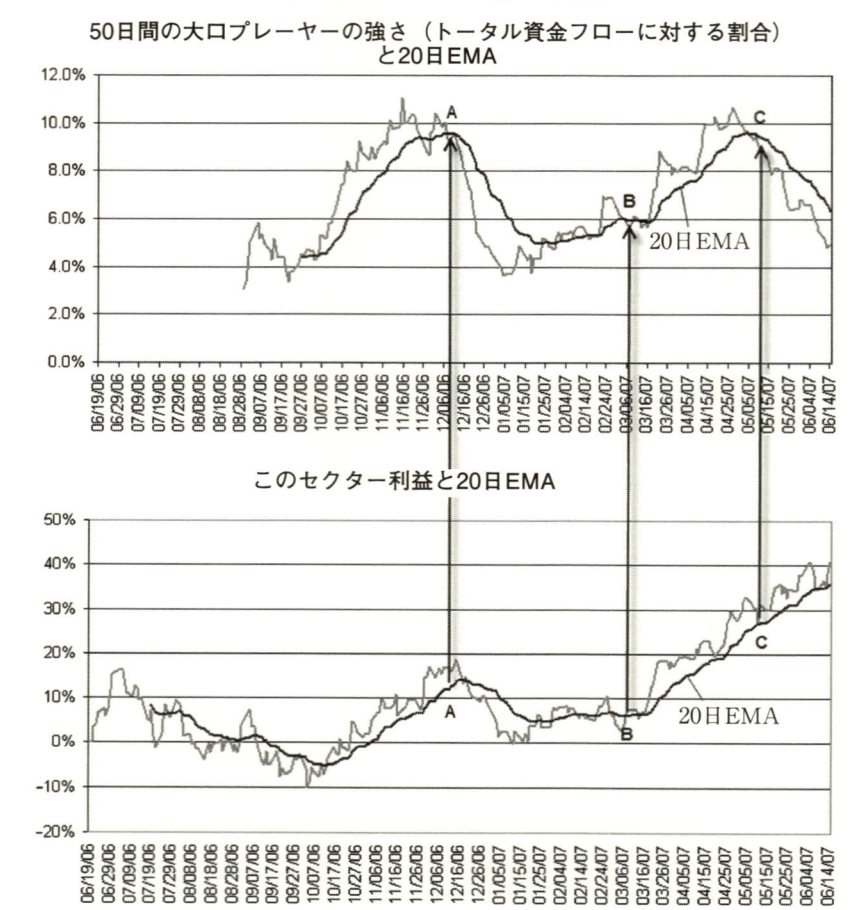

50日間の大口プレーヤーの強さ（トータル資金フローに対する割合）と20日EMA

このセクター利益と20日EMA

柄のように、あるセクターのEV分析がそのセクターの将来の動きを予想してくれるかどうかが知りたくなる。

　この答えは、次の4つのステップによるテストで分かる。これは毎日行う必要がある。

1．銘柄ごとに大口プレーヤーの資金フロー（ラージEVフローと株価を掛け合わせた数）を数える日数を決める。例えば、50日（**図8.4**で採用した20日は、50日の図より速く動く）。
2．各銘柄について50日間の大口プレーヤーの資金フローと同じ期間のトータル資金フローの比率を計算する。これによって、大口プレーヤーの買い集めや売り抜けの強さが分かる。
3．この強さを、この銘柄のセクター内の割合に合わせて加重する。
4．セクター内のすべての銘柄の強さの値を合計する。これがセクターの買い集めと売り抜けの強さとなる。

　この結果は、**図8.8**の上の図に示してある。これは、大口プレーヤーがセクターの利益を上下させるのに使っている平均的な強さのイメージとなっている（セクターの利益はセクターの構成銘柄の株価を加重してその変化を2006年6月19日から始まる分析期間で見たもの。**図8.8**）。下の図はセクターの実際の動きを示している。

　図8.8の上の図では、まず大口プレーヤーの強さがときには10％近くまで上がっているのが見える。これは、大口プレーヤーがこのセクターの株を激しく買っている（かつ大きな売りはない）ことを示している。ただ、第3章で学んだエフェクティブレシオ（ER）のシグナル自体はむしろ低い（6％未満）。これは、大口の買い手と大口の売り手の平衡がうまく保たれているためで、その違いは50日間の全出来高のほんの2～3％にしかならない。この6％というのは私の経験から得た目安で、10％ならかなり高い。

　図8.8で2つ目の重要なポイントは、大口プレーヤーの強さからセクターの動きが予想できることだ。

●ポイントAは、セクター利益が天井を打つ前に来る（大口プレーヤーの50日の強さのトレンドは、セクターの利益トレンドよりも何日

か前に下げに転じた）
- ポイントBは、セクター利益の新しい上昇トレンドが始まる前にレラティブストレングスが上昇し始めたことを示している
- ポイントCは、大口プレーヤーが再び弱含んでいることを示しているが、それはまだセクター利益には反映されていない

前に、大口プレーヤーの強さが予測の助けになる「かもしれない」と書いたが、実は大口プレーヤーの強さは何も予想していない。この値は単に彼らが強含んでいるか弱含んでいるかを示しているだけなのだ。つまり、セクターに投資するタイミングは、大口プレーヤーの動きを見るのではなく、セクターの動きを見ながら大口プレーヤーの強さの変化を参考にすればよい。

ここでセクタートレードに関する５つのルールをまとめておこう。そのあと、いくつか例を見ていく。

1. セクターのトレンドが横ばいか底から上昇していて、その前に大口プレーヤーの強さが増していれば買う。
2. 大口プレーヤーが弱含んでいるときは買わない。
3. 十分な利益が出ていると思えば売る。
4. 大口プレーヤーが弱含んで、セクタートレンドが下落に転じていたら売る。
5. セクタートレンドがまだ上昇していれば、大口プレーヤーが弱含んでいても売らない。ファンドはポジションを手仕舞うのには時間がかかるため、彼らは株価がまだ上昇しているうちから売り始める。

ソフトウエアセクター

図8.9は、**表8.3**に掲載した企業の株価の推移を損益の割合（％）

図8.9 ソフトウエアセクターのトレード開始以来の損益比較

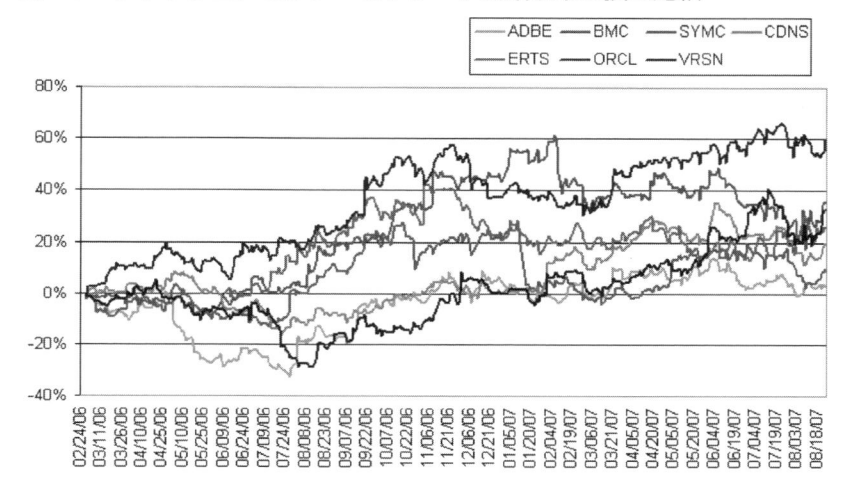

表8.3 私が観察しているソフトウエア企業

会社名	ティッカー
カデンス・デザイン・システムズ	CDNS
アドビ・システムズ	ADBE
エレクトロニック・アート	ERTS
BMCソフトウエア	BMC
オラクル	ORCL
シマンテック・コープ	SYMC
ベリサイン	VRSN

で示している。これらは私が長期間観察してきた企業というだけで、ソフトウエア会社を代表する企業というわけではない（個々の企業について知らなくても良いが、このセクターは海上石油掘削セクターと違って株価が同じ動きをしないということに注目してほしい）。

次は、大口プレーヤーの強さとセクター利益の推移を比較した**図8.10**の下の図のポイントA～Dを詳しく見ていこう。

●**ポイントA** セクターは上昇し始め、大口プレーヤーの強さもしっかりと上がっている。買うべき。

図8.10 ソフトウエアセクターの資金フローと利益の比較

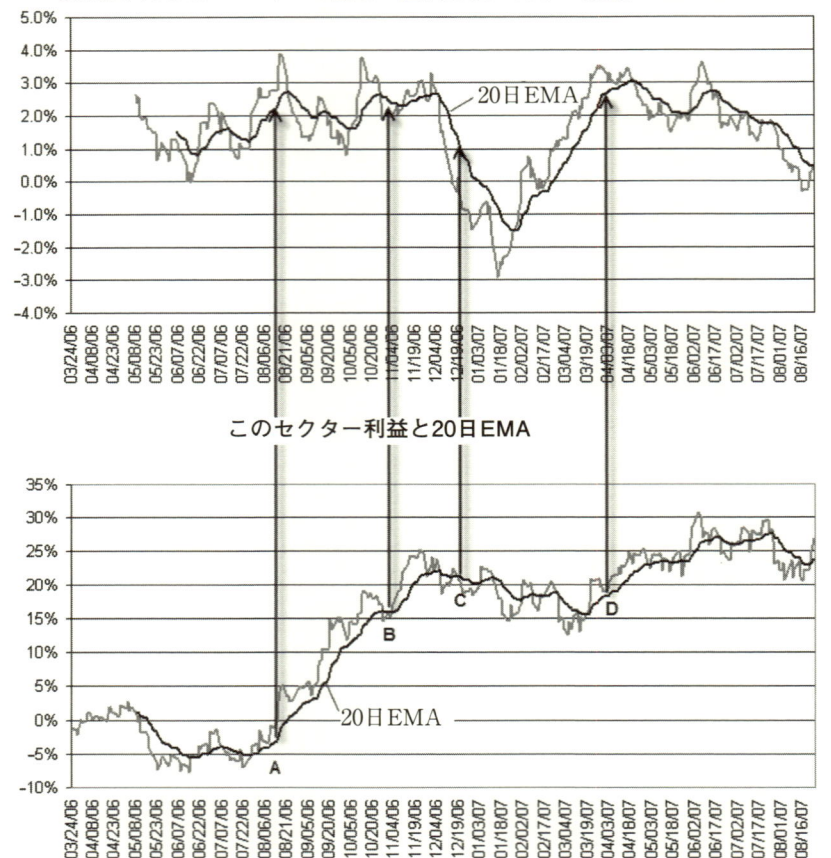

50日間の大口プレーヤーの強さ（全出来高に対する割合）と20日EMA

このセクター利益と20日EMA

- **ポイントB** セクターは急上昇したあと横ばいに転じ、大口プレーヤーのレラティブストレングスは若干下げている。売りは待ってもよいが、買わない。
- **ポイントC** セクターは下げ、大口プレーヤーの強さも大きく下げている。売るべき。
- **ポイントD** セクターは3カ月間下げたあとプラスに転じ、大口

図8.11　不動産セクターへの再配分後の大口プレーヤーの資金フロー（単位＝100万ドル）

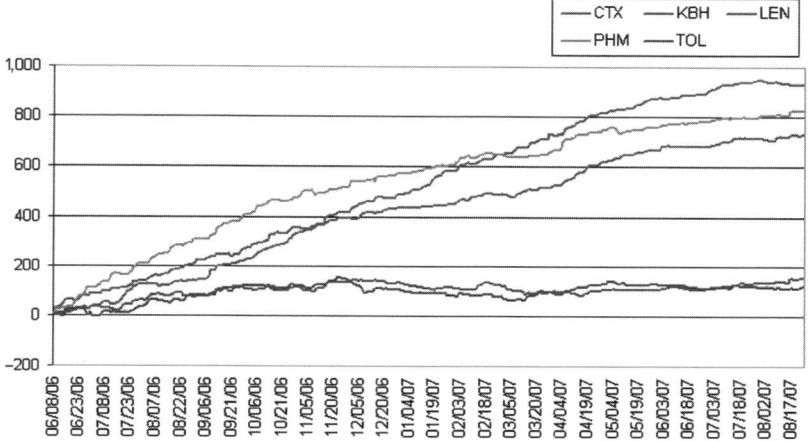

図8.12　不動産セクターのトレード開始以来の損益比較

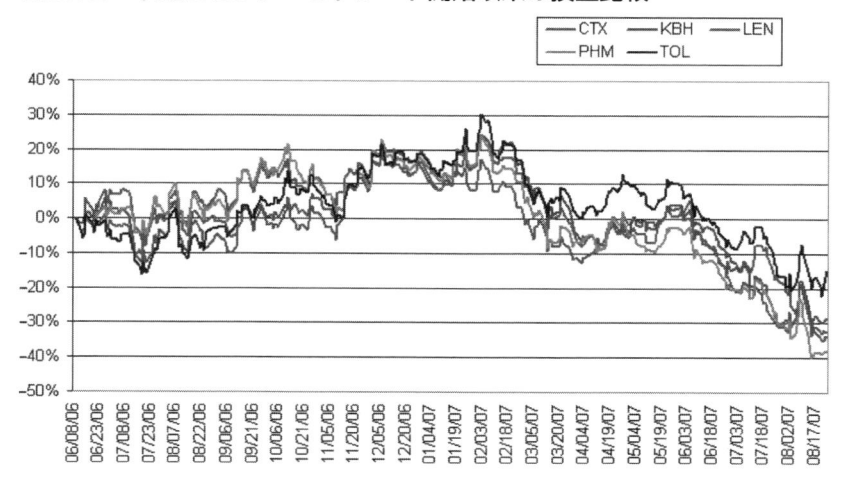

プレーヤーのレラティブストレングスも2カ月間大きく上げている。買ってもよい。

不動産セクター

図8.11と図8.12は、表8.4の住宅建設会社4社に再配分した資金

表8.4　私が観察している不動産会社

会社名	ティッカー
センテックス・コープ	CTX
KBホーム	KBH
レナー・コープ	LEN
プルト・ホームズ・インク	PHM
トール・ブラザーズ	TOL

図8.13　不動産セクターへの資金フローと利益の比較

20日間の大口プレーヤーの強さ（全出来高に対する割合）と20日EMA

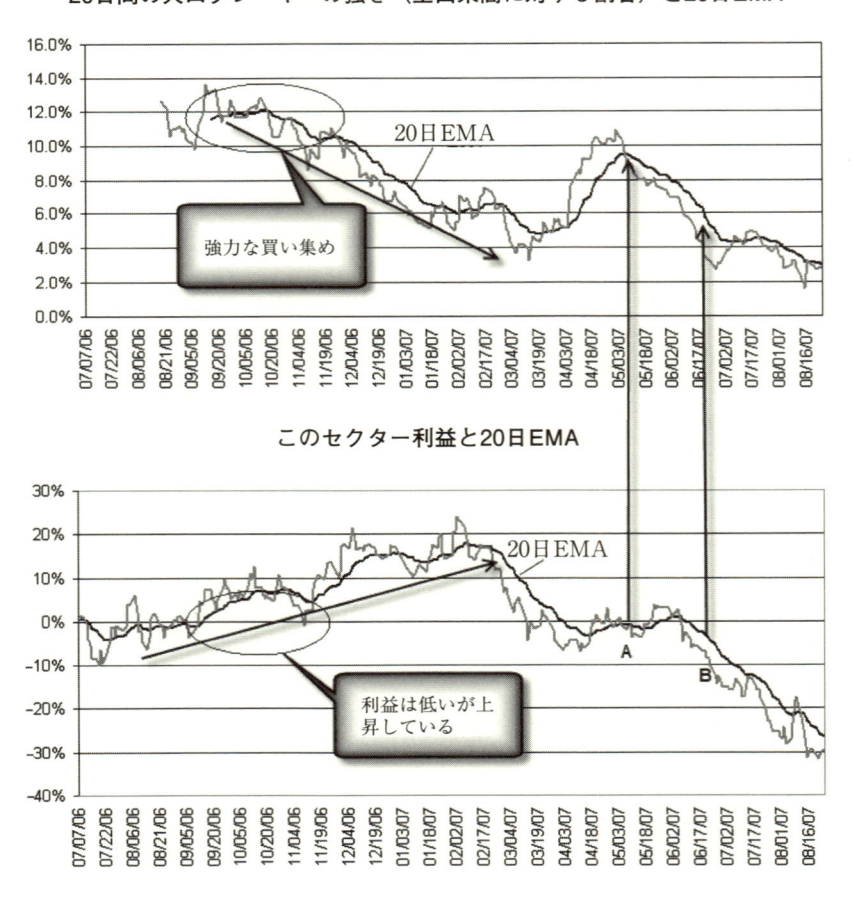

（強力な買い集め）

このセクター利益と20日EMA

（利益は低いが上昇している）

フローと損益率を示している。

　図8.11は大口プレーヤーの買い集めや売り抜けの動きが視覚的にとらえられないため使いにくいが、図8.13の上の図は大口プレーヤーの強さに変化が見えるため、理解しやすい。図8.13の左半分のトレンドでは、左端で大口プレーヤーの強さは最大になっているのに、利益は最低になっているのが分かる（利益は2006年6月8日以降の株価の変化として見る）。このときの買い集めは、利益の上昇とともに弱含んでいった。買い集めが弱まるということは、セクター利益が増えていてもそのセクターに流入する資金が減っているということを意味している。ちなみに、ポイントAの約2週間前から大口プレーヤーは強含んでいるが、この新しい強さは住宅建設会社の一部が予想よりも悪い決算を発表した2007年4月末になると下げに転じている。また、ポイントBでは利益が再び下降トレンドに入ったが、このときは大口プレーヤーも弱含んでいた。

まとめ

　ABとEVツールを使ってマーケットとセクターの推移を調べることは十分可能だということが分かった。

　すべてのセクターにおけるファンドの買い集めと売り抜けを調べて発表するためには、さらなるデータとパソコンの計算能力が必要になる。このようなデータがあれば、セクター間で資金を配分するときに便利だろう。私もこう書いた以上、この分野の調べをさらに進めて、分析結果を私のサイト（http://www.effectivevolume.eu）に掲載していくことにする。

結論

Conclusion

　2007年7月10日の午後、全米経済研究所（NBER）がマサチューセッツ州ケンブリッジで開催したサマーインスティチュートの金融経済ワークショップで、FRB（連邦準備制度理事会）のベン・バーナンキ議長が「インフレ期待が実際のインフレに大きな影響を及ぼし、それが中央銀行の物価安定策にも影響を及ぼすことは間違いない」と発言した。言い換えれば、FRBはインフレ自体と同じくらいインフレ期待も重視しているということになる。そして、株式市場を動かしているのもやはり期待なのだ。

　本書執筆の目的は、マーケット参加者の動機、つまりある特定の瞬間に売ったり買ったりする理由や需給バランスといったマーケットを動かす基本的な力をできるだけ細かく見ていくようなツール類を用いて、市場の期待というものがどのように変遷していくかを説明しようとするものであった。

これまでの復習

　この原則を基にした調査によって、私は各章で少なくともひとつの（ときには複数の）概念を紹介し、各章の最後でそれをまとめてきた。しかし、このまとめの部分だけを通して読んでみると、ここには事実

のみしかなく、これらの調査結果から利用可能かどうかを判断した私の意見が含まれていないことに気がついた。そこで、全章のまとめと一緒に私の経験から得た考えも述べておきたい。ただし、最初に言っておくべきことがある。私が実際に行っているトレードでは、第7章で紹介したような例外的なリターンは上げていないということだ。理由は、家族のための資金を失わないために2～4％という近いところに損切りを置いているからで、これによって私はいくつかの素晴らしいチャンスをとらえ、多くのチャンスを逃している。しかし全体として見れば、マーケットが荒れた時期（例えば2007年8月や2008年1月）は危険を回避しながら、素晴らしいリターンを上げることができた。

ラージEVフローとスモールEVフロー（第1章）

　このツールを使えば、大手ファンドが株を買い集めたり売り抜けたりするのを察知できる。しかし、短期的には誤解を招くこともある。マーケットは非常に効率的であり、強い買いはほぼ同じくらい強い売りを伴うことが多いからだ（第4章）。EV（エフェクティブボリューム）は、買い手と売り手の微妙なバランスを測定するツールで、全出来高のほんの小さな部分を示していることも多い。つまり、短期的に見れば、あるファンドの売りの判断が別のファンドの買い集めよりも素早く行われ、それがそれまで形成されてきた強いパターンとは矛盾するような1～2日の小さなEVパターンとなり、いずれは反転するということもある。このことは、株価パターンに慣れ親しんできたトレーダーを動揺させることになるかもしれないが、矛盾したシグナルが出たときは、ラージEVフローの長期トレンド（40日か60日トレンド）を見ることを勧める。EVの長期トレンドは、必ず株価トレンドの根底にある支持線を示してくれる。

アクティブバウンダリー（AB、第2章）

　短期の株価を査定するのに大いに役立つため、私が好んで使っているツール。特に、有名な銘柄選定リスト（例えば、ウィリアム・J・オニールが編集しているインベスターズ・ビジネス・デイリー紙の推奨銘柄）に入っている銘柄の観察に使って、株価が押したときに下限に達したら買いを仕掛けるとよい。
　第2章で説明したとおり、アクティブフロートを調整して最初のABを定義するのは、手動ならば長時間の忍耐を強いる難しい作業だが、パソコンにすべての作業を任せることも可能だ。

ラージエフェクティブレシオ（ラージER、第3章）

　EV以上に便利なツールで、その理由は2つある。

1. ラージERは3～5日間の買い集めや売り抜けを測定することで、EVの突出した値をふるい落としてくれる。
2. 現在のラージERの水準を過去のそれと比較できるため、過去の水準と比較して重要な売買かどうかを判断できる。

ダイバージェンス分析ツール（第3章）

　一定期間内でEVトレンドと株価トレンドの強さの違いを測定するツール。期間は、株価シグナルのほうが出来高シグナルよりも強くなるように株価と出来高のボラティリティーを調整して決める。このツールは、次の3種類のトレーディングシグナルを出す。

1. EVトレンドと比較して株価が強い上昇トレンドにあるか反対方

向に向かっていると、株価トレンドは持続しないように見えるが、実際には持続するケースが多い。株価の強い上昇トレンドや下降トレンドが簡単には反転しないことをこれまで何度も見てきた。このような場合、ダイバージェンス分析のシグナルによってトレンドの途中で長期トレンドに仕掛けるチャンスを逃がしてしまう可能性もあるが、トレンドに乗るチャンスはほかにもたくさんある。
2．EVトレンドと比較して株価が強い下降トレンドや上昇トレンドにあると、株価トレンドが近いうちに反転するように見えるが、たいていはそうならない。強い下降トレンドで、最初の買い集めの兆しは空売りトレーダーの買い戻しであることが多いからだ。そして彼らの買い戻しが終わると、下降トレンドはさらに続くかもしれない。つまり、このシグナルはダマシの可能性もある。
3．私の経験では、ダイバージェンス分析は株価が横ばいのとき最も良いシグナルを出す。このような場合の強いダイバージェンスは、強力な買い集めか売り抜けを意味するため、株価はEVトレンドの方向にブレイクする可能性が高い。

　図6.27と**図6.28**（第6章）で、ダイバージェンス分析とERの買いのトリガーを簡単に比較した。これらのチャートを見ると、ダイバージェンス分析のほうが明らかにシグナルの数が少なく、リターンも低い。
　このため、私はこれを強い乖離が起こっている警告シグナルとして使っている。これは観察しておく価値はあるが、トレーディングシグナルとしては使わない。

供給分析ツール(第4章)

　このツールは、株が激しく売られて新しい売り手が見つかる可能性が低くなっていることを教えてくれる。第6章では、このツールをERと組み合わせて良いトレーディングチャンスを探す方法を紹介した。ERでは通常の買いと空売りの買い戻しを見分けられないため、私は供給分析と支持線を組み合わせ、株価が2つ目か3つ目の底を形成してERトレンドが上昇しているときに買っている。

　供給ツールは、第4章で紹介しなかった用途にも使える。この分析は、株主が株を買ったタイミングと株価から、彼らがどの程度売る気持ちになっているかを算出する数学モデルが基となっているため、通常ホワットイフ分析と呼ばれる繊細な分析などにも利用できる。もし株価が5％上がったら(もしくは下がったら)どうなるのだろう。売り手は増えるのだろうか、それとも減るのだろうか。このような分析は、トレードの計画段階において非常に役に立つ(これはいずれ別の本で紹介したい)。

年間期待利益(YER)と月間損失繰越率(MLT)(第5章)

　トレード戦略のリターンとリスクを測定するYERとMLTは、単純な概念だ。YERは、銘柄選択能力を切り離してトレード戦略だけを評価するのに非常に役立つ。また、MLTはトレードの実際のドローダウンを使うため、本当のリスクをとらえやすい。トレード戦略が決まればYERとMLTは必要ない。私も、実際のトレードでは使っていない。

自動トレーディングシステム（第６章）

この章は、警告画面と自動トレーディングシステムの２つの部分に分かれている。私の日々のトレードにおいて、警告画面はベストなトレーディングチャンスを示してくれるので極めて役に立っている。しかし、長期的に見れば、自動トレーディングシステムのほうが価値が高い。新しいツールをさまざまに組み合わせて利用することで、トレーディングの常識である「割安な銘柄を正しいタイミングで買う」ことが実行できるからだ。

ボーナスセクション（第７章と第８章）

私自身は、第８章の内容を日々のトレーディングで実践している。なかでも、マーケット全体の株価変化の裏で、どのようなファンドの買い集めが進んでいるのかを描き出してくれるので、**図8.4**を最も重視している。

なぜ自分の手法を公開するのか

本書の草稿を読んだ人たちのなかには手法を公開しすぎだという声もあったが、私は公開しないのは間違いだと思う。株式市場は近年、大きな変化を遂げた。株価表示の小数点化、コミュニケーションの高速化、自動プログラムトレーディング、パソコンの計算能力の進歩などは、株式市場に過去６年間でその前の60年間よりも大きな変化をもたらしたのだ。そうなると、従来のトレーディングツールも新しい現実に適応させる必要がある。これから何年かで、テクニカル分析もほんの８年前に終わった前世紀にわれわれが慣れ親しんできたものとはかなり違った形になり、本書で紹介したよりはるかに多くのツールが

利用できるようになるだろう。私は、この変化の一部を担うことのほうが、パソコンの前でひとりで儲けを上げることよりも重要だと考えている。

マーケットは操作されているのか

これらのリサーチを始めたとき、私はマーケットが激しく操作されていると感じていた。

- 私がリサーチを始めたのは、ちょうどエンロンやワールドコムの不正会計問題が明らかになったときだった。
- 一般的に、さまざまなストックオプションについて公表していない企業は、それを損益計算書にも含めていないため、企業の価値が正確に伝わっていないことが多い。オプションプログラムを通じて、企業の価値の一部が第三者へ譲渡されることが約束されているからだ。
- インサイダーは相変わらずニュースよりも前にトレードしている。
- ネイキッドの空売りが認められている(ネイキッドの空売りは先に株を借りないで空売りすること)。
- ファンドは株価をコントロールする力を持っていることで、安く買い集めてポジションを建てることができる。
- 2007年12月現在、サブプライム問題が拡大しつつある。債券格付け機関は、いくつかの負債パッケージを寛大にも「投資適格」にしているが、この格付けより大きなリスクを抱えていることはすでに明らかになっている。

ただ、それでも私はマーケットを信頼している。

- 第4章の**図4.17**は、マーケットが非常に効率的だということを示している。そして、このことが株価操作を事実上、不可能にしている（少なくとも出来高の大きい銘柄に関しては）。
- ニュースを聞く前にトレードできるツールを手に入れた私は、マーケットで何かが起こっていることをほかの人たちよりも早く知ることができる。

次は何をすべきか

本書を読み終わったら、「次は何をすべきか」と考えてほしい。

- もしトレード用プラットフォームを買おうとしているのであれば、最新のテクニカル分析ツールを備えたものができるまで待ったほうが賢明かもしれない。
- 第6章で、株価の評価とトレーディングのトリガーを出す従来のテクニカル分析ツールを紹介した。これらのツールに、私のトレード原則を適用してもよいだろう。
- 私は熟考ののち、第1章で紹介したEVを無料で公開することにした。詳しい情報は私のサイト（http://www.willain.com/ ）を参照してほしい。また、出来高分析に関する議論の場を設け、参加者にはいずれ私のほかのツールも紹介しようと考えている。興味があれば、ぜひ連絡してほしい。知識は「ゼロサムゲーム」ではない。知識を共有することで、新しいアイデアがたくさん生まれると思う。私の夢は、いつの日かこの議論の場がトレーダーやリサーチャーのコミュニティーとなることで、私の研究がみんなの力でみんなの役に立つ新たな段階に入ればうれしい。

最後に

本書を終える前に、3つの重要なメッセージを伝えておきたい。

1. 重要なのは**価値**だ。利益を上げるためには、価値のあるものを正しいタイミングで買う必要がある。もしマーケットについて勉強する時間があれば、買おうとしている銘柄の価値を調べてほしい。ファンダメンタルズ分析はすでによく知られているためここでは書かなかったが、通常は価値を発見することによって利益を上げることができる。ときには、PER（株価収益率）が3倍の卑金属鉱業株のほうが、すぐに10％の利益が上がるテクニカルパターンの株を買うよりも賢い場合もある。
2. マーケットはトレーダーの意見など関知していない。また、自分が思った方向に動くとも限らない。マーケットに対しては自分の意見を持つよりも、情報を遮断せず、変化に対する警告レベルを高くしておくほうがよい。謙虚な姿勢でマーケットに耳を傾けてほしい。
3. トレーディングの利益は目標ではなく、トレード手法を改善した結果だ。ほかの人から学ぶことを恐れず、自分のアイデアもみんなで共有しよう。知識を分け合うことで、知識がもたらされる。

この何年か私は妻の路子から何度も家族のもとに帰ってきてほしいと言われている。彼女は友人たちに「自分はコンピューター未亡人」と言っているのだ。長期間にわたった研究と執筆期間が終わったら、再び家族との時間を大切にするつもりだ。

私は常にトレーディングを楽しんでいるが、優先順位をつけるとしたら何番目に当たるのだろう。

そして、読者にとっては何番目に当たるのだろう。

データサプライヤー

　アメリカはデータの供給が広く開放されていることがよく知られている。これから紹介する会社は、エクセルに取り込むことができる１分足データを提供している。

　アシュコン・ソフトウエア（http://www.ashkon.com/）が49.95ドルで販売しているヒストリカル・クオート・ダウンローダー（HQD）は、1000銘柄の１分間データを過去20日間までさかのぼってダウンロードすることができる。データは20分遅れで、取引終了後に各取引所から正確な出来高のデータを集めるために８時間待たなければならないときもある。2007年12月末、同社はビジネスモデルを変更するため、販売活動は続けるが技術面の保守は停止すると発表した。私はHQDを長年使用している。

　ネクスタ・テクノロジーズ・インクが提供しているティックデータ（http://www.tickdata.com/）は、オンラインでアクセスできるトレーディング用プラットフォームと電子注文のルーティングソリューションで、16の証券取引所の日中データを提供している。過去のデータもかなりの年数分を保有している。私はこのサービスで入手したデータを使って第６章のバックテストを行った。このデータは、取り込みと書式の再設定に手間がかかるが、データの質は高いと思う。過去のデータは、１銘柄当たり年間18ドルで、ライブデータには追加料金と取引所料金がかかる。

　DTNマーケット・アクセスが提供しているIQフィード（http://www.iqfeed.net/）は、農業、エネルギー、金融機関などさまざまな企業のウエブコンテンツとデータを供給している。IQフィードは、証券取引所９カ所の過去のデータと日中のライブデータを提供している。また、１分足データは、過去８カ月分入手できる。料金は１カ月

当たり55ドルに証券取引所の月額使用量が追加される。データを希望の形式で継続的に取り込むためには、プログラミングが必要となる。私は、現在このサービスをテスト中だ。

　オープンティック・コーポレーション（http://www.opentick.com/）は、アメリカの取引所のリアルタイムのデータを無料で提供している。１分足も過去５年分ある。ただ、ユーザーは証券取引所の月額手数料を支払う必要がある。データを希望の形式で継続的に取りこむためには、プログラミングが必要となる。私はこのサービスも現在テスト中。

参考書籍

アレキサンダー・エルダー著『投資苑』(パンローリング)

アレキサンダー・エルダー著『投資苑2』(パンローリング)

アレキサンダー・エルダー著『投資苑3』(パンローリング)

アレキサンダー・エルダー著『セル・アンド・セル・ショート(Sell and Sell Short)』(パンローリング近刊予定)

ジェラルド・アペル著『アペル流テクニカル売買のコツ』(パンローリング)

ティム・オード著『スイングトレードの法則』(パンローリング)

ラルフ・ビンス著『投資家のためのマネーマネジメント』(パンローリング)

ラリー・ウィリアムズ著『ラリー・ウィリアムズの短期売買法』(パンローリング)

イリヤ・プリゴジン、イザベル・スタンジェール著『混沌からの秩序』(みすず書房)

ラリー・ハリス著『市場と取引』(東洋経済新報社)

フランソワ・サージュ・ラビタン著『ヘッジファンド(Hedge Funds)』

ウィリアム・J・オニール発行、インベスターズ・ビジネス・デイリー紙 (http://www.investors.com/)

デビッド・ワイス、DVD『キャッチング・トレンド・リバーサルス (Catching Trend Reversals)』(http://www.Elder.com/)

■著者紹介
パスカル・ウィラン（Pascal Willain）
自己資金のみを運用している個人トレーダー。本書で紹介したツールを使ってトレーディングを行っている。1983年にベルギーのルーバン・カトリック大学（工学部テレコミュニケーションズ専攻）を卒業後、1987年からは東京の電気通信大学大学院で応用数学の修士号を修得し、その2年後にはベルギーのブリュッセル自由大学で経営学の学位を修得した。本書で紹介したツールの一部は、アレキサンダー・エルダー博士の『投資苑3』（パンローリング）のなかのウィランの章で紹介されている。エフェクティブボリュームに関するさらなる情報は、著者のサイト（http://www.willain.com/ と http://www.effectivevolume.com/）を参照。著者の連絡先の電子メールアドレスは「info@willain.com」。トレーダーになる前、ウィランはコンサルティングとコンピューター音声のインターフェース、そして駐車場システムという幅広い分野におよぶ3つの会社を設立した。現在は彼のパートナーたちがこれらの会社を経営している。プライベートでは、妻の路子と一緒に障害を持つ孤児のためのチャリティー団体、ネロとパトラッシュ基金を設立した。詳しい情報は、http://www.multilines.be/np を参照してほしい。

■監修者紹介
長尾慎太郎（ながお・しんたろう）
東京大学工学部原子力工学科卒。日米の銀行、投資顧問会社、ヘッジファンドなどを経て、現在は大手運用会社勤務。訳書に『魔術師リンダ・ラリーの短期売買入門』『タートルズの秘密』『新マーケットの魔術師』『マーケットの魔術師【株式編】』（いずれもパンローリング、共訳）、監修に『ゲイリー・スミスの短期売買入門』『バーンスタインのデイトレード入門』『究極のトレーディングガイド』『マーケットのテクニカル秘録』『高勝率トレード学のススメ』『フルタイムトレーダー完全マニュアル』『新版 魔術師たちの心理学』『トレーディングエッジ入門』『スイングトレードの法則』『エリオット波動入門』（いずれもパンローリング）など、多数。

■訳者紹介
井田京子（いだ・きょうこ）
翻訳者。主な訳書に『ワイルダーのテクニカル分析入門』『トゥモローズゴールド』『ヘッジファンドの売買技術』『投資家のためのリスクマネジメント』『トレーダーの心理学』『スペランデオのトレード実践講座』『投資苑3 スタディガイド』『マーケットの魔術師【オーストラリア編】』『トレーディングエッジ入門』『デイリートレード入門』『千年投資の公理』（いずれもパンローリング）などがある。

2009年10月2日　初版第1刷発行

ウィザードブックシリーズ ⑮⑦

EVトレーダー
──「安さ」のタイミングを計ってトリガーを引け

著　者　　パスカル・ウィラン
監修者　　長尾慎太郎
訳　者　　井田京子
発行者　　後藤康徳
発行所　　パンローリング株式会社
　　　　　〒160-0023　東京都新宿区西新宿 7-9-18-6F
　　　　　TEL 03-5386-7391　FAX 03-5386-7393
　　　　　http://www.panrolling.com/
　　　　　E-mail　info@panrolling.com
編　集　　エフ・ジー・アイ（Factory of Gnomic Three Monkeys Investment）合資会社
装　丁　　パンローリング装丁室
組　版　　パンローリング制作室
印刷・製本　株式会社シナノ
ISBN978-4-7759-7124-6

落丁・乱丁本はお取り替えします。
また、本書の全部、または一部を複写・複製・転訳載、および磁気・光記録媒体に
入力することなどは、著作権法上の例外を除き禁じられています。

本文　©Kyoko Ida／図表　© PanRolling　2009 Printed in Japan

トレード基礎理論の決定版!!

ウィザードブックシリーズ 9
投資苑

定価 本体5,800円＋税　ISBN:9784939103285

【トレーダーの心技体とは？】
それは3つのM「Mind=心理」「Method=手法」「Money=資金管理」であると、著者のエルダー医学博士は説く。そして「ちょうど三脚のように、どのMも欠かすことはできない」と強調する。本書は、その3つのMをバランス良く、やさしく解説したトレード基本書の決定版だ。世界13カ国で翻訳され、各国で超ロングセラーを記録し続けるトレーダーを志望する者は必読の書である。

ウィザードブックシリーズ 50
投資苑がわかる203問

定価 本体2,800円＋税　ISBN:978775970119

DVD 投資苑
～アレキサンダー・エルダー博士の超テクニカル分析～

定価 本体50,000円＋税　ISBN:9784775961346

■プログラム

1) 概論
　トレードの心理学
　テクニカル分析とは
　システムのデザイン
　記録の保持
　リスク制御
　資金管理
2) 成功を阻む3つの障壁
　手数料
　スリッページ
　経費
3) 心理学
　個人と大衆の市場心理
4) 4種類の分析アプローチ
　A) インサイダー情報
　B) ファンダメンタル分析
　C) テクニカル分析
　D) 直感
5) 価格とは？
　価格は取引の瞬間に示されていた価値感の一致である。
6) 移動平均～バリュートレードvs大バカ理論トレード
7) 利食いの道具：エンベロープ（包絡線）でトレードを格付け
8) MACD線、MACDヒストグラム、勢力指数
9) 時間～因数「5」
10) ダイバージェンス（乖離）とカンガルーテールズ（カンガルーの尻尾）
11) 資金管理と売買規律
　A) 2%ルール
　B) 6%ルール
12) 記録の保持
13) 意思決定プロセスの開発
14) まとめ

ウィザードブックシリーズ 56
投資苑 2

定価 本体5,800円＋税
ISBN:9784775970171

『投資苑』の読者にさらに知識を広げてもらおうと、エルダー博士が自身のトレーディングルームを開放。自らの手法を惜しげもなく公開している。世界に絶賛された「3段式売買システム」の威力を堪能してほしい。

ウィザードブックシリーズ 57
投資苑 2 Q&A

定価 本体5,800円＋税
ISBN:9784775970188

『投資苑2』で紹介した手法や技法を習得するには、実際の売買で何回も試す必要があるだろう。そこで、この問題が役に立つ。あらかじめ洞察を深めておけば、いたずらに資金を浪費することを避けられるからだ。

ウィザードブックシリーズ 120
投資苑 3

定価 本体7,800円＋税
ISBN:9784775970867

「成功しているトレーダーはどんな考えで仕掛け、なぜそこで手仕舞ったのか！」
──16人のトレーダーたちの売買譜！

ウィザードブックシリーズ 121
投資苑 3 スタディガイド

定価 本体2,800円＋税
ISBN:9784775970874

マーケットを征服するための101問！資金をリスクにさらす前にトレード知識の穴を見つけ、それを埋めよう！

トレード業界に旋風を巻き起こしたウィザードブックシリーズ!!

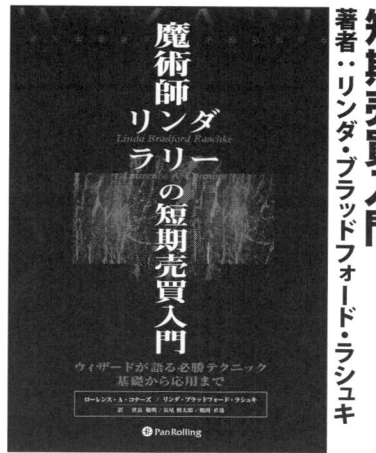

ウィザードブックシリーズ1
魔術師リンダ・ラリーの短期売買入門
著者：リンダ・ブラッドフォード・ラシュキ

定価 本体 28,000円+税　ISBN:9784939103032

【米国で短期売買のバイブルと絶賛】
日本初の実践的短期売買書として大きな話題を呼んだプロ必携の書。順バリ（トレンドフォロー）派の多くが悩まされる仕掛け時の「ダマシ」を逆手に取った手法（タートル・スープ戦略）をはじめ、システム化の困難な多くのパターンが、具体的な売買タイミングと併せて詳細に解説されている。

ウィザードブックシリーズ2
ラリー・ウィリアムズの短期売買法
著者：ラリー・ウィリアムズ

定価 本体 9,800円+税　ISBN:9784939103063

【トレードの大先達に学ぶ】
短期売買で安定的な収益を維持するために有効な普遍的な基礎が満載された画期的な書。著者のラリー・ウィリアムズは30年を超えるトレード経験を持ち、多くの個人トレーダーを自立へと導いてきたカリスマ。事実、本書に散りばめられたヒントを糧に成長したと語るトレーダーは多い。

ウィザードブックシリーズ 51・52
バーンスタインのデイトレード【入門・実践】
著者：ジェイク・バーンスタイン　定価(各)本体7,800円+税
ISBN:(各)9784775970126　9784775970133

「デイトレードでの成功に必要な資質が自分に備わっているのか？」「デイトレーダーとして人生を切り開くため、どうすべきか？」――本書はそうした疑問に答えてくれるだろう。

ウィザードブックシリーズ 130
バーンスタインのトレーダー入門
著者：ジェイク・バーンスタイン
定価 本体 5,800円+税
ISBN:9784775970966

ヘッジファンドマネジャー、プロのトレーダー、マネーマネジャーが公表してほしくなかった秘訣が満載！　30日間で経済的に自立したトレーダーになる！

ウィザードブックシリーズ 53
ターナーの短期売買入門
著者：トニ・ターナー
定価 本体 2,800円+税
ISBN:9784775970140

「短期売買って何？」という方におススメの入門書。明確なアドバイス、参考になるチャートが満載されており、分かりやすい説明で短期売買の長所と短所がよく理解できる。

ウィザードブックシリーズ 37
ゲイリー・スミスの短期売買入門
著者：ゲイリー・スミス
定価 本体 2,800円+税
ISBN:9784939103643

20年間、大勝ちできなかった「並以下」の個人トレーダーが15年間、勝ち続ける「100万ドル」トレーダーへと変身した理由とは？　個人トレーダーに知識と勇気をもたらす良書。

資産を最大限に増やすオプティマル f

DVD マネーマネジメントセミナー
著者：ラルフ・ビンス

定価 本体 100,000 円＋税　ISBN:9784775962442

【中長期トレンドフォローシステムの公開】
スペース・レバレッジモデル（資金管理モデル）の公開→オリジナルソフト提供
オプティマルfで定期性リスク率を一般に公表したラルフが次に開発した資金管理モデル。セミナー参加者だけに公表される数学やプログラムの知識がなくても活用できる資金管理プログラム。

ラルフ・ビンスの資金管理大全
著者：ラルフ・ビンス

定価 本体 12,800 円＋税　ISBN:9784775971185

【最適なポジションサイズとリスクでリターンを最大化する方法】
本書はトレーディングについてのみ書かれたものではない。基本的な数学法則とコントロール不可能なリスクを伴う一連の結果を扱うときに、これらの数学法則がわれわれにどのような影響を及ぼすのかが本書のメインテーマである。

投資家のためのマネーマネジメント 資産を最大限に増やすオプティマルf
著者：ラルフ・ビンス

定価 本体 5,800 円＋税　ISBN:9784775970560

読者から要望が一番多かった書籍、ついに刊行へ！
ギャンブルと投資の絶妙な融合！資金管理のバイブル！確率と現代ポートフォリオ理論を使ってトレーディングシステムの改良を伝授！トレーディング戦略のリスクやリワードはもとより、今はあらゆるものが数学的に測定可能な時代だ。本書は、先物、オプション、株式市場での「成功を測るためのモノサシ」を、分かりやすい言葉で解説してくれるほかに例を見ない書籍である。本書では、確率と現代ポートフォリオ理論を使って手持ちのトレーディングシステムを改良する方法を、ステップ・バイ・ステップで示してくれる。

参考文献

ウィザードブックシリーズ 153
スイングトレードの法則
著者：ティモシー・オード

定価 本体3,800円+税　ISBN:9784775971208

価格と出来高の分析に基づくトレード手法は、すでに実証済みのものである。20世紀前半にリチャード・ワイコフによって開発されたこの手法は、多くのトレーダーたちに一貫して利益をもたらしてきた。25年以上にわたりアメリカ証券界の第一人者であるティモシー・オードは、ワイコフの出来高分析による売買テクニックにさらに磨きをかけ、極めて勝率の高いトレーディングプログラムを開発した。本書はその貴重なトレーディングアプローチの奥義を公開し、皆さんと共有しようとして執筆されたものである。

ウィザードブックシリーズ 103
アペル流テクニカル売買のコツ
著者：ジェラルド・アペル

定価 本体5,800円+税　ISBN:9784775970690

テクニカル分析に革命をもたらした最新かつ高度な画期的テクニックも網羅！
テクニカル分析の世界的な権威であり、マックディーの開発者であるジェラルド・アペル氏がサイクルやトレンド、モメンタム、出来高シグナルなどを用いて将来の相場動向を予測する手法を明らかにした。本書は、既存の多くのテクニカル分析本とは異なり、ステップ・バイ・ステップの構成によって、初心者からプロの投資家まで今日の高いボラティリティのマーケットで大きな成功を収めることが可能になっている！

ウィザードブックシリーズ 141
テイラーの場帳トレーダー入門
著者：ジョージ・D・テイラー
定価 本体2,800円+税
ISBN:9784775971086

"マーケットの魔術師"リンダ・ラシュキ激賞！ウィザードたちが競って読み漁った短期売買手法の奥義書。3日サイクルの全貌がついに明らかになる！

ウィザードブックシリーズ 76・77
マーケットのテクニカル百科 入門・実践編
著者：ロバート・D・エドワーズ、ジョン・マギー、W・H・C・バセッティ
定価 本体5,800円+税

アメリカで50年支持され続けているテクニカル分析の最高峰が大幅刷新！
チャート分析家必携の名著が読みやすくなって完全復刊！

ウィザードブックシリーズ 63
マーケットのテクニカル秘録
著者：チャールズ・ルボー＆デビッド・ルーカス
定価 本体5,800円+税
ISBN:9784775970256

本書には、これまでのシステムマニュアルが扱ってこなかった内容が取り上げられ、トレーダーとして成功したい者に必要なインフォメーションが、明解でターゲット絞った形で提供されている！

マーケットの魔術師シリーズ

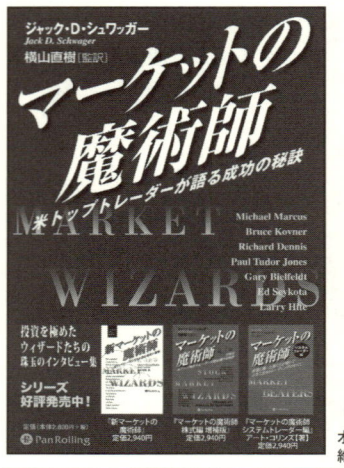

ウィザードブックシリーズ 19
マーケットの魔術師
著者：ジャック・D・シュワッガー

定価 本体 2,800 円＋税　ISBN:9784939103407

【いつ読んでも発見がある】
トレーダー・投資家は、そのとき、その成長過程で、さまざまな悩みや問題意識を抱えているもの。本書はその答えの糸口を「常に」提示してくれる「トレーダーのバイブル」だ。「本書を読まずして、投資をすることなかれ」とは世界的トレーダーたちが口をそろえて言う「投資業界の常識」だ！

ウィザードブックシリーズ 13
新マーケットの魔術師
著者：ジャック・D・シュワッガー

定価 本体 2,800 円＋税　ISBN:9784939103346

【世にこれほどすごいヤツらがいるのか!!】
株式、先物、為替、オプション、それぞれの市場で勝ち続けている魔術師たちが、成功の秘訣を語る。またトレード・投資の本質である「心理」をはじめ、勝者の条件について鋭い分析がなされている。関心のあるトレーダー・投資家から読み始めてかまわない。自分のスタイルづくりに役立ててほしい。

ウィザードブックシリーズ 14
マーケットの魔術師 株式編《増補版》
著者：ジャック・D・シュワッガー
定価 本体 2,800 円＋税　ISBN:9784775970232

投資家待望のシリーズ第三弾、フォローアップインタビューを加えて新登場!!　90年代の米株の上げ相場でとてつもないリターンをたたき出した新世代の「魔術師＝ウィザード」たち。彼らは、その後の下落局面でも、その称号にふさわしい成果を残しているのだろうか？

◎アート・コリンズ著 マーケットの魔術師シリーズ

ウィザードブックシリーズ 90
マーケットの魔術師 システムトレーダー編
著者：アート・コリンズ
定価 本体 2,800 円＋税　ISBN:9784775970522

システムトレードで市場に勝っている職人たちが明かす機械的売買のすべて。相場分析から発見した優位性を最大限に発揮するため、どのようなシステムを構築しているのだろうか？ 14人の傑出したトレーダーたちから、システムトレードに対する正しい姿勢を学ぼう！

ウィザードブックシリーズ 111
マーケットの魔術師 大損失編
著者：アート・コリンズ
定価 本体 2,800 円＋税　ISBN:9784775970775

スーパートレーダーたちはいかにして危機を脱したか？　局地的な損失はトレーダーならだれでも経験する不可避なもの。また人間のすることである以上、ミスはつきものだ。35人のスーパートレーダーたちは、窮地に立ったときどのように取り組み、対処したのだろうか？

Pan Rolling オーディオブックシリーズ

売り上げ 1位
規律とトレーダー
マーク・ダグラス，関本博英
パンローリング　約440分
DL版 3,990円（税込）
CD-R版 5,040円（税込）

常識を捨てろ！　手法や戦略よりも規律と心を磨け！　相場の世界での一般常識は百害あって一利なし！　ロングセラー『ゾーン』の著者の名著がついにオーディオ化!!

売り上げ 2位
バビロンの大富豪
「繁栄と富と幸福」はいかにして築かれるのか
ジョージ・S・クレイソン
パンローリング　約400分
DL版 2,200円（税込）
CD版 2,940円（税込）

不滅の名著！　人生の指針と勇気を与えてくれる「黄金の知恵」と感動のストーリー！　読了後のあなたは、すでに資産家への第一歩を踏み出し、幸福を共有するための知恵を確実にみにつけていることだろう。

その他の売れ筋

マーケットの魔術師
米トップトレーダーが語る成功の秘訣
ジャック・D・シュワッガー
パンローリング　約1075分
各章 2,800円（税込）

――米トップトレーダーが語る成功の秘訣
世界中から絶賛されたあの名著がオーディオブックで登場！

相場で負けたときに読む本 ～真理・実践編～
山口祐介　パンローリング
真理編　約160分
実践編　約200分
DL版 1,575円（税込）
CD版 2,940円（税込）

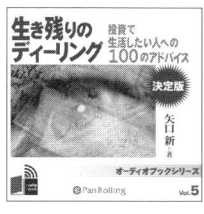

生き残りのディーリング
矢口新　パンローリング
約510分　2,940円（税込）

現役ディーラーの座右の書として、多くのディーリングルームに置かれている名著を全面的に見直しし、個人投資家にもわかりやすい工夫をほどこして、新版として登場！現役ディーラーの座右の書。

NLPトレーディング
エイドリアン・ラリス・トグライ
パンローリング約590分
DL版 3,990円（税込）
CD-R版 5,040円（税込）

トレーダーとして成功を極めるため必要なもの……それは「自己管理能力」である。

瞑想でつかむ投資の成功法
岡本和久
パンローリング　約326分
DL版 2,200円（税込）
CD版 3,360円（税込）

本書は、心を落ち着ける瞑想習慣を持つことにより、投資の本質を見極め、経済的自由と幸せな人生を手に入れるための「リラックス投資」による資産形成の方法について伝授します。

マーケットの魔術師 ～日出る国の勝者たち～ Vo.01
塩坂洋一，清水昭男
パンローリング　約100分
CD-R版 1,260円（税込）

勝ち組のディーリング
トレード選手権で優勝し、国内外の相場たちとの交流を経て、プロの投機家として活躍している塩坂氏。「商品市場の勝ちパターン、個人投資家の強味、必要な分だけ勝つ」こととは!?

マーケットの魔術師～日出る国の勝者たち～
インタビュアー：清水昭男

- **Vo.11** 成熟市場の投資戦略 ― シクリカルで稼ぐ日本株の極意／鈴木一之
- **Vo.12** バリュー株の収束相場をモノにする！／角山智
- **Vo.13** 大富豪への王道の第一歩：でっかく儲ける資産形成＝新興市場＋資源株／上中康司
- **Vo.14** シンプルシステムの成功ロジック：検証実績とトレードの一貫性で可能になる安定収益／斉藤正樹
- **Vo.15** 自立した投資家(相場)の未来を読む／福永博之
- **Vo.16** IT時代だから占星術／山中康司
- **Vo.17** 投資に特別な才能はいらない！／内藤忍
- **Vo.18** 相場とは、勝ち負けではない！／成田博之
- **Vo.19** 平成のカリスマ相場師 真剣勝負！／高田智也
- **Vo.20** 意外とすごい サラリーマン投資家／Bart
- **Vo.21** 複利と時間を味方に付けろ：ハイブリッド社員が資産1億円を築く／中桐啓貴
- **Vo.22** 今からでも遅くない資産計画：品格ある投資家であるためのライフプラン／岡本和久
- **Vo.23** ゴキゲンで買い向かう暴落相場：長期投資にある余裕のロジック／澤上篤人
- **Vo.24** 他人任せにしない私の資産形成：FXで開眼したトレーディングの極意／山根亜希子
- **Vo.25** 経済紙を読んでも勝てない相場：継続で勝利するシステム・トレーディング／岩本祐介
- **Vo.26** 生きるテーマと目標達成：昨日より成長した自分を積み重ねる日々／米田隆
- **Vo.27** オプション取引：その極意と数理／増田丞美
- **Vo.28** ロハスな視点：人生の目標と投資が交差する場所／田中久美子
- **Vo.29** 過激相場の企業決算：生き残り銘柄の決算報告書／平林亮子
- **Vo.30** 投資戦略と相場の潮流：大口資金の潮流カレンダーを押さえろ／大岩川源太
- **Vo.31** 意外とすごい サラリーマン投資家／平田啓

チャートギャラリーでシステム売買

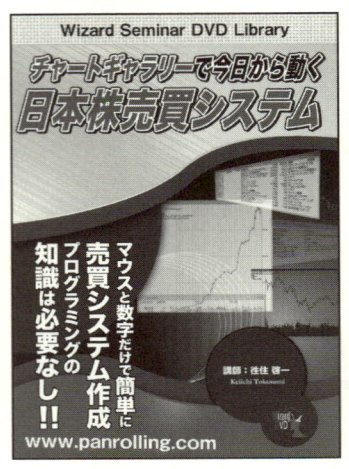

DVD チャートギャラリーで今日から動く日本株売買システム
著者：徃住啓一

定価 本体 10,000 円＋税　ISBN:9784775962527

個別株4000銘柄で30年間通用するシンプルな短期売買ルールとは!?　東証、大証、名証、新興市場など合計すると、現在日本には約4000〜4500銘柄くらいの個別株式が上場されています。その中から短期売買可能な銘柄の選び方、コンピュータでのスクリーニング方法、誰でもわかる単純なルールに基づく仕掛けと手仕舞いについて解説します。

株はチャートでわかる！【増補改訂版】
著者：パンローリング編

定価 本体 2,800 円＋税　ISBN:9784775990605

1999年に邦訳版が発行され、今もなお日本のトレーダーたちに大きな影響を与え続けている『魔術師リンダ・ラリーの短期売買入門』『ラリー・ウィリアムズの短期売買法』(いずれもパンローリング)。こうした世界的名著に掲載されている売買法のいくつかを解説し、日本株や先物市場で検証する方法を具体的に紹介するのが本書『株はチャートでわかる！』である。

魔術師リンダ・ラリーの短期売買入門
著者：リンダ・ブラッドフォード・ラシュキ、L・A・コナーズ
定価 本体 28,000 円＋税　ISBN:9784939103032

国内初の実践的な短期売買の入門書。具体的な例と豊富なチャートパターンでわかりやすく解説してあります。著者の1人は新マーケットの魔術師でインタビューされたリンダ・ラシュキ。古典的な指標ですら有効なことを証明しています。

ラリー・ウィリアムズの短期売買法
著者：ラリー・ウィリアムズ
定価 本体 9,800 円＋税　ISBN:9784939103063

マーケットを動かすファンダメンタルズとは、3つの主要なサイクルとは、いつトレードを仕切るのか、勝ちトレードを抱えるコツは、……ウイリアムズが答えを出してくれている。

フルタイムトレーダー完全マニュアル
著者：ジョン・F・カーター
定価 本体 5,800 円＋税　ISBN:9784775970850

トレードで経済的自立をするための「虎の巻」！ステップ・バイ・ステップで分かりやすく書かれた本書は、これからトレーダーとして経済的自立を目指す人の必携の書である。

自動売買ロボット作成マニュアル
著者：森田佳佑
定価 本体 2,800 円＋税　ISBN:9784775990391

本書は「マイクロソフト社の表計算ソフト、エクセルを利用して、テクニカル分析に関する各工程を自動化させること」を目的にした指南書である。

Chart Gallery 4.0 for Windows

パンローリング相場アプリケーション
チャートギャラリー
Established Methods for Every Speculation

最強の投資環境

成績検証機能が加わって

新発売！

検索条件の成績検証機能 [New] [Expert]

指定した検索条件で売買した場合にどれくらいの利益が上がるか、全銘柄に対して成績を検証します。検索条件をそのまま検証できるので、よい売買法を思い付いたらその場でテスト、機能するものはそのまま毎日検索、というように作業にむだがありません。
表計算ソフトや面倒なプログラミングは不要です。マウスと数字キーだけであなただけの売買システムを作れます。利益額や合計だけでなく、最大引かされ幅や損益曲線なども表示するので、アイデアが長い間安定して使えそうかを見積もれます。

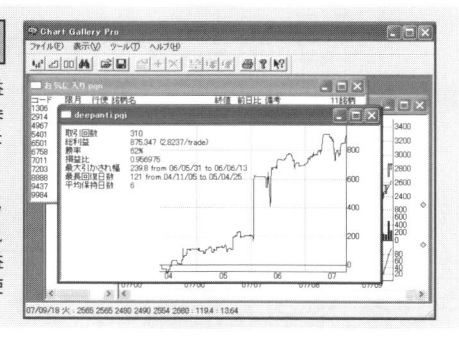

チャートギャラリープロに成績検証機能が加わって、無敵の投資環境がついに誕生!!
投資専門書の出版社として8年、数多くの売買法に触れてきた成果が凝縮されました。
いつ仕掛け、いつ手仕舞うべきかを客観的に評価し、きれいで速いチャート表示があなたのアイデアを形にします。

●価格（税込）

チャートギャラリー 4.0
エキスパート **147,000 円** ／ プロ **84,000 円** ／ スタンダード **29,400 円**

●アップグレード価格（税込）

以前のチャートギャラリーをお持ちのお客様は、ご優待価格で最新版へ切り替えられます。
お持ちの製品がご不明なお客様はご遠慮なくお問い合わせください。

プロ 2、プロ 3、プロ 4 からエキスパート 4 へ	105,000 円
2、3 からエキスパート 4 へ	126,000 円
プロ 2、プロ 3 からプロ 4 へ	42,000 円
2、3 からプロ 4 へ	63,000 円
2、3 からスタンダード 4 へ	10,500 円

がんばる投資家の強い味方 Traders Shop

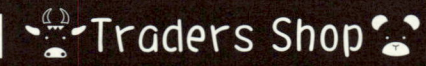

http://www.tradersshop.com/

24時間オープンの投資家専門店です。

パンローリングの通信販売サイト「トレーダーズショップ」は、個人投資家のためのお役立ちサイト。書籍やビデオ、道具、セミナーなど、投資に役立つものがなんでも揃うコンビニエンスストアです。

他店では、入手困難な商品が手に入ります!!

- 投資セミナー
- 一目均衡表 原書
- 相場ソフトウェア
  チャートギャラリーなど多数
- 相場予測レポート
  フォーキャストなど多数
- セミナーDVD
- オーディオブック

ラリー・ウィリアムズの
フォーキャスト
2009
下半期
新発売

ここでしか入手できないモノがある。

さあ、成功のためにがんばる投資家は
いますぐアクセスしよう!

トレーダーズショップ 無料 メールマガジン

●無料メールマガジン登録画面

トレーダーズショップをご利用いただいた皆様に、**お得なプレゼント**、今後の**新刊情報**、著者の方々が書かれた**コラム**、**人気ランキング**、ソフトウェアのバージョンアップ情報、そのほか投資に関するちょっとした情報などを定期的にお届けしています。

まずはこちらの
「無料メールマガジン」
からご登録ください!
または info@tradersshop.com まで。

パンローリング株式会社　〒160-0023　東京都新宿区西新宿 7-9-18-6F
Tel: 03-5386-7391　Fax: 03-5386-7393
http://www.panrolling.com/
E-Mail info@panrolling.com

お問い合わせは

携帯版